数智化人力资源管理

DIGITAL INTELLIGENCE OF HUMAN RESOURCE MANAGEMENT

徐明霞　唐玉洁／主　编
谢　芳　李　莉／副主编

大连理工大学出版社
Dalian University of Technology Press

图书在版编目(CIP)数据

数智化人力资源管理 / 徐明霞，唐玉洁主编． -- 大连：大连理工大学出版社，2024.2(2024.2重印)
ISBN 978-7-5685-4385-9

Ⅰ．①数… Ⅱ．①徐… ②唐… Ⅲ．①数字技术－应用－人力资源管理 Ⅳ．①F243-39

中国国家版本馆CIP数据核字(2023)第102853号

SHUZHIHUA RENLI ZIYUAN GUANLI

大连理工大学出版社出版

地址：大连市软件园路80号　邮政编码：116023
发行：0411-84708842　邮购：0411-84708943　传真：0411-84701466
E-mail:dutp@dutp.cn　URL:https://www.dutp.cn

大连雪莲彩印有限公司印刷　　　　　　大连理工大学出版社发行

幅面尺寸:185mm×260mm	印张:19.5	字数:499千字
2024年2月第1版		2024年2月第2次印刷

责任编辑：邵　婉　　　　　　　　　　　　责任校对：王　洋
　　　　　　　　　封面设计：奇景创意

ISBN 978-7-5685-4385-9　　　　　　　　　　　　定　价：59.00元

本书如有印装质量问题，请与我社发行部联系更换。

前言 Preface

随着互联网、大数据、人工智能和实体经济的深度融合,我国人力资源正从人口红利走向人才红利,而数智化工具的广泛应用,也在驱动企业人力资源数字化转型进入深水区。与传统人力资源管理相比,数字化时代下的人力资源管理的改变并不仅仅在于工具上的差别,而是包括目的、对象、手段、工具以及思维在内的全方位转型。一方面,企业人力资源数字化转型意味着员工信息的数字化,即要在企业建立"数字孪生员工"。有了数字孪生员工,企业就可以利用大数据技术监测和分析员工的日常行为表现,预测员工未来的绩效与离职倾向。另一方面,企业人力资源数字化指人力资源工作流程的数字化,包括招聘、培训、考核、薪酬以及员工的职业发展等工作流程的数字化。由此可见,人力资源数字化转型的根本目的在于通过应用新一代数字技术,以人力资源信息系统的革新为契机,优化人力资源工作的流程与效能。基于此,在数字经济背景下,为应对数字化对人力资源管理带来的各种挑战,本团队编写了这本教材。

本教材是由郑州轻工业大学与新道科技股份有限公司共同编写的,是基于新道DBE人力资源大数据实践教学平台(以下简称"人力大数据平台")的配套实验教材。该平台是一款针对高校人力资源管理及相关专业教学设计的数据分析项目仿真实训平台。本教材是为配合本科教学中该平台理论原理、实践方法及应用场景而编写的。因此,在内容设置上结合人力大数据平台的教学内容组织每一章的实验内容,通过精心设计人力资源大数据分析与应用的各类典型真实场景,以人力资源全生命周期智能管理为切入点,以企业人力资源大数据分析挖掘项目全流程为牵引,秉承成果导向的教育理念(OBE),学生通过任务驱动、情景模拟、竞技比拼等多种方式,渐进式逐层加强大数据分析项目五阶段流程模式训练,形成较强的人力数据驱动业务战略的数字化思维与意识,掌握人力资源大数据挖掘与分析的技术与方法,包括业务需求理解、数据采集、数据预处理

(ETL)、数据可视化及数据建模及优化的方法,同时具备运用大数据分析与挖掘技术进行业务洞察并创新性解决人力资源问题的能力。

具体来讲,本书的内容由三部分构成。第一部分原理篇,由第1章到第3章的内容构成,重点阐述了人力资源管理的数字化转型、数字化人力资源管理的理论及特征。第二部分方法篇,由第4章到第7章的内容构成,重点阐述了数字化人力资源管理的数据采集、数据清洗、数据挖掘及数据可视化的方法。第三部分场景篇,由第8章到第12章的内容构成,重点阐述了数字化人力资源管理中的人才盘点、人才需求画像、敬业度分析、薪酬评估及绩效分析五大应用场景。郑州轻工业大学的相关教师、新道科技股份有限公司的相关人员共同参与了本书的撰写工作,具体分工如下:第1章到第3章由徐明霞编写,第4、第5、第7章由谢芳编写,第6、第8、第9章由李莉编写,第10、第11、第12章由唐玉洁编写。全书的统稿由郑州轻工业大学徐明霞、新道科技股份有限公司河南分公司总经理郑胤共同完成。

本书在编写过程中,参考了大量相关书籍和文献资料,对相关作者表示感谢;感谢大连理工出版社的编辑对本书的支持。

限于时间和水平,本书难免存在疏漏或错误,真诚地希望读者多提反馈意见,也希望同行专家批评指正,使我们不断完善书稿,更新内容。

编　者

2023年12月于郑州

目录

第一篇 原理篇

第一章 人力资源管理的数字化转型 ······ 3
- 第一节 人力资源数字化转型的理论解读 ······ 4
- 第二节 人力资源数字化转型的核心基础 ······ 7
- 第三节 人力资源数字化转型成功的要素 ······ 10

第二章 数字化人力资源管理的理论 ······ 17
- 第一节 数字化人力资源管理的界定 ······ 18
- 第二节 数字化人力资源管理的方法 ······ 23
- 第三节 员工敬业度 ······ 29
- 第四节 员工体验感 ······ 32

第三章 数字化人力资源管理的特征 ······ 40
- 第一节 大数据概述 ······ 41
- 第二节 人力资源管理的数据化 ······ 46
- 第三节 大数据重构人力资源管理 ······ 51

第二篇 方法篇

第四章 数据采集 ······ 61
- 第一节 数据类型 ······ 62
- 第二节 数据来源 ······ 64
- 第三节 数据采集方法 ······ 67
- 第四节 数据存储与管理 ······ 78

第五章 数据清洗 ······ 83
- 第一节 数据集成 ······ 84
- 第二节 数据转换与数据规约 ······ 86
- 第三节 数据清洗的内涵与方法 ······ 88
- 第四节 人力资源数据清洗 ······ 95

第六章 数据挖掘 ······ 103
- 第一节 数据挖掘概述 ······ 104
- 第二节 机器学习基础 ······ 108
- 第三节 数据挖掘算法 ······ 111

  第四节 数据挖掘工具 …………………………………………………………… 118
第七章 数据可视化 …………………………………………………………………… 124
  第一节 数据可视化概述 ………………………………………………………… 125
  第二节 数据可视化工具 ………………………………………………………… 131
  第三节 数据可视化图表分析 …………………………………………………… 142

第三篇 场景篇

第八章 人才盘点 ……………………………………………………………………… 153
  第一节 业务理解 ………………………………………………………………… 155
  第二节 数据收集与预处理 ……………………………………………………… 160
  第三节 数据分析 ………………………………………………………………… 163
  第四节 数据挖掘分析 …………………………………………………………… 178
  第五节 项目分析报告 …………………………………………………………… 193
第九章 人才需求画像 ………………………………………………………………… 198
  第一节 业务理解 ………………………………………………………………… 199
  第二节 数据收集 ………………………………………………………………… 204
  第三节 数据预处理 ……………………………………………………………… 206
  第四节 数据分析及挖掘 ………………………………………………………… 208
  第五节 人才需求画像的应用 …………………………………………………… 222
第十章 敬业度分析 …………………………………………………………………… 227
  第一节 业务理解 ………………………………………………………………… 231
  第二节 数据收集 ………………………………………………………………… 233
  第三节 数据预处理 ……………………………………………………………… 237
  第四节 数据分析与挖掘 ………………………………………………………… 240
第十一章 薪酬评估 …………………………………………………………………… 247
  第一节 业务理解 ………………………………………………………………… 251
  第二节 数据收集 ………………………………………………………………… 254
  第三节 数据预处理 ……………………………………………………………… 257
  第四节 数据分析与挖掘 ………………………………………………………… 262
第十二章 绩效分析 …………………………………………………………………… 279
  第一节 业务理解 ………………………………………………………………… 281
  第二节 数据收集 ………………………………………………………………… 282
  第三节 数据预处理 ……………………………………………………………… 292
  第四节 数据分析与挖掘 ………………………………………………………… 296
参考文献 ……………………………………………………………………………………… 302

第一篇
原理篇

第一章 人力资源管理的数字化转型

　　数字经济时代,知识、信息、数据成为企业的战略性资源。如何理解数据、分析数据、运用数据成为企业核心竞争力的表现,大数据逐步成为企业竞争的关键性资源,给企业带来了全新的变革。作为企业的核心职能管理模块,人力资源管理也将顺应时代潮流,运用大数据的思维与技术,使得管理活动基于数据并用数据说话,使管理活动更加理性,决策更加科学,工作效率更高。本章内容将对人力资源数字化转型进行分析和解读,使学生了解不同视角下人力资源数字化转型的内涵和特征;介绍人力资源数字化转型的核心基础,使学生理解人力资源数字化转型的核心基础三要素是什么;并阐述人力资源数字化转型成功的要素,使学生了解人力资源大数据已成为时代特征,学会运用大数据的思维方法和技术处理人力资源大数据,提升管理方法和技能。

学习目标

1. 了解人力资源数据化的内涵和特征
2. 理解人力资源数字化转型的核心基础
3. 了解人力资源数字化转型成功的要素

知识结构图

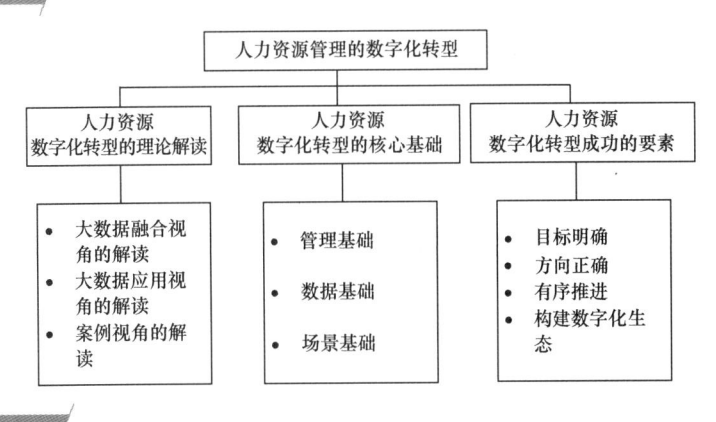

```
                    人力资源管理的数字化转型
        ┌───────────────────┼───────────────────┐
   人力资源              人力资源              人力资源
数字化转型的理论解读   数字化转型的核心基础   数字化转型成功的要素
   • 大数据融合视       • 管理基础           • 目标明确
     角的解读          • 数据基础           • 方向正确
   • 大数据应用视       • 场景基础           • 有序推进
     角的解读                              • 构建数字化生
   • 案例视角的解                             态
     读
```

引 例

　　数字化浪潮来袭,各行各业都在颠覆传统的路上砥砺前行。使用合适的数据分析产品,合理科学地使用和管理数据,才能在长期竞争中成为终极赢家。

北京一商宇洁商贸有限公司(简称:一商宇洁)是电商行业内的零售商,近年来通过挖掘数据进行精准销售,取得了优异的销售业绩。该公司是广州宝洁公司(P&G)的核心分销商之一,自1988年宝洁进入中国起,至今已有30余年的历史。目前,一商宇洁经销宝洁在中国市场上市的九大品类全品牌产品,是宝洁全球第一大分销商。一商宇洁以代理化妆品和洗化产品为主,随着市场开拓区域不断扩大,销售额连年递增。而在双十一、双十二等大促活动期间,交易、处理、配送等业务数据,缺少及时的、直观的可视化展示途径。基于以上情况,一商宇洁采用亿信公司的ABI酷屏功能,自助完成从前台的订单成交、后台的审单推送、仓配的发货配送到订单完成签收等订单全链路的实时情况呈现。通过数据可视化大屏解决了以往业务数据没有及时的、直观的可视化展示途径问题,在大促活动时,帮助企业及时有效地观测前台交易、后台订单处理、仓配效率以及订单的完成情况。

在大数据赋能的条件下,该公司在天猫商城已经成立多家官方旗舰店(宝洁官方旗舰店、帮宝适官方旗舰店、玉兰油官方旗舰店、SKII官方旗舰店、吉列官方旗舰店、沙宣官方旗舰店等),在线销售宝洁众多品牌产品,交易效率大幅提升。

资料来源:根据北京一商宇洁商贸有限公司的官网资料整理。

第一节　人力资源数字化转型的理论解读

大数据时代的到来,给现代化企业经营管理带来了颠覆式的改变。人力资源管理工作是现代化企业经营管理的重点组成部分,亟须充分顺应时代发展趋势,加强大数据思维和技术的应用,推动人力资源管理活动由经验导向转为数据导向,促进人力资源管理的决策更科学,工作更高效,人力资源数字化转型成为必然。关于人力资源数字化转型的理论解读,相关前沿研究主要集中于以下三个视角。

一、大数据融合视角的解读

人力资源数字化指将人力资源业务融入企业运行生态,与企业数字化转型形成交互配合。人力资源数字化的核心价值在于盘活人力资源管理中的各项数据,重塑管理与业务流程,达成提升企业管理效能、优化员工工作体验的效果。人力资源数字化的主体为企业的人力资源部门,狭义上指在人力资源部门内部进行数字化转型,广义上则指将人力资源业务融入企业运行生态,与企业数字化转型形成交互配合[①]。

基于大数据融合视角的人力资源数字化转型,重点关注大数据时代人力资源管理的应用价值、面临挑战及转型方向,主要分析大数据背景下如何更好地发挥大数据在企业人力资源管理中的作用。主要的研究内容包括以下几个方面:一是给出人力资源数字化转型的本质要求,进行问题剖析。对目前人力资源管理所面临的各种创新及挑战进行梳理,

---

① 资料来源:艾瑞集团《中国人力资源数字化研究报告》,2022年7月。

提出人力资源数字化转型的必要性和紧迫性。二是给出人力资源数字化转型的内容。从人力资源规划、人才招聘、人员发展与成长、绩效管理、激励制度等各个环节入手,对数据技术在人力资源管理中的应用及如何转型进行阐述。三是给出人力资源数字化转型的模式。主要从管理创新模式入手,提出了人力资源管理各环节中基于大数据的人力资源管理的创新模式。四是给出了人力资源数字化转型的内在逻辑。大数据时代背景下企业的数字化转型、人力资源数字化转型的内在逻辑关系是"互相推动和倒逼"的作用机制,数字经济给企业带来了发展机遇和挑战,使得企业必须要进行数字化转型,企业的数字化转型升级必然推动人力资源管理的数字化转型;反之,人力资源数字化转型,也会倒逼推动企业的数字化转型。五是给出人力资源数字化转型的实施路径。通过案例研究,提炼出企业大数据与人力资源相结合的标杆实践,并从中找出存在的障碍,从而给出人力资源数字化转型的实施路径。六是给出了人力资源数字化转型的理论框架。主要从人力资源分析、人力资源部门及整个组织三个维度,构建了人力资源数字化转型的理论框架,将人力资源管理事务、互联网技术、大数据技术进行整合。七是给出互联网企业的人力资源数字化转型框架。基于互联网企业之间的对比分析,指出互联网企业大数据在我国人力资源管理中的重要地位、应用空间以及面临挑战等。

二、大数据应用视角的解读

基于大数据应用视角的人力资源数字化转型,聚焦人力资源的某个模块,分析大数据在该模块中的应用,如在招聘、绩效、薪酬、培训等模块的应用。主要研究内容包括以下几个方面:一是绩效管理中的大数据应用。结合大数据对人力资源绩效管理的影响和作用,给出大数据背景下人力资源绩效管理的创新策略。二是薪酬管理中的大数据应用。大数据对企业的薪酬管理也产生巨大影响,根据大数据时代薪酬管理改革面临的机会和挑战,给出大数据背景下人力资源薪酬管理的创新应用策略。三是招聘管理中的大数据应用。同样的,大数据和人工智能技术给招聘模式带来了巨大变革和挑战,给出大数据背景下人力资源招聘管理的应对策略。四是培训管理中的大数据应用。数字技术下,在线学习和培训成为常态,这对传统的组织内人力资源培训也提出了挑战,使得企业的人力资源培训存在的问题突显,需要构建大数据背景下企业人力资源培训的新模式。

基于大数据应用视角的人力资源数字化转型,包括人力资源规划的数据化、招聘与配置的数据化、绩效管理的数据化、激励管理的数据化、人才培养的数据化。

(1)人力资源规划的数据化。在互联网大数据环境下,人力资源管理者可以通过企业的各类信息系统,搜集各种企业内外部数据信息,并结合整个企业的远景目标和人力资源管理的战略目标、员工个人发展、人员流动状况,对员工的数量、质量、结构、人员的流动性提供客观、精确的分析,为及时做好人才储备计划提供科学的决策依据,推动人力资源规划从凭经验、靠直觉决策走向用事实、数据说话。

(2)招聘与配置的数据化。大数据在人岗匹配与人员招聘上的典型应用方式有两种:一是依托大数据进行岗位需求分析,构建人才画像。在明确企业各岗位技能需求和胜任力特征的前提下,可以通过先进的大数据技术对企业员工数据库中的信息进行甄选,建立一套有效搜寻、识别优秀人才的机制,并针对不同的职位描绘"数字画像"以便识别出具有较高绩效的人才,最后根据企业所需要招聘的职位来设计人才测评问卷,通过企业内部现有高绩效人才所填写的问卷进行评估,进一步完善人才的"数字画像"。二是通过社交网络进行招聘。人力资源管理者可以通过关注移动社交媒体(如微信、微博等)的方式,及时地获取每位应聘者的立体化信息,例如,个人视频图像、工作资料、生活条件、社会联系、工作技术能力等,使得招聘者能更清晰、更准确地了解每一位候选者的具体情况,实现人岗精准有效的匹配。

(3)绩效管理的数据化。大数据在绩效管理中的应用有三个方面:一是利用大数据建立优秀员工的"数字画像"作为考核标准。二是可以增强员工对绩效考核的参与程度和积极性。三是预测员工绩效并及时进行辅导。

(4)激励管理的数据化。主要有两种应用场景:一是通过对人才市场各企业岗位薪酬信息的采集、比对了解行业薪酬水平,并对员工的价值创造情况进行客观科学的评价,及时对自身薪酬水平进行调整,从而做到价值分配的公平、及时和全面。二是企业可以综合分析员工在生活、工作中的各种信息,挖掘企业员工在物质、精神、心理等多个方面的价值需求与期望,分析企业员工的价值取向及其追求,对不同的员工采取差异化激励措施,促使企业员工满意度和工作效率得到提高。

(5)人才培养的数据化。人才培养数据化主要有以下三个方面:一是公司可以利用大数据技术搜集与员工自身所在岗位需求、绩效表现、晋升意向等密切相关的数据,通过大数据分析,形成针对不同类型、各种年龄层次员工的个性化职业生涯规划路径,为其量身打造人才培养方案,帮助他们迅速地胜任自己的岗位。二是依托人力资源大数据,可以有效地帮助企业人力资源管理工作者准确识别和了解企业员工对于学习的需求、行动、模式以及实际效果,制定出有利于企业培训的策略,促进培训体系改进,提高培训效率。三是企业可基于员工过往培训资料数据的综合分析,精准地把握员工的实际工作情况以及能力素质水平,在此基础上对其未来所从事工作及职业技能培养需求进行预测和模拟,制订与之契合的培训方案,有利于更加有针对性地挖掘和激发企业员工的工作潜能,增强企业员工对公司的信任感和忠诚度。

三、案例视角的解读

基于案例视角的人力资源数字化转型,主要以某个企业为案例,分析大数据时代该企业人力资源管理各个模块所面临的具体问题及成因,从而提出相应优化策略。例如,以某互联网企业为典型案例,借鉴谷歌、腾讯在推行人力资源管理大数据研究方面的成功实践,分析大数据在人才招聘、绩效考核、人才评估三个领域的应用,并从实践当中抽象得出大型、中小型的企业将互联网大数据广泛应用于推行人力资源管理的途径和方法。或者以生产制造企业为实践案例,探讨该企业在人力资源管理上存在的问题,并针对该企业的招聘、培训、工资和绩效三个管理模块提供了改善措施及相应的优化建议。或者以国有企业为例,分析其在互联网和大数据时代背景下人力资源规划、招聘、配置、培训、工资和绩效几个方面所遇到的问题,继而提出了解决对策。还可以以互联网企业为例,以企业的大量数据化人力资源管理服务活动的实践为素材,总结他们的大量数据化人力资源管理的基本运行模式和保障。

关于案例视角的解读,主要是从个体到整体的推广和借鉴,以总结经验和标杆做法为主,从不同行业企业的人力资源数字化转型中给出人力资源数字化转型的方向、路径、策略的不同解释。

综上所述,现有研究从三种视角对人力资源数字化转型进行了解读,从共性来看,人力资源数字化的主要特征是人力资源计量化(HR Metric)、人力资源分析化(HR Analytics)以及人力资源智能化(HR Intelligence)。计量化指一个员工对应一套数据,通过每个员工配备的指标体系、数据标签积累数据;分析化指挖掘数据间的关系,依托数字化实证基础,发现企业特定管理规律,提升管理的可靠性和有效性,并升级契合组织自身成长路径的管理手段,实现柔性管理;智能化则指运用智能化工具,提升人力资源各场景管理效率,如在招聘场景利用算法实现人岗匹配,在培训场景根据员工画像精准推送培训内容等。总而言之,人力资源数字化转型是一个逐步深入的过程,可以赋能提高企业人力资源管理的精准度、可靠性,提升员工工作效率与工作体验。

第二节　人力资源数字化转型的核心基础

企业的人力资源数字化转型需要做好充足的顶层设计和安排,需要建设好各种软硬件体系,然后才可以对原有的工作流程进行数字化改造,对管理内容和服务能力进行数字化创新,提高人力资源部门与其他部门的协同效应,提高效率。

一、管理基础

人力资源数字化转型是一个系统工程,需要管理决策者从管理思维上做出转变,做好人力资源管理制度的衔接与融合,进行数字技术与软硬件建设以及人力资源管理部门新型工作体系建设。

(1)人力资源管理理念改变

对于一般企业内部的人力资源管理而言,其数字化转型集中于运用数字化技术来提高生产经营分析、数据融合与共享互换的专业化能力,并通过此类能力来提高企业在决策管理改革等方面的科学性和精准性。人力资源数字化转型要求企业人力资源管理者转变理念,从过去"被动地发展人力资本"逐步转向"主动发现并优化问题,提高人力资源管理对其他管理活动的支撑能力",这样可以在保证资本最大化的同时,更好地推动战略发展。

(2)人力资源管理制度的衔接与融合

从人力资源管理最基本的内容来看,其数字化转型要先对最基础的人才发展、绩效评价、薪酬管理等管理体系进行全面的数字化升级,然后逐步建立标准化的数据治理体系,以促进内部管理体系和制度的有效融合。

在完成此类数字化升级后,人力资源管理部门应充分利用新信息系统中的数据资源、分析模块等，对企业人力资源管理状况或其他生产经营活动状况进行分析，发现人才管理问题，或者通过分析人力资源管理信息来发现组织各类生产经营活动中存在的问题。在此基础上，人力资源管理部门能够为企业上级管理部门或其他生产经营管理部门提供决策相关的意见参考，由此将人力资源管理和企业内部其他生产经营管理体系更有效地衔接起来，提高数字化人力资源管理对企业其他领域管理活动的支持水平。

(3) 数字化技术能力与软硬件建设

企业的人力资源管理部门全面提高自身数字化技术能力，其中关键能力有两个：一是数据挖掘和分析能力。例如，烟草专卖企业可以通过深度挖掘专卖营销人员的工作绩效和各类相关评价数据，来分析本地消费者对各类新型烟草产品的喜好，从而帮助经营部门调整产品供应方案和营销方案。二是自动化和智能化分析能力。例如，烟草专卖企业的基层专卖人员和监督人员工作环境较为复杂，常规监督工作收集数据的难度较高，可以利用物联网技术和自动化分析技术来对这类人员的工作情况进行自动采集和智能化分析，提高相关绩效考核的准确性，降低人力资源部门绩效评价的难度。当然，这两类技术能力发展需要建立在数字化软硬件基础建设较为完善的基础之上，部分数字化基础设施建设不足的国有企业应当先做好基础建设，再发展相关技术。

(4) 人力资源管理部门职能与定位调整

企业领导应当对人力资源管理部门的职能与定位进行调整，使该部门突破传统人力资源管理的界限，从全盘系统化和数字化发展的角度重新定位人力资源管理部门的职能。除了做好一般的人才发展与培养、绩效与薪酬管理工作之外，人力资源管理部门应当承担以下几个方面的新型任务：一是将人力资源管理信息系统与企业其他管理系统衔接，基于数据共享、数据标准统一等基础工作，提高人力资源部门对其他生产经营部门的信息支持。二是向人力资源管理部门分配数据采集与整合以及数据分析等基本任务，同时赋予该部门数据分析工作创新的自由空间，不断挖掘人力资源管理信息价值，使其为企业各领域决策提供更多样化的支持。三是向人力资源部门安排决策工作，人力资源部门应定期对人才发展和企业生产经营情况做综合分析，为管理层提供决策支持。

(5) 人力资源管理部门新型工作体系建设

企业数字化转型背景下，人力资源管理部门应当对内部工作小组进行细化调整。一是要对原有的基础管理小组进行精简，以信息技术替代冗余的人才发展、绩效考核、薪酬管理等岗位，并及时吸收专业信息技术人才以保证基础人力资源管理工作质量。二是将基础管理领域的人才解放出来并投入多部门协同支持、决策支撑等新型工作领域。人力资源部门自身要做好基本的工作方法创新和流程优化，同时也要与其他部门沟通，并编织新的企业内部互联网络或沟通体系，发挥人力资源部门对其他职能部门的支持作用。三是运用数字化技术来推动人力资源管理体系的透明化发展，突破原有的组织边界，使基层员工也能了解企业人才需求，使其能够借助人力资源部门分享的知识等资源，快速精准地实现自我发展和提升，由此达成为员工赋能的目标。四是发展智能化人力资源管理技术，成立专业研究团队，自主开发数据挖掘和应用工具。

二、数据基础

人力资源数字化转型的重要基础是数据,需要构建完善的数据"采—存—管—用"机制。

(1)"采"数据

人力资源大数据主要源自人力资源部门在管理工作中所产生的业务、资料、行为、过程、结果等信息内容。为了更好地辅助管理决策,人力资源大数据的内涵需要进一步扩展,在采集时不仅要有业务数据,还应有员工行为数据;不仅要有企业内部数据,还应有外部的行业数据和宏观数据。

(2)"存"数据

由于数据量极大,数据类型多元化,且不断动态变化,同时,数据分析工作又要求数据的检索效率较高。因此,数据存储需要打破传统的关系型数据库形式,采用非关系型数据库,优化数据存储,为后续的数据分析提供支持。

(3)"管"数据

针对业务数据,企业需要制定数据标准,以保障数据在多个业务模块之间的互通流转;针对员工行为数据,注重数据获取的渠道,在做好员工隐私保护的前提下,合规、便捷、全面地获取员工行为信息;针对外部的行业数据和宏观数据,需要扩展数据获取的渠道,通过网络爬虫等工具提高数据获取的效率。

(4)"用"数据

在数据应用方面,在做好数据流转共享的同时,还需要设置合理的应用权限体系,保障数据安全。此外,还需加强数据应用中的脱敏处理,以保护商业机密和员工个人隐私。

本部分内容将在第三章重点阐述,此处不再赘述。

三、场景基础

人力资源数字化转型需要立足于各个应用场景,突出数字化对人力资源管理的增值与赋能。

(1)岗位核心特征提炼

一个岗位的任职资格可能包括很多方面,然而多维度的评价不仅提高了评价的复杂度,结果的合理性也有待商榷。因此,抓住岗位任职的核心特征对于提升人力资源管理效率和针对性具有重要作用。基于此,可以分别采用特征选择的过滤法、包装法、嵌入法对不同岗位高绩效人才的基本信息,如性别、年龄、籍贯、工龄、学历、技能、爱好等变量进行相关性分析,构造不同类型岗位的核心特征指标,以此作为后续员工招聘、培训和绩效管理等工作的依据。

(2)人才市场数据分析与智能招聘推荐

合理的人力资源规划和招聘活动,不仅需要关注企业内部战略方向和需求,也需要把握外部人才市场的状况。在招聘方面,对于部分基础岗位探索无人化自主招募,通过招聘平台爬取并分析行业人才需求信息和简历信息,为人力资源规划工作提供参考;基于对招聘平台人才简历库的分析，建立招聘信息精准投放的智能匹配模型；基于求职简历、面试中的行为信息与岗位核心特征指标的匹配度，不断完善胜任力模型，设计相应的智能算法，实现简历自动筛选和候选人自动甄别。

（3）基于员工行为数据的工作评价

员工工作态度是工作评价的重要维度。员工在工作过程中会产生假勤记录、价值观行为记录、流程处理效率、工作群活跃度、学习培训频次等多个维度的行为数据，这些数据能客观地反映员工的工作态度，进而影响工作绩效表现。然而，每种行为特征对绩效的影响程度是否相同？若存在差异，哪些行为特征对绩效的影响更为显著？企业可以应用客观赋权的标准离差法、熵权法、CRITIC 法对行为指标进行综合评价，也可以采用多元回归的方法，进一步挖掘分析员工行为特征与工作绩效的关联关系，有助于制定有针对性的管理措施。

（4）培训内容智能推荐

传统的员工培训虽然会通过需求调查了解员工需求，但是由于员工自身对培训需求的定位并不一定准确，导致调查结果的实际价值偏低。因此，企业有必要通过对历史培训记录数据的挖掘，为员工智能推荐匹配的培训课程。例如，以高绩效员工的历史培训数据为样本，通过关联分析，发现不同培训内容之间的关联规则，对员工进行培训课程的智能化推荐。

（5）基于随机森林的员工行为预判

人力资源管理决策活动离不开对员工潜在行为的预判，如应聘候选人未来是否会有较好的业绩表现？在职员工未来是否有离职的倾向？这些问题可以通过随机森林算法，以历史应聘简历中的关键信息为属性节点，以入职后的绩效表现为类别，进行样本训练，对应聘候选人未来的业绩表现进行预测；此外，基于历史员工离职档案信息进行样本训练，也可以对当前在职员工的离职倾向进行预测。

（6）员工数字画像

有助于清晰描绘岗位要求，树立人才标准，提升招聘精准度与效率，为后续的员工选拔、培训、晋升、定薪、淘汰等提供数据驱动的决策依据。员工数字画像包括三个层次：一是岗位基本数据，主要从任职资格角度刻画；二是员工基础数据，主要从员工个人信息、历史工作沉淀数据刻画；三是预测性数据，主要通过前期研究的预测模型进行分析和刻画。

第三节　人力资源数字化转型成功的要素

人力资源数字化转型是从传统的人力资源管理模式，逐步过渡到使用信息化系统，再进一步变为整合更多数字化技术，以社交、移动、分析、云及 AI 技术实现人力资源服务和流程的数字化转型，实现新技术应用支撑、人才数字化管理、人力资源运营数字化、人力资源决策数字化、工作场所数字化。

一、人力资源数字化转型的目标要明确

人力资源数字化转型是数字技术倒逼的结果。世界处于数字化技术应用的大潮中，云计算、大数据、物联网、移动应用、人工智能、区块链、AR/VR、互联网化等新一代技术迅速发展，促进传统企业进行数字化转型。新技术带来商业竞争逻辑的改变、传统雇用关系的改变，进而推动企业组织模式的变革，部分人力资源需求逐步被机器替代，驱动着公司提高效率，降低成本，改善用户体验。在这种背景下，企业的人力资源数字化转型的目标一定要明确。

人力资源管理数字化转型的目标，即重构人力资源业务流程与管理模式，打造具有先进性、唯一性、智慧化、平台化、生态化的新一代平台级服务型的人力资源管理系统，建立决策分析和业务预警平台，实现对人力资源管理主要指标、核心流程实时监控，全面感知人力资源管理情况，提前判断、智能分析、智慧决策，辅助人力资源管理人员分析决策，进一步提升人力资源管理水平。

二、人力资源数字化转型的方向要正确

以新技术应用支撑、人才数字化管理、人力资源运营数字化、人力资源决策数字化、工作场所数字化为方向推进。

一是要有新技术应用支撑。人力资源数字化首先需要开展数据集成，消灭数据孤岛，实时、准确、完整、一致地获取数据，及时洞察分析公司内外部人力资源数据，以数据驱动战略业务。通过大数据技术解决数据集成、分析问题；通过人工智能技术，打造智慧化人力资源，用数据智能说话，辅助决策分析；通过云计算解决性能按需动态分配问题，提升用户体验；通过微服务，解决系统扩展性，实现低耦合高内聚。

二是人才数字化管理。实现将数字化技术充分应用在人才吸引、人才招聘、人才挖掘、人才发展等环节，通过数字来度量人（特质、潜力、贡献、价值等），挖掘人才，发挥人才价值，以提升公司组织能力，激活组织活力，打造与公司战略匹配的人才供应链，这是人力资源部门在数字化时代的最大价值。

三是人力资源运营数字化。公司要重新定位人力资源管理价值，通过管理制度化、制度流程化、流程表单化、表单信息化，灵活应用数字化运营思维，利用数字化相关技术，提供方便快捷的智能管理工具，完善人力资源运营流程，实现业务规模化、智能化、集成化和自动化发展，让HR们从繁杂的事务性、操作性劳动中解放出来，将这些工作交给信息系统，自己全身心投入人事管理和员工服务当中，提升业务运转效率和用户体验，提高人力资源管理水平和服务水平。

四是人力资源决策数字化。以全方位的人力资源管理数据（包括人、财、物等）为基础，将大数据、人工智能与人力资源管理专业知识相结合，从战略制定、组织运营与决策、人才管理、干部优选、核心指标监控等场景出发，建立量化分析模型，洞察和挖掘人力资源数据价值，辅助人力资源管理决策，驱动管理变革。

五是工作场所数字化。公司应用新的人力资源管理技术打造统一的移动智能化、社

交平台化和个性化工作场所,通过一站式服务门户,突破组织边界,建立网络式架构,降低团队沟通的成本,提高团队工作的效率,提高员工的使命感、工作归属感以及敬业精神,实现团队之间的智慧高效协同。

三、人力资源数字化转型要有序推进

新时代数字化转型带来了商业模式、业态、技术等方面的变化,人力资源管理也需要适应数字化时代的发展。

第一,人力资源管理数字化转型不仅仅是业务流程、数据和信息向数字化平台的简单转移,更是一个从蛹化蝶的进化过程,是从一种工作方式进化到另外一种全新的工作方式,需要从思维方式上进行转型,避免仅将数字化工具看作简单的技术手段,应对人力资源管理的核心业务流程进行战略性转型和革命性改变,将数字化思维贯穿人力资源管理的方方面面。

第二,优化人力资源管理数字化运营平台。企业要提高人力资源管理数字化运营的效率,实现人力资源管理的流程化、自动化,积极运用人工智能、可视化数据分析等先进技术手段,了解人才管理现状,科学预测人才管理面临的挑战,为组织科学的人才决策提供保障。

第三,加强数字技术在人力资源管理过程中的应用。以数据为基础,加强大数据、人工智能、区块链、云计算等数字技术在人力资源档案管理、招聘及培训、薪酬核算、绩效考核中的运用,全面提升人力资源管理数字化能力,运用智能化、信息化技术改善人力资源管理流程,提高人力资源管理的员工服务效率。新时代,数字化的人才选拔、任用、培育、引进一体发展战略将成为人力资源管理的核心环节,应推动人力资源管理信息的互联互通,从而顺应全球数字化趋势。

第四,进一步完善适应新型劳动关系的人力资源制度和政策。在数字经济和平台经济的催生下,企业要灵活用工形式,使用工形式多样化,使传统雇用制逐渐向灵活化转变。人力资源管理也应匹配灵活就业相关机制,填补灵活就业方面的空白。具体可以从以下几个方面展开:一是增加与灵活就业相关的公共就业服务,及时公布灵活就业岗位的供求信息,举办灵活就业专场招聘会,为灵活就业人员提供就业指导服务。将灵活就业纳入职业技能培训的范畴,鼓励人力资源服务机构加强对灵活就业人员的服务,为灵活就业人员提供专场招聘、技能培训、职业培训补贴等服务,增强灵活就业者的就业能力。二是政府、企业和工会等主体应紧密协同,促进灵活用工制度规范化。指导企业有序规范进行"用工缺"调剂,帮助有"共享用工"需求的企业精准、高效匹配人力资源。依托劳务市场或零工市场等平台,实现供需精准匹配。明确企业在保障灵活就业者劳动权益中的责任,引导工会、企业共同商定相关行业灵活就业的工时标准、劳动定额标准等规范。三是完善劳动法律制度、人力资源管理制度,及时更新灵活就业职业分类,并将灵活就业纳入立法内容或规划,在社会保障及人力资源管理相关政策制度中增加有关灵活就业的条款,进一步明确规范灵活就业人员的相关权利、社会保障等。

四、人力资源数字化转型要构建数字化生态

人力资源数字化转型要构建数字化生态,以新人才、新工作、新管理及新工具共同构建数字化生态体系。要实现人力资源管理数字化,单纯依靠信息技术并不够,需要利用新人才、新工作、新管理、新工具等基本要素实现人力资源管理的全方位升级。人力资源数字化核心要素如图 1-1 所示,四要素相辅相成、协同发展,帮助企业构建数字化生态体系。

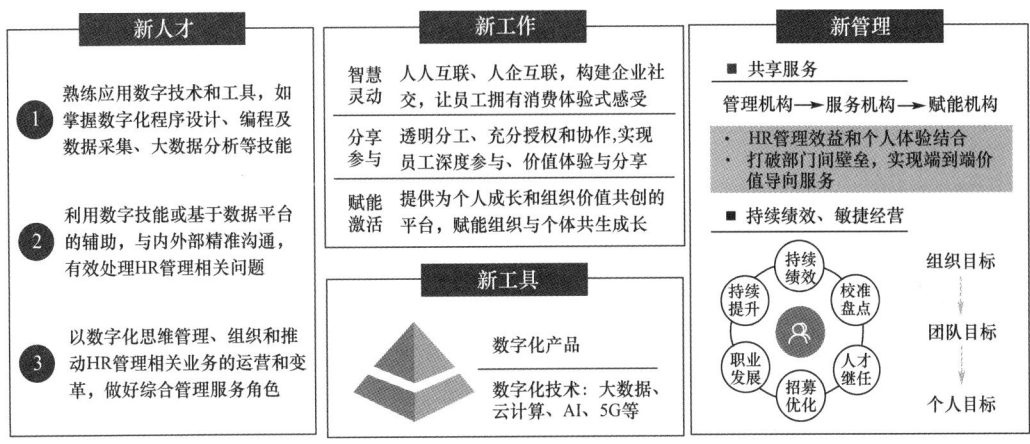

图 1-1 人力资源数字化核心要素

(1)新人才是人力资源数字化的核心要素,指企业内部具有数字化意识,熟练掌握和使用数字化工具的员工。熟练应用数字技术与工具,如掌握数字化程序设计、编程及数据采集、大数据分析等技能。利用数字技能或基于数据平台的辅助,与内外部精准沟通,有效地处理 HR 管理相关问题。以数字化思维管理、组织和推动 HR 管理相关业务的运营和变革,做好综合管理服务角色。

(2)新工作指智慧协同的数字化工作场所,连接流程、资产、设备与人员,赋能员工自主决策、自主成长。新工作呈现三大特征:智慧灵动、分享参与、赋能激活。智慧灵动即人人互联、人企互联,构建企业社交,让员工拥有消费体验式感受。分享参与即透明分工、充分授权和协作,实现员工深度参与、价值体验与分享。赋能激活即提供为个人成长和组织价值共创的平台,赋能组织与个体共生成长。

(3)新管理指人力资源管理流程化、信息化和智能化,以及顺应时代发展趋势的人才管理新方式,在当前环境下即聚焦于赋能员工、激活组织。新管理首先表现为共享服务,实现管理机构向服务机构、赋能机构转变,从而使 HR 管理效益和个人体验结合,并打破部门间壁垒,实现端到端价值导向服务。新管理其次表现为持续绩效和敏捷经营,使人力资源的绩效实现校准盘点、人才继任、招募优化、职业发展、持续提升、持续绩效的闭环循环,在实现组织目标的同时,促成团队目标和个人目标的实现。

(4)新工具是人力资源数字化的重要基础,为人力资源管理的数字化和智能化提供强大的数据、技术、信息和平台等支撑。不仅仅提供数字化产品,还提供数字化技术,包括大数据、云计算、AI、5G 等。

本章小结

人力资源数字化转型已成为趋势,本文在案例导入的基础上,从人力资源数字化转型的理论解读、人力资源数字化转型的核心基础、人力资源数字化转型成功的要素三个方面进行了内容阐述。基于不同的视角,人力资源数字化转型的内涵和内容都不相同,但都体现了人力资源计量化、人力资源分析化以及人力资源智能化的特征。人力资源数字化转型的核心基础包括管理基础、数据基础和场景基础,在这三要素中,管理是基础,数据是核心,场景是应用。人力资源数字化转型需要有明确的目标、正确的方向,整体推进要有序,最终构建人力资源管理的数字化生态。

课后思考题

1. 结合熟悉的企业案例,举例说明大数据在人力资源管理中的应用。
2. 人力资源数字化转型中,管理基础、数据基础、场景基础各起到什么样的作用?
3. 人力资源数字化转型成功与否,主要受哪些因素影响?
4. 如何理解人力资源管理的数字化生态?举例说明。

实训作业

1. 搜集人力资源数字化转型成功的企业案例,撰写一份详细的调研报告,或者做成PPT进行汇报展示。
2. 以某一个招聘平台为例,分析其是如何对人才简历库进行分析,如何对招聘信息进行精准投放的。

延伸阅读

人力资源数字化转型实践

南方电网公司自2019年以来开展数字化转型和数字南网建设行动,深度应用基于云平台的新技术,实施"4321"建设,即建设电网公司的客户服务平台、管理平台、企业级运营管控平台、调度运行平台四大业务平台;建设数字电网和物联网、南网云平台三大基础平台;实现数字政府及粤港澳大湾区利益相关方和国家工业互联网的对接、建设完善统一的数据中心。

人力资源管理数字化转型属于电网管理平台的重要组成部分,提出"持续优化完善企业级信息系统,基于南网云平台,云化改造人力资源管理系统"的想法。南方电网公司人力资源管理数字化转型主要步骤如图1-2所示。

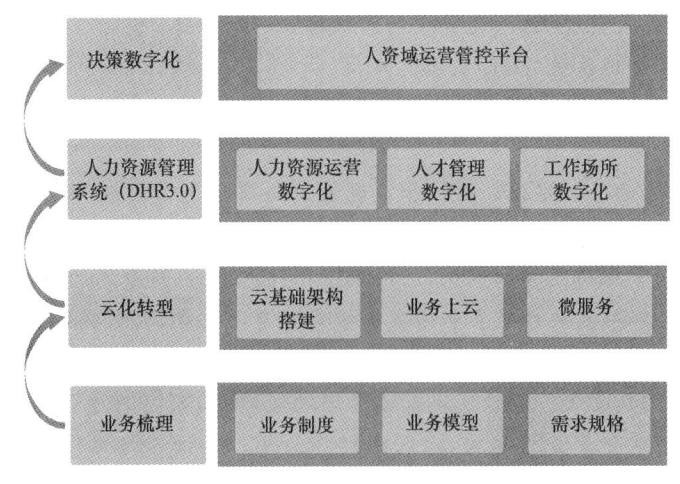

图 1-2 南方电网公司人力资源数字化转型框架

（1）业务梳理

全面梳理南方电网公司人力资源业务现状，结合机构调整、权责划分和管理变革（扁平化、去机关化、项目制）情况，通过业务梳理，精准描述人力资源业务工作流、信息流，明确业务流程、业务表单，做好业务顶层设计，主要从业务框架、管控策略、业务流程三个维度开展。业务梳理如图 1-3 所示。

一是业务框架：划分一级业务、二级业务和业务事项。

二是管控策略：从管控策略、规范策略进行梳理。

三是业务流程：从流程图、业务表单、业务协同、业务风险点进行梳理。

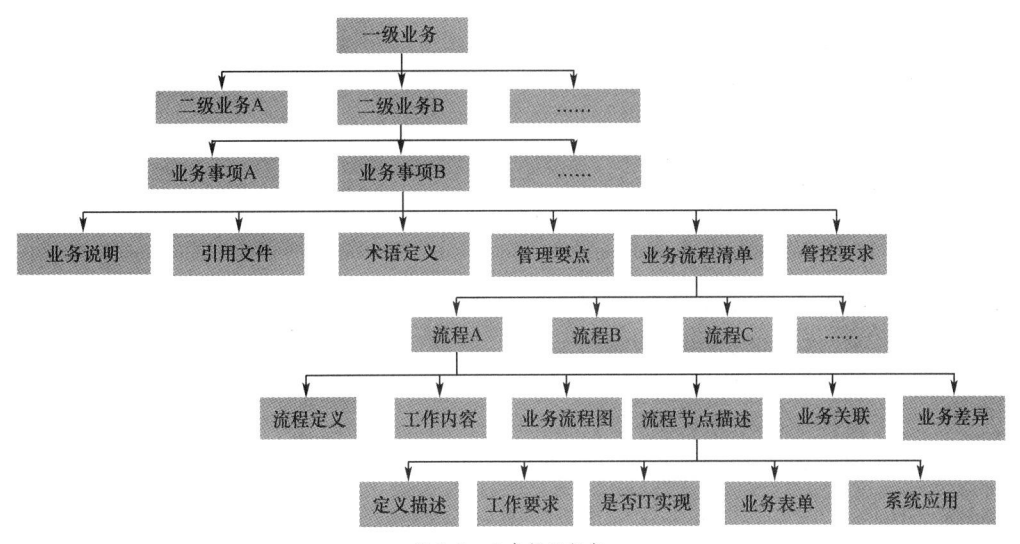

图 1-3 业务梳理框架

（2）云化转型

南网云是支撑南网数字化转型和数字南网建设的重要基础，通过构建融合大数据分析组件、人工智能组件统一云平台，实现资源配置集约化、业务应用服务化、应用开发敏捷化和开发运维一体化。南方电网人力资源管理系统（DHR3.0）采用前后端分离、后端进行微服务改造的方式实现上云,部署方式采取网级一级部署。

(3)人力资源管理系统(DHR3.0)

南方电网公司人力资源管理数字化建设是基于公司电网管理平台开展,主要规划包括以下三点内容。

一是人力资源运营数字化。设计和实现组织与岗位用工管理、员工招聘和离退休管理、干部和员工绩效管理、薪酬福利教育培训管理、统计报表管理、评价管理、数据质量管理、人力资源计划管理功能管理模块,利用数字化技术能力,建立人力资源运营管理平台,实现业务流程线上运转,统计报表和固定模板文档自动生成,大大提高业务运转效率和工作质量,解放人力资源业务管理人员。

二是人才管理数字化。设计实现人才管理功能模型,研究基于干部员工队伍核心数据和特征信息,搭建全景数据架构,以人才标签为基础刻画人才画像、岗位画像、任务画像,通过建设以人才标签为主线的员工职业生涯,全过程数字化管理系统,实现全方位、多角度的综合分析和场景化、数字化、形象化应用,为管理者提供可视化和可量化的人才数据,全面、精准和及时地了解人力资本数据。

三是工作场所数字化。设计实现自助服务功能模块,力图通过员工自助服务给员工提供全方位服务、极致体验,包括信息查询(个人信息、薪酬社保、政策制度等)、咨询问答(智能客服、HR指南、在线咨询等)、业务办理(休假申请、因私出境申请、快速入职、住房补贴申请、申请证明等)、社交服务(工作圈、人际关系网络、员工祝福、员工画像、课程推送等)。

(4)决策数字化

人力资源运营管控平台通过与人力资源管理系统(DHR3.0)无缝融合,围绕各层级领导关注的主题和业务工作需要,充分利用人力资源管理信息系统指标数据和报表数据,可视化监测公司人力资源制度和标准执行情况,为公司总部开展监督、考核、评价和决策分析提供依据;同时通过构建数据分析模型,采用横向对比、历史趋势分析、数据预测、纵向数据钻取、分类对比等分析手段,多维度地实现关键指标和业务主题的数据分析以及智能化预警功能。具体包括以下两点。

一是建立人力资源运营指标看板。基于人力资源核心指标(全员劳动生产率、用工人数、人工成本利润率、人事费用率等)建立指标看板,在线实时监控指标当前值、目标值、完成率、历史趋势、预测趋势,实现指标动态分析、明细钻取和风险预警。

二是建立决策分析平台。开展组织机构、干部人才、员工队伍、离职人员、工资分配、业绩考核、培训评价等数据主题分析,能够有效挖掘指标和数据背后的问题,查找管理短板,制定管理提升措施,推动业务策略变革。

南方电网公司将以更大的力度、更开放的心态拥抱数字化转型,从企业层面、组织层面推进变革,促进人力资源管理模式不断优化、创新,帮助员工建立数字化思维,使员工创新性地思考,乐于接受新技术、新工作方式,让数字化贯穿员工职业生涯"选、用、育、管、留、退"全过程,构建数字化人力资源管理模式,建立具有现代战略性特征的人力资源管理体系,助力南方电网公司成为具有全球竞争力的世界一流企业。

资料来源:陈罗武.数字化转型为企业带来的影响[J].人力资源,2022(6):20-21.

第二章 数字化人力资源管理的理论

　　数字化人力资源管理颠覆了传统的人力资源管理模式，改变了管理者的角色定位，提高了工作效率，提升了员工的工作积极性。数字化人力资源管理一切以数据为基础，充分利用数字技术构建新的人力资源管理模式，使得管理活动更加复杂化、便捷化、精准化、定制化。与传统的人力资源管理相比，数字化人力资源管理有其独特的方面，如数字化选才、数字化育才、数字化用才和数字化留才等，而对员工敬业度、员工体验的理解也更加深刻。本章内容对数字化人力资源管理进行界定，介绍数字化人力资源管理的内涵与特征；阐述数字化人力资源管理的方法，以及人才生命周期的数字化管理过程；对员工敬业度进行了全面剖析，从敬业度的概念界定、结构维度、影响因素到决定机理进行了介绍；对员工体验感的重要性进行了阐述，并论述了员工体验感的内涵，以及如何构建极致化的员工体验。

学习目标

1. 理解数字化人力资源管理的内涵和特征
2. 了解数字经济时代人力资源管理的方法
3. 掌握人才生命周期数字化管理过程
4. 理解员工敬业度
5. 理解员工体验感

知识结构图

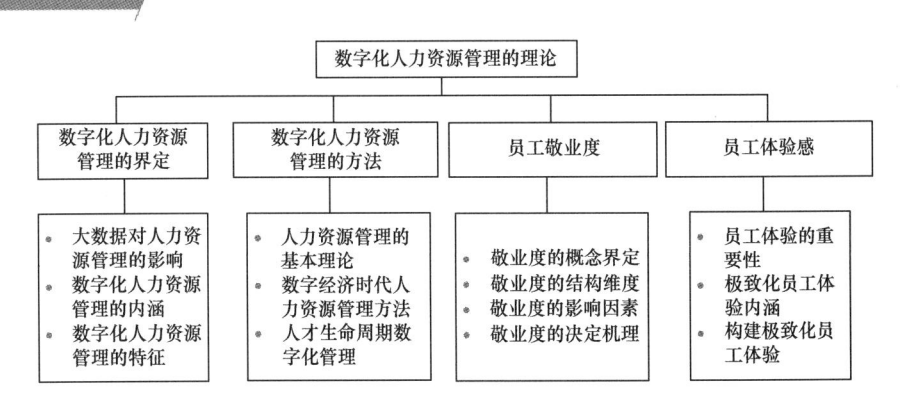

```
                        数字化人力资源管理的理论
         ┌──────────────┬──────────────┬──────────────┬──────────────┐
    数字化人力资源      数字化人力资源      员工敬业度          员工体验感
      管理的界定          管理的方法
    
    • 大数据对人力资     • 人力资源管理的    • 敬业度的概念界定  • 员工体验的重
      源管理的影响         基本理论          • 敬业度的结构维度    要性
    • 数字化人力资源     • 数字经济时代人    • 敬业度的影响因素  • 极致化员工体
      管理的内涵           力资源管理方法    • 敬业度的决定机理    验内涵
    • 数字化人力资源     • 人才生命周期数                        • 构建极致化员
      管理的特征           字化管理                                工体验
```

引 例

爱彼迎(Airbnb)公司的员工体验

爱彼迎公司成立于2008年,是美国一家经营旅行房屋租赁业务的企业,如今在全球191个国家或地区的34 000个城市拥有超过1 000 000套房源信息,成为全球共享经济领域中的佼佼者。

爱彼迎是率先实践员工体验的企业之一。2015年,公司成立员工体验团队,替代先前的人力资源管理部门,主要负责管理工作环境、内部沟通、员工奖励、各式主题和纪念日庆祝活动等。2016年,爱彼迎公司在美国著名招聘网站玻璃门(Glassdoor)的"最佳工作场所"名单中排名第一;2017年,公司又在领英(LinkedIn)"顶级公司:当今世界上想要工作的地方"列表中排名第11位。爱彼迎公司的员工体验工作团队以"为员工创造难忘的工作体验"为目标,在与员工有关的所有管理环节中进行检验和改进,包括招聘流程、员工培训与发展、工作环境营造、薪资福利等,以提高员工的归属感和主人翁意识,给员工足够的话语权,让员工参与工作目标的制定和规划。在员工福利方面,爱彼迎的员工体验也较为丰富,包括免费的一日三餐、家一般的办公场所等,在爱彼迎的办公室可以看到厨房、图书室、冥想室、瑜伽室、家庭花园等。爱彼迎的员工体验管理为企业的人力资源管理者提供了新的思路,能够给企业带来竞争优势,使企业长足发展。

资料来源:根据人力资源案例网的相关资料整理

第一节 数字化人力资源管理的界定

一、大数据对人力资源管理的影响

大数据时代的到来,为企业管理带来了创新理念,给企业人力资源管理带来全新的思考视角,数字化人力资源管理成为时代主流,一方面有效提升了企业管理效率,另一方面最大限度激发了员工积极性。

(1)大数据使角色定位发生转变

大数据给企业人力资源管理带来的角色转变主要体现在三个方面:一是从"经验+感觉"到"事实+依据"。过去企业人力资源管理在员工评估及配置上主要凭借个人经验、文化水平甚至是关系亲疏来进行决策,在大数据时代,将摒弃"经验+感觉"的主观判断,而是基于数据反映的"事实+依据"做出人力资源管理决策,减少决策偏差,实现科学管理。二是人力资源管理人员从数据采集者转变为管理决策者。传统的人力资源管理模式下,从业者的工作内容主要包括对于员工的考勤、人事报表、工作情况等数据进行采集分析,在大数据条件下可以利用综合性管理平台高效开展数据的汇总、统计,将传统的人力资源管理从业者们从烦琐的信息收集整理中解放出来,把更多精力投入到管理、分析和决策上。三是人力资源管理从幕后走向前台。外部环境的快速变化使得企业环境和组织目标的不确定性变得更为突出,在互联网和大数据的支撑下,人力资源部门将拥有更多机会,成为其他业务部门必不可少的合作伙伴,从而加深对组织战略目标所起到的支持和推动作用。

(2)有效提升管理效率

过去缺乏大数据技术的支持,人力资源管理往往是经验导向的,根据前人经验规定企业制度和做出企业决策。而在大数据支撑下,人力资源管理是数据导向的,注重管理的科学性、准确性。依据客观数据开展人力资源管理,既能提高管理的效率效能,又能提升决策工作的科学化、精准化水平。例如,在招聘过程中,整合分析个人在网络中留下的各种非结构化信息,发掘得到一些能够真正体现和反映兴趣爱好、个人特征、素质与技术能力的信息,从而可以实现高效准确的人才岗位匹配,实现资源配置的精准化;在日常工作中,通过持续记录个体学习行为数据,企业可以对员工能力及效率进行数据化分析,更加准确地发现员工培训需求,使得培训能够有的放矢。

(3)充分调动员工积极性

传统人力资源管理的重点是关注群体行为的管理,强调标准化。但是随着企业员工个性化需求的不断增长,人力资源管理也从注重标准向注重个性转变。数据化管理为这种转变提供了重要的途径。例如,在有效掌握员工基础信息的条件下,通过互联网或其他合规的渠道,搜集掌握企业员工有关个人成长发展经验、知识专业背景、工作实践行为、兴趣爱好等非结构化的相关数据并对其进行深入分析,可以发现员工的个体需求。在此基础上,可以更为精确、有针对性地为员工提供教育培训、社会保障、家庭关怀、团队建设等方面的福利和服务,实现员工激励的个性化、精准化,充分地调动员工积极性,更好发挥其个人生产力。

二、数字化人力资源管理的内涵

数字化人力资源管理这一概念经历着历史演进,是从人力资源管理信息系统(Human Resource Information Systems,HRIS)、信息化人力资源管理(E-lectronic Human Resource Management,e-HRM)、虚拟化人力资源管理(Virtual Human Resource Management,v-HRM)的基础上演进而来的。

从历史视角看,科学技术发展及其演变一直影响组织的HRM,并具有越来越重要的作用。在早期人事管理阶段,人力资源管理者采用人力资源管理信息系统实施计划、管理、决策和控制活动,目的是降低管理成本、减轻人力资源部门的管理负担。20世纪90年代开始出现信息化人力资源管理,e-HRM是在人力资源管理实践中出现的信息技术计划、实施和应用,也是与信息化时代相适应的人力资源管理和战略模式转变。到21世纪初期,组织为适应复杂的竞争环境,通过网络技术与其他组织建立伙伴关系,以扩大其战略范围、增强适应性,形成虚拟组织。虚拟组织通过将非核心业务转移给其他组织以提升核心竞争力,出现虚拟化人力资源管理。v-HRM是以伙伴关系为基础,以信息技术为载体,帮助组织获取、发展和利用智力资本的一种基于网络的人力资源新架构。与以往 HRM 模式不同,v-HRM 打破了组织界限,构建由内外部利益相关者组成的技术中介网络,许多人力资源功能虚拟化,以更多地利用外部资源,促使 HRM 更加重视过程、信息以及关系管理。随着数字化时代的到来,大数据、云计算、人工智能、物联网等新兴信息技术被广泛应用,促进企业数字化转型,企业 HRM 正经历数字化带来的变革,出现数字化人力资源管理,以数字化驱动人力资源,其本质是使用新兴技术手段,通过创新方式重塑员工体验,激发组织价值创造。

学者们对数字化人力资源管理的概念界定基本上可以分为三类,详见表2-1。从技术视角看,研究者认为技术的采纳使工作场所和人员管理更加智能。从功能视角看,学者们主要关注数据分析功能对人力资源管理流程和决策的影响。从综合视角看,研究者既关注技术在 HRM 领域的应用,也关注技术对 HRM 功能的影响。

表 2-1 数字化人力资源管理相关概念

视角	定义	概念	研究者
技术视角	涵盖 HRM 和信息技术之间所有可能的整合机制和内容,旨在为目标员工和管理层在组织内部与组织之间创造价值	e-HRM	Bondarouk & Ruel (2009)
	工业4.0的一部分,在数字技术方面有所创新,如物联网、大数据分析、人工智能(AI)和快速数据网络,如4G和5G,以有效管理新生代员工	SHR 4.0	Sivathanu & Pillai (2018)
功能视角	一种由信息技术支持的人力资源实践,使用人力资源流程、人力资本、组织绩效和外部环境相关数据进行描述、可视化和统计分析,建立业务关联关系并实现数据驱动决策	HRA	Marler & Boudreau (2017)
	基于工作中产生的非结构化数据,利用数据分析技术、经验、工具,为员工和管理者提供有关人才方面实时性或具有洞察力的决策参考	大数据人力资源管理	西楠,李雨明,彭剑锋,等(2017)
综合视角	使用数字技术和适当数据以提高 HRM 活动效率和有效性	HRM digitalization	Zhou, Liu, Chang, et,al(2021)
	通过与员工、候选人及其决策相关大数据和分析技术实现人力资源功能的实施	Big Data HRM	Verma, Singh, Bhattacharyya (2020)

资料来源:李燕萍,李乐,胡翔.数字化人力资源管理:整合框架与研究展望[J].科技进步与对策,2021,38(23):10.

综合以上数字化人力资源管理的演进过程和概念界定的研究,本教材认为:数字化人力资源管理(Digital-HRM)是指利用数字技术获取、分析和应用一切有价值的数据,实现数据驱动决策以建构全新的 HRM 运行模式,提高 HRM 效率,提升企业组织能力的管理模式。

三、数字化人力资源管理的特征

数字化人力资源管理的五大特征:人力资源管理活动的数据驱动、管理复杂化、管理便捷化、管理精准化和管理定制化。

(1)人力资源管理活动的数据驱动

首先是数据获取方面。数字化人力资源管理更多地利用计算机进行数据收集,不仅搜集就业经历、技能和能力、学历和人口统计信息等结构数据,还搜集来自员工工作(移动电话的位置数据、上网记录、电子日历等)、与人交流(如电子邮件、电话记录和在线协作工具)及其交流内容,如电子邮件、即时通信工具对话和短信内容等,以及与客户交流的录音等非结构数据。

其次是数据存储方面。数字化人力资源管理将数据存储在基于云的数据库中,改变了 HRM 相关信息的存储、处理和分发方式。云计算技术使实时处理 HRM 相关的更大数据量成为可能,并允许不同实体(组织)相互协作。例如,一个组织的人力资源部门可允许一个用户/实体/公司从多个来源访问数据,有助于提高工作效率,降低运营成本,达到满意的管理水平。

最后是数据分析方面。数字化人力资源管理中,大数据能够将各模块信息和数据串联起来,提高 HRM 数据分析的科学性和有效性。

(2)管理复杂化

首先是员工与组织关系变得更加复杂化。数字化时代,技术改变了雇用边界,员工的移动性和灵活性更强,员工可能在不同组织以全职、兼职、零工或者随时随地组成工作团队的形式存在。数字化人力资源管理的对象既包含那些全职工作者,也包含那些没有受雇于组织的员工,即数字化时代员工与组织关系变得更加复杂化。

其次是员工与技术的关系发生变化。如人工智能技术的不断进步及传感器的改进,使得机器人能够做出更复杂的判断,并学习如何执行任务以及与人类沟通,在工作场所中扮演员工、同事的角色,人—机协作也变得越来越普遍。在此情况下,人与机器人工作职能的分配、信任等问题使得 HRM 变得更加复杂。

对组织而言,利用数字技术进行决策也变得更加复杂。人力资源现象往往是复杂的,人员评估与决策都存在许多争议,智能化算法的应用也可能扩大与加剧人工决策存在的问题。

(3)管理便捷化

尽管数字化时代 HRM 活动变得更加复杂,但数字技术的使用也使 HRM 更加便捷。例如,物联网方便组织及人力资源部门实时追踪、监视、监听员工工作情况。通过员工在工作中使用或佩戴相关管理工具,组织可以获取 HRM 相关数据,如员工需求、资格、表现、身体活动、心理状态或社会状况等。同时,方便实时管理,更好地控制业务流程,并在问题出现时立即采取行动和参与预防性解决方案。数字技术应用简化和方便了具体的人力资源管理实践,例如,人工智能驱动的绩效管理系统允许使用实时数据,向员工和公司提供更多实时反馈,而数据驱动的 HRM 可消除绩效管理中的偏见。此外,数据技术有助于提高人与人、人与数字技术之间的协调效率,人力资源管理者通过算法等手段实施人力资源流程管理,如工作分配和绩效管理,并不需要面对面的交互。基于数字技术的线上系统还有助于提高信息传递的及时性和准确性,从而降低沟通成本、提升协调效率。

(4)管理精准化

数字化人力资源管理的精准化体现在对员工"选""用""育""留"整个流程上。首先是"选"人,大数据为招聘工作提供更广泛的平台。利用大数据技术,组织可获取应聘者相关信息,包括个人照片、生活状况、社会关系、能力等,使应聘者的形象变得更加生动,并提高正确匹配候选人的概率。其次是"用"人,基于大数据思维,组织可建立庞大的员工数据系统,利用现代信息技术计算员工之间的业绩差异,并分析差异出现的原因,如员工的技术专长、个性甚至生理指标等,根据这些数据,组织可进一步了解员工能力和素质,从而将员工放在合适的岗位上,最终实现人岗精准匹配。再次是"育"人,组织可利用员工在工作中使用或佩戴的相关管理工具获取HRM相关数据,如员工的需求、资格、表现、身体活动、心理状态或社会状况等,根据这些大数据以及实时雇佣相关数据分析,人力资源管理者可从后台流程为每个员工设计培训和发展计划。利用人工智能还可为员工提供正确的职业道路和拓展其能力,帮助员工在现有职位上发挥潜能,并提高其晋升抱负。最后是"留"人,组织可以依靠人工神经网络预测员工流失情况,包括哪些员工可能离开,发现影响离职的一些隐蔽因素;还可为人员配置提供预测信息,这些信息有助于组织主动管理员工流动,减轻离职带来的负面影响,例如,谷歌公司引入一套预测算法,并利用其灵活性实施薪酬调整以避免员工离职。

(5)管理定制化

定制化也是HRM的重要特征。一方面,组织以员工为中心,允许员工在办公室、家和任何地方工作。这种无处不在的工作环境不仅满足员工工作需要,还有助于员工平衡工作与生活。另一方面,定制化管理还表现在HRM实践活动的各个方面。例如,在员工培训方面,组织可以通过大数据了解行业与职位需求,并结合员工个性化的需求、期望、绩效及贡献等,为其设计培训和发展计划;在薪酬管理方面,组织可利用数字技术为员工创建个性化薪酬;在员工职业生涯管理方面,通过对员工的兴趣、晋升意愿、职业经验和表现、职业规划等信息进行定量分析,HR可以更好地了解员工的职业兴趣,从而为员工提供量身定制的服务,降低员工离职率,实现企业与员工双赢。如IBM公司应用Blue Match软件通过算法为每个员工提供职业晋升和新工作的建议推动员工职业发展,这些算法基于员工的兴趣、之前的工作经历、培训以及有利于其在工作中获得成功的个人特征,为员工提供合适的建议。IBM公司2018年已获得新工作或晋升的员工中有27%得到Blue Match的帮助。此外,IBM公司的MYCA(我的职业顾问)人工智能虚拟助手还可以帮助员工确定其需要提高哪方面技能。

正是由于具有以上五大特征,在具体的数字化人力资源管理实践中,企业需要培养员工的数字技能,员工需要具备更广泛的技术、理性以及信息获取、处理、生产和使用能力。企业也应更加重视员工隐私保护,数字化时代,社交媒体、网络的使用让个人数据的获取变得更加便利和不易察觉,而且由于网络上数据发布机制的特殊性,很难保证信息不被泄露。组织应限制数据使用者的范围与权限,并对员工进行相关培训,甚至可以就数据使用、隐私泄漏等安全问题提出相应规章制度以及处罚措施。除此之外,企业也需要恰当地处理好人机合作问题。

第二节 数字化人力资源管理的方法

一、人力资源管理的基本理论

（1）综合激励理论

综合激励理论最先由美国学者提出，指的是对员工的激励结果进行合理安排，并对绩效管理工作进行全面落实，使员工的需求得到满足，以此来确保相对应的激励效果。换言之，企业要明确各个岗位的具体职责，员工要保质保量地完成工作内容和工作目标。

（2）需要层次理论

马斯洛将人类需求划分成不同层次，并对各个层次的需求进行全面研究。对企业员工来讲，企业在满足员工基本生活需求的同时，要对员工的高层次需求加强关注，并尽量使高层次需求也得到满足。

（3）人本管理理论

人本管理理论认为，由于社会处于不断发展变化的过程中，人类的管理理念也会随之发生改变，由物体向人不断转变。按照人本管理理念，员工成为企业中最具价值的资源。企业在员工自身能力、心理素质以及特长等基础上，来为其提供适宜的岗位，以此来使员工的潜力和价值得到最大化体现，从而使员工的综合素养和职业价值等都得到显著提升。

二、数字经济时代人力资源管理的方法

（1）创新人力资源管理内容

首先，构建完善的绩效考核体系。企业人力资源管理人员要明确提高员工工作积极性对企业发展具有一定的积极意义，数字经济时代的特征之一为信息碎片化和智能化，人力资源管理人员要对工作的速度和时效加以重视。因此，在调动和激发员工工作积极性时，要让员工对人力资源管理人员的工作价值产生认同感，并建立对应的亲密关系，使得彼此形成一定的默契，以此来充分理解和认同企业传递的价值，这是人力资源管理的工作目标。企业工作价值来自多个方面，在数字经济时代背景下，板块融合理念得到不断渗透，人力资源管理人员要对员工个人主体价值予以尊重，让不同员工在不同方面发挥自身的价值，共同创建或打造企业的文化。此外，人力资源管理人员不可以利用同一套标准来要求所有员工，要从多个维度来对员工进行科学合理评价，同时通过制度来有效地保障员工的切身利益。

管理人员要对绩效考核体系进行全面构建，绩效考核中不但要包含员工个人业绩和潜力，还要对综合情况进行评估。在该过程中，让员工对考核体系产生正确认知，并对考核的重要性产生了解。在进行全面评估时，要正确判断员工的工作态度和能力，并及时指出员工的问题，以此来使问题得到妥善解决。除此之外，在评估档案中详细记录相关问

题,在长期考核中观察员工的成长,使员工对自身产生正确认知。与此同时,在年度考核中增设月度和季度考核,合理划分相应的比重,从而使年终考核结果过于主观的情况得到避免。

其次,优化薪酬分配和奖惩机制。构建相对完善的绩效考核体系之后,要对薪酬分配和奖惩制度不断优化,两者之间进行全面融合,可以调动员工的积极性,增加企业内部活力。因此,管理人员应将绩效考核与薪酬奖惩等进行挂钩,让员工可以在工作中更加积极和投入。另外,要为员工做好职业规划,让员工具有职业发展目标,在自身得到不断成长的同时,也可以为企业发展提供助力。除此之外,将员工绩效和企业奖励、分红等有效结合,以此来增强员工的责任感,从而使相关工作顺利完成。

(2)开展培训活动提升员工综合素养

在数字经济时代背景下,企业要对人力资源管理的重要性形成正确认知,合理把控各项管理工作,并有效开展员工培训工作。企业在发展运行过程中,要对内部管控情况进行全面关注,显著提高相关管理工作的效率,以此来为自身发展质量的显著提高提供正向助力。具体可从以下方面入手:第一,企业人力资源管理人员对员工培训管理工作加强重视,并全面开展相关培训活动,让员工能够对数字化经济环境产生正确认知。同时对员工进行正向引导,使员工不断学习专业方面的知识,以此来使自身的知识结构得到全面完善,从而能够有效应用先进的技术方法。第二,企业管理人员要对各个部门的情况以及岗位需求等全面掌握,并在此基础上,开展针对性的培训工作。在培训的过程中,要对数字化安全生产以及信息技术等予以全面体现,以此来提高员工的综合能力。第三,企业要保证培训内容的多样化,员工要对大数据、信息化技术等方面的知识全面涉猎,这样能够更好地理解和掌握数字化管控内容,提高员工自身综合能力的同时,可以让数字化发展战略体现在企业人力资源管理之中,从而为企业的数字化发展提供基础条件。

(3)构建数字化人力资源需求预测模型

在数字经济时代下,企业人力资源管理工作要重点突出其及时性、准确性、针对性等特征。为了实现这样的目标,要全面应用数字化信息技术的数据分析功能,以此来使人力资源管理需求预测工作得到有效开展。具体从以下方面入手:第一,企业在数字化技术的辅助下,科学预测人力资源需求总量。通过企业的业务开展、生产技术应用等,在数据模拟方式下,科学预测企业未来一段时间内的人力资源需求总量,以此来为人才招聘和培养工作的开展提供参考依据。第二,企业在数字化技术的辅助下,科学预测人才需求结构。企业在自身业务实际开展状况以及未来业务开展所需人才数量等基础上,利用数字化技术来全面分析员工素质和业务开展之间的异同点,以此来合理分配人力资源开发和建设等环节中的资源占比,从而有效增强人力资源开发的高效性和针对性。第三,企业通过数字化技术来预测人才素质结构需求,不同企业或业务对人才素质要求也存在明显的差异性。因此,将员工素养当成标准来构建需求模型,将预测结果当成参考依据,以此来使员工培训方案能够被合理化制定,有助于提高不同类型员工的综合素养,进而将人力资源管理的优势进行充分发挥。

（4）重构优秀企业文化增强凝聚力

在数字经济时代中重构企业文化,使企业经济发展的价值理念得到有效体现。在实际经营过程中,企业应对自身实际管控状况全面分析,并将企业文化融入人力资源管理之中,使员工了解企业文化,以此来对良好的企业文化氛围进行有效营造,不仅可以使员工处于良好的环境中开展工作,还可以使员工的凝聚力明显增强,以此来全面增加企业的经济效益。首先,重新构建企业文化,企业要组织开展相关交流会,对企业中的光荣事迹进行大力宣传,为员工树立榜样,使员工能够对自身提出更高的要求。其次,企业可以定期开展文艺表演活动,并增加相对应的奖励活动,让员工能够积极投入其中,以此来使员工对企业文化产生认同。当员工在企业中具有归属感时,就可以在工作中最大化释放自身潜力,以此来使相关工作顺利完成。最后,人力资源管理人员要对员工生活方面的困难全面了解,切实有效地解决员工的困难,同时与员工和谐相处,使员工能够感受到来自企业的温暖,增加对企业的信任感,为企业健康稳定发展奠定基础。

（5）优化人力资源管理工作的流程

现代企业人力资源管理活动中涉及较多流程,如选人、用人等,为了使该项工作能够顺利开展,可以将数字信息化技术引入其中,以此来起到优化工作流程的作用。具体要对以下方面内容加强重视:第一,对选人和用人环节来讲,利用数字化技术预测人力资源需求,制订科学有效的招聘或分配计划,使人才和工作岗位之间能够更加匹配。第二,在育人环节中,利用数字化技术来分析人力资源和职位之间的匹配度,当两者匹配度相对较低时,企业要将该环节当成重点来优化。同时科学调节和优化人才培养计划,适当增大企业培训知识范围和资源投入,以此来使人才培养方式更加多样化。当数字信息技术得到充分应用时,可以使员工线上学习的需求得到满足,保证员工的知识结构和职业素养得到完善与提升。第三,从留人的角度来讲,要制定具有吸引力的薪酬福利待遇,使员工高层次需求得到满足,同时突出企业文化构建和员工职业生涯管理方面的针对性。因此,企业应通过数字化技术手段来构建沟通交流平台,实时关注员工的利益诉求和发展需要,体现出企业对员工的尊重,科学打造互利共生、健康和谐的企业文化环境。需要注意的是,对生活困难或遭遇不幸的员工要制订帮扶计划,人力资源部门要科学有效地制订和执行该计划,以此来使员工面临的困境得到缓解,也可以让员工对企业更加忠诚,使企业人才队伍的稳定性明显提升。

三、人才生命周期数字化管理

（1）人才生命周期理论

生命周期（Life Cycle）的概念应用很广泛,特别是在政治、经济、环境、技术、社会等诸多领域经常出现,其基本含义可以通俗地理解为"从摇篮到坟墓"（Cradle-to-Grave）的整个过程。产品生命周期理论是由美国经济学家雷蒙德·弗农于1966年在《产品生命周期中的国际投资与国际贸易》中提出的,他从产品生产的技术变化出发,分析了产品的生命周期以及对贸易格局的影响。雷蒙德·弗农认为,制成品和生物一样具有生命周期,会先后经历创新期、成长期、成熟期、标准化期和衰亡期五个不同的阶段。正如一个产品有其产生、形成、发展和衰退的周期一样,组织中的人才也有其生命周期。一般而言,人才生命周期大致可以划分为引入阶段、成长阶段、成熟阶段和衰退阶段。

引入期。在引入期时,员工往往冲劲大、有热情、可塑性强、部分人员也有空想表现,存在人员流动率高等问题,这一阶段企业应大力发掘员工特点,做到人尽其才,并加以培训。在工作中要注意保护员工热情,让他们接触一些公司内的高手,使之明白"天外有天"的道理,尽可能在这个阶段把他们的行为纳入企业规范。

发展期。经过磨合以及优胜劣汰的检验,有能力的员工渐渐浮出水面。希望做出成绩,希望得到提升是他们的心愿,这时也会伴生新老员工的矛盾与冲突,企业这时主要任务是发展人才,留住人才,把其中确有实力的派往重要岗位,并努力降低内耗、促成团结。

成熟期。经过前一段时间的考验,有能力的人才脱颖而出,逐步走上领导岗位。这个时段的人才睿智、理性,对企业的各方面游刃有余,但也容易产生骄傲自满的情绪。企业除应给予足够的薪资待遇,为其解决后顾之忧外,也要大力提倡忧患意识和企业远景展望,需要强调的是,企业主要留心一些核心员工的动向,对提出辞职的要尽量挽留,因为百里挑一的员工离去,对企业的影响怎么形容也不为过。从许多企业的兴衰史来看,这也是许多企业无法成长的原因。企业除了多方面创造良好的外部环境,平时还应多做观念上的沟通,激发他们在大环境上的雄心。一方面增强员工的工作素质,提高员工的技能,让他们认识未来竞争靠的是规模与技术的有机结合。另一方面,企业主自身也要转变财富分配旧观念,在市场经济条件下,尊重人才最重要的表达方式之一就是提高人才待遇,共享企业进步。

衰退期或持续发展期。这期间部分人员可能表现为满足现状、注重形式、刚愎自用而不思进取,企业这时应制订员工再培训计划或自省改进方案,重新焕发他们的斗志,并分别给予调整置换。也有部分人才仍保持持续的成长性,其主要特征表现为:具创新力、学习力、忠诚度。创新力是现代经营能力的构成要素,而且也是人才努力工作的原动力之一;学习力是人才保持持续成长、跟上发展步伐的源泉;忠诚度是人才敬业心、责任感的基础,特别在当今人心浮躁的社会,它也是一种稀缺资源。对这种具有综合素质的人才的考察培养应贯穿整个周期,因为他们往往是企业未来的栋梁,企业主可以把他们列入重点培养对象。

(2)数字技术在人才生命周期的应用

数字技术在人才生命周期中的应用,大大提高了工作效率,降低了人力成本,丰富员工管理模式。

第一,数字化选才。

数字化选才可以提升员工招聘效率。大数据时代,企业从职位发布、简历甄选、推荐给用人部门、面试、Offer发放等环节,会产生出许多的数据信息,原先这些招聘的数据信息散布在各个HR和面试官手里,这就会导致招聘数据分析表面化,并且容易出现错误。单一离散的数据意义不大,只有将这些离散的数据进行整合和储存,才有可能进行精确数据分析。实行数字化转型,运用数字化整合全链路招聘流程数据,将各个方面对人才的管理贯彻到数字化平台中,实现智能化、集中化和自动化的管控。例如,在北美猎头公司SourceCon举办的人工智能招聘大赛中,机器人仅仅用了3.2秒就筛选出了合适的简历,速度是顶尖猎头团队的 28124 倍；数联寻英运用大数据招聘，在校园招聘的准确度能达到 60%，社招也能达到 50%。

数字化选才可以降低员工招聘成本。首先是时间成本的降低。为了避免无效招聘，招聘前期需要对岗位需求进行分析，数字化招聘可以创建岗位画像，数字化全面分析岗位用人需求，节约了大量的时间。而随着大数据和人工智能的发展，数字化的招聘渠道多样，进行数据分析极大地缩短了招聘工作的时间。其次是人工成本降低。数字化招聘模式在简历筛选中利用人工智能和大数据进行智能简历信息分析，评析个人优势、劣势及重要关注点形成可视化标签，相对于传统招聘模式人工筛选简历，数字化招聘可以更加科学地进行简历筛选，这便节约了大量的人工成本。在招聘测评的过程中，数字化招聘测评结果由 AI 进行处理并出具分析报告，避免了 HR 或主管部门需要通过笔试的方式对候选人进行测评并出具结果；在面试过程中可以使 AI 与面试官协同面试，并出具不同的面试结果分析报告，对候选人进行综合评价，这样可以提高面试的效率，降低招聘的成本。企业也可以利用大数据分析员工的离职倾向，为留住员工采取针对性的措施，从而降低因重新招聘而产生的各种成本。

数字化选才可以丰富员工招聘模式。当前员工招聘模式发生了相应的变化，形成新型的数字化招聘模式。但企业并不是将传统招聘模式跟数字化招聘模式绝对地区分开来，让他们独立存在并发展，而是要将二者充分地融合，弥补传统招聘模式的不足，进一步完善员工招聘模式。虽然企业的招聘流程，目前仍以人工为主导，但在与应聘者的联系沟通以及对人才的综合评估等方面，可以运用数字化技术作为辅助，丰富员工招聘模式，招聘方式更加公开透明。同时，传统招聘模式与数字化招聘模式的结合，也使企业在员工招聘时可以运用数据挖掘，精确筛选出企业所需要的目标人才，并且利用人工智能建立起自动甄选简历模型，逐步改进员工招聘的全产业链服务布局，从而实现招聘智能化。

第二，数字化育才。

数字化育才即企业的数字化人力资源培训，企业的培训必须要先共享化和敏捷化。首先，构建起内部共享平台，帮助员工能够更便捷地获取相关培训资料，并不局限在部分企业员工之中，而是要将企业培训作为全面、平等的工作内容。其次，在开展企业培训的过程之中，应当要充分利用数字化时代移动设备、传媒的高效、便捷性优势，构建起企业内部培训平台，让培训网络化，企业员工只需要应用手机 App、计算机、培训系统等就可以快捷地进入到企业培训平台之中，在培训平台开展培训工作，进一步地扩大培训范围，让所有员工都能够平等地获得培训机会。在培训完毕以后，企业可以通过培训平台的问卷、虚拟应用等方法，对所有员工的培训效果予以评估，并及时地反馈到企业管理中。最后，企业的培训应当要遵循个性化、沉浸化原则，通过数字化技术对员工的个人需求以及职业需求进行培训内容的选择，提高员工的学习效率。

数字化育才注重人工智能技术的应用。人工智能技术在人才培训工作的融合应用，可以促进培训工作的合理性、适应性和针对性，最大程度上提升企业人才效益，降低人才流失成本。在人工智能技术依托下，可以利用 VR 虚拟模拟技术，对真实的工作场景进行模拟，让员工在真实的工作场景中进行培训，切身感受企业文化氛围和工作氛围，营造更加生动、趣味、形象的培训氛围，吸引员工积极参与，使其能够尽快适应企业岗位工作需求,提升培训效果;综合利用人工智能、互联网信息技术、大数据技术等,构建系统、完善的培训体系,确保培训内容、培训方式符合企业实际状况,确保与企业文化的契合度,保障培训科学性,优化培训成果。人工智能可以和大数据技术联合应用,对每一位员工的性格、兴趣、专业、岗位等数据进行全面采集、整理和分析,以便结合实际情况,为其制订针对性和个性化的培训方案,提升人才培训登记精准性和高效性,深度挖掘员工的潜在价值,使其为企业提供更加优质的服务。

第三,数字化用才。

首先是建立数字化人力资源规划框架。该框架要涵盖人才需求预测、人才供给预测、外部环境因素、人才来源等多个方面,将需求与供给的差距进行合理的分析,综合考虑企业预算、劳动力市场的变化、相关法律政策、市场经济环境等因素,拓展人才来源的渠道,最终提出人力资源规划的综合性方案。

其次是建立人才画像,推进数字化人才管理。面向过去的人才画像以提炼群体特征为目的,仅需要少量的数据就能进行描述性统计分析,预测力不强,应用范围一般。而未来的数字化人才画像则以预测人群特定结果为目的,通过推断统计、人工智能算法对人才的能力、行为、经历、绩效等多方面信息进行分析,预测力较强,应用范围广,并且需要定期更新。企业通过建立自己的数字化人才画像,对企业的全部人才进行调研测评,组建数字化人才库和人才梯队地图,更好打造人才全生命周期的管理体系,通过人才融合引领业务与数字融合。

再者是数字化用才要整合数据。打通人才数据、业务数据、财务数据,以及人力资源各个板块的数据壁垒,实现数据融合。构建企业的数字化分析能力,借鉴工业生产企业模式,建立"人力资源看板",将组织设计和识别的指标数据实时显示,并且不断更新,让数据产生价值,为企业生产、经营、管理、决策服务。高级别功能不仅要实现数据看板的描述性分析,还要强调横向对比功能,将自身数据与行业市场做比较,通过数据建模,预测人力资源管理中的各项可能事件,有效降低管理风险。通过描述性分析、预测与指导分析,及时掌握数据的变化趋势,实现及时干预,充分发挥人力资源数据的价值,赋能组织实现战略目标,最终实现企业战略与数据驱动的人才战略高度一致。

第四,数字化留才。

首先是将绩效系统与业务系统打通,建立绩效执行过程中的反馈机制,进而将目标与日常工作计划相结合,以绩效留才。数字化转型在绩效管理中主要有三项作用:一是数据中枢,将绩效指标更加量化;二是通过改进工作方式激发变革的产生;三是通过数字化特性为全面绩效管理的落地提供机会。

其次是数字化薪酬管理。企业要利用数字化更好地计算薪酬福利的投入产出比,主要参考三个维度:一是将薪酬福利成本与业务产出相比较,确保是否做到"把钱花在刀刃上";二是实现绩效奖金的差异化分布,是否具有公平性、竞争性;三是比较员工感知,即投入是否达到了设想中的效果——提高了员工的敬业度、忠诚度、满意度。

数字化留才的重点在于薪酬管理。薪酬管理是企业人力资源管理的关键性内容,与企业各方人员的利益息息相关。一般情况下,企业利用员工绩效考核成果、工作满意度等指标,对薪酬制度的科学性与合理性进行判断评价。为了进一步提升薪酬制度的合理性,可以综合利用人工智能中的大数据技术对相关市场变化信息进行实时采集、整理和分析，构建一套与市场相连接的、系统性的薪酬制度，并综合利用大数据技术，针对不同岗位的差异性，对相关的市场信息进行全面收集，如同行业岗位薪酬水平、城市消费、就业水平等数据，并对其进行优化整理和分析，为制定更加科学合理的薪酬制度提供详细全面的数据依据，保障企业薪酬制度与市场统一性，避免企业管理中出现同工不同酬的问题，促进人力资源管理效率提升，保障企业内部和谐稳定发展。

第三节　员工敬业度

一、敬业度的概念界定

国外学者对敬业度的关注较早，对敬业度概念的研究起于20世纪90年代。卡恩（Kahn，1990）认为，敬业度是指企业和组织中的个体成员在工作中，促进与他人进行交往，认知、身体、情感三位一体的一种状态，是角色积极追求的最佳状态。马斯勒等人（Maslach et al.，2001）认为，敬业和职业倦怠是三维连续体的两个极端，是一种感觉充满内在动力和能量，并可以有效地步入到工作之中，并与同事和谐相处的状态。萧菲立等人（Schaufeli et al.，2006）认为，敬业度是一种积极、愉悦的思想，具有动态性、无私奉献和高度集中的特点。舍卢姆（Shirom，1997）认为，敬业度是一种更积极的情绪反应，是对工作、组织和环境相互作用的重要因素的情感反应。这些因素主要包括：体力、情绪能量和认知活力。迪莉斯·鲁宾逊（Dilys Robinson，2004）认为，敬业度由组织承诺、公民行为和工作动机构成，内部关系难以区分界定。

在国内，"敬业"一词由来已久，但"敬业度"却是近年来提出的相对较新的学术性概念。目前，国内外的理论研究和调查研究越来越多，但总体上还不成熟，处于起步研究阶段。曾晖、赵黎明（2009）的观点，敬业度是企业员工"思考和结果"贡献的程度，还有与工作绩效和组织价值相关的行动上的关联。杨红明、廖建桥（2009）在文献整理和深入研究总结分析的基础上，对国内外敬业度的定义进行了整理，指出，在这些定义中，有的说敬业属于行为，有的说敬业属性很难界定。

综上所述，本教材将员工敬业度定义为：员工对企业和工作本身的投入和认可度，是员工通过心理、生理和行为的高度认同和激励。敬业的员工往往具有强烈的责任感、高积极性的工作、优秀的业绩。虽然其与工作满意度、组织承诺、工作投入、心理授权、"流"等概念有一定的相似，但它们存在明显的差异。

二、敬业度的结构维度

Kahn（1990）认为，敬业度可以分为情感（Emotional）、认知（Cognitive）和生理投入（Physical）等三个维度。Britt（2001）认为，员工敬业度包括承诺（Commitment）、责任使命感（Responsibility Sense of Mission）和绩效业绩产生的影响（Perceived Job

Performance of Influence)三个维度。Schaufeli 等(2004)认为,员工敬业度包括奉献(Dedication)、专注(Absorption)、投入(Vigor)三个维度。

韬睿咨询公司(2003)认为,敬业有理性敬业和情感承诺之分。合理的敬业是通过努力工作可以获得相应的薪金报酬,可以赢得一些发展机会,可以更有效地提高自己的专业技能。这是员工从理性层面的判断。情感承诺是指员工不特别注意获得组织的物质利益,而是从工作本身和专业或高度的兴趣出发,并愿意投入情感,毫无保留和全力以赴。

盖洛普公司(2005)历经 30 多年研究,采用 GMA 量表,用于衡量员工对工作和组织环境的期望,并将承诺分为自信、忠诚、骄傲和热情四个维度。

翰威特咨询公司(2005)认为,敬业度包括留任(Stay)、赞扬(Say)、努力(Strive)等三个维度。

国内学者基于实证研究提出了员工敬业度结构维度。曾晖、赵黎明(2009)提出了六维度的敬业精神,包括活力、价值内化、任务重心、积极参与、功效和积极坚持。袁凌、李健、郑丽芳(2012)指出国有企业知识型员工敬业度的理性参与和感性参与的二维结构,并确定其影响的因素,提出了概念模型和研究假设。许立、郭亚军、王毅(2013)基于结构方程模型对制造业员工的敬业度结构进行探索与验证,开发出包含融入、责任感、投入、集中、尽职、积极主动等 12 个项目的制造业企业员工敬业度问卷,研究表明员工的敬业度由组织认同、工作态度、精神状态、责任效能等四个维度构成。萧鸣政、段磊(2014)认为员工敬业度包含主动、忠诚、效能、认同和投入五个维度的构念,在此基础上还形成了一个包含 16 个题目的测量工具。

综上所述,国内外学者和咨询公司对敬业度进行了研究,对其结构维度和衡量方法进行了讨论和分析,差异性较大。这是由于学者们对敬业度的内涵及其外延理解不同,导致研究的侧重点不同,所以衡量维度也有所不同。

三、敬业度的影响因素

(1)从个体视角分析

首先,从性别、年龄、种族等人口统计学角度进行分析。Broeck(2004)认为,女性对三种先天心理需要的满足程度要高于男性人群,而对三种先天心理需要的满足,与企业员工敬业度活力的维度,是呈正相关的。Rothbard(2001)从工作—家庭冲突的角度分析,考察了性别—男女的差异对敬业度的影响程度,结果显示,女性的敬业度比男性更易受到家庭因素的影响。Robinson 等人(2004)研究成果发现,少数族裔员工,与他们的白人同事相比,敬业度更高,主要原因分析,不同族裔员工对工作场所和环境,有不同的认知感觉。在工作岗位的角度,从工作活力、奉献精神、专注程度和效率四个角度分析,经理、副经理等企业管理人员的敬业度,明显高于非管理岗位的普通员工,这个研究结果与 Schaufeli 和 Bakker(2006)的研究结论相同,就是企业专业人员、管理人员的敬业度,明显高于警察、蓝领工人、家庭护理等人员。

其次,从性格特质方面进行分析。国内外学者在研究个体性格特质与敬业度的关系的时候,"大五"模型中的责任心、随和度、外向性、情绪稳定性和经验开放性,大多选择这五个基本的人格维度,来进行分析研究。Kim 等(2009)的研究结果表明,员工的责任心对敬业度有着积极的预测作用,而神经质与敬业度呈负相关关联。他们在研究中,没有发现外向性与敬业度的相关关联、关系。Christian 等(2007)研究结果表明,员工的自我效能感与敬业度的精神活力、奉献精神、专注维度,都呈显著正相关关联。还有学者研究发现,员工个体的自我评价越积极,就更容易适应所在的环境,他们更倾向于认为,自己拥有足够强的能力,能够满足工作上的需要,他们表现出高度的行为敬业(Rich,Lepine,Crawford,2010)。

(2)从组织的视角分析

组织因素即除个体因素之外的其他因素。

首先是工作因素。Schaufeli 等(2006)选择反馈、社会支持、管理训练三种工作资源因素作为敬业度的前因变量,研究结果发现,三者与敬业度呈中度正相关。Rothmann 和 Joubert(2007)的研究表明,组织支持与敬业度的活力呈正相关。May 和 Gilson 等(2004)实证研究发现,在工作要求与工作资源对敬业度的影响中,个体对工作的意义感、安全感及可用感的感知程度发挥了中介作用,即在工作中个体通过对工作场所、工作要求及工作中可使用的资源等的客观认识,产生了不同程度的心理状态,从而进一步影响自身对工作的敬业程度,持相似观点的还有许燕(2010)、袁凌(2012)等。Saks(2006)选择程序公平和结果公平两个互动规则因素作为敬业度的前因变量,其研究结果显示,仅程序公平与组织敬业度呈显著正相关,而结果公平对工作敬业度的作用不显著。

其次是组织环境因素。Schaufeli 和 Bakker(2006)研究发现,技能培训、绩效反馈及组织支持三种组织环境因素均与敬业度呈中度正相关。另一项研究则认为员工在一个组织中有心理安全感、被信任,并对行为的回报可以清晰预见,即感知到来自组织的支持与敬业度有显著正相关关系(Rich,Lepine,Crawford,2010)。Saks(2006)还利用亚当斯的公平理论,分别从程序公平和结果公平两个因素对员工敬业的影响做了相应分析,结果显示,相比结果公平而言,员工敬业度更受程序公平的影响。有学者从组织与员工的内部沟通方面来研究对敬业度的影响,研究结果表明,良好的内部沟通能有效促进员工产生被信任感,进而表现出敬业行为(Mishra,2014)。国内学者袁刚和袁明荣(2005)也认为,提升员工敬业度的关键在于能否创造一种能充分激发员工潜能的工作环境。综上所述,组织环境因素对员工敬业度影响的研究结论较为一致。

四、敬业度的决定机理

敬业度决定机理即哪些因素会作用于敬业度,对敬业度有深层影响作用。主要从三个方面进行介绍。

(1)工作要求——资源模型(JD-R)

JD-R 模型将各种工作要素分为两类:工作要求(job demand)和工作资源(job resource),分别研究对敬业和倦怠的作用机理。工作要求是指工作人员必须支付心理、情感、身体等方面的支出和费用。一般来说,工作本身不是一个消极因素,但如果工作要求太高,员工往往产生消极情绪,如无聊、恐惧、烦躁和倦怠。工作资源可以导致积极的工作成果,是指个人、组织、社会层面,有利于完成组织目标,促进个人发展或减少工作要求。在解释承诺和职业倦怠的机制时,后来的学者进一步完善了JD-R模式,认为工作资源可以通过满足个体需求刺激个体的关键心理状态,从而产生积极的心理状态。

(2)关键心理状态模型与先天心理需要模型

首先是关键心理状态模型。卡恩(1990)认为,由于个体存在三个关键心理状态(意义感、安全感、可用感),个体与角色之间存在着契约关系。研究表明,这些情感会促使个体对自己的职业行为进行相应的调整。意义感是指工作人员在认知、情感和身体上投入工作的感觉,期望组织给予反馈,渴望投入和产出。安全感指的是不冒自我投入的风险,内部组织和环境处于稳定状态。可用感是指个体在角色扮演过程中掌握和调配资源的心理知觉。

其次是先天心理需要模型。该模型是基于自我决定理论提出的,所有的员工个体都有自我存在、关系沟通和能力体现的最基本需要,这是该项理论的假设前提。自治需要是感到自由,在工作中不受到限制;关系需要强调通过自己的行为以减少与领导者、同事、利益相关者的路径距离。合格需要是指在工作中感受自己的力量,感受自己努力完成的工作和成就感。当这三种内在的心理需求得到满足时,个体受内部因素的驱使,在工作中可以发挥巨大潜力来实现创造性和积极的工作产出。员工在与工作和工作环境的互动中的心理状态也可以通过内在的心理需求模型来解释——具体的影响路径表明,工作资源将提高自主性、关系和能力的满意度。

(3)社会交换理论

社会和个人都有义务支付,这是由相互依存的互惠行为所决定的。敬业是员工与组织之间的双向互动,员工愿意为组织提高绩效以实现目标,对组织及个人价值观持积极的态度,组织有义务保护个人的自护行为不受资源减少的侵害。企业和组织能够而且必须提供的资源主要有经济方面的因素和社会情感方面的因素,企业的员工要求组织提供相应的资源数量满足,以确定回馈组织的努力程度。社会交换理论为这种双向角色提供了理论上的基础。在理论上,企业组织与员工之间存在相互关系。现在,针对这个角度的研究理论观点比较少,特别是针对交换标准的定性和定量的深入研究探讨。职业化程度衡量是个体与工作角色的结合,工作因素通过影响员工的心理来影响员工的行为,这取决于员工在与工作环境互动中的心理状态。

第四节 员工体验感[①]

一、员工体验的重要性

员工体验即企业在薪酬、福利、培训、工作环境、设备设施等方面的投资直接带来的员工对企业的"感觉"。员工体验是员工的一段职业与生活旅程,从员工接触企业招聘信息

---

① 贾昌荣.巅峰管理:极致员工体验创佳绩[J].清华管理评论,2021(10):14-23.

开始到员工离职的全过程,它是员工对企业的一种整体认知与感觉,员工体验的全过程如图 2-1 所示。员工体验管理就是帮员工找感觉。每次互动接触都立足于一个场景、若干触点,如商务会议、拓展训练、销售服务等场景及细化触点。总体来说,对员工体验产生实质性影响的关键项目有五个:文化体验、环境体验、关系体验、业务体验与关键体验,员工体验的关键项目如图 2-2 所示。

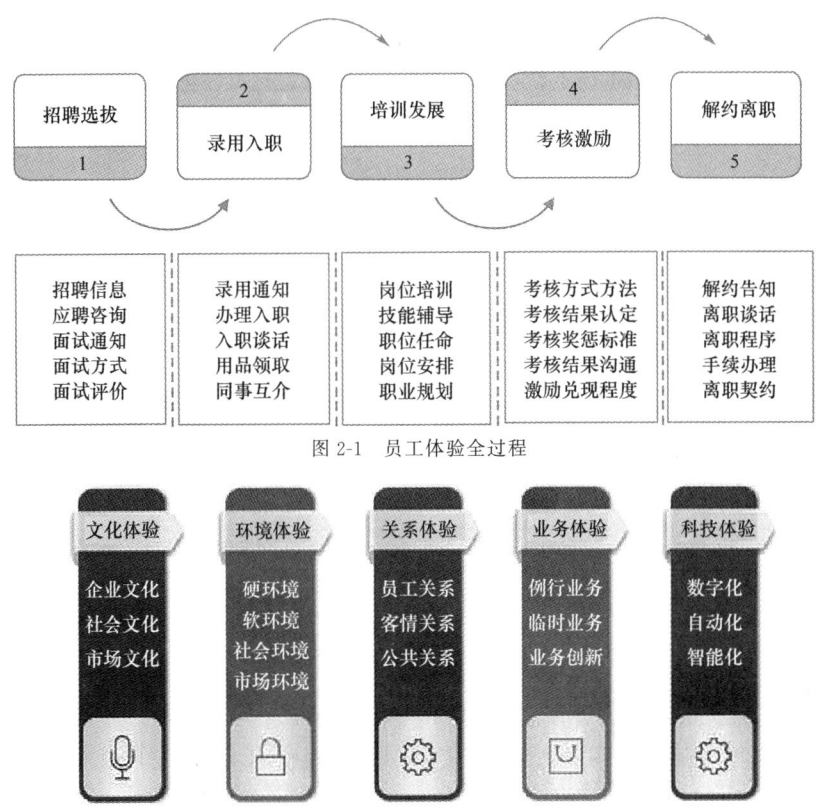

图 2-1 员工体验全过程

图 2-2 员工体验关键项目

美国奥辛顿公司总裁罗布特·后金特指出,关爱外部客户和内部客户——员工,市场会对企业加倍关爱。2018 年,伦敦商学院教授琳达·格拉顿针对 79 个国家、10 多个行业的 1 246 位企业高管开展调研,以了解现代企业面临的最大人力资源问题。结果显示,员工体验可给企业带来巨大红利,但目前大量公司尚未捕获这些红利。管理专家雅各·布摩根的研究证实,投资于员工体验的公司表现优于不投资员工体验的竞争对手,企业增长要快 1.5 倍,利润会增长 4 倍,员工收入也会翻番。

据 2017 年商业内幕网(Business Insider)发布的一组硅谷科技巨头的员工平均任职周期数据,思科员工坚持最久,长达 7.8 年,而被滴滴兼并的 Uber 员工不到 2 年就会离职,平均司龄只有 1.8 年。在 13 家公司中,员工司龄的中位数为 2.7 年。中国企业亦如此,根据领英(Linkedin)调研数据,互联网行业平均在职时间仅有 1.47 年,信息技术与服务业为 2.33 年,电信行业仅有 2.6 年。2018 年 5 月,界面新闻职场频道与脉脉数据研究院共同调研了 31 家中国顶尖科技公司的员工忠诚度问题,发现 31 家公司里没有一家员工平均在职时间超过 5 年。如果去除移动电信类电子通信类企业,互联网公司员工甚至没有一家超过3年。最短的共享单车企业ofo、摩拜还不到1年,今日头条也仅仅1年左右。

在此背景下,企业用人首选能力,忠诚度次之。恪守"忠诚第一"已不合时宜,为忠诚度做更多资源投入显得愚蠢,故更多企业选择稳住"四梁八柱":高管、中层干部、业务骨干与核心技术人员,这也是2021年格力电器、小米公司愿意拿出股份激励核心员工的主因,通过金钱、地位、关系等员工体验固化劳资关系。领英发布的《2020年全球人才趋势报告》指出,94%的HR认为员工体验对未来人才招聘与管理工作很重要,77%的HR认为可有效提升员工留职率。

员工满意度与敬业度密切相关,员工体验与员工敬业度之间也存在密切关联。《哈佛商业评论》数据显示,与员工敬业度低的企业相比,员工敬业度高的企业客户满意度增加52%,利润率将高出44%。员工体验与员工敬业度密切相关,高敬业度可使销售业绩普遍增长5%以上。然而,"Z世代"的95后员工及"千禧一代"的80后员工,他们具有明显的且前所未有的集体性格特征,如消费主义观念盛行,强调体验与个性化展现,习惯并乐于接受新鲜事物。2021年,互联网大厂"995""996""大小周"等工作制被炒得发烫,都是关于员工情绪、态度与工作积极性的,即员工体验,而"千禧一代"与"Z世代"恰是其中主角。企业应采取基于员工体验的人才观,从洞察员工需求、期待与不满出发,打造员工体验职场生态,让他们收获尊重、参与感、获得感与幸福感。

二、极致化员工体验内涵

良好的员工体验可以有效地减少员工流失率,提高员工体验是降低员工流失成本的有效策略。打造"整体感觉",即全过程、多元化、立体化员工体验是一种极致化的结果。极致是一种巅峰状态,可为员工带来最大化幸福感。极致员工体验可以分解为"八大关键词",如图2-3所示。企业可以此为理念,使员工体验极致化。

精细化服务　生动化触点　代入式观感　无摩擦互动

个性化赋能　超预期红利　场景化关怀　沉浸式情景

图2-3　极致化体验"八大关键词"

第一,极致体验是精细化服务。管理是支持性服务,管理者可以发号施令,但更应做好服务员角色。杰克·韦尔奇把通用电气带入辉煌,他认为"管理者要把自己视为员工的服务员,服务是管理者必备观念"。同基层员工为客户服务一样,管理者除了把握大局与方向以及提供能力与资源支持外,还要为员工生活服务。

第二,极致体验是生动化触点。员工在企业里,一切皆体验。员工在职业生命周期内,体验触点无处不在。如果员工感觉对,情绪正面且正确处理,负效应为零甚至产生正效应,否则会为员工与企业合作增加嫌隙。生动化触点可带来轻松、新奇、愉悦、自豪、满足……可愉悦员工"六感":视觉、听觉、味觉、触觉、嗅觉与知觉。例如,招聘信息会对应聘员工产生正面或负面投射效应,招聘人员的一言一行,招聘信息的一字一图一视频,皆事关员工体验,影响员工的"感觉"与判断。

第三,极致体验是代入式观感。职场就是体验场,无论是工作还是公司生活,员工融入才能获得最佳体验,否则,"碰壁"会带来不良感觉。不能充分融入并非只发生在职场菜鸟身上,职场老手也同样会遭遇融入困境。管理者是下属的榜样,也是下属导师。离员工越近,员工越容易融入。美国亚利桑那大学管理学院研究认为,40%居家办公者感觉与公司战略脱节,超过30%的受访者感觉自己没有得到老板的支持,不融入环境会带来落差感。

第四,极致体验是无摩擦互动。"内卷"与"躺平"是当下的两个流行词,员工体验就是追求员工关系零摩擦、零内耗,最大化割除"内卷毒瘤"。员工不喜欢被折磨得身心俱疲,而是喜欢"躺赢"。和谐的工作环境、关系与氛围对员工体验至关重要,否则组织注定腐败、腐化与堕落。上级是下级员工体验的"触发器"。在上下级矛盾中,上司是矛盾的主要面,主动让下属感到舒服至关重要。管理者只要照顾好员工,员工就会照顾好你的客户。照顾即支持、支援与服务,让员工事业蓬勃发展,而不是设置障碍或扯员工后腿。

第五,极致体验是个性化赋能。以人性化为核心的人本管理太虚无缥缈,个性化管理才是王道。员工管理应千人千面,而不是千人一面。企业推行"骨干员工计划""重点培养"就是对员工的最大关爱,采取"师徒制"老带新亦是如此,被重视与获得支持是最个性、最有效的激励体验。个性化赋能包括针对特定或骨干员工进行培训、晋升、授权、工作辅助技术与设备支持,或者提供特别的工作环境、资源。

第六,极致体验是超预期红利。"超预期"应这样理解:员工没有寄予过高期望,或员工根本没有想到。管理专家莱昂纳多·因基莱里指出,体验决定成败,只有超预期才有体验与口碑。超预期体验包括三个方面。一是体验产品迭代。员工体验产品需要创新,但要有节制。体验产品过多、体验接触点过多,会造成体验疲劳。如果缺乏创新,员工会对体验无感,也会造成体验疲劳。要追求新体验效果好于原有体验,且成本小于原体验。如企业为员工提供更高配置、更优化的办公设备会增强员工愉悦感及工作效率。二是意外体验产品。这应是能带来惊喜甚至尖叫的体验。为基层销售系统员工配发工作手机并报销话费,享受原来只有销售经理才能享受的待遇,这就是意外体验。三是意外帮助。帮助员工解决非企业责任内问题,或得到意想不到的关注与关照。

第七,极致体验是场景化关怀。工作即生活,通过工作与生活场景化关怀,为员工增添兴奋、激情与快乐,这是员工体验的巅峰境界。体验场景包括办公场景,如在公司办公、嵌入客户内部办公及在家办公,以及生活场景,如外卖订餐、食堂就餐、外出包餐等。员工福利针对端午节、中秋节、春节等节点,为员工定制具有节令文化特色的礼品,增强员工的仪式感。

第八,极致体验是沉浸式情境。沉浸式体验即当员工在进行体验活动时,完全投入到情境当中,注意力专注,滤掉所有不相关的知觉,即进入沉浸状态。利用员工的感官体验与认知体验,为员工创造最好的学习、工作与生活氛围,让员工乐在其中,进而在有限的工作时间内忘我地工作。沉浸式体验利用VR/AR以及灯光音响效果制造虚拟场景或超现实场景,员工完全身处其中,达到身心完全投入,促进企业组织预期目标或绩效达成。

三、构建极致化员工体验

多数企业高管已经认识到员工体验对公司至关重要,但只有少数的高管认为公司的员工体验很棒。多数企业在员工体验方面做得远远不够,相距甚远。最好的员工体验管理应是系统制胜、关键点突破。任何企业都做不到面面俱到,也不宜如此,立足于现实最好的解决方案是打造员工体验型组织,建立组织战略愿景,制定员工体验战术路线并予以践行。

第一,打造员工体验型组织。只有触点驱动的体验还不够,还必须围绕卓越体验来规划整个企业,这就是价值引领企业。很多企业倡导打造价值型组织,但价值锁定的是客户体验,员工体验并不在视野之内。基于此,员工体验型组织呼之欲出。顶层设计很重要,没有企业高层的认同,就可能会产生"涓滴效应",也难以得到其他下属团队领导及相对弱势的基层员工认同。为此,员工体验型组织必须实施企业级专业化管理,首席体验官须"横空出世"。巴克莱银行客户体验总监克莱夫·格里耶认为,设置首席体验官优势很多,可激发整个组织的服务热情,并能为组织设定客户体验的指标。

第二,建设员工中心型文化。企业创始人、CEO常以"非我莫属"心态自居,甚至认为没有"我"就没有企业。一切以"我"为中心,企业文化成了老板文化,即"太阳式企业文化",老板就如"太阳"。员工体验至上体现了对员工的最大尊重,我们必须做出改变,建立以员工体验为中心的企业文化。另外,人力资源管理也要转换思维,视员工为内部客户,并转换人力资源管理对象,从关注人才的进、管、出转向进、管、出过程中的员工体验。

第三,战略性规划设计员工体验。企业应按战略思维来全视角、全过程、全方位、多环节打造"客户体验链",由员工延伸至外部客户。要按照产品思维、用户思维来设计体验接触点,围绕每一个体验接触点打造标准化体验产品,以适用于全体员工或者职能、职责、岗位相近的业务单位员工。同时,还可针对特岗员工规划设计个性化员工体验包。其实,"员工体验产品规划设计应立足于工作场景,让员工感受到来自组织的关心"。员工体验设计场景化思维,要洞察员工、理解员工、贴近员工,针对员工体验关键要素,以及员工画像的"需求特征"(需求、期望、顾虑、痛点、经历等)来展开,并提供体验解决方案。这是一个平衡三方利益的工作,满足员工情感目标、企业经营目标与客户价值目标,实现内外"三赢"。

第四,体验反馈与再优化。员工体验不佳,可以通过开放渠道来解决。定期询问员工体验认知和感受,对消灭员工抱怨、提升敬业度具有重要意义。员工满意度全关重要,员工预期与实际所得决定体验结果。心理学家赫兹伯格指出,员工对本组织管理与政策、工作条件、人际关系、薪酬福利等方面异常关注,若体验不佳就会不满意。因此,上述因素也是组织"保健因素"。可见,员工满意度调查至关重要,其本质是员工体验满意度调查,会反馈员工体验不足之处。但需要注意的是,过度体验同样有损组织健康,人的欲望是无止境的,最终会让企业无以应对。

第五,数智化武装员工体验。"千禧一代"被称为"互联网原住民",而"Z世代"被称为"网络世代"。这两大群体伴随着互联网长大成才,教育程度良好,对工作数字化、自动化、智能化要求较高。"千禧一代"具有不同于上一代人的个性化、多样化、高品质生活与工作方式,对数字世界洞察度高且应用能力强。"Z世代"以社交、悦己、人设为导向,热衷于社交、娱乐与购物。目前,科技要素是日常工作中对员工体验影响最大的要素,而自动化流程、手机端应用及协同办公软件是提高员工体验的最佳着手点。因此,通过数智化改造与武装,建立 PC、WAP、APP、小程序、微信等多端工作平台,并广泛采用企业微信、钉钉、飞书等协同办公软件,提升员工科技体验。

本章小结

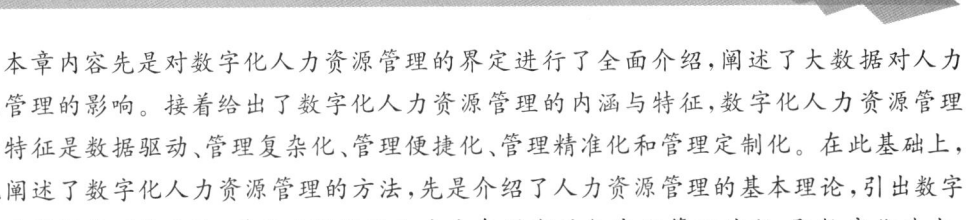

本章内容先是对数字化人力资源管理的界定进行了全面介绍,阐述了大数据对人力资源管理的影响。接着给出了数字化人力资源管理的内涵与特征,数字化人力资源管理活动特征是数据驱动、管理复杂化、管理便捷化、管理精准化和管理定制化。在此基础上,系统阐述了数字化人力资源管理的方法,先是介绍了人力资源管理的基本理论,引出数字化人力资源管理的方法,并重点阐述了人才生命周期的数字化管理过程,即数字化选才、数字化育才、数字化用才和数字化留才。最后,从员工敬业度和员工体验感两个维度,进行了相关内容介绍,包括敬业度的概念界定、结构维度、影响因素到决定机理等,以及员工体验感的重要性、员工体验感的内涵、极致化员工体验的构建模式等。

课后思考题

1. 如何理解数字化人力资源管理的内涵?数字化人力资源管理的五大特征是什么?
2. 数字经济时代,人力资源管理的方法包括哪些?如何应用数据进行人力资源需求预测模型的构建和应用?
3. 谈谈你对员工敬业度重要性的理解。数字经济时代员工敬业度的影响因素包括哪些?
4. 数字经济时代,人力资源管理工作该如何提升员工的体验感?员工体验感对企业构建竞争优势有何作用?

实训作业

1. 选择一家熟悉的企业,调研下该企业的数字化人力资源管理情况,分析其是如何进行数字化选才、数字化育才、数字化用才和数字化留才的?
2. 选择一家科技创新型企业,根据相关资料和数据,谈谈这家企业的员工体验如何?如何用数字技术提升员工体验感?

延伸阅读

神威药业:人力资源数字化支撑企业战略落地

疫情防控常态化下,神威药业集团通过新建成投用的人力资源数字管理一体化平台,人力资源部门能够与具体用人部门和求职大学生实时沟通——简历发布和收集、面试、人员培训、薪酬发放等各项工作实现在线操作,人才的选、用、育、留做到了便捷高效。

神威药业集团信息部总监高铁心说:"大量以往需要纸质文件流转、层层审批的工作都转到了线上,工作效率大大提高了。"

一个员工,从大学毕业投递简历到入职工作,再到薪酬待遇、岗位调整、职位升降等,往往会涉及企事业单位的多个部门,需要大量信息沟通。如果人力资源信息不能得到高效整合,人力资源配置就会出现问题,就难以做到让每名职工在合适的岗位上实现自身价值,同时也会影响企业的健康发展。在互联网+时代,企业的经营环境和市场营销环境发生了重大变化,人力资源管理也亟待转型升级。

面对新形势,神威药业集团创新打造人力资源数字管理一体化综合集成应用项目,建成人力资源数字管理一体化平台,着力建立以业绩和能力为导向的人才选拔和任用机制。该项目被评为河北省2022年工业互联网创新发展试点项目。

人力资源数字化转型和企业的数字化转型一样,需要经历信息化、数字化和智能化三个阶段。信息化阶段,人力资源信息系统服务于企业人力资源管理规则和运营规范,用户是人力资源管理者,管理的是结果,数据多为事后记录。数字化阶段,人力资源信息系统开始服务于其客户和员工,人力资源的运营管理也开始从管理结果到管理过程。智能化阶段,是在某些高频发生的、痛点集中的、对企业及员工价值大、影响深远的决策场景和某些特定的场景中对于大数据和人工智能的应用。

神威药业集团副总裁韩建盛介绍,近年来,神威药业集团信息化与工业化融合发展取得了较大进展。公司信息化系统融合了信息化与现代中药管理特点,覆盖集团14家子公司的生产管理、财务管理、人力资源管理、质量管理、生产现场控制与在线监测等环节,与1 200多家客户实现数据直连,系统覆盖面广,应用层面深入,为企业实现数字化管理打下了基础。

神威药业集团人力资源数字管理一体化平台服务于企业整体的数字化管理战略,提升了管理的标准化、智能化水平,打通人力资源业务端到端流程,实现各系统间高度集成、消除了企业信息壁垒。同时,建立了实时、动态数据分析系统,提升数据为组织赋能能力,并完善以提高人员积极性、激发创新活力为目标的激励机制,强化绩效全过程管理。

"我们的人力资源数字管理一体化平台具有数字化、网络化、移动化、智能化四个特点。"韩建盛介绍。数字化方面,应用人力资源数字管理一体化平台,神威药业集团人力资源管理的线下单机操作和纸质文件传递大大减少,工作人员劳动强度降低,工作效率得到提高。每个员工都会建立一个数据标签,通过指标体系积累数据,挖掘数据间的关系并进行分析,通过分析支撑人力资源的各项决策,包括人才的选拔、评估、发展、激励等,乃至预测人才发展趋势。韩建盛说,神威药业集团是一个全国性企业,在每个省区市都有销售队伍,以前办理人力资源相关业务要依靠传真、电话、快递等点对点的形式。人力资源数字管理一体化平台让相关业务办理实现网络化,构建一站式员工服务中心,每个员工都可以触发业务办理、应用电子签章,人力资源业务办理实现全场景和全流程在线,逐步由职能式人力资源管控模式向共享服务模式转型。同时,人力资源数字管理一体化平台支持移动端,无论何时何地,只要手机联网就能办理业务。

智能化方面,提前建好模板后,人力资源数字管理一体化平台可以自动生成部分分析报告供工作人员参考。应用人力资源数字管理一体化平台后,神威药业集团人力资源工作效率迅速提高,事务性工作比例从每月6天降低到每月4天半,选聘效率提升了10%。

"在智能化方面,我们还需要进一步挖掘潜力。"韩建盛表示,通过深度应用,人力资源数字管理一体化平台将助力企业实现战略目标与预算成本、人力资源相匹配,支撑企业战略落地。

资料来源:马彦铭. 神威药业:人力资源数字化支撑企业战略落地[N]. 河北日报,2022年8月5日,第005版。

第三章 数字化人力资源管理的特征

大数据（Big Data）具有容量、速度、多样性、真实性、价值性等五大特征。大数据技术正改变着人力资源管理的各个方面，许多技术资源雄厚的互联网科技企业通过自研建立了企业的 HR 数据平台，因此大部分企业通过 HR 数字化管理软件来引入大数据技术应用。本章首先是对大数据进行了概述，从什么是大数据、大数据的特征、大数据的应用进行阐述；从大数据来源、大数据积累、大数据分析、大数据应用几个方面呈现了人力资源管理的数据化特征；大数据对人力资源管理产生了深刻影响，正在改变和重构人力资源管理的模块内容，以数据为生产要素，企业需要构建数字化人力资源管理体系，以强化和巩固企业的核心竞争力。

学习目标

1. 理解大数据的定义和特征
2. 理解和掌握人力资源的大数据来源
3. 掌握人力资源大数据的积累、分析
4. 理解人力资源大数据的应用
5. 了解大数据对人力资源管理的影响
6. 理解人力资源管理的重构内容

知识结构图

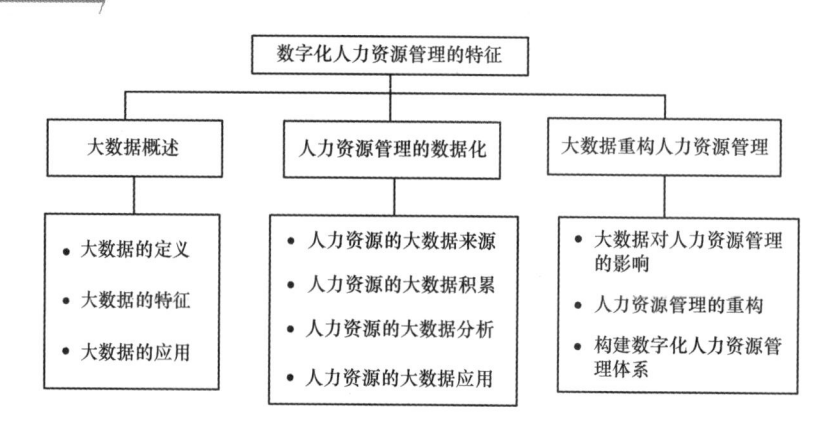

```
                    数字化人力资源管理的特征
                            │
        ┌───────────────────┼───────────────────┐
     大数据概述         人力资源管理的数据化    大数据重构人力资源管理
        │                   │                   │
  • 大数据的定义      • 人力资源的大数据来源    • 大数据对人力资源管理
  • 大数据的特征      • 人力资源的大数据积累      的影响
  • 大数据的应用      • 人力资源的大数据分析    • 人力资源管理的重构
                     • 人力资源的大数据应用    • 构建数字化人力资源管
                                               理体系
```

引 例

人力资源数字化转型

进入大数据时代,在大数据技术的支持下,人力资源的选、育、用、留都可以被纳入量化范畴。

以谷歌为例,其人力资源部门有一项核心的任务即员工数据追踪计划,其目的便是通过数据分析更好地改善企业的人力资源管理。此外,谷歌还聘用专门的社会学家结合其人力资源团队组成了人力和创新实验室(People Innovation Lab, PiLab),通过不断进行员工实验,找出管理大公司的最好方式,其"人员分析"团队通过数据分析精简了谷歌的招聘流程。

国内也有不少企业通过应用人力资源管理软件中的大数据技术,精准构建人才画像。例如,红海云是国内为数不多的较早将大数据技术引入企业人力资源管理的数字化 HR 管理软件厂商,其通过大数据引擎全方位沉淀企业人才数据,为企业提供员工职业轨迹图谱,支持从人才能力素质、业绩表现、发展潜力、优劣势等维度智能分析人才数据,多视角立体呈现人才画像。

大数据技术也应用于人才培养环节。企业在进行项目设计尤其是培训体系的设计时,可以利用大数据技术找出员工能力差距、知识和技能的差距。随着技术的发展,员工也接触和运用了越来越多的技术设备进行学习,当员工使用不同的技术设备时,通过分析计算处理的海量数据,企业可以找出员工的需求以及喜欢的学习方式。

资料来源:根据相关资料整理而得(https://cloud.tencent.com/developer/article/2025622)。

第一节 大数据概述

大数据的发展极大地推动了企业数字化转型,提高了企业的管理水平和各项工作效率。数字化人力资源管理是大数据在人力资源管理领域内的应用,因此很有必要先界定清楚什么是大数据,并理解大数据的特征及应用。

一、大数据的定义

(1)大数据的发展背景

大数据是数字经济时代的重要生产要素,是各行各业数字化的基础。狭义的数字化主要是利用数字技术,对具体业务、场景的数字化改造,更关注数字技术本身对业务的降本增效作用。广义的数字化,则是利用数字技术,对企业、政府等各类组织的业务模式、运营方式,进行系统化、整体性的变革,更关注数字技术对组织的整个体系的赋能和重塑。

数字化是信息技术发展的高级阶段,是数字经济的主要驱动力,随着新一代数字技术的快速发展,各行各业利用数字技术创造了越来越多的价值,加快推动了各行业的数字化变革。

数字技术革命推动了人类的数字化变革。人类社会的经济形态随着技术的进步不断演变,农耕技术开启了农业经济时代,工业革命实现了农业经济向工业经济的演变,数字技术革命则推动了人类生产生活的数字化变革,孕育出一种新的经济形态——数字经济,数字化成为数字经济的核心驱动力。

数字技术成本的降低让数字化价值充分发挥。数字技术自计算机的发明开始,物联网、云计算、人工智能等各类数字技术不断涌现,成本不断降低,使得数字技术从科学走向实践,形成了完整的数字化价值链,在各个领域实现应用,推动了各个行业的数字化,为各行业不断创造新的价值。

数字基础设施快速发展推动数字化应用更加广泛和深入。政府和社会各界全面加快数字基础设施建设,推进工业互联网、人工智能、物联网、车联网、大数据、云计算、区块链等技术集成创新和融合应用,让数字化应用更加广泛地深入社会经济运行的各个层面,成为推动数字经济发展的核心动力。

(2)大数据的定义

随着数字经济时代的来临,大数据也吸引了越来越多的关注。大数据也称巨量资料,指的是所涉及的资料量规模巨大到无法通过主流软件工具,在合理时间内达到撷取、管理、处理并整理成为帮助企业经营决策更积极目的的资讯。

大数据一词出现得较早,从各种文献中,可以发现学者或学界提及这一概念。最先提及大数据概念的是美国的未来学家托夫勒,其于1980年在《第三次浪潮》一书中,预测了大数据将如何影响未来,将大数据称为"第三次浪潮的华彩乐章"。2008年,《自然》杂志提到了大数据的概念,大数据开始在信息技术领域内受到重视。2011年,麦肯锡全球研究院在研究报告《大数据:下一个创新、竞争和生产率的前沿》中宣布大数据时代已经到来。此后,各国政府也开始大力推动大数据产业的发展。2012年,美国政府发布《大数据研究和发展计划》,开始对大数据产业进行投资。我国正式提出大数据产业发展规划较晚。2015年,国务院发布《促进大数据发展行动纲要》,提出了未来5~10年中国大数据发展的战略目标、具体任务。

大数据一直还没有一个统一的定义。不同的机构对其界定不统一。研究机构高德纳(Gartner)给出的定义是:大数据是需要新处理模式才能具有更强的决策力、洞察发现力和流程优化能力来适应海量、高增长率和多样化的信息资产。麦肯锡全球研究院给出的定义是:一种规模大到在获取、存储、管理、分析方面大大超出了传统数据库软件工具能力范围的数据集合,具有海量的数据规模、快速的数据流转、多样的数据类型、较低的价值密度四大特征。2015年,我国国务院发布的《促进大数据发展行动纲要》中,给大数据也进行了界定:大数据是以容量大、类型多、存取速度快、应用价值高为主要特征的数据集合,正快速发展为对数量巨大、来源分散、格式多样的数据进行采集、存储和关联分析,从中发现新知识、创新新价值、提升新能力的新一代信息技术和服务业态。

从以上对大数据的界定中可以看出,大数据技术的战略意义不在于掌握庞大的数据信息,而在于对这些含有意义的数据进行专业化处理。换而言之,如果把大数据比作一种产业,那么这种产业实现盈利的关键,在于提高对数据的"加工能力",通过"加工"实现数据的"增值"。大数据必然无法用单台的计算机进行处理,必须采用分布式架构。它的特色在于对海量数据进行分布式数据挖掘。但它必须依托云计算的分布式处理、分布式数据库和云存储、虚拟化技术。

二、大数据的特征

在应用领域,大数据通常用来形容一个公司创造的大量非结构化数据和半结构化数据,这些数据在下载到关系型数据库用于分析时会花费过多时间和金钱。大数据分析常和云计算联系到一起,因为实时的大型数据集分析需要像 MapReduce 一样的框架来向数十、数百甚至数千的电脑分配工作。

业界认为大数据具有七个方面的特征:容量(Volume),数据的大小决定所考虑的数据的价值和潜在的信息;多样性(Variety),数据类型的多样性;速度(Velocity),指获得数据的速度;可变性(Variability),妨碍处理和有效管理数据的过程;真实性(Veracity),数据的质量;复杂性(Complexity),数据量巨大,来源多渠道;价值性(Value),合理运用大数据,以低成本创造高价值。

从属性上来讲,通常用"5V"来呈现大数据的特征,即容量(Volume)、速度(Velocity)、多样性(Variety)、真实性(Veracity)、价值性(Value)。

(1)容量(Volume)

大数据拥有大规模的数据量,包括采集、存储和计算的数据量,并且其数据呈持续增长趋势。再来看一组数据。2011年,马丁·希尔伯特和普里西利亚·洛佩兹在《科学》上发表一篇文章,对 1986—2007 年人类所创造、存储、传播的一切信息数据进行了追踪计算。其研究范围大约涵盖了 60 种模拟和数字技术:书籍、图画、信件、电子邮件、照片、音乐、视频(模拟和数字)、电子游戏、电话、汽车导航等。按照他们的推算,2007 年,全球数据存储能力每年提高 23%,运算能力每年提高 28%,通用计算能力每年提高 58%;到 2013 年,世界上存储的数据能达到约 1.2ZB。这样大的数据意味着什么?一般来讲,大数据的起始计量单位是 PB(1024TB)、EB(1024BP)或 ZB(1024 EB)。1EB 的数据量到底是多大呢?一本《红楼梦》共有 87 万字(含标点),每个汉字占 2 个字节,即 1 个汉字为 2Byte,由此计算 1EB 相当于多少部《红楼梦》呢?是的,相当于 6626 亿部!美国国会图书馆截至 2011 年的藏书约为 1.5 亿册,收录数据 235TB,1EB 约等于 4462 个美国国会图书馆的数据存储量。

(2)速度(Velocity)

大数据是通过 MapReduce 这一并行处理技术来提高数据的处理速度的,MapReduce 是一套软件框架,包括 Map(映射)和 Reduce(化简)两个阶段,可以进行海量数据分割、任务分解与结果汇总,从而完成海量数据的并行处理。数据增长速度快,处理速度也快,时效性要求高,这是大数据相比于传统数据而言的显著特征。比如搜索引擎要求几分钟前的新闻能够被用户查询到,个性化推荐算法尽可能要求实时完成推荐。2020 年阿里巴巴的"双十一"交易峰值是每秒 58.3 万笔,数据库的处理峰值达到每秒 8700 万次。

(3) 多样性(Variety)

多样性主要体现在数据来源多、数据类型多和数据之间关联性强这三个方面。

一是数据来源多。数据来源于不同的应用系统和不同的设备,决定了大数据形式的多样性。大数据大体可以分为三类:①结构化数据。如财务系统数据、信息管理系统数据、医疗系统数据等,其特点是数据间因果关系强。②非结构化数据。如视频、图片、音频等,其特点是数据间没有因果关系。③半结构化数据。如 HTML 文档、邮件、网页等,其特点是数据间的因果关系弱。

二是数据类型多,并且以非结构化数据为主。传统的企业中,数据都是以表格的形式保存。而大数据中有 70%～85% 的数据是如图片、音频、视频、网络日志、链接信息等非结构化和半结构化的数据。

三是数据之间关联性强,频繁交互。如游客在旅游途中上传的照片和日志,就与游客的位置、行程等信息有很强的关联性。

(4) 真实性(Veracity)

数据的重要性就在于对决策的支持,数据的规模并不能决定其能否为决策提供帮助,数据的真实性和质量才是获得真知和思路最重要的因素,是制定成功决策最坚实的基础。追求高数据质量是一项重要的大数据要求和挑战,即使最优秀的数据清理方法也无法消除某些数据固有的不可预测性。例如,人的感情和诚实性、天气形势、经济因素以及未来。在处理这些数据时,数据清理无法修正这种不确定性,然而,尽管存在不确定性,数据仍然包含宝贵的信息。我们必须承认、接受大数据的不确定性,并确定如何充分利用这一点。我们采取数据融合,即通过结合多个可靠性较低的来源创建更准确、更有用的数据点,或者通过鲁棒优化技术和模糊逻辑方法等先进的数字方法。

(5) 价值性(Value)

大数据背后潜藏的价值巨大。由于大数据中有价值的数据所占比例很小,而大数据真正的价值体现在从大量不相关的各种类型的数据中挖掘出对未来趋势与模式预测分析有价值的数据,并通过机器学习方法、人工智能方法或数据挖掘方法深度分析,运用于农业、金融、医疗等各个领域,以期创造更大的价值。

针对不同类型的企业,大数据的价值体现在以下几个方面:一是对大量消费者提供产品或服务的企业,可以利用大数据进行精准营销;二是做小而美模式的中小微企业,可以利用大数据做服务转型;三是面临互联网压力之下必须转型的传统企业,需要与时俱进充分利用大数据的价值。

三、大数据的应用

大数据以其自身的属性和特征,越来越多地受到关注,已经广泛应用于各大领域。目前大数据应用的领域有[①]:

(1) 电商领域。大数据在电商领域的应用,大家都相当熟悉。如淘宝、京东等电商平

---

① 根据网站信息整理而得。

台利用大数据技术,对用户信息进行分析,从而为用户推送用户感兴趣的产品,刺激消费。

(2)政府领域。"智慧城市"已经在多地尝试运营,通过大数据,政府部门得以感知社会的发展变化需求,从而更加科学化、精准化、合理化地为市民提供相应的公共服务以及资源配置。

(3)医疗领域。医疗行业通过临床数据对比、实时统计分析、远程病人数据分析、就诊行为分析等,辅助医生进行临床决策,规范诊疗路径,提高医生的工作效率。

(4)传媒领域。传媒相关企业通过收集各式各样的信息,进行分类筛选、清洗、深度加工,实现对读者和受众个性化需求的准确定位和把握,并追踪用户的浏览习惯,不断进行信息优化。

(5)安防领域。安防行业可实现视频图像模糊查询、快速检索、精准定位,能够进一步挖掘海量视频监控数据背后的价值信息,反馈内涵知识辅助决策判断。

(6)金融领域。在用户画像的基础上,银行可以根据用户的年龄、资产规模、理财偏好等,对用户群进行精准定位,分析出潜在的金融服务需求。

(7)电信领域。电信行业拥有庞大的数据,大数据技术可以应用于网络管理、客户关系管理、企业运营管理等,并且使数据对外商业化,实现单独盈利。

(8)教育领域。通过大数据进行学习分析,能够为每位学生创设一个量身定做的个性化课程,为学生的多年学习提供一个富有挑战性而非逐渐厌倦的学习计划。

(9)交通领域。大数据技术可以预测未来交通情况,为改善交通状况提供优化方案,有助于交通部门提高对道路交通的把控能力,防止和缓解交通拥堵,提供更加人性化的服务。

随着大数据应用的普及,大数据应用的未来发展趋势表现为几个方面。

一是数据资源化。大数据成为企业和社会关注的重要战略资源,并已成为大家争相抢夺的新焦点。因而,企业必须要提前制订大数据营销战略计划,抢占市场先机。

二是数据管理成为核心竞争力。当"数据资产是企业核心资产"的概念深入人心之时,企业对于数据管理便有了更清晰的界定,将数据管理作为企业核心竞争力,战略性规划与运用数据资产成为企业数据管理的核心。数据资产管理效率与主营业务收入增长率、销售收入增长率显著正相关。此外,对于具有互联网思维的企业而言,数据资产竞争力所占比重为36.8%,数据资产的管理效果将直接影响企业的财务表现。

三是数据生态系统复合化程度加强。大数据的世界不只是一个单一的、巨大的计算机网络,而是一个由终端设备提供商、基础设施提供商、网络服务提供商、网络接入服务提供商、数据服务使能者、数据服务提供商、触点服务提供商、数据服务零售商等一系列参与者共同构建的生态系统。而今,这样一套数据生态系统的基本雏形已然形成,接下来的发展将趋向于系统内部角色的细分,也就是市场的细分;系统机制的调整,也就是商业模式的创新;系统结构的调整,也就是竞争环境的调整;等等,从而使得数据生态系统复合化程度逐渐增强。

四是大数据成为信息产业持续高速增长的新引擎。面对大数据市场的新技术、新产品、新服务、新市场、新业态会不断地涌现。在硬件与集成设备领域,大数据将对芯片、存储等产业产生重要影响,还将催生出一体化数据存储服务器、内存计算等市场。在软件与服务领域,大数据将促进数据快速处理分析技术、数据挖掘技术、软件产品的发展。

五是在科学研究领域,科学研究的方法将发生重大的变化。先前在社会科学研究方法中,抽样调查是基本的研究方法。但在大数据时代,研究人员可以通过实时监测、跟踪研究对象在互联网上产生的海量行为数据,进行挖掘分析,揭示出规律性的东西,提出研究结论和对策。

第二节 人力资源管理的数据化

数字经济时代不仅改变了企业的商业模式,也改变了企业的人力资源管理模式。在大数据背景下,无论是在数据的数量和质量,还是数据的获取方式和渠道,以及数据的使用方式上,都发生了许多新的变化。

一、人力资源的大数据来源

(1)人力资源管理信息系统

其主要功能是系统收集、管理、分析组织内部的人力资源信息,涉及招聘、挑选、培训、绩效管理等在人力资源管理过程中产生的数据。代表性的来源有:用友、Workday、SAP、新碟等。

公司的人力资源管理信息系统是最常见的人力资源的大数据来源。一是招聘数据。从申请人跟踪系统(ATS)收集的数据是 HRIS 中的第一个通用数据源。包括申请的候选人数量、简历和其他特征,以及有关招聘渠道、招聘来源、选择等方面的数据。二是人力资源统计数据。包括员工 ID、姓名、性别、出生日期、住所、职位、部门、职级、入职日期等,这些人口统计数据通常作为控制变量包含在分析中。同样,当手动组合数据时,通常是通过匹配员工的 ID 作为唯一标识符来丰富来自其他系统的数据库。三是绩效管理系统(PMS)数据,其是人力资源管理信息系统的一部分,包含有关绩效管理的信息,也包括员工评价和绩效等级。四是人才管理等数据。包括领导力发展数据、管理人员实力以及有关接下来要担任职位的人员的数据。另外,还包括人才发展数据、人才开发数据、员工离职信息数据等,这些数据可用于员工提拔、员工流动率的分析。

(2)企业的业务资料数据库

业务数据的范围几乎是无限的,大量业务数据源可用于人员分析。客户关系管理系统拥有大量的客户数据,如客户联系时刻、接触点的分数、销售线索得分等。该数据可能是衡量人事政策对客户管理员工影响的关键结果数据。财务数据是另一个重要的业务数据源,可以是对员工支出的简单分析,也可以是对人员成本的分析。生产管理系统计划、跟踪和管理数据,用于衡量人员政策对在生产或服务交付过程中工作的员工的影响。

本质上来讲,人力资源数字化管理通过利用互联网、大数据、人工智能、区块链、人工智能等新一代信息技术,对企业的战略、架构、运营、管理、生产、营销等各个层面,进行系统性的、全面的变革,充分利用企业的业务资料数据库,重塑企业的人力资源管理过程和模式,成为企业赋能模式创新和业务突破的核心力量。

(3) 网络职业招聘平台

网络职业招聘平台的不断涌现,使以往现场招聘设计的活动逐渐转移到在线平台,并带来个人简历、招聘单位需求信息以及雇佣双方匹配信息三个方面的数据。代表性来源有智联招聘、领英、猎聘、企业门户网站等。

网络职业招聘平台拥有大量的应聘者信息,不仅仅是个人简历的数量,还有应聘人员各种学历、性别、技能等信息;不仅仅是招聘单位的简单信息,还有招聘单位的各种福利待遇、用工需求、人员层次等人力资源信息。招聘平台所提供的雇佣双方信息,可以用各种分析方法进行挖掘和整理,从而明确人力资源市场的各种供需趋势。

(4) 社交网络

社交网络作为基于用户关系的在线内容创造与传播平台,是人们用来分享见解、经验和观点的工具。代表性来源于微博、微信、QQ等。组织社交网络上的数据也称为组织网络分析,可以是另一种重要的信息来源。潜在的数据源是网络调查、电子邮件账户、电话记录或报告网络数据的任何其他系统等。

社交网络数据可以成为人力资源大数据的重要来源,可以帮助企业进行人员画像的处理,以准确了解员工的兴趣爱好点、心理需求和心理需要,以更好地进行员工管理。

(5) 在线劳动力外包市场

线下劳动力外包市场向线上发展,在线劳动力外包市场带来了与工作任务和工作者相关的信息。代表性来源有猪八戒网、阿里众包、Upwork等。

劳动力外包市场的数据包括劳动力市场的发展环境、整体运行态势等,以及现有劳动力市场的运行现状、劳动力市场的竞争格局,可以进行劳动力市场的发展趋势与投资预测等。

(6) 在线知识社区搜索引擎

人们在生活、工作中遇到问题,会通过在线知识社区和搜索引擎寻求解答,由此可以为科学研究提供与员工及问题相关的信息。代表性来源有知乎、博客、谷歌、雅虎、百度等。

同样的,在线知识社区搜索引擎可以帮助分析人员的生活、工作需求画像,以进行精准的服务推送,或者帮助进行相关知识培训,提升员工的各种体验感和幸福感。

(7) 其他相关联的数据

如员工的旅行数据是人力资源大数据的另一个来源,某人出国旅行的次数是预测员工离职率的潜在因素。但是,此类数据未存储在传统的人力资源管理信息系统中。员工缺勤数据,如病假通常由经理跟踪并记录在系统中,一些组织还记录了缺勤原因。同样,也会获取假期、产假和迟到数据等。

二、人力资源的大数据积累

人力资源大数据分析的关键是获取和积累既有"量"又有"质"的数据,一般来讲,企业需要从以下几个方面进行人力资源大数据的积累。

(1) 扩大数据规模

一是尽最大可能加强顶层设计,整合企业内部的各类信息平台,完善"一点即录、多点调用"的数据自动整合功能,尽最大可能减少手工录入和人为干预。二是要继续拓展获得内、外部数据的来源和渠道,不局限于积累人员基本信息和人力资源管理过程中产生的数据,也要收集在组织生产经营活动过程中产生的各类数据,还要关注大量来自外部社交媒体、招聘网站、劳动力市场、宏观经济统计的数据,为人力资源大数据分析提供更全面、更准确的数据基础。三是要充分利用互联网技术如爬虫技术等,逐步将非结构化的数据纳入采集范围,逐步探索运用混杂数据、文本信息、图片信息进行尝试挖掘。

除此之外,企业也可以通过与相关的人力数据平台合作,共建、共享、共用相关数据,加快数据积累和数据库建设。甚至当企业拥有一定的规模实力时,可以借大数据交易平台进行数据库的搭建。

(2)提高数据质量

大数据虽然非常重要,但是必须要进行标准化处理,以提高数据质量,提升数据的价值。可以从以下几个方面来提高数据质量。一是要构建统一的数据标准和接入口径,并将其运用到各类平台系统设计开发阶段;二是要运用信息化手段进行数据校验,避免数据碎片化,提升数据的真实性、完整性和及时性;三是要把数据维护和清洗当成一项长期工作,与系统运维和安全监控一同列入日常工作;四是要建立数据质量维护的长效机制和责任机制,数据质量由数据使用部门评估,由产生数据的源头部门负责,确保数据的真实性、完整性和一致性。

(3)启用派生数据

前期的研究成果和实践经验显示,随着人力资源大数据分析向纵深发展,由原数据进行简单计算形成的,便于分析和再次使用的派生数据将处于更加重要的地位,其使用频率也将会远远超过原数据。为应对这样的发展趋势,一方面要进一步明确统计范围和计算逻辑,着力加强派生数据的标准化建设,另一方面要做好数据存储,减少数据冗余,提升工作效率,便于数据的调取和再利用。

三、人力资源的大数据分析

人力资源大数据分析以人力资源规划、员工关系管理、薪酬体系和组织功能划分为依托,来提升人力资源价值。一是人力资源结构分析。人力资源规划首先要进行的,便是人力资源结构分析。所谓人力资源结构分析也就是对企业现有人力资源的调查和审核,只有对企业现有人力资源有充分的了解和有效的运用,人力资源的各项计划才有意义。二是招聘数据分析。招聘分析是人力资源分析中的重要环节,是人力资源几大模块中非常重要的一个部分。招聘分析可以更好地分析各个招聘渠道情况,及时把控招聘完成率。三是培训分析。企业中培训是帮助员工提升的重要通道,组织培训可以增强公司的整体能力。培训也是人力资源管理中的一大模块。分析培训的场次、各个部门组织培训情况、培训满意度等指标,分析培训的效果,为组织赋能。四是人员效率分析。人员效率是企业非常关注的一个部分,无论是职能部门还是执行部门效率是至关重要的。通过人均销售额、人均利润额等指标的监控,可以保证企业人力资源效率稳步提升。五是薪酬分析。分析薪酬有助于实现公司内部公平,给到人才相应的工资。同时对企业人力资源优化有重要的意义。通过各个部门的薪酬分布散点图,查看调薪情况,若出现不公平问题,及时进行调整。

人力资源大数据的分析通常分为五个步骤：业务需求分析、数据采集与存储、数据预处理、数据分析与挖掘、报告撰写。

(1) 业务需求分析

根据业务场景信息发现问题，并清晰定义问题。全面系统地掌握业务场景资料，熟悉相关行业知识、业务运作逻辑，分析业务场景中的具体问题并进行归纳总结，找出主要矛盾，根据已有的知识经验分析问题，根据问题分析思考解决流程，使问题的解决方案更加聚焦、更有针对性。

(2) 数据采集与存储

数据采集是采用合适的方法和工具，收集相应的数据以供分析问题。所用数据的来源包括业务数据源和行为数据源。常用的数据采集方法和工具包括问卷调查、深度访谈、网络搜索、网络爬虫等。数据存储是将采集的数据存到合适的数据库。

(3) 数据预处理

数据预处理是将采集的数据转换成相对统一的数据格式，以便进行分析和挖掘。数据预处理需要先进行数据盘点，然后根据数据的特征及分析需要进行数据集成、数据清洗、数据转换或数据规约。其中最常见的为数据清洗及检测数据中存在的错误和不一致，剔除或者改正它们，以提高数据的质量。

(4) 数据分析与挖掘

数据分析与挖掘是大数据分析的关键步骤，需要围绕提出的问题和假设进行全面分析。关键是需要选择合适的分析方法，这个会影响结论的有效性。在这个阶段，对业务的全面理解和对数据分析方法的掌握显得同样重要。当然，这并非意味着采用的分析方法越复杂越好，80%的判断和决策，不需要借助复杂的分析或挖掘模型就可以做出。

需要明确的是，即使采用了复杂的分析模型，对结果的呈现也需要简单直接。在数据分析与挖掘过程中，可视化是重要工具。可视化是指以图形或图表的形式展现数据，例如图形、列表、地图以及综合多种形式。数据可视化的主要目的是清楚地传达数据的含义，帮助解释趋势和统计数据，并显示过往数据分析文字报告无法展现的数据实时更新趋势。数据可视化可以加强对数据信息的理解和解释。而且是以尽可能简单的图表形式来展现。

(5) 报告撰写

为更好地解决问题，人力资源大数据分析的结论一般需要通过撰写专题报告进行总结。报告一般由标题、目录、前言、正文、分析和结论组成。

一是标题。标题反映整篇报告的主旨。

二是目录。目录体现报告的整体框架。

三是前言。前言写出报告的分析目的和背景及意义，简要阐述现状或者存在的问题。通过这次分析需要解决什么问题，运用的分析思路、分析方法和模型是什么，给出数据来源、总结性的结论。

四是正文。正文要求逻辑性强，结构清晰，结论明确。

五是分析和结论。以图表加文字的方式呈现数据分析的结果，并对结果进行简要的解释和说明，并提出合理的政策建议。

四、人力资源的大数据应用

人力资源大数据在推动人力资本赋能、引领生产力变革和促进共享上具有重要的不可替代的战略意义。企业可通过建立一套基于企业人力资源管理过程的分析模型,利用大数据分析功能强大、展现形式丰富的特点,打造支持企业人力资源管理决策的分析系统。它会将人力成本数据、效率数据、薪酬数据、招聘配置数据、培训发展数据、劳动关系数据等进行全时段、全方位的分析对比,形成组织综合的人力资源效能,数据显示出优、劣势,并给出改善建议。人力资源大数据将很大程度上降低管理成本,实现人力资源向人力资本的转化。

(1) 招聘复盘

随着数字化时代的来临,大数据、云计算、人工智能等新兴技术逐渐发展并得到普遍应用,促进了企业向数字化方向的转型。在人力资源管理过程中,员工招聘作为重要的一个环节,许多标准化和重复化的工作会逐渐被人工智能和大数据技术所替代。

在人力资源管理的六大模块中,招聘模块可能是领先其他模块与大数据联系的最为紧密的模块,走在数字化发展的前列。招聘过程中会产生大量的数据,例如招聘渠道数据、简历数据、面试数据等各种类型的数据。在数字化时代,越来越多的工具可以使企业非常方便地进行招聘流程的复盘和招聘数据的分析。这些工具和系统可以精确记录每个招聘节点的关键数据,上百个招聘和相关字段可以多维度帮助招聘人员分析招聘情况,并且还有多种可供选择的自定义报表、自定义图表样式,帮助招聘人员快速分析和可视化招聘结果,从而复盘招聘过程,了解此次招聘过程中的不足和问题,从而为下一次招聘提供指导和借鉴。

(2) 人才测评

人才测评是人才获取过程中的一个关键步骤,随着信息技术的发展和大数据在测评中的应用,人才测评已经开始由重技术向重信息转变。大数据样本信息使得人才测评的分析更加智能、更加准确,也更加有效弥补传统人才测评的不足与局限。

大数据技术帮助企业的人才测评模型构建不再基于自己样板,而是越来越面向全体数据,使得人才测评更加智能化,从静态模型向动态模型转变,增加了人才测评的个性化,还帮助企业人才测评与职业信息的联系更加紧密,完成职业信息的匹配、岗位需求的匹配与企业环境的匹配。

(3) 人才挖掘

人才挖掘也是企业发展的关键,不同的人才适合不同的岗位。每个人也都有着各自擅长的方面,而人才的挖掘,不仅只是从知识的层面进行挖掘,要从兴趣、爱好、知识、性格等方面对人才进行全方位的测评,综合了解人才的各方面能力和特点,才能够得出最终的评价。只有利用大数据技术,将数据挖掘和人才测评有机地结合在一起,才能够充分地对人才进行测评,最终实现人力资源最优配置。

利用大数据分析模型可以改进主观判断的一些缺陷,从大型的人力资源数据库中找到隐藏的信息,帮助决策人员找到数据潜在的关系,从而有效地确定任职资格并筛选出合适的人才来匹配合适的岗位,为培训员工、提高员工绩效提供依据。

(4)薪酬管理

大多数的单位都具有人才数据库、人才信息统计,包括人才的基本信息、流动数据、培训情况以及员工的教育情况等。将人才数据有机结合到一起,就能够帮助企业实现薪酬以及绩效体系的优化。一个企业的绩效薪酬体系是企业留住人才的关键,因此完善薪酬与绩效体系,是企业人力资源管理当前所面对的挑战。通过大数据分析,就能够分析出哪些因素是提高员工业绩的关键,业绩较好的员工的特征,哪类员工容易出现错误,哪些环节容易导致公司出现损失等。相比传统人为操作,大数据将更加详细和高效地帮助人们进行薪酬与绩效管理。

综上所述,借鉴大数据的理念,人力资源系统可有效挖掘和利用信息资源,提高管理工作的准确性和客观性。

本书后面的章节,将会重点从人才盘点、人才需求画像、敬业度分析、薪酬评估、绩效分析等几个方面进行详细介绍,分别从业务理解、数据收集、数据预处理、数据分析及挖掘、项目分析报告等几个流程和环节进行阐述。

第三节 大数据重构人力资源管理

随着大连接(Social Connection)、数字化(Digitalization)、智能化(Intelligentization)、"新人类"(New Generation)、员工体验(User Experience)、团队协作(Team Network)这些新元素不断涌现,人力资源管理也进入了数字化时代,大数据正在重构人力资源管理。

人力资源数字化管理,打通了企业信息孤岛,释放了数据价值。人力资源数字化管理能够充分利用信息系统,将企业的生产过程、事务处理、现金流动、客户交互等业务过程,加工生成相关数据、信息、知识来支持业务的效率提升。通过对业务数据的实时获取、网络协同、智能应用,打通了企业数据孤岛,让数据在企业系统内自由流动,数据价值得以充分发挥。

一、大数据对人力资源管理的影响

(1)大连接

随着互联网时代的到来,人们之间的连接可以发展到可感应、可量化甚至可应用。借助移动互联网的技术,不仅人与人之间可以连接,人与物、人与信息、人与自然之间,都可以形成连接,这就是"大连接",我们正面临大连接时代的到来。"大连接",从某个方向上也可以解读为"万物互联",这在千禧年之前还被认为是科幻作品里面才有的情节,如今在移动网络技术以及智能家电的帮助下逐渐走进千家万户。

物联网技术的发展、普及及应用,加速了社会经济进入高速互联的时代。人与人的连接、人与组织的连接、组织与组织的连接、人与物的连接、物与物的连接逐渐强化,充分连接带来复杂管理的挑战,组织和个体之间的关系重构成为新课题,组织的发展、战略和业务边界逐渐模糊与消失,更加促使企业要从产业共赢升级为生态共赢。

(2) 数字化

数字化的概念分为狭义数字化和广义数字化。狭义数字化主要是利用数字技术,对具体业务、场景的数字化进行改造,更关注数字技术本身对业务的降本增效作用。广义的数字化,则是利用数字技术,对企业、政府等各类组织的业务模式、运营方式,进行系统化、整体性的变革,更关注数字技术对组织的整个体系的赋能和重塑。与传统的信息化相比,无论是狭义数字化,还是广义数字化,均是在信息化高速发展的基础上诞生和发展的,但与传统信息化条块化服务业务的方式不同,数字化更多的是对业务和商业模式的系统性变革、重塑。

数字化是以数据作为企业核心生产要素,要求将企业中所有的业务、生产、营销、客户等有价值的人、事、物全部转变为数字存储的数据,形成可存储、可计算、可分析的数据、信息、知识,并和企业获取的外部数据一起,通过对这些数据的实时分析、计算、应用来指导企业生产、运营等各项业务。数字化变革了企业生产关系,提升了企业生产力。数字化让企业从传统生产要素,转向以数据为生产要素,从传统部门分工转向网络协同的生产关系,从传统层级驱动转向以数据智能化应用为核心驱动的方式,让生产力得到指数级提升,使企业能够实时洞察各类动态业务中的一切信息,实时做出最优决策,使企业资源合理配置,适应瞬息万变的市场经济竞争环境,实现最大的经济效益。数字化是信息技术革命的导因和发展的动力,它引起了计算机和网络技术革命。计算机和网络技术引发了信息技术革命,而信息技术革命则引发了全球化进程。

数字经济的特征,不仅体现在以京东为代表的网上购物,以滴滴、美团为代表的共享生活方式,更体现在沟通、学习等工作和生活方式数字化。因此,数字经济正在深度改变我们的工作和生活。

(3) 智能化

智能化是指事物在网络、大数据、物联网和人工智能等技术的支持下,所具有的能满足人的各种需求的属性。智能化有两方面的含义:一是采用"人工智能"的理论、方法和技术处理信息与问题。二是具有"拟人智能"的特性或功能,例如自适应、自校正、自协调、自诊断及自修复等。"智能化"是自动化技术当前和今后的发展动向之一,它已经成为工业控制和自动化领域的各种新技术、新方法及新产品的发展趋势和显著标志。

智能化是在数字化基础上的"+智能型技术",特别是对人工智能技术的应用,它的关键点是"谁来决策"和"谁来执行决策",很显然,智能化是尽可能让机器来决策,人去执行或验证决策。

智能化的新技术不仅改变了用户习惯,更影响了企业文化。对已经习惯了被信息包围、信息主动推送到眼前的人,进入职场后却需要在故纸堆里翻阅信息,这是一部分人不愿意接受的。随着智能化技术的成熟,工作和生活的边界也被进一步模糊,智能化设备的普及和应用会给企业的生产经营方式、管理方式带来新的挑战。信息技术和数字化发展进入智能化阶段,人工参与极大降低,通过远程物联网、AI 等手段使得海量信息只需要极个别人进行管理。

(4) 新人类

"新人类"是指遵从新时代观念的人,例如,资讯时代新人类、e 世代新人类、新新人类等。以"95 后""00 后"为主的新人类成为劳动力市场的主力是社会发展的必然。与父辈不同,新人类思维活跃,个性张扬,关注社交、自带光环,他们更在乎尊重和参与,更愿意接受新鲜事物和挑战,在企业中更容易显得个性十足。如何激发他们的活力,更好地为组织服务,或成为新的挑战和课题。与此同时,上文提到的机器人作为"无领员工",逐渐被引入企业的生产管理中,人与人的交流、人与机器的交互、机器人的协作等也成为企业管理新的挑战。

新人类给人力资源管理带来新的挑战,需要更多关注员工对工作环境、工作氛围、工作场所的体验和要求,需要激活他们的个性和活力,提升其对企业的价值和贡献。

(5) 员工体验

从小就玩着ipad、智能手机长大的新人类,与上一代相比,不仅仅在生活态度上不同,更大的不同体现在对待工作的态度上,他们更在乎员工体验,甚至对员工体验的要求近乎苛刻。他们可以容忍物质条件的贫乏,但不能缺乏精神层面的鼓励。深度参与、及时反馈、及时评价是他们的诉求点,营造一种员工体验的愉悦感,成为企业管理者面对新人类的首要课题。

员工体验是员工在工作过程中接触到的所有接触点所产生的对自己与用人单位关系的整体感知。员工体验主要从五个维度概括:归属感,让员工感受到自身在组织、团体里的重要性和归属感;目标,更好地理解工作的重要性;成就,完成工作的成就感;幸福,营造工作及工作环境的愉悦氛围;活力,维持更高的工作积极性和创造力。好的员工体验可以使员工的工作效率提高,员工主动性提高,防止人才流失。

(6) 团队协作

大数据也使得企业的组织发生了巨大变化。数字化、大连接、智能化和注重员工体验的"新人类"等因素叠加,令我们所处的环境发生了巨大的变化。企业不再是单纯的一个按职能岗位、职责、业务范围划分的科层式组织,更应该是实现全面连接的去中心化或扁平化的组织。

德勤在《人力资源技术颠覆:人力资源技术市场重塑自身》报告中指出:许多组织正在加快调整自身加入网络化团队,88%的企业表示这一结构转型是当务之急。未来的组织一定是网络化协作的团队组织,越来越多的企业在尝试把组织边界打破,形成一个个目标或任务,一个个项目,一个个网络团队或者扇形组织结构,项目型组织也成为主流。

二、人力资源管理的重构

企业数字化转型正成为企业的核心战略。数字化转型是将满足客户需求这一过程数字化,并利用互联网、物联网、云计算、大数据、智能生产等技术的综合应用,切实创新业务战略、产品和客户体验,创新并重构客户价值,从而实现企业价值成长。基于数字化的人工智能时代将改变企业人力资源的战略,调整人力资源的规划,颠倒人力资源的招聘,重建人力资源的培训,改变人力资源的激励,变革人力资源的薪酬。人工智能的数字化时代将对过往的人力资源或人力资本进行重构。

(1) 人力资源战略的重构

由于企业的数字化转型,企业的商业模式会进行重构,企业的人力资源战略也会发生变化,需要做出调整。人力资源规划管理需要与企业战略同向同行,需要对以下问题进行重新思考:在数字化时代,如何培养人才推动企业进行数字化转型?如何提升人才适应数字化的生存能力?如何加快人才创新以应对商业范式的断点、突变与不连续?如何重构企业战略、组织与人,以适应企业数字化转型需要?如何实现数字化的组织模式创新?如何实现人工智能替代的人才转型与退出?如何满足企业在数字化时代所需的新职业需求?

数字化时代将对企业的人力资源战略提出新的要求,企业人力资源管理者将需要对人力资源的六大模块进行重新设计和重新建构,需要不断地提升人力资源从业者的数字化素质与数字化能力,需要不断地基于客户端进行持续的人力资源创新与变革。人力资源战略需要根据企业战略进行调整,重新思考和进行人力资源规划,从企业文化、员工配置、组织结构、制度机制等方面进行重构。

(2)人力资源范围的重构

第一,"选人"的重构。

在数字化时代,企业选人不是以将潜在人力资源纳入组织内部为目的,不是追求人力资源与职位任职条件的匹配,而是追求人力资源与客户需求的快速匹配,人力资源管理的范围延伸到组织外部,招聘职能和配置职能转变为人才供应链管理和建设。通过人才供应链建设紧密连接企业战略、客户需求和内外部人才市场,人才供应链管理的衡量标准是能否无时差实现人力资源和迅速变化的客户需求的无缝对接。各类价值创造主体的个体知识和隐性知识,通过在组织平台上的交互、应用转换、创新,既构成知识创新的循环链,又保证对客户需求的最大化响应。在这样的人才供应链平台上,人力资源不再有组织内外部的身份区别,任何组织和个人都可以来平台上创业。为了实现最优价值的创造,人才供应链平台的管理范围不受组织边界的制约,以保证能够接入最优资源方进行合作。

第二,"用人"的重构。

在数字化时代,"平台化+小前端"的组织运行模式下,自主经营体成为直接面对客户的前端,自主经营体内部分工依据实现客户价值过程中的角色分工进行,人员身份和工作开展方式的变化都使得基于职位履职状况的绩效评价失去基础,评价是以价值创造为唯一标准,人员追求自主经营和自主管理。在企业实践中,也出现越来越多的企业从以KPI(关键绩效指标)为核心的绩效管理转向OKR(目标与关键结果法)管理,OKR被定义为"一种批判性思维框架和持续性练习,它可以使员工相互协作、集中精力,推动企业不断前进"。OKR的核心是帮助企业找到对其发展最关键的方向,并且保持专注,通过集中优势资源,在最重要的地方取得突破,其基本假设就是建立在人员自我管理和自我驱动基础上取得。

人员需求的多样化也迫使组织由相对单一的以薪酬激励为主的激励模式转为全面认可激励,激励范围包括对工作任务认可、服务认可、合作认可、标杆行为认可、公民行为认可、成长认可等,通过全面认可激励模式实现良好的组织氛围、更高的绩效产出、更有效的人才利用和人力资源自我潜能的挖掘以及更加丰富的工作场景。

第三,"育人"的重构。

数字化时代,人与组织关系变为互利共生模式,人力资源不是依附于组织,而是通过主动响应和实现客户需求,实现个体发展和组织发展,所以对人才能力的要求也越来越复合化。传统的培训职能转变为组织能力规划和人员赋能管理,组织既要通过组织能力规划设计开发人力资源能力发展通道来牵引人员能力提升,同时还要通过组织变革转型为赋能型组织,如前文所述的"平台化＋小前端"的组织模式就是典型的赋能型组织,平台集合资源并向处在前端的自主经营体或个体赋能,以提高对客户需求的转换能力。赋能型组织的建设将组织由职能界面导向客户化组织模式,通过内外部客户化,实现从垂直威权指挥命令到平行自动协同,实现从专业划分到赋能服务思维的转变。

第四,"留人"的重构。

传统人力资源管理倡导"待遇留人、感情留人、事业留人"的理念,在具体职能上表现为薪酬激励、企业文化建设和职业生涯管理等。但是,在人与组织关系变化的大前提下,人员的需求层次变得更加复杂,"留人"的问题变成能否持续互利共生,而不是从内部视角来看待人员的去留问题。新人类员工更具有工作自主性,有自我尊重的需求,个性自我张扬;新生代员工的需求变得更加丰富和复杂,呈现出复合性的特点;新生代员工对于工作伙伴和工作场景有更高的要求。针对这些新变化,企业"留人"的关键在于"互利共生"。企业持续互利共生的关键在于能否真正形成互赢的生态系统,"事业合伙人机制""人力资本合伙人机制"等透明的利益分享机制等都是在回答和解决这个问题,同时共享的价值观管理也显得愈发重要。组织要激活人才价值创造的活力,始终保持组织的活力,组织要围绕人才变革,实现协同价值的最大化。

三、构建数字化人力资源管理体系

(1) 结合企业数字化水平,分步骤推进

数字化建设是一个长期持续的过程,企业应结合自身人力资源数字化管理体系的建设情况,逐步推进,一般分为三个阶段。一是信息化阶段。信息化阶段的核心工作是实现企业各类信息的互通共享。因此,首先需要开展部门/员工 HR 服务需求调查,对企业现有信息化模块和业务流程进行梳理,并以流程为主线,整合、精简、扩充系统模块,打通各系统间的壁垒,实现信息互通共享。对于一些简单、重复的 HR 服务业务,打造一体化的自助服务平台,提升基础业务办理效率,降低人工成本。二是数字化阶段。数字化阶段的核心工作是实现对企业员工行为的感知,打造基于真实员工状态特征的数字孪生画像。信息化阶段所关注的信息一般为常规的结构化数据,对员工状态特征的刻画并不全面,需要增加员工行为方面的非结构化数据才能实现真正的数字孪生,如工作时间利用度、工作效率、工作生活习惯、社会行为等信息。因此,首先需要确定提取的业务数据和需感知的行为数据,然后以上一个阶段的信息化建设为基础,开发采集员工行为数据的系统模块,配置感知设备,通过文本分析、图片识别、语音识别、视频识别等工具,提取可刻画员工行为表现的数据,构建人力资源大数据仓库和数据分析体系。三是智能化阶段。智能化阶段的核心工作是构建决策的算法模型,为人力资源管理决策提供智能推荐,提高决策的科学性和高效性。因此,本阶段首先要完成相关模型的构建,例如岗位核心特征刻画模型、招聘智能推荐模型、培训与职业生涯规划模型、离职行为倾向预判模型、绩效评价模型等。其次,需要将模型应用在相应的业务场景中,基于现实数据,对模型进行验证和修正,提高模型的适用性和准确性。

(2) 加强人力资源数字化管理的意识和技能培训

一方面,人力资源数字化管理必然要求从业人员具有较强的数据意识,包括重视数据、管理数据、分析数据、应用数据等。人力资源从业者只有具备数据意识才能使数字化管理真正落地,数据价值才能得到体现。另一方面,数据分析的工具、方法必须与时俱进,单一的EXCEL表格分析已经无法满足需要,急需更高效、更智能的工具为从业人员提供助力。此外,数据分析并没有一成不变的流程步骤,需要分析人员根据动态的分析结果,结合业务特征和企业实际,进行探索性的分析挖掘,这就要求从业者具有发散和创新的思维。然而,传统的人力资源管理从业者习惯于从事具体的业务工作,不论是数据意识、数据分析能力,还是发散创新思维都较为欠缺,需要通过系统化的培训来提升。

(3)健全数据制度,塑造数据文化

企业以往的数据制度往往集中在数据安全和保密方面,然而数字化管理却更强调数据的开放、互通和共享,但是这并不意味着安全和保密已经不再重要,甚至由于数据的互通和共享,对数据安全保密提出了更高要求。因此,企业需要制定完善的数据管理制度,确保数据能够存下来、流起来、用起来。通过制度助推数字化转型、规范数字化转型,并在组织中形成数据文化。

本章小结

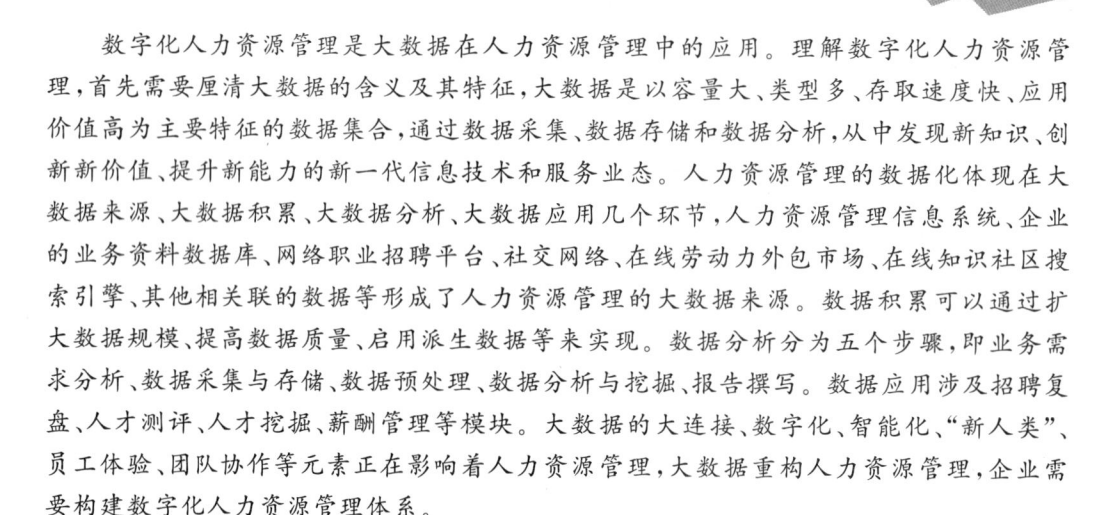

数字化人力资源管理是大数据在人力资源管理中的应用。理解数字化人力资源管理,首先需要厘清大数据的含义及其特征,大数据是以容量大、类型多、存取速度快、应用价值高为主要特征的数据集合,通过数据采集、数据存储和数据分析,从中发现新知识、创新新价值、提升新能力的新一代信息技术和服务业态。人力资源管理的数据化体现在大数据来源、大数据积累、大数据分析、大数据应用几个环节,人力资源管理信息系统、企业的业务资料数据库、网络职业招聘平台、社交网络、在线劳动力外包市场、在线知识社区搜索引擎、其他相关联的数据等形成了人力资源管理的大数据来源。数据积累可以通过扩大数据规模、提高数据质量、启用派生数据等来实现。数据分析分为五个步骤,即业务需求分析、数据采集与存储、数据预处理、数据分析与挖掘、报告撰写。数据应用涉及招聘复盘、人才测评、人才挖掘、薪酬管理等模块。大数据的大连接、数字化、智能化、"新人类"、员工体验、团队协作等元素正在影响着人力资源管理,大数据重构人力资源管理,企业需要构建数字化人力资源管理体系。

课后思考题

1. 大数据具有什么特征?大数据目前应用于哪些领域?谈谈你对大数据应用的认识。
2. 人力资源的大数据来源有哪些?如何积累人力资源的大数据?
3. 人力资源大数据分析步骤是什么?大数据应用于人力资源管理的哪些模块?
4. 大数据对人力资源管理有哪些影响?
5. 如何构建企业的数字化人力资源管理体系?

实训作业

1. 找一家熟悉的企业,分析其是如何进行人力资源大数据分析的?大数据应用于其人力资源管理的哪几个模块?有何成效?

2. 假如你是一家企业的人力资源管理者,谈谈大数据对人力资源管理活动的影响有哪些?

3. 找一家进行数字化转型的企业,试给出这家企业数字化人力资源管理体系该如何构建的建议,可以用PPT进行汇报。

延伸阅读

围绕"智慧企业"打造 AI 赋能的卓越体验
——IBM 的第三次人力资源管理转型

2012年,IBM历史上第一位女CEO罗睿兰上任,由此开启了以数字化和认知计算为目标的战略转型,此次转型主要是从产品向服务的转型。这是IBM的第三次人力资源管理转型,围绕"智慧企业"的组织战略,以员工体验和数字化为主题,以3D为载体(Digital HR、Digital HRM、Digital Workplace),旨在打造AI赋能的卓越员工体验。

(1) 转型思路

随着人工智能的发展,IBM的业务战略也随之调整,并由此开启了围绕"智慧企业"打造AI赋能的卓越员工体验的第三次人力资源管理转型。此次转型有两个关键词,即体验和数字化,体验是目标和主题,数字化是实现目标的手段,即用数字化打造卓越的员工体验,这次转型也被称为人力资源管理的数字化转型。

(2) 关键举措

IBM人力资源管理数字化转型以员工体验为中心,以数字化人才、数字化人力资源管理和数字化工作场所为抓手,旨在实现工作在线、经验在线和体验在线。

数字化的人才是指由数字化工具武装起来的、具有数字化意识的员工。数字化意识针对脑,即员工应该具备用数字技术重新定义工作和解决问题的意识和习惯;数字化工具针对手,即企业为员工提供能帮助员工快速连接后台、员工和流程的工具,让员工不仅远离繁重的体力劳动,还能从程序性的脑力劳动中解放出来。

数字化的人力资源管理包括员工信息的数字化和人力资源管理流程的数字化两个层面。员工信息的数字化可分为三个层次,第一个层次是包括培训和绩效信息等员工简历的数字化;第二个层次是基于冰山模型的员工画像,包括性格特征和能力特质等信息的数字化;第三个层次是包括员工行为数据在内的个人数字孪生,比如员工上网行为、工作行为以及与团队互动数据等信息的数字化。与很多企业的员工信息数字化停留在第一层次相比,IBM的员工信息数字化已经达到第三个层次。但是,以数字化的形式存储和展现员工信息,只是员工信息数字化的基础,更为重要的是如何发挥数字化的员工信息在预测员工行为和绩效方面的作用。比如,IBM的人力资源系统中,存有层级较高的经理人员的五大人格等50多项性格和特质数据。基于这些数据,当公司拟将某名经理人员调至重要岗位时，系统可直接给人力资源部门和决策者推送这名经理人员和岗位、未来上司、拟加入团队的匹配建议。而这些匹配建议，不仅是基于能力模型和过往绩效，而且还有非常底层的性格特质，不仅有匹配报告，而且还能对人力资源部门、上司及经理人员本人给出相应的建议，如上司在和他共事中，应当注重哪些方面、怎样激励他会更有效等。这些建议的给出，是心理学家和领导力发展方面专家的过往经验。以前，这些经验更多储存在专家的大脑里，而现在则将这些经验转化为算法，变成平台和企业的智慧。与传统所谓流程化就是将线下纸质流程线上化和无纸化相比，IBM人力资源管理流程的数字化已经进阶为把流程处理中的经验在线化的水平了。具体举例，一名大客户总监已决定离职，但还未向People Manager明确提出辞职申请，但是后台已从这位员工近期在IBM平台上的上网活动轨迹，预测出这位员工有强烈的离职意向，同时检索这位员工过往的绩效表现、能力地图以及薪资水平，发现这位员工不但过往业绩优秀，而且能力也是IBM当前和未来特别看重的能力，他目前的薪酬水平低于市场平均水平。于是，后台直接向他的People Manager发送了给其加薪20%的建议。People Manager很快和他交流，成功打消了他的离职念头，于是这位大客户经理目前仍然在IBM工作且绩效非常优秀。此例说明，流程在线更多是线下操作搬到线上，经验在线是把员工大脑中的经验变成平台的决策算法，并且赋能给平台上的相关角色，让"低手"能共享"高手"的智慧，而且这种智慧还不需要"低手"学习，可以即时即用。

数字化的工作场所包括三个方面。一是物理环境，如办公室设计、墙上张贴、工位间隔等。对知识型员工而言，物理环境应杜绝封闭和明显的等级区别，应以鼓励开放交流、促进无缝协同为目标。二是由各类应用组合而成的工作平台，现在IBM员工和公司之间的所有互动基本都可以线上完成。例如投标管理，IBM的风控在业内很严，投标流程涉及商务、法务、销售、交付、财务、质量等多个部门和十几个节点，但在投标经理的牵头引导下，投标流程全部线上进行，虽然过程中会因合同和标书中很难写清楚所有背景信息需要电话会议沟通，但整体而言员工无须线下碰面。三是连接员工的数字化社区，IBM文化鼓励多元，鼓励员工做最好的自己，鼓励员工基于兴趣爱好自由建立数字化社群，让员工除正式组织外，还有更多维的非正式社区连接。借助SLACK（类似微信）、IBM Connections（内部论坛）等工具，IBM员工可就自己感兴趣的话题，如知识分享、经验交流、LGBT等与同事建立连接，在数字社区里自由交流。

综上，IBM的数字化人力资源管理转型旨在实现三个在线：一是工作在线，即将流程性工作从线下搬到线上；二是经验在线，即将以往存在于个体大脑中的经验或做法转化为算法，并通过机器学习等让系统智慧化，并高效赋能；三是体验在线，即在线上打造卓越的员工体验。IBM近年对员工入职流程的重塑，是体验在线的一个缩影。

人力资源管理数字化转型，为IBM带来了十分显著的效果：一是因为卓越的员工体验而带来的员工满意度的提升，IBM衡量员工满意度的指标NPS即净推荐（员工中有多少人愿意推荐朋友来IBM上班，愿意推荐为正值，不愿推荐为负值）与转型之前相比提高了22%；二是数字技术的引入带来的效率提升。IBM采用WAT-SON等先进数字技术改造的人力资源流程，仅2017年就为IBM节省了1亿美元。

资料来源：李凤，欧阳杰. IBM30年人力资源管理转型综述[J]. 经营与管理，2022，6：94-100.

第二篇
方法篇

第四章 数据采集

数据是大数据分析的基础和原材料,大数据的迅速增长及相关技术的发展带来了新的经济增量,因此在应用大数据辅助企业人力资源管理和决策时首先要获取数据。而这些数据中,哪些数据是人力资源管理过程中需要的,则是数据采集过程中首先需要了解的。本章首先梳理人力资源管理过程中的数据采集的主要类型,明确这些数据的来源,说明具体的数据采集方法,最后阐述数据的存储与管理问题。

学习目标

1. 了解数据的主要类型
2. 了解数据的主要来源
3. 掌握数据采集的方法
4. 掌握数据的存储与管理

知识结构图

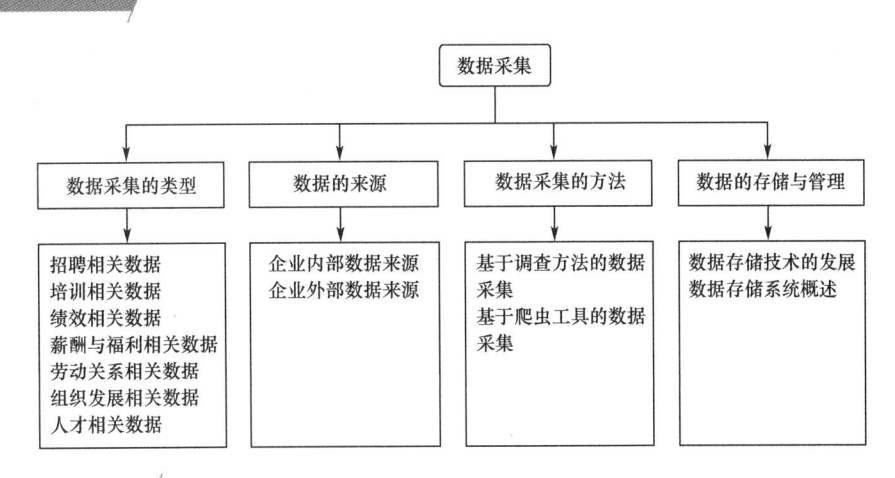

```
                          数据采集
           ┌───────────┬───────────┬───────────┐
      数据采集的类型   数据的来源   数据采集的方法   数据的存储与管理

      招聘相关数据    企业内部数据来源  基于调查方法的数据    数据存储技术的发展
      培训相关数据    企业外部数据来源  采集              数据存储系统概述
      绩效相关数据                  基于爬虫工具的数据
      薪酬与福利相关数据              采集
      劳动关系相关数据
      组织发展相关数据
      人才相关数据
```

引 例

对于一些人而言,大数据可能会被认为是与实验室或计算机相关的技术,离我们的生活似乎还比较遥远。但在今天的数字经济时代,几乎所有事物都可以用数字来表达,而纸质数据仅占其中一小部分。实际上,我们每天都在参与大数据的收集和整理,大数据已经非常贴近我们的生活。我们在抖音、快手等平台上制作的短视频、手机上的大量照片、气象卫星每天拍摄的大量图片以及个人电脑上的记录，都可以形成海量的数据。IDC（国际数据公司）《2021—2025全球数据预测》显示，2021年全球数据量为79 ZB，预计2025年将达到181 ZB（1 YB=1 024 ZB，1 ZB=1 024 EB，1 EB=1 024 PB，1 PB=1 024 TB，1 TB=1 024 GB，1 GB=1 024 MB，1 MB=1 024 KB，1 KB=1 024 B，1 B=8 bit，即1 ZB=1 024×1 024×1 024 TB），复合增长率为23%。

在数字经济时代，每一个人都在自觉或不自觉地参与大数据搜集活动，数据来源的多样性已经打破了传统单一的数据来源。企业数字化转型已经成为当今商业社会的主流趋势和话题，政府政策、商业环境及市场趋势的变化速度不断加快，这样的发展变化也对人力资源从业者们提出了新的挑战。在互联网时代，人们的生活更加碎片化，例如，时间碎片化、学习碎片化、用工碎片化，这些事物已经在定义着新的"劳动力公式"。人力资源管理业已面临数字化转型，人力资源数据如何合法、合规、合理地采集与存储，成为人力资源管理从业者们首要关注的问题。

思考：如何对人们获取的庞大数据进行分类？如何获取自己需要的数据？

第一节 数据类型

数据采集在人力资源管理过程中也是不可或缺的，因为采集各种数据的目的就是更好地管理人力资源。根据人力资源大数据的不同业务需求，它可以分为招聘相关数据、培训相关数据、绩效相关数据、薪酬与福利相关数据、劳动关系相关数据、组织发展相关数据和人才相关数据等。[①]

一、招聘相关数据

员工招聘是指根据企业为了满足自身发展及人力资源规划所确定的人员需求，从企业外部来寻找、吸收具有能力的个体的活动过程。在这个过程中会产生大量的数据，如招聘成本、招聘数量与质量、选拔成本、录用成本、安置成本、离职成本、重置成本、录用人数、应聘人数、计划招聘人数、到岗人数等。对招聘相关数据的分析可以帮助企业分析招聘的有效性，降低招聘成本等。

二、培训相关数据

培训就是培养加训练，就是通过培养加训练使受训者掌握某种技能。在人力资源管理的过程中，企业要注重对技术工人、专业干部等进行培养和训练。与培训相关的数据主要有培训人次、内部培训人次、外部培训人次、内部培训费用、岗前培训费用、岗位培训费

---

① 朱建斌,张路芳,刘伶俐.人力资源大数据分析与应用[M].北京:高等教育出版社,2022.06:101.

用、脱产培训费用、人均培训费用、培训费用占薪资比、平均培训满意度、培训测试通过率等。

三、绩效相关数据

绩效管理是指各级管理者和员工为了达到组织目标，共同参与的绩效计划制订、绩效辅导沟通、绩效考核评价、绩效结果应用、绩效目标提升的持续循环过程。绩效管理活动的目的是持续提升个人、部门和组织的绩效。当企业形成大量的绩效量化考核的数据后，必须对绩效结果进行考核与改进，做出合理的评估，并进行持续改进。与绩效相关的数据主要有绩效工资总额、工资总额、员工绩效考核结果等。

四、薪酬与福利相关数据

薪酬是员工向所在的组织提供劳务而获得的各种形式的酬劳，薪酬管理就是组织制定的合理的工资发放制度及系统，是企业整体人力资源管理体系的重要组成部分。对企业薪酬体系的评估主要与不同行业薪酬水平、不同地区薪酬水平、工资总额、人均工资、知识型员工工资总额、工资总额年增长率、人均工资年增长率等数据相关。

五、劳动关系相关数据

劳动关系是指劳资双方的关系，是劳动者与用人单位依法签订劳动合同而在双方之间产生法律关系。与劳动关系相关的数据主要涉及劳动合同签订比例、员工投诉比例、解决争端的平均时间等。

六、组织发展相关数据

组织发展是指将行为科学知识广泛用在根据计划发展、改进和加强那些促进组织有效性的战略、结构和过程的活动，是一个数据采集、诊断、行为规范、干预和评价的系统过程。组织发展致力于增强组织结构、进程、战略、人员和文化之间的一致性，开发新的创造性的组织解决方法，以及发展组织的自我更新能力。与组织发展相关的数据包括全员劳动生产率、人均销售收入、人均净利润等。

七、人才相关数据

人才是指具有一定的专业知识或专门技能，进行创造性劳动并对社会做出贡献的人，是人力资源中能力和素质较高的劳动者。人才是我国经济社会发展的第一资源。与人才相关的数据主要有工作经历、知识技能、学历、职称、职业资格、业绩、获奖情况、心理健康、身体健康等。

表4-1概括了人力资源数据类型情况。

表 4-1　　　　　　　　　　　人力资源数据类型

数据类型	具体指标
招聘相关数据	招聘成本、招聘数量与质量、选拔成本、录用成本、安置成本、离职成本、重置成本、录用人数、应聘人数、计划招聘人数、到岗人数等
培训相关数据	培训人次、内部培训人次、外部培训人次、内部培训费用、岗前培训费用、岗位培训费用、脱产培训费用、人均培训费用、培训费用占薪资比、平均培训满意度、培训测试通过率等
绩效相关数据	绩效工资总额、工资总额、员工绩效考核结果等
薪酬与福利相关数据	不同行业薪酬水平、不同地区薪酬水平、工资总额、人均工资、知识型员工工资总额、工资总额年增长率、人均工资年增长率等
劳动关系相关数据	劳动合同签订比例、员工投诉比例、解决争端的平均时间等
组织发展相关数据	全员劳动生产率、人均销售收入、人均净利润等
人才相关数据	工作经历、知识技能、学历、职称、职业资格、业绩、获奖情况、心理健康、身体健康等

资料来源：笔者根据相关资料整理。

第二节　数据来源

企业的人力资源大数据通常来源于两种渠道：一种是企业内部数据来源，是指从企业自身获取的数据，包括企业信息管理系统中的人力资源管理系统、财务管理系统、客户关系管理系统等业务系统和办公类（OA）系统，部门上报数据和内部调查数据；另一种是企业外部数据来源，是指从企业外部所开辟的数据来源，包括政府公开数据、企业发布数据、人力资源行业网络数据及公共社交网络数据等。

一、企业内部数据来源

（一）企业信息管理系统

1. 业务系统

（1）人力资源管理系统

人力资源管理系统（Human Resource Management System，HRMS）通过提升内部员工的满意度、忠诚度来提高员工贡献度，将日常的人力资源工作信息化。人力资源管理系统中的数据内容一般有人事档案数据、招聘测评数据、培训管理数据、绩效考核数据和薪酬管理数据，是需要调用人员数据时的核心来源，既能高效地处理信息，还可以节省时间。

从企业招聘面试开始，人员的数据就进入了人力资源管理系统，无论是绩效结果还是培训学习阶段，每个员工在企业的行为信息都以数据的形式存储至人力资源管理系统，所以涉及人力资源的数据可优先从人力资源管理系统中获得。

(2)财务管理系统

财务管理各相关因素按一定的规则结合起来,在外在环境提供的种种机会和限制条件下,为实现财务目标而进行的整体运作体系就是财务管理系统(Financial Management System,FMS)。该系统主要用于企业的财务管理,是以会计业务为基础,进行总账管理、财务报表管理、财政预算决算管理等一系列财务操作。

(3)客户关系管理系统

客户关系管理系统(Customer Relationship Management System,CRMS)以客户数据管理为核心,涉及订单管理、合同管理、客户跟进管理、客户信息记录、客户利润管理、供应商管理、渠道商管理等多个模块。

2. 办公类系统

OA系统,即办公自动化系统(Office Automation System,OAS),是利用现代化信息技术,代替办公人员传统的部分手动或重复性业务活动,优质而高效地处理办公事务和业务信息,实现对信息资源的高效利用,进而达到提高生产率、辅助决策的目的。

(二)部门上报数据

物联网系统(Internet Of Things System,IOTS)是获取部门上报数据的重要新兴途径,物联网系统是以其设备为媒介,通过专门设备来获取数据。但是这种方法有数据质量参差不齐的缺点,特别是数据格式、数据类型容易出错,造成后期数据整理和清洗花费大量时间。同时,分公司或部门向上级组织上报的部分数据存在主观偏差,需要谨慎对待。

物联网系统包括智能仪表、智能设备、视频监控系统等。

(1)智能仪表。智能仪表将计算机技术和检测技术有机结合,通过可视化界面展示关键绩效指标信息,从智能仪表可以获得前、后数据的对比情况。

(2)智能设备。智能设备是传统计算机技术、数据处理技术、传感器技术、网络通信技术等相结合的产物。智能设备上的数据反映了用户行为偏好,也是数据采集的一种来源。

(3)视频监控系统。视频监控系统由实时控制系统、监视系统及管理信息系统组成,视频监控系统的数据流可以有效地帮助企业安全建设。

(三)内部调查数据

企业的人力资源部门通常会使用访谈和问卷调查来收集内部数据,后者例如薪酬满意度调查、培训需求调查、岗位价值分析调查等。通过问卷的形式采集数据,也是一种简便有效的方式。

二、企业外部数据来源

(一)政府公开数据

政府公开数据是企业获取高质量外部数据的一个重要渠道,如公开出版的社会经济数据。这类数据一般会通过政府机构网站发布,与人力资源相关的主要是统计局、人力资源和社会保障部等官方网站。政府会在某官方网站上定期公布各种统计数据,比如每年的社会平均工资、工资指导线、最低工资等。例如,通过《中国统计年鉴》等,企业可以获取国家层面工资统计数据。但这些数据相对比较宏观,范围比较大,应用起来有一定难度,而有一些平均数数据并不能真实反映大多数人的水平,所以在使用这类数据的时候需要慎重。

(二)企业发布数据

常规意义上的上市公司同时也是行业标杆企业,可以依据其企业年报上的数据对标自身企业数据,将双方数据进行分析对比,通过对比获知企业在行业中的水平。通过上市公司发布的年报,可以获取一部分可以利用的数据,比如可以通过年报数据知道企业的营业总收入、净利润、人工成本、劳动生产率等。一般可通过上海证券交易所、深圳证券交易所、全国中小企业股份转让系统等网站下载上市公司年报。国内的一些财经网站也会公布一些企业数据,如新浪财经、东方财富网、证券之星等。

(三)人力资源行业网络数据

人力资源行业网络数据包含人力资源行业商业调查数据、网络招聘平台发布的数据、线上劳动力外包平台发布的数据。这些数据能够更好地匹配人力资源的需求。

1. 人力资源行业商业调查数据

通过咨询公司可以获取高端人才数据、行业薪酬数据、业务趋势数据等,这类数据通常也较为精准。比如,一些招聘网站和咨询公司通过调查编制的年度薪酬报告,就非常符合企业的需要,可以直接用来对标,进行内外部薪酬的比较分析。通常来讲,人力资源行业商业调查数据需要购买才能获得,而且知名咨询公司编制的调查报告价格更是不菲。如果资金有限,可以购买本行业的新型咨询公司或者利用行业资源获得大型招聘网站对客户开放的调查数据。

近年来,互联网还兴起了一些"晒工资"的网站和软件,借助网络的力量,人们上传自己的工资数据,供其他人查询和参考。这些数据的可信度有待商榷,但也可以作为参考数据。

2. 网络招聘平台发布的数据

在互联网时代,运用网络及信息技术,帮助雇主和求职者完成招聘和求职的网络站点逐渐出现,线上招聘平台也进一步成为企业招聘人才的主流渠道。网络招聘平台的兴起,使以往现场招聘逐渐转移到在线平台,并带来了个人简历、招聘单位需求信息以及雇佣双方匹配信息三方面的数据。比较知名的网络招聘平台包括智联招聘、拉勾网、BOSS直聘、猎聘、脉脉等,不同网络招聘平台提供的数据可能存在差别。

3. 线上劳动力外包平台发布的数据

劳动力外包是指把人事管理的部分或全部工作外包给一个服务机构来完成。现在劳动力外包业务范围日益广泛,不仅有传统的劳动力外包,伴随互联网技术的发展,线上的劳动力外包也发展起来。线上的劳动力外包不仅包含灵活用工、劳务派遣、人事代理、税务代办、猎头、校园招聘等,还涵盖了法律服务、物业服务、安保服务等。通过线上劳动力外包平台,可以获得大量与人力资源工作任务相关的数据,比如,劳务派遣成本、行业人力成本数据、外部行业人才数据等。常见的在线劳动力外包平台包括猪八戒网、阿里众包、UpWork、MTurk等。这些数据可以成为企业人力资源进行外包决策、成本控制、劳动力供给和需求预测时的重要参考。

(四)公共社交网络数据

公共社交网络数据包括社交网站发布的数据、在线社区发布的数据。通过社交网站或在线社区获得的人力资源数据,更多的是非结构化数据,即难以用"行"与"列"在"平面"的数据集中进行描述的数据。

1. 社交网站发布的数据

社交网站作为在线内容创造与传播的平台,是人们用来分享意见、见解、经验和观点的工具,例如,微信、QQ、微博、博客、抖音、脸书、推特等社交网站。从这些社交网站上可以获得大量用户发布的非结构化数据,企业可以通过行为模型把数据用于人力资源领域的人才画像、劳动关系管理等方面。

2. 在线社区发布的数据

具有代表性的在线社区有知乎、豆瓣、果壳、贴吧等,在线社区是个体在工作和生活中遇到问题时寻求解答的网站、论坛等,这些网站提供了员工行为偏好的数据。例如,员工在在线社区的行为表现数据,将有助于系统判别他与职业的符合程度是否与其个人描述的职业愿景相符,最终判断他的职业倾向;通过员工在专业论坛上的时间段和时间长短,可以判别他工作的时间规律;依据人类行为语言学,将员工在在线社区的抽象言行转换为对应的性格特点,依据数据进行性格匹配,这也将是现在的热点研究方向。

这些在社交网站和在线社区得到的数据,表达了发帖者的真实意愿和想法,反映着发帖者的日常行为,在揭示个体行为偏好等方面具有一定的优势。

第三节 数据采集方法

在采集数据的过程中,企业可以通过人力资源管理系统获取数据,一般是有两种方法实现数据的主动采集。第一种方法是在人力资源管理系统内归整数据,导出者可以设定导出需求。第二种方法是借助于相关软件来实现直接使用系统生成的多需要数据报告,无须从人力资源管理系统中导出。依据数据的来源不同,企业内部部门上报的数据,可以用调查方法、爬虫工具及计算机程序语言爬取数据。

一、基于调查方法的数据采集

调查法是指通过考察了解客观情况直接获取有关材料,间接了解被测试者的心理活动的方法。调查法能在短时间内同时调查很多对象,获取大量资料,并能对资料进行量化处理,经济省时。因此,它也是收集数据过程中,一种最基础、应用最广泛的方法。

(一)访谈调查法

访谈调查法可简称为"访谈法",是社会调查中最古老、最常用的方法之一,是一种通过访谈员和受访者面对面交谈来了解受访人的心理和行为的基本研究方法。该方法常用于定性数据采集法,具有针对性强、灵活、真实可靠的特性,但是需花费较多人力和时间、调查范围较窄等问题限制了其使用范围,一般常用于有深度和复杂的信息获取。

(二)调查问卷法

调查问卷法起源于19世纪末期20世纪初期的心理学研究,是指通过制定详细周密的问卷,并邀请被调查者作答,借此收集数据的一种手段。由于问卷调查的形式非常灵活,省时省力且全面系统,不失为一种常用的调查方法。企业常用其进行员工关于福利待遇、培训需求、薪酬问题及意见建议的搜集等问题调查,可以用纸质的问卷调查表,也可以给员工发邮件的形式进行调查,还可以利用网络问卷调查工具(如问卷星、问卷网等)进行调查。

1. 调查问卷基础知识

(1)调查问卷的分类

①按照答案方式划分:自填式问卷与代填式问卷。

自填式问卷是指由被调查者自己填写答案的问卷,它适合入户访问、街头拦截访问、邮寄访问等形式;代填式问卷是指由调查人员根据被调查者的回答代为填写答案的问卷,它适合在入户访问、街头拦截访问、焦点访谈和电话访问时采用。

②按照问题答案划分:结构式问卷、开放式问卷与半结构式问卷。

结构式问卷也称封闭式问卷,是指问卷中不仅设计了各种问题,还给出了各种可能的答案,被调查者可以根据实际情况从中选择合适的答案。例如,您认为公司目前的人力资源管理制度是否完善?□完善□比较完善□不完善。

开放式问卷又称无结构式问卷,是指问卷中虽然设计了询问的问题,但是被调查者可以依据本人的意愿自由回答。例如,您认为公司在人力资源管理中最迫切需要改善的问题有哪些(可列举三项)?结构式问卷一般会结合开放式问卷一并使用,往往是在需要对某些问题做进一步深入的调查时进行的,而开放式问卷一般较少作为单独的问卷使用。

半结构式问卷介于结构式问卷和开放式问卷之间,其中的问题答案既有固定的、标准的,也有让被调查者自由发挥填写的。该问卷形式吸收了结构式问卷和开放式问卷的优点,弥补了两种问卷形式的不足,因而被广泛应用于实际调查中。

③按照传播方式划分:传统问卷与网络问卷。

传统问卷是指曾经被广泛应用的纸质问卷,该问卷形式主要有街头拦截访问、邮寄访问、电话访问、媒体刊载问卷及书籍杂志后附问卷等。然而,伴随互联网技术的推广与普及、人们环保意识的提升及无纸化办公时代的到来,传统的纸质问卷形式逐步被替代。

计算机技术的发展和互联网时代的到来,各行各业的办公模式需求不断升级,通过网络调查所采用的无纸化问卷,其问卷的发送与提交均通过网络实现。网络问卷的数据收集与整理更加方便快捷,也能够更好地提升办公效率和数据处理速度,所以网络问卷也被认为是一种最直接、最有效的线上调查方法。

(2)调查问卷的结构

一份完整的调查问卷通常包括标题、指导语、问题、答案、结束语,如图4-1所示。

高校人才发展需要的调查问卷 ← 标题

尊敬的老师：

您好！为了促进高校各组织更好地展开工作，推进高校和谐校园发展战略，响应二十大关于高校教育现代化的发展目标，办好人民满意的大学，我们将展开高校教师发展的现实状况和面临的问题与困境的调查，进一步了解高校教师自身发展状况及其制约因素。通过本次调查分析，我们将向高校相关部门提出完善高校教师职业发展的建议，营造高校教师职业发展的良好环境氛围，促进高校教师职业生涯的健康发展。

我们是"高校人才发展需要调研分析"课题组的成员，是××学院的学生。真诚感谢您参与本次问卷调查。本次问卷不记名，回答没有对错之分。请根据您的情况和看法，填写问卷。衷心祝福您一切顺利！ ← 指导语

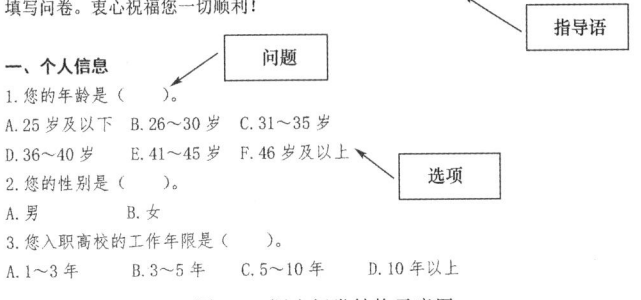

一、个人信息

1. 您的年龄是（　）。 ← 问题
A. 25 岁及以下　B. 26～30 岁　C. 31～35 岁
D. 36～40 岁　E. 41～45 岁　F. 46 岁及以上 ← 选项

2. 您的性别是（　）。
A. 男　　B. 女

3. 您入职高校的工作年限是（　）。
A. 1～3 年　　B. 3～5 年　　C. 5～10 年　　D. 10 年以上

图 4-1　调查问卷结构示意图

（3）调查问卷设计原则

①目的性原则。要争取被调查者的密切合作，充分考虑被调查者的身份背景，不要提出对方不感兴趣的问题。

②逻辑性原则。问题的排列顺序要合理，一般先提出概括性的问题，逐步启发被调查者，做到循序渐进。

③准确性原则。要有利于被调查者做出真实的选择，例如，答案切忌模棱两可，令人难以选择。

④通俗性原则。不能使用专业术语，也不能将两个问题合并为一个，以至于得不到明确的答案。问卷设计要以容易让被调查者接受为原则，措辞要亲切、温和。提问要自然、礼貌，并且要避免一系列可能让调查者难堪或反感的问题。

⑤非诱导性原则。设计问卷时应避免加入调查人员主观臆断。如果问卷具有诱导性和提示性，会在不自觉中掩盖被调查者的真实意愿，从而影响调查结果的客观性与真实性。

⑥合理长度原则。问卷不宜过长，问题不能过多，一般控制在 20 分钟左右回答完毕。

⑦匹配性原则。匹配性原则是指设计问卷时要使被调查者的回答便于检索，以便对数据进行处理和分析。

问卷在设计的过程中，可以将比较难回答的问题和涉及被调查者个人隐私的问题放在最后。提问过程中不能有任何暗示，要注意措辞。问题设置时还要关注封闭式问题和开放式问题的比例。为了有利于数据统计和处理，调查问卷最好能直接被计算机读取，以节省录入时间，提高统计的准确性和效率。

（4）问卷调查收集的人力数据

问卷调查方法可以收集的人力数据有：员工满意度、员工培训需求、员工培训效果、员工绩效满意度、员工薪酬满意度、员工敬业度、企业文化认知等。

2. 网络调查问卷技术

移动互联网技术的发展和智能手机的普及,促进了线上问卷调查技术的发展与应用,线上形式的问卷调查使得问卷的发放、回收及统计更加方便快捷。问卷星、金数据、问卷网、腾讯问卷等都是常用的线上问卷调查工具,这里以问卷星为例介绍网络问卷调查过程。

用户登录问卷星官网,完成注册及登录后,就可以开始设计调查问卷。应用问卷星设计调查问卷的步骤有以下几点:

步骤1:创建问卷类型。登录问卷星界面后,呈现如图4-2所示的界面。

图4-2 问卷类型选择

步骤2:创建问卷。问卷星提供了四种问卷创建方式,分别是"从空白创建""文本导入""人工录入服务""复制模板问卷"。默认模式是"从空白创建",这种方式需要将问卷题目逐一录入。在如图4-3所示的界面中,添加问卷题目,如"员工敬业度调查",单击【立即创建】按钮。

图4-3 创建问卷

步骤 3：设置问卷题目。填写题目内容并根据调查内容选择相应的题型，如选择题、填空、矩阵题、高级题型等。添加和编辑完所有的题目之后，单击【完成编辑】，弹出如图 4-4 所示的界面，界面上显示此问卷处于草稿状态，如果问卷准备就绪就可以单击【发布此问卷】按钮。

图 4-4　发布问卷

步骤 4：邀请被调查者作答。单击【发布此问卷】之后，就显示出如图 4-5 所示的界面，单击【复制】按钮，就可以复制问卷的链接发送给问卷调查的对象。还可以单击【制作海报】【微信发送】【在线访谈】等按钮，或是直接进行微信、QQ、QQ 空间和微博的分享，让对问卷感兴趣的作答者进行填写。

图 4-5　问卷链接与二维码的生成和发送

步骤5:查看问卷调查结果。在问卷星的"我的问卷"的界面中,可以找到相应的问卷,单击"企业员工敬业度调查问卷"下的【分析＆下载】按钮,在弹出菜单中选择"统计＆分析",可以查看统计结果,下载 Word 或 PDF 格式的报告;在弹出菜单中选择"查看下载答卷",可以下载 Excel、CSV 格式答卷数据,也可以直接导入 SPSS 软件进行分析。

图 4-6　问卷调查数据的分析和下载

二、基于爬虫工具的数据采集

网络爬虫技术(又称为"网页蜘蛛"或"网络机器人")是指为搜索引擎下载并存储网页的程序,可以按照一定的规则自动地抓取万维网的信息,是搜索引擎和 Web 缓存的主要数据采集方式。网络爬虫技术在许多领域都得到了广泛应用,主要用于解决收集数据数量、形式的问题,该项技术的普及降低了数据采集的门槛。

目前市场上开发的网络爬虫工具有很多,如八爪鱼、集搜客、神箭手云等,这里我们将具体展开讲解使用爬虫工具八爪鱼采集数据的操作流程和注意事项。

(一)使用八爪鱼采集数据的模式

1. 使用模板采集数据

使用网络爬虫工具八爪鱼爬取数据时,用户可以直接使用由八爪鱼官网提供的采集模板,只需输入参数(例如网址、关键词、页数等)即可获得目标网站数据。目前八爪鱼平台有 200 多个收集模板,涵盖了大部分主流网站。

步骤1:下载客户端。从官方网站上下载客户端软件并进行安装,打开客户端后进入首页并输入目标网站名称,八爪鱼自动寻找相关的收集模板,界面如图 4-7 所示。

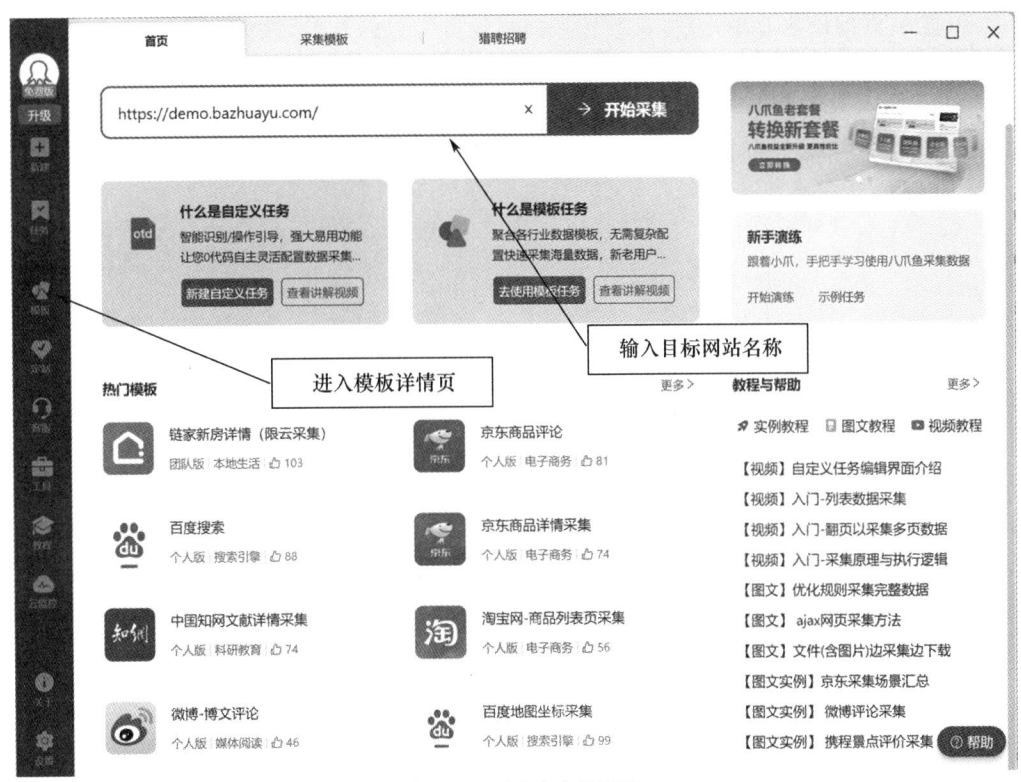

图 4-7　八爪鱼客户端界面

步骤 2：进入模板详情页。查看模板介绍、采集字段预览、采集参数预览、示例数据，确认这个模板收集的数据是否符合需求，界面如图 4-8 所示。

图 4-8　八爪鱼模板使用界面

步骤3：立即使用。单击【立即使用】按钮，设置常见的参数，如关键词、页数、城市、职位等。如果该模板无须填写参数，直接单击【保存并启动】按钮，选择启动【本地采集】进行数据采集即可，界面如图4-9所示。

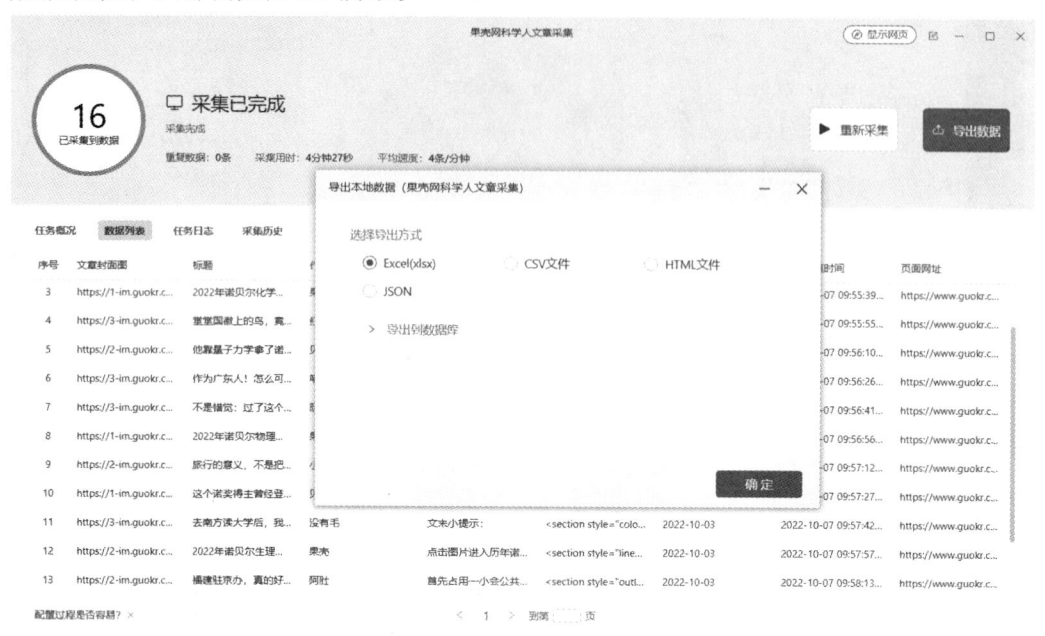

图4-9　八爪鱼导出数据界面

步骤4：导出采集数据。八爪鱼采集数据完成以后，单击【导出数据】按钮，按照需要的格式导出数据。

2. 使用自定义配置采集数据

使用自定义配置采集数据有两种方式：智能识别和手动配置采集。这里主要介绍智能识别的方式。智能识别方式是只需要输入网址，平台自动智能识别网页数据。八爪鱼使用自定义配置采集数据时，具体操作步骤如下：

步骤1：新建自定义任务。以某人才网数据爬取为例，在首页菜单栏中选择【新建】按钮并选择【自定义任务】，输入目标网址，单击【保存设置】按钮，八爪鱼自动打开网页，界面如图4-10所示。

图4-10　八爪鱼自定义任务界面

步骤2：单击搜索栏，输入搜索文本。选中搜索文本框，单击操作提示中的【输入文本】按钮并输入关键词"销售经理"，界面如图4-11所示。选中搜索按钮，单击操作提示中的【点击该按钮】，界面如图4-12所示。

图4-11　八爪鱼自定义任务网页输入搜索关键词

图4-12　八爪鱼自定义任务网页选中搜索按钮并单击该按钮

步骤3：选择子元素。选中子元素就是列表中的字段，单击操作提示中的【选中子元素】，随后单击操作提示中的【选中全部】，界面如图4-13所示。继续选择操作提示中的【采集数据】，八爪鱼中自动形成了一个循环提取数据的步骤。如果在数据采集的过程中发现有些字段数据是不需要采集的数据,可以用鼠标右键单击某字段列标题进行字段删除或修改元素定位,界面如图4-14所示。

图4-13 八爪鱼自定义任务网页选择子元素

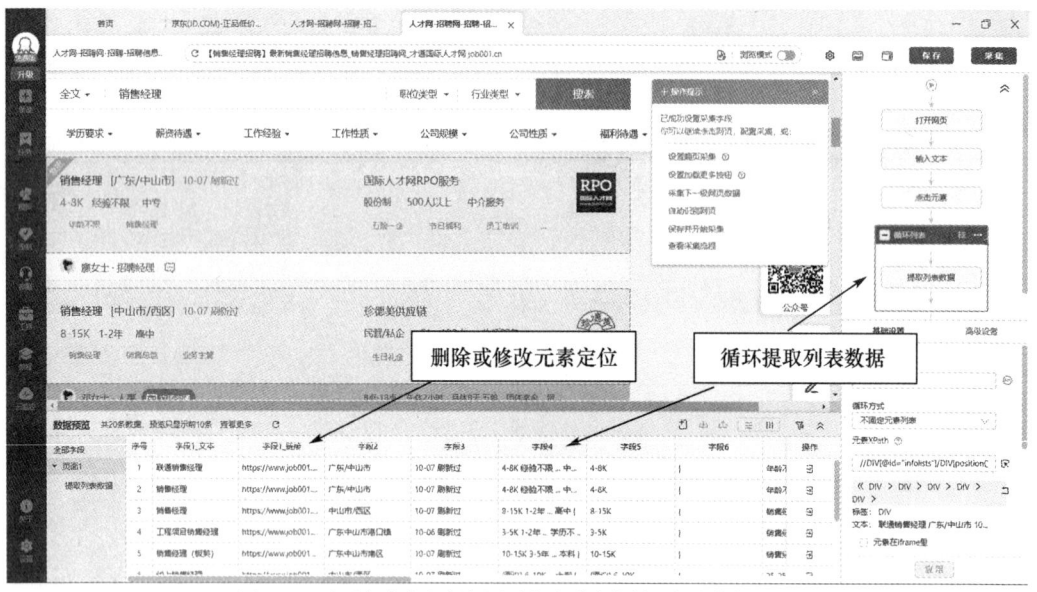

图4-14 八爪鱼自定义任务网页自动形成的循环提取数据界面

步骤4:设置循环翻页。选中并单击该页中的翻页按钮,单击操作提示中的【循环单击下一页】,八爪鱼中自动形成了一个循环翻页的步骤,界面如图4-15所示。如果有些网页的界面需要向下滚动页面才能加载出所有的搜索列表,还需要在"高级设置"中设置"页面滚动"选项,然后翻页步骤中也需要进行同样的"页面设置"。

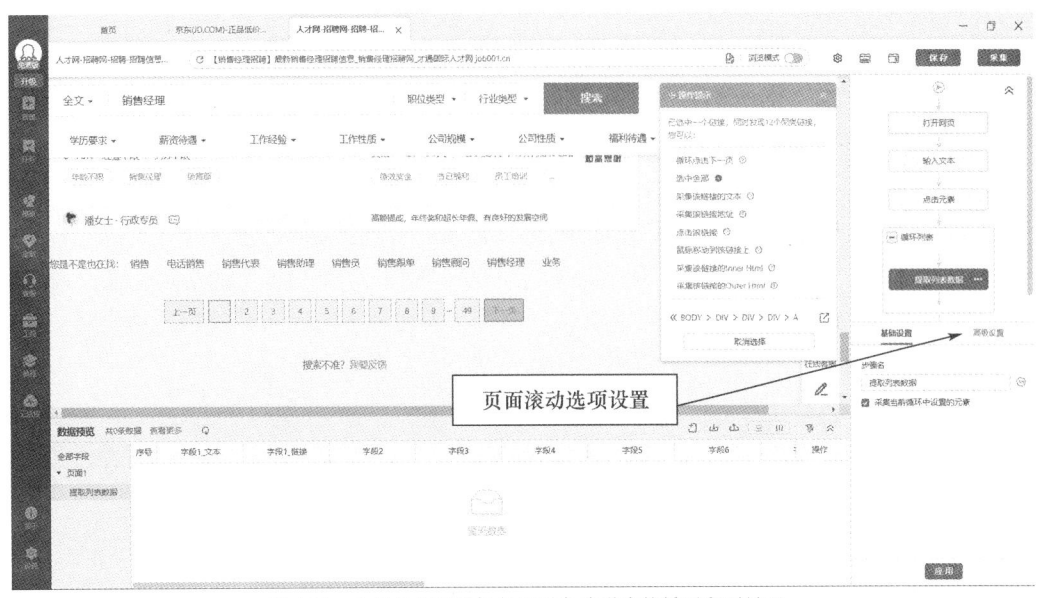

图 4-15 八爪鱼自定义任务网页自动形成的循环翻页界面

步骤 5：数据采集与导出。设置完成后将开始启动界面右上角的【采集】按钮，启动采集后会弹出一个本地采集或云采集的界面，界面如图 4-16 所示。选择"本地采集"后，采集数据将会保存在本地。八爪鱼采集数据完成以后，单击【导出数据】按钮，按照需要的格式导出数据。

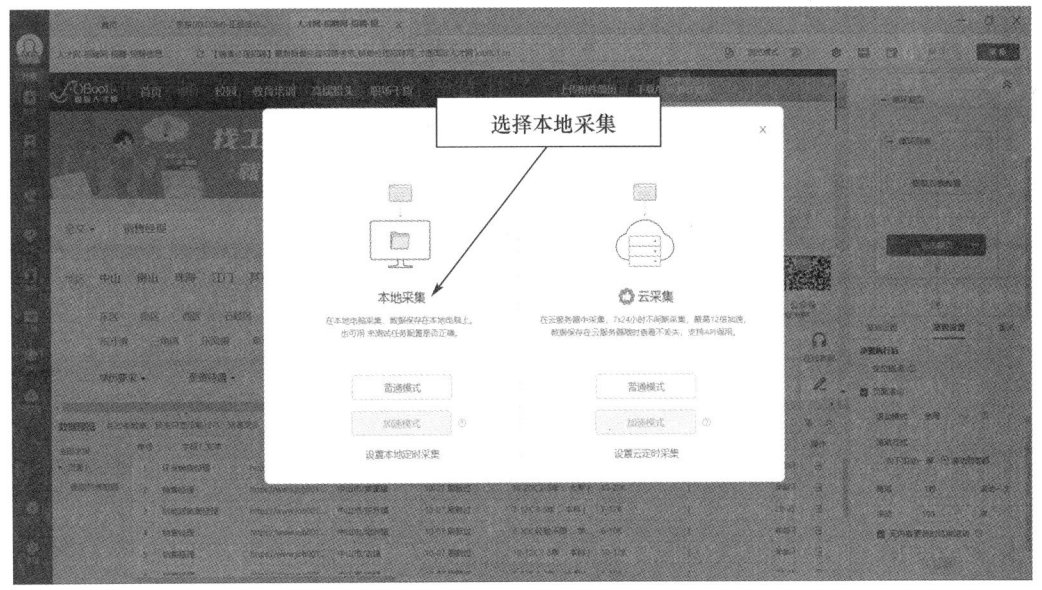

图 4-16 八爪鱼自定义任务网页数据采集界面

在使用自定义配置采集数据时，智能识别仅支持识别列表型网页、滚动网页和翻页。在采集社交网站发布的数据时，可以使用三种方式：指定账号更新的内容/图片/视频；特定关键词的搜索结果；内容/图片/视频下的评论。

第四节　数据存储与管理

第三次信息化浪潮涌动，大数据时代已全面到来，数据来源呈现多层次、多样化、多方面的特征，数据量呈几何级数增长。大量性(Volume)、高速性(Velocity)、多样性(Variety)和价值性(Value)特征明显的大数据要如何储存，才能方便部门、企业和组织的应用？于是，专门设计用于存储、管理和检索大数据的计算机存储基础架构技术应运而生，把大数据存储基础架构连接到计算机服务器节点，就可以实现快速存储和检索大量数据。

一、数据存储技术的发展

第一阶段：人工管理阶段（公元前3 500年前至20世纪50年代中期），数据以人工记录为主，不会保存在计算机内，更没有对数据进行管理的软件系统。

第二阶段：文件系统阶段（20世纪50年代后期至60年代中期），数据实现以文件形式长期保存，同时数据由文件系统进行管理。

第三阶段：数据库阶段（20世纪70年代至21世纪初），出现层次型数据库、网状型数据库、关系型数据库、非关系型数据库。

第四阶段：分布式存储阶段（21世纪初至今），可以实现文件在多台主机上分布式存储，以满足大规模数据存储的需求，拥有较好的容错率和拓展性，能够以较低的成本实现大流量和大数据量的读写。

二、数据存储系统概述

随着信息社会的发展，越来越多的信息实现了数据化。大数据包含结构化、半结构化和非结构化的海量数据，轻量级数据库无法满足对其存储以及复杂的数据挖掘和分析操作。一般包括Hadoop分布式文件系统HDFS和GFS、分布式数据库（HBase）、NoSQL数据库和云数据库。HDFS提供了在廉价服务器群中进行大规模分布式文件存储的能力；HBase是一个高可靠、高性能、面向列、可伸缩的分布式数据库，存储非结构化和半结构化的松散数据；NoSQL数据库可以支持超大规模数据存储；云数据库是部署在云计算环境中的虚拟化数据库，可以解放传统的烦琐数据库硬件定制。

（一）分布式文件系统

分布式文件系统(Distributed File System)是一种通过网络实现文件在多台主机上进行分布式存储的文件系统，系统的设计一般采用"客户机/服务器"(Client/Server)模式。分布式文件系统存储管理需要多种技术的协同工作，其中文件系统为其提供最底层存储能力的支持。它的主要特点包括：各个节点分布在不同地点，通过网络进行节点间的通信和数据传输；节点符合主从结构，主节点存储元数据，从节点存储时间数据；调用数据时，不用关系型数据在从节点的存储位置，客户端向主节点发送请求即可。

分布式文件系统是大数据时代解决大规模数据存储问题的有效解决方案，HDFS开源实现了 GFS,利用由廉价硬件设备构成的计算机集群实现海量数据的分布式存储。HDFS 也有自身的局限性,比如不适合低延迟数据访问,无法高效存储大量小文件和不支持多用户写入及任意修改文件等。

(二)分布式数据库

分布式数据库 HBase 是针对谷歌 BigTable 的开源实现,是一个高可靠、高性能、面向列、可伸缩的分布式数据库,主要用来存储非结构化和半结构化的松散数据。分布式数据库可以支持超大规模数据存储,可以通过水平扩展的方式,利用廉价计算机集群处理由超过 10 亿行数据和数百万列元素组成的数据表。

(三)关系型数据库

传统的关系型数据库可以较好地支持结构化数据存储和管理,它以完善的关系代数理论作为基础,具有严格的标准,支持事务 ACID 四个属性,借助索引机制可以实现高效的查询。它于 1970 年由图灵奖得主、有关系型数据库之父之称的科德提出后,就一直是数据库领域的主流产品类型,在社会生活中得到广泛应用。

由于关系型数据库具有规范的行和列结构,因此存储在关系型数据库中的数据通常也被称为"结构化数据",用来查询和操作关系数据库的语言被称为"结构化查询语言"。它的主要特点是:数据以结构化的二维表形式存储,支持结构化数据的存储与管理,大多数时间都是数据库领域的主流类型。目前主流的关系型数据库有 Oracle、MySQL、SQL Sever、SQLite、PostgreSQL、DB2、Sybase 等。

(1)Oracle:闭源数据库,支持大开发,安全性高。

(2)MySQL:开源数据库,在互联网中占据主导地位。MySQL 数据库由瑞典 MySQL AB 公司开发,属于开源的关系型数据库管理系统,是目前使用最广泛的数据库。MySQL 数据库使用标准 SQL 语言,支持 ACID 事务属性,同时性能强劲,支持大规模数据存储的单表,可容纳数千万条记录。

(3)SQL Sever:微软出品,目前最流行的数据库之一,通常和.NET 搭配使用。

(4)SQLite:轻型嵌入式开元数据库,广泛应用于 iOS 和 Android 移动操作系统。

(5)PostgreSQL:由加州大学伯克利分校开发,完全由社会驱动的开源数据库。

在过去的十多年中,不同的应用场景的数据管理需求截然不同,一种数据库架构根本无法满足所有场景。进入大数据时代,数据库架构开始向着多元化方向发展,从传统关系数据库(OldSQL)发展到非关系型数据库。

(四)非关系型数据库

1. NoSQL 数据库

NoSQL 泛指非关系型数据存储技术,是为了解决大规模数据集合和多重数据种类带来的挑战,特别是针对大数据应用难题而开发的。NoSQL 将信息存储在 JSON[①] 文档中,而不是关系型数据库使用的列和行中。NoSQL 数据库具有非常高的读写性能,可以支持超大规模数据存储,灵活的数据模型可以很好地支持 Web 2.0 应用,具有强大的横

---

① JSON,Java Script Object Notion,JS 对象简谱,一种轻量级的数据交换格式。

向扩展功能,可以全面地处理结构化、半结构化和非结构化数据。

NoSQL 最早出现于 1998 年,是一个轻量、开源、不提供 SQL 功能的关系型数据库,许多 NoSQL 数据库可以在数百或数千个服务器上水平扩展。由于 NoSQL 数据库多是由谷歌、亚马逊、雅虎和脸书等公司开发的,开发人员一直在追求用更好的方法来存储大量网站的内容或非结构化数据,使 NoSQL 数据库开发人员能够以超高操作速度和具有极强灵活性的方式存储和管理数据。

2. NewSQL 数据库

NewSQL 是一类关系型数据库管理系统,目的是为 OLTO[①] 提供和 NoSQL 数据库一样的可伸缩性。它既保留了 NoSQL 在 OLTP 中的扩展性和灵活性,又保留了传统关系型数据库的 SQL 查询和 ACID。NewSQL 数据库作为一种横向扩展、无共享架构、能够在大量节点上运行而不会遇到瓶颈的系统,可以预期它实现比传统关系型数据库系统快 50 倍的处理速度。

（五）云存储

云计算的发展推动了云数据库的兴起,云计算是由一系列可以动态升级和被虚拟化的资源组成,用户无须掌握云计算的技术,只要通过网络就可以访问和运用这些资源。云数据库是部署在云计算环境中的虚拟化数据库,云存储是云平台上的数据库服务,它具有许多与传统数据库相同的功能,同时增加了云计算的灵活性。云存储支持关系型数据库和非关系型数据库,对于企业用户而言,存储价格更便宜,在企业存储需求随时间不断变化的环境中,具有很高的成本效益。

本章小结

本章主要介绍了以下内容:一是人力资源大数据的招聘、培训、绩效、薪酬与福利、组织发展、人才等相关数据类型;二是数据的主要来源、途径;三是数据采集的主要方法;四是数据存储和管理常用的方法。

课后思考题

1. 数据采集的外部来源有哪些？
2. 尝试操作八爪鱼采集 51job 网站有关人力资源专员的薪酬数据。
3. 数据采集常用的方法有哪些？

实训作业

1. 以小组为单位,以某一企业为例,了解一下该家企业在日常的运营过程中会用到哪些数据,对这些数据如何进行分类。
2. 以小组为单位,用一个调查方法对班级中的同学,围绕某项主题进行数据采集。

---

① OLTP,On-Line Transaction Processing,联机事务处理过程。

延伸阅读

大数据战略与双碳战略双轮驱动 加快大数据存储技术创新和产业变革
——《"十四五"大数据产业发展规划》解读

北京邮电大学数据科学中心主任 刘军

2021—2025年是我国国民经济和社会发展第十四个五年规划时期,也是"两个一百年"奋斗目标的历史交汇期,对我国国民经济和社会发展具有重要的意义。在这承前启后的重要时期,各部门都以习近平新时代中国特色社会主义思想为指导,推出"十四五"规划,明确"十四五"期间的发展方向和路径。工信部印发了《"十四五"大数据产业发展规划》,围绕"十四五"时期大数据产业发展的总体要求、主要任务和保障措施做出全面部署。

随着我国信息经济发展,数据作为新型生产要素已经成为重要的战略资源,数据所蕴藏的价值逐渐释放。《"十四五"大数据产业发展规划》明确了充分激发数据要素价值潜能,夯实产业发展基础,构建稳定高效产业链的发展方向,同时提出重点提升数据生成、采集、存储、加工、分析、安全与隐私保护等通用技术水平。"十四五"期间,要加大数据通用技术创新力度,推动数据处理各环节的技术发展,赋能大数据产业,支撑大数据产业蓬勃发展。在数据处理各环节中,数据采集能力的提升、数据生成速度的加快、数据加工分析的多样化都需要强大的数据存储能力做支撑,因此数据存储需求在"十四五"期间将呈现加速增长的态势。只有保证海量数据存储的高效安全,才能加强数据资源整合,提高全要素生产率,支撑我国社会经济数字化建设。在数据存储技术上实现突破,是落实《"十四五"大数据产业发展规划》的关键之一。

数据存储技术创新的驱动力不仅仅来自大数据产业自身发展的需求,节能环保也是数据存储必须达到的目标。以往数据中心所导致的高能耗与高成本等问题很大程度来源于数据存储所消耗的能源。为实现我国双碳目标,数据存储技术也开启了一场浩浩荡荡的绿色革命。国家发展改革委印发了《"十四五"循环经济发展规划》,为"十四五"时期我国循环经济发展提供了指引,对加快促进我国发展方式绿色转型、实现资源高效利用和循环利用、推动碳达峰、碳中和具有重要意义。因此,如何兼顾双碳目标和大数据战略,推动数据存储技术变革,成为当前所面临的重要挑战。

优化存储密度和提升性能同样是数据存储系统技术创新的主要方向。《"十四五"大数据产业发展规划》推动数据集约化整合和高效化利用,释放数据红利。集约化整合意味着同样规模的数据要发掘更大的价值。这要求数据必须得到妥善的存储,以便于持续或者反复利用,不断与多源数据进行关联,充分发挥不同类型数据的短期和长期价值。大量的数据需要长期保留,从而数据存储密度成为技术优化的方向。同样,高效化利用意味着大数据计算的效率要进一步提高,对于存储数据的检索和读取速度,将成为计算效率的决定因素之一。因此,提升数据存储的空间利用率和读取效率,可以放大数据效益。

面对世界百年未有之大变局和新一轮科技革命和产业变革深入发展的机遇,我国适时出台的《"十四五"大数据产业发展规划》，开启了大数据产业创新发展新赛道，聚力数据要素多重价值挖掘，抢占了大数据产业发展制高点。各项支撑大数据产业的通用技术应基于面向未来的动向和战略态势研究，统筹发展，系统布局，加强技术、产品和服务协同，全面发力，为打造数字经济发展新优势、建设数字中国奠定坚实的基础。

第五章 数据清洗

信息化飞速发展的一个重要标志就是数据的量在不断增大,不管是用"海量数据"还是用"大数据"来表征当下的这个时代。大数据时代,数据规模庞大、增长迅速、类型繁多、结构各异已成为无法回避的问题。众多的数据中总是存在着许多不完整、不规范、不准确的"脏数据",数据清洗指的是彻底清除脏数据,包括检查数据的一致性,处理无效值和缺失值等,从而来提高数据的质量。本章在讲解数据关联的基础上,帮助学生了解数据合并,掌握数据集成的内涵;帮助学生了解数据转换和数据规约,掌握数据清洗的内涵;帮助学生理解数据质量评估的标准,掌握数据清洗的方法。

学习目标

1. 了解数据关联、数据合并
2. 了解数据转换与数据规约
3. 理解数据质量评估的标准
4. 掌握数据集成的内涵
5. 掌握数据清洗的内涵和方法

知识结构图

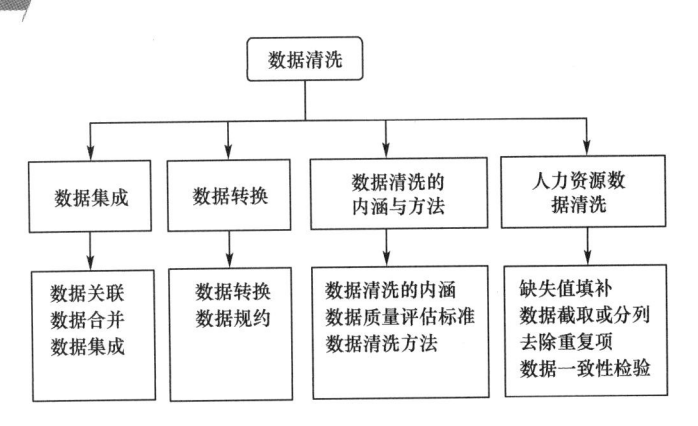

```
                        数据清洗
        ┌──────────┬──────────┼──────────────┬──────────┐
      数据集成    数据转换   数据清洗的        人力资源数
                             内涵与方法        据清洗
        │          │           │              │
    数据关联    数据转换    数据清洗的内涵    缺失值填补
    数据合并    数据规约    数据质量评估标准  数据截取或分列
    数据集成                数据清洗方法      去除重复项
                                              数据一致性检验
```

引例

大数据也要"清洗"
专家建议加快大数据清洗基地建设,保护信息安全

据新华社电(记者张辛欣 张旭东)大数据也要清洗?是的,你没看错。数字化、智能化时代,大数据产业急需通过"清洗"技术对数据进行甄别、筛选和应用,剔除无效信息,加强隐私保护。在青岛召开的2016全球大数据应用研究论坛上,多位业内专家建议我国加快大数据清洗基地建设。

大数据应用于生活,信息的甄别和提取是第一步。大数据清洗,就是用电脑把不规则的数据制作成规则的数据,让它们发挥价值。"如同河水必须经过净化才能饮用一样,过滤、漂白、杀毒的过程,就是大数据的'清洗'过程。"中国大数据行业领军人物、贵阳大数据交易所执行总裁王叁寿在会上说。

专家认为,大数据的清洗,不仅有利于提高搜索处理效率,还能加速大数据产业与各行各业的融合,加快应用步伐。比如,通过对家电、物流等多个行业数据整合、过滤,能更好地设计出智能家居方案等。

"大数据清洗也是安全使用的前提。"科大讯飞高级副总裁张友国说。加强大数据清洗,将对用户信息多一层保护。

与会专家认为,随着大数据产业快速发展,数据清洗的重要性与日俱增,建议加快大数据清洗基地建设,同步构建大数据安全体系,用新方法来解决大数据安全问题。

思考:如何来提高人力资源数据的质量?

第一节 数据集成

《纽约时报》曾经有文章写道,数据科学家一般会将50%~80%的时间花在收集和准备不规则数据这些看似简单的数据预处理工作上,之后才能进行数据"掘金"。而现实采集的原始数据(raw data)中,许多不完整、不规范、不准确的数据会因其质量低下而直接影响所含信息的价值,并影响最终分析结果及据此做出的决策质量。

数据预处理(data preprocessing)被称为数据分析的"看门人",而"看门人"的作用就是防止数据的"错进,错出"(Garbage In,Garbage Out)。数据预处理其实就是通过对原始数据采用科学、恰当的方式进行处理,完成数据清洗和规范化,得到干净的、准确的、标准的、连续的数据,提供符合质量要求的数据给数据统计、数据挖掘使用。数据预处理有多种方法:数据集成、数据转换、数据规约、数据清洗等。

一、数据关联

数据无处不在,企业的数据质量与业务绩效之间存在着直接联系。每天互联网上都充斥着海量的数据,数据以 Excel 电子表格、Word 文档中的嵌入表格等各种纯文本格式发布。这些文件与 HTML 和其他文档之间存在链接关系,如果有一种通用的机制,使得任何人都能读取和重用万维网上发布和链接的数据,用户希望自己的数据能与其他相关数据链接起来,从未谋面的用户也可以重用数据。而这套机制其实就是数据关联。

数据关联的神奇之处就在于,它很容易就能够与其他关联数据组合在一起,从而构成新的知识,这也是探索并使用关联数据的最好理由。它打破了传统的数据管理技术的封闭、不宜重组的问题,让数据从原来的孤岛中解放出来,使数据关联成为数据共享中一种奇妙的新技术。

二、数据合并

数据合并其实是数据文件的合并。在实际操作过程中,有时候需要把多个数据文件合并为一个数据文件。例如,一个公司在全国各地有 30 多个分公司,每个月公司总部需要把各分公司的人员工资情况合并到一个数据文件中,这就是一个数据合并的过程。每个子公司的人员工作情况数据文件中的变量(或者属性)都相同,不同的只是人员。合并数据文件一般分为添加变量(或称为合并变量)和添加个案(或称为合并记录、合并个案)。

三、数据集成

数据集成,即将来自多个数据源的数据,如数据库、数据立方(多维数据库)、普通数据文件等,结合在一起形成统一的数据集合,以便为后续的数据分析提供完整的数据基础。

数据集成一般有三种基本策略,分别是联邦数据库(federated database)、数据仓库(data warehousing)、中介者(mediation)。其中数据仓库是最通用的一种数据集成模式,即把数据从各个数据源拷贝过来,经过转换,然后存储到一个目标数据库中。通过数据仓库,可以建立企业的数据模型,这对于企业的生产与销售、成本控制与收支分配有着重要的意义,极大地节约了企业的成本,提高了经济效益。同时,用数据仓库可以分析企业人力资源与基础数据之间的关系,保障人力资源的最大化利用,亦可以进行人力资源绩效评估,使得企业管理更加科学合理。

数据表的连接方式包括以下四种(图 5-1):

①左连接:返回包括左表中的所有记录和右表中连接字段相等的记录。
②右连接:返回包括右表中的所有记录和左表中连接字段相等的记录。
③内连接:只返回两个表中连接字段相等的行。
④全连接:返回左右表中所有的记录和左右表中连接字段相等的记录。

关联关系	定义
左连接	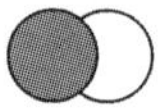 ◕◯
右连接	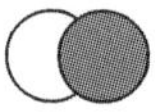 ◯◕
内连接	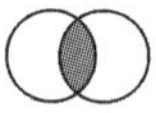 ◯◕◯
全连接	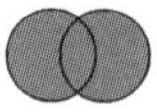 ●●

图 5-1 数据表的连接方式

第二节 数据转换与数据规约

一、数据转换

数据转换就是将数据进行转换或归并,从而构成适合数据处理的描述形式。数据转换包含以下几类:

(一)数据类别转换

数据的字段类型包括数值型、文本型和日期时间型。一般来讲,最常见的是将文本型转换为数值型,以方便机器学习算法的后续处理。一般需要转换的数据可分为定类数据和定序数据。

定类数据也称定性数据,用于标明数据所描述的主题对象的类别或者属性、名称,如人名、事物名等。定类数据只能进行计数计算,即计算每种数据类型的频数或频率(比重)。如性别分为男性和女性,可以被编码为 1 和 2,这些数字标签没有顺序或大小的含义,不能直接用于数学运算,但可以用于计数。对于定类数据,可以使用独热编码,如颜色三原色为红、黄、蓝,独热编码可以把三原色变为一个三维稀疏向量,红表示为(0,0,1),黄表示为(0,1,0),蓝表示为(1,0,0)。当然还有很多别的编码方式,如二进制编码等。

定序数据也称序列数据,用于对事物所具有的属性顺序进行描述,可以用数字或序号进行排序,进行比较。定序数据具有定类数据的特点,还使数据具有某种意义的等级差异,形成一种确定的排序。如将部门分为一级部门、二级部门、三级部门,学历分为研究生、本科、大专、大专以下。对于定序型特征,我们可以使用序号编码,如绩效考核等级,从高到低分为 A、B+、B、C、D 五档,序号编码可以按照大小关系对定序特征赋予一个数值 ID,例如,A 表示 5,B+ 表示 4,B 表示 3,C 表示 2,D 表示 1,转换后依旧保留了大小关系。

(二)数据规范化

数据规范化是指将数据按比例缩放,使其落入一个小的特定区间(如"-1,1"或"0,1"),以利于进行数据挖掘。数据规范化的意义在于去除数据的单位限制,将其转换为无量纲的纯数值,便于不同单位或量级的指标能够进行比较和加权。如人力资源管理中常见的绩效考评结果,有的组织采用五分制,有的组织采取百分制,就需要进行规范化处理后再进行比较和分析。常见的数据规范化方法包括:

1. 小数缩放

小数缩放移动小数点,但仍保持原始数据的特征。小数点的移动位数依赖于原始数据 X_i 的最大绝对值。典型的缩放是保持数值在"$-1,1$",可以用公式描述

$$X'_i = X_i / 10^k$$

其中,k 是使得 $\max(|X'_i|) \leqslant 1$ 的最小整数。

如将 3 560 进行小数缩放后为 0.356(3 560/10^4)。

2. 最小—最大规范化

最小—最大规范化是对原始数据进行线性变换,适用于不同量纲之间数据的比较。最小—最大规范化的公式为

$$X'_i = \frac{X_i - \min(X_i)}{\max(X_i) - \min(X_i)}$$

从而将 X_i 的值映射到"0,1"中。

3. 标准差规范化

标准差规范化是将某个属性的值基于其平均值和标准差进行规范化。标准差规范化的公式是

$$X'_i = \frac{X_i - \overline{X}}{\delta}$$

其中,$\overline{X}$ 是平均值;δ 是标准差。

(三)数据泛化

数据泛化,指的是用更抽象(更高层次)的概念来取代低层次的数据对象。例如,员工基本信息中的年龄,原始数据是连续性的数值,如 20—60 岁,可以映射到更高层次的概念,如 20—30 岁、31—40 岁、41—50 岁、51—60 岁。

二、数据规约

对大规模数据进行复杂的数据分析通常需要耗费大量的时间,这时就需要进行数据规约。数据规约的主要目的就是从原有巨大数据集中获得一个精简的数据集,并使这一精简数据集保持原有数据集的信息完整性。这样在精简数据集上进行数据挖掘就会提高效率,并且能够保证挖掘出来的结果与使用原有数据集所获得的结果基本相同。数据规约的主要策略包括数据立方合计、维数削减(降维)、数据压缩、数据块削减、离散化与概念层次生成等。

因子分析是人力资源大数据分析中最常用的维数消减方法,其分析目的在于在变量之间存在高度相关性时用较少的因子来概括其信息,当把原始变量转化为因子得分后,使用因子得分进行其他分析,比如聚类分析、回归分析等;同时可以通过每个因子得分计算出综合得分,对分析对象进行综合评价。

因子分析的一般过程如下：

（一）判断数据是否符合因子分析的要求

因子分析适用于：样本量是变量数的 5 倍以上；样本量不得少于 100，原则上越大越好；且各变量间必须有相关性。因此，在因子分析前，需要进行以下检验。

1. KMO 检验

KMO 检验（Kaiser，Meyer 和 Olkin 提出的抽样适合性检验，Measure of Sampling Adequacy）用于检查变量间的相关性和偏相关性，取值 0—1。KMO 统计量越接近于 1，变量间的相关性越强，偏相关性越弱，因子分析的效果越好。实际分析中，KMO 统计量在 0.7 以上时效果比较好；当 KMO 统计量在 0.5 以下时不适合应用因子分析法，应考虑重新设计变量结构或者采用其他统计分析方法。

2. 巴特利（Bartlett）球形检验

巴特利球形检验各个变量是否相互独立。P 值小于 0.05，巴特利球形检验的值范围在 0—1，且越接近 1，使用因子分析效果越好。

（二）确定因子个数

查看因子个数 N 所能解释的累计方差值，当因子个数由 $N-1$ 增加至 N 累计方差值边际增量最高时，N 就是最合适的因子个数。通常情况下，在保证解释的累计方差值能够达到 0.5 以上时，最简化模型也是最佳的模型。

（三）确定公因子并进行赋值

根据各个因素的最佳公因子得分，将各个因素分为 N 个类别；尝试使用专业知识，为各个类别的公因子赋予专业内涵。

第三节 数据清洗的内涵与方法

许多数据在获取的过程中，原始数据集或爬取的数据中都或多或少地包含着相似重复记录、错误值、缺失值和不一致的数据。这些数据会对后期数据分析的过程中产生一定的影响，从而降低数据的质量。因此，需要对其进行数据清洗。

一、数据清洗的内涵

数据清洗通常是通过清洗脏数据、填写缺失的值、光滑噪声数据、清洗重复数据、识别或删除离群点并解决不一致性来"清理"数据。数据清洗的主要目标有格式标准化、异常数据清除、错误纠正、重复数据的清除。

二、数据质量评估标准

在清洗数据之前，要对已经获得的数据质量进行评估，高质量的数据有着不同的评判标准，比较实用的标准是特定用户对数据的期望程度。在这个标准之下结合数据分析要

求,将数据质量的评估标准具体化为以下四个方面:

1. 准确性

数据的准确性主要考量数据对客观事实描述的准确程度,需要数据能够真实描述事实。因此,数据预处理过程中,主要关注由于记录、采集过程中的一些错误所导致的数据异常问题。

2. 完整性

数据的完整性是指数据记录的某个(些)数值项是否有内容缺失。对于数据缺失,要判断该数值是实际存在却没有被获取,还是该数值根本不存在。

3. 一致性

数据的一致性是指数据记录规范的一致性和数据逻辑的一致性。数据记录规范的一致性,主要是指数据编码和格式的一致性。数据逻辑的一致性主要体现为指标统计和计算的一致性。

4. 及时性

数据的及时性是指能否在需要的时候获得数据,数据的及时性与数据处理速度及效率有着直接关系,直接影响着业务处理和管理的效率问题。

三、数据清洗的方法

数据清洗的方法依据数据自身存在的不同问题来选择,这里将从脏数据、缺失值、噪声数据、冗余数据、数据的格式与内容及逻辑错误等方面进行数据清洗的方法介绍。

1. 脏数据处理

脏数据也叫作坏数据,通常是指与期待的数据不一样、会影响系统正常行为的数据。比如,源系统中的数据不在给定的范围内或对于实际业务毫无意义,或数据格式非法,以及在源系统中存在不规范的编码和含糊的业务逻辑。对于脏数据的处理,一般用结构化、规范化和可关联的方法。

(1)结构化。数据的结构化是指对数据进行缩减,将其变为可测量、可分析的结构。例如,对于用户评论中的好、不好、中等等进行数量化,可以分别赋值,好:2,中等:1,不好:0。

(2)规范化。数据的规范化一般是指将脏数据中合格的部分筛选出来。例如,将日期数据 2021-07-01 规范化,可以筛选出年份、月份和日期。

(3)可关联。数据之间应该有关联性,通过相互关联的数据可以将脏数据定位。例如,工资数据中出现了工资百万的额度,若想查看它是否正常,应该把该工资额与员工姓名、职位、工作年限、支付币种等信息关联,从而来判定这个信息的情况。

2. 缺失值处理

缺失值又叫作空值,它是指粗糙数据中由于缺少信息而造成的数据的聚类、分组、缺失或截断。缺失值是最常见的数据问题,产生的原因可能是原始数据未收集到,或数据录入时产生遗漏,或者是数据传输时发生丢失,缺失值的常见现象是现有数据集中某个或某些属性的值是不完全的、空白的。

缺失值处理时,先要确定缺失值范围,查看或计算每个字段的缺失值比例,然后按照缺失值比例和字段重要性,制订不同的处理策略:直接删除、填补或重新获取。

(1)直接删除

直接删除含缺失数据的记录是最常见、最简单的处理方法,也是很多统计软件默认的缺失值处理方法。这种方法适用于缺失值所占比例小,删除数据不影响整体分析结论的情况,有学者认为应在1%以下,也有学者认为10%以下即可。但需要注意的是,直接删除数据可能会造成信息的缺失,导致数据分析结果发生偏离,得出错误或不全面的结论。

表5-1中,第1008615条记录中的年薪空缺,虽然缺失值所占的比例比较小,可能仅仅只是万分之一以下,但是因为该记录对应的人员的职位为技术岗的技术员的数据,如果统计年薪的过程中要进行级别统计,选择直接删除该条数据可能会影响其他维度的分析。

表5-1　　　　　　　员工数据表(缺失值处理示例:直接删除)

编号	姓名	性别	职位	年龄	年薪
1008611	郝××	女	副总经理	36.6	330000
1008612	代××	女	总经理	32.5	360000
1008613	赵××	男	人力资源总监	32.1	310000
1008614	钱×	男	财务总监	35.6	260000
~~1008615~~	~~孙××~~	~~男~~	~~技术员~~	~~37.3~~	~~NULL~~
1008616	李×	女	市场部经理	32.3	270000
1008617	唐××	女	财务主管	34.2	280000

数据来源:笔者根据相关资料整理

(2)填补

当数据中出现缺失值时,最常用的填补方法是计算该属性的平均值、中位数、众数或估计值,并用此值填补该属性所有遗漏的值。

①平均值。平均值是所有数值的总和除以数值数目的商。若数值型变量呈现正态分布则选择平均值填充。

②中位数。中位数是将该组数据按大小顺序排列之后处于中间位置的数值。若数值型变量是偏态分布,则选择中位数填充。

③众数。众数是出现频数最高的数,如果变量不是数值型,则选择众数填充,如学历信息。

④估计值。可以利用统计方法计算估计值,填补缺失值。如采用K近邻法,即通过相关分析来确定缺失值样本最近的K个样本,将这K个值加权平均来估计该样本的缺失值。此外还有用回归分析、贝叶斯计算公式或决策树推断出该条记录特定属性的估计值。

表5-2中的年薪为数值变量,可采用平均值进行填补。

表 5-2　　　　　　　　员工数据表(缺失值处理示例:填补)

编号	姓名	性别	学历	年龄	年薪
28664	周××	女	硕士研究生	36.6	330000
28665	黄××	女	本科	26.3	260000
28666	李××	男	硕士研究生	32.1	310000
28667	钱×	男	本科	30.6	300000
28668	孙××	男	硕士研究生	37.3	280000
28669	王×	女	本科	32.3	300000
28670	秦××	女	本科	32.2	~~NULL~~ 300000

数据来源:笔者根据相关资料整理

(3)重新获取

如果在某些指标非常重要且缺失率比较高的情况下,就需要向相关人员了解是否通过其他渠道获得相关数据,甚至某些情况下可能要重新组织数据的采集。

3. 噪声数据处理

噪声数据(noisy data)是指数据中存在错误或异常(偏离期望值)的数据,这些数据对数据分析造成了干扰,一般都是无意义的数据。噪声数据主要包括错误数据、假数据和异常数据。在大数据中,最常见的噪声数据是异常数据,也称为异常值。异常数据是由于系统误差、人为误差或者固有数据的变异导致的与总体的行为特征、结构或相关性不一样的数据。

产生噪声数据的原因可能是硬件故障、编程错误、语音或字符识别程序(OCR)识别出错等。针对上述噪声数据可以选择按照针对缺失值的方式处理,即删除含有异常值的记录、用平均值来修正等。目前,对于异常值的检测是数据挖掘中的重要部分,它的任务是发现与大部分其他对象显著不同的对象。有些噪声数据属于被测量变量的随机误差或方差,就需要使用数据平滑技术处理,最常用的方法包括分箱法、聚类法和回归法。

(1)分箱法

分箱法是一种简单常用的数据清洗方法,是指通过考察"邻居"(周围的值)来平滑存储数据的值。所谓"分箱",实际上就是按照属性值划分的子区间,用"箱的深度"表示不同的箱里有相同个数的数据,用"箱的宽度"来表示每个箱值的取值区间。分箱法一般有三种,等深分箱法、等宽分箱法(图 5-2)和用户自定义分箱法(图 5-3)。

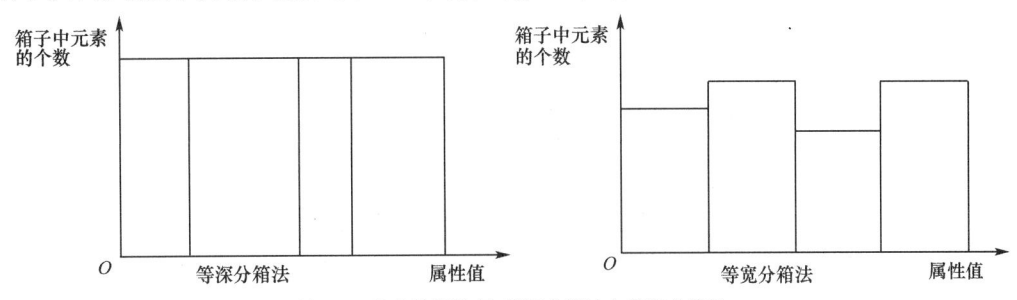

图 5-2　噪声数据处理:等深分箱法与等宽分箱法

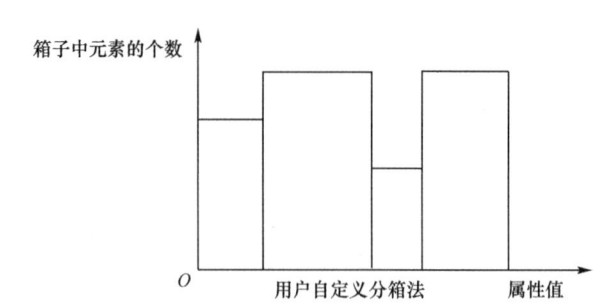

图 5-3 噪声数据处理:用户自定义分箱法

①等深分箱法:每个箱子中具有相同的记录数。箱子的记录数称为箱子的深度。

②等宽分箱法:在整个数据值的区间上进行平均分割,使得每个箱子的区间相等,该区间被称为箱子的宽度。

③用户自定义分箱法:根据用户自定义的规则进行分箱处理,当用户明确希望观察某些区间范围的数据分布时,使用这种方法可以方便地帮助用户达到目的。

分箱后噪声数据被分入了箱子中,数据处理时采取数据平滑方法,以去除噪声数据的影响。数据平滑方法包括按平均值平滑、按边界值平滑和按中值平滑。

①按平均值平滑:对同一个箱子中的数据求平均值,用平均值替代该箱子中的所有数据。

②按边界值平滑:用距离较小的边界值替代箱子中的所有数据。

③按中值平滑:取箱子中数据的中值,用来替代箱子中的所有数据。

(2)聚类法

聚类法是指将数据集合分组为若干个簇,在簇外的值即为孤立点,这些孤立点就是噪声数据,应当删除或替换。聚类法可以发现异常数据,如图 5-4 所示。

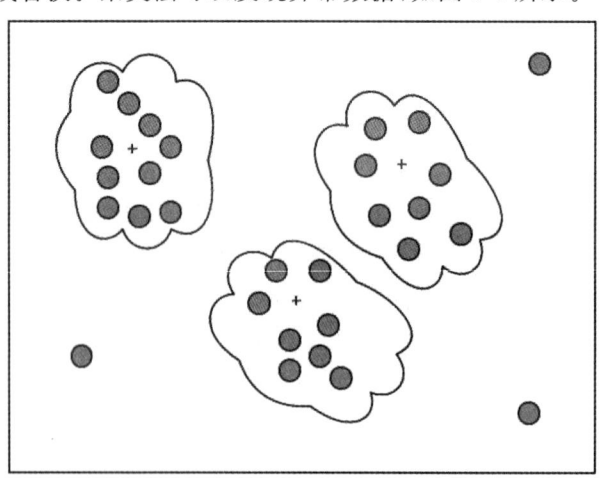

图 5-4 基于聚类法的异常数据监测

(3)回归法

回归法试图发现两个相关变量之间的变化模式,通过使数据符合一个函数来平滑处理数据,即通过建立数学模型来预测下一个数值,包括线性回归和非线性回归。利用回归分析方法所获得的拟合函数,能够帮助平滑数据及去除其中的噪声,如图 5-5 所示。

图 5-5　回归法

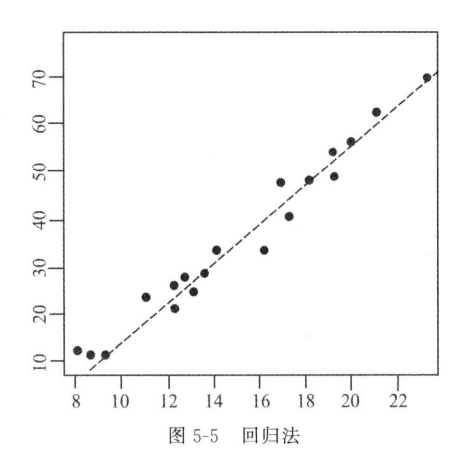

(4) 估算分析法

对于极个别的异常数据,还可以采取估算分析法,例如,可以使用平均值、中值、mode 估算方法等来实现。此外,在估算之前,应该首先分析该异常值是自然异常值还是人为的。如果是人为的,则可以用估算值来估算,除此之外还可以使用统计模型来预测异常数据观测值。

(5) 3σ 原则

3σ 原则是指如果数据服从正态分布,那么在 3σ 原则下,异常数据为一组测定值中与平均值的偏差超过 3 倍标准差的值。因此,如果数据服从正态分布,那么距离平均值 3σ 之外的值出现的概率为 $p(|x-\mu|>3\sigma)\leqslant 0.003$(属于小概率事件),即可以认为是异常数据。如果数据不服从正态分布,也可以用远离平均值的多少倍标准差来描述,如图 5-6 所示。

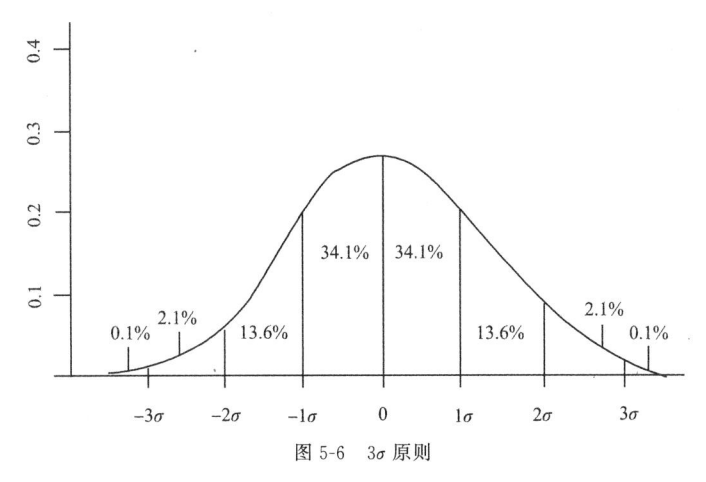

图 5-6　3σ 原则

4. 冗余数据处理

冗余有两层含义,第一层含义是指多余的不需要的部分,第二层含义是指人为增加的重复部分。因此冗余数据既包含与分析处理的问题无关的数据,也包含重复的数据,通常采用过滤数据的方法来处理冗余数据。例如,对于重复数据采用重复过滤的方法,对于无关数据则采用条件过滤的方法。

(1)重复过滤

重复过滤方法是指在已知重复数据内容的基础上,从每一个重复数据中抽取一条记录保存下来,并删掉其他的重复数据。例如,八爪鱼软件在爬取网络上的数据时,会自动剔除重复的数据。

(2)条件过滤

条件过滤方法是指根据一个或者多个条件对数据进行过滤。在操作时对一个或者多个属性设置相应的条件,并将符合条件的记录放入结果集中,将不符合条件的数据过滤掉。例如,可以在人才招聘网站中对职位的属性(所需专业、薪资等)进行分类,然后根据这些属性进行筛选,最终得到想要的结果。

5. 数据格式与内容处理

在数据集中,如果数据是由系统日志而来,那么通常在格式和内容方面与元数据的描述一致。而如果数据是由人工收集或用户填写而来,则有很大可能在格式和内容上存在一些问题。例如,跨表关联或在 Excel 中采用 vlookup 函数时出现问题(空格导致"谢 雨"和"谢雨"未能被识别为同一个人)、统计值不全(数字里含字母时进行求和出现问题)、模型输出失败或效果不好(数据对错列了)。一般来说,数据格式与内容的问题包含以下几类。

(1)时间、日期、数值、全半角等显示格式不一致

这种问题一般与输入端有关,在整合多来源数据时也有可能遇到,对该类问题的处理较简单,将其处理成一致的某种格式即可。

(2)内容中有不该存在的字符

这种问题是指数据中的某些内容可能只包括一部分字符,或者在数据中的头、尾、中间出现空格等。例如,在姓名中存在数字(秦 A 这种情况毕竟是少数)、身份证号码中出现汉字等问题。针对该类问题,需要以半自动校验半人工方式来找出可能存在的问题,并去除不需要的字符。

(3)内容与该字段应有内容不符

该类问题是指在数据表中的数据值与数据字段存在不对应的现象。例如,姓名中写了性别、手机号码写成了身份证号码、体重写成了身高等。但该类问题的特殊性在于:并不能简单地以删除来处理,因为成因有可能是人工填写错误,也可能是前端没有校验,还有可能是导入数据时部分或全部存在列没有对齐的问题,因此要详细识别问题类型,再根据具体情况进行不同的处理。

6. 逻辑错误处理

在数据清洗时,会发现一些使用简答逻辑推理就可以直接发现问题的数据,这部分数据也要进行处理,防止数据分析结果出现偏差。这些数据的问题是不符合逻辑的,如重复记录、异常值和极端值等,通常称其为逻辑错误。逻辑错误处理主要包含以下三种情况:

(1)去重

去重即去掉重复的数据。对于明显重复的冗余数据,直接删去多余数值项目即可。

(2)去除不合理值

如年龄 198 岁、月收入 17 000 万、工作年限 20 光年等,这样的不合理值需要删除;如

需补充,则按缺失值处理。

(3)修正矛盾内容

有些字段是可以互相验证的,如某条数据的身份证号前10位是4101052010,年龄缺失36岁。此时,根据字段数据来源,判断此数据的可靠性,去除重构不可靠的字段。

第四节　人力资源数据清洗

人力资源数据预处理可以采用的工具包括Excel、数据清洗工具、Python等。当数据存储方式为Excel且清洗的复杂程度相对较低时,可选择Excel或数据清洗工具;当数据采用数据库方式存储,且清洗较为复杂时,可选择Python等软件。

企业人力资源数据比较常见的存储方式为Excel,在这里我们主要用2021LTSC专业增强版Excel这个软件来介绍基础的人力资源数据的预处理。

一、缺失值填补

以图5-7为例,表中为某地区高校学生的平均身高数据,其中,男女性身高都有缺失值。选中男性身高的数据区域,可以使用快捷键"Ctrl+G",也可以采用选择菜单。

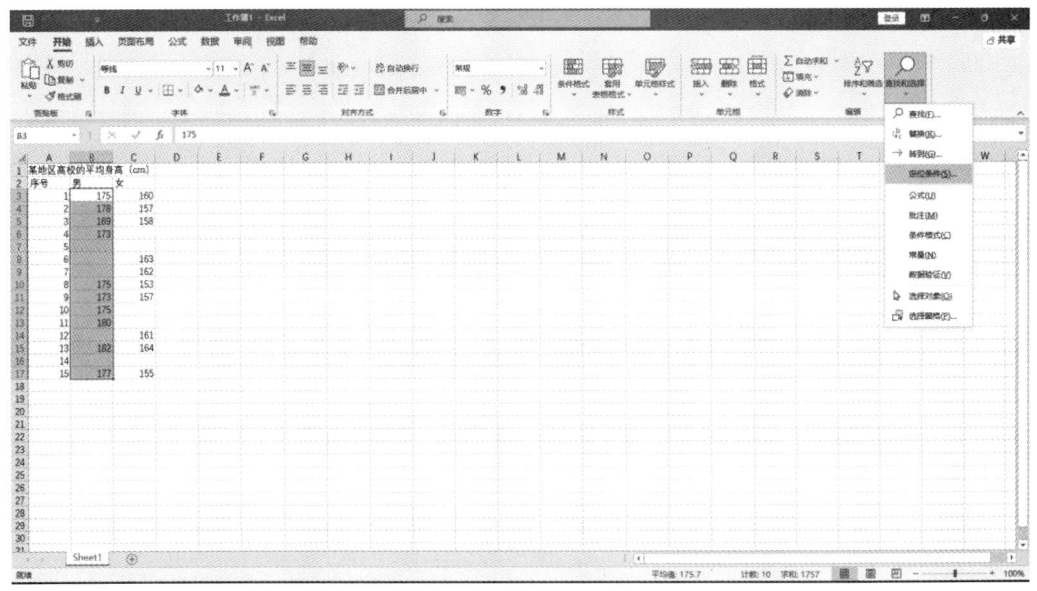

图5-7　选中数据区域

使用快捷键"Ctrl+G",会弹出"定位"对话框(图5-8),选中"定位条件";采用选择菜单:单击"开始"—"查找和选择"—"定位条件"。

在弹出的"定位条件"对话框,选择"空值"(这里示例的表格中缺失值处是空值,可以根据实际需求对应选择)。单击"确定",如图5-9所示。

回到数据表,会发现所有缺失值处出现灰色的底色(图5-10),则证明所有缺失值都被选中。那么如何填充这些空值呢?

图 5-8 定位　　　　　　　　　　　图 5-9 定位条件

一般会选择采用样本的平均值来代替缺失值,假设这里的平均值为178,使用键盘输入"178",然后按"Ctrl+Enter"组合键。

这样,刚才所有被选中的缺失值所处的单元格里都变成了178,如图5-11所示。

图 5-10 选中缺失值　　　　　　　图 5-11 填充缺失值

二、数据截取或分列

当数据表中的一列数据中包含了两个以上的字段信息时,可以通过以下方式进行数据的分列。

(一)采用函数截取字段

①Left 函数,用于从左截取字符串,公式为=Left(值所在单元格,截取长度)

②Right 函数,用于从右截取字符串,公式为=Right(值所在单元格,截取长度)

③Mid 函数,用于从中间截取字符串,公式为=Mid(值所在单元格,开始位置,截取长度),如根据身份证号提取出生年月。

(二)采用分列功能进行分列

以图 5-12 为例,从网上爬取的岗位薪资表中,薪资信息是文本形式,但下一步进行的数据分析需要数值型的薪资信息,我们需要从文本中提取数字并进行相应的处理。

岗位名称	薪资
销售经理	4-8千/月
销售经理	4-8千/月
销售经理	0.8-1.5万/月
销售经理	3-5千/月
销售经理	1-1.5万/月
销售经理	0.6-1万/月
销售经理	0.6-1.5万/月
销售经理	0.3-2万/月
销售经理	4-8千/月
销售经理	0.5-1.0万/月
销售经理	0.5-1.2万/月
销售经理	5-8千/月
销售经理	0.5-1.2万/月
销售经理	0.1-1万/月
销售经理	0.8-1.0万/月
销售经理	0.7-1万/月
销售经理	1-2万/月
销售经理	1.5-2万/月
销售经理	0.6-1.2万/月
销售经理	0.8-1.6万/月
销售经理	0.8-1.5万/月
销售经理	1-2万/月
销售经理	0.7-1.2万/月
销售经理	0.6-1万/月
销售经理	1-1.2万/月
销售经理	0.6-1.2万/月

图 5-12　岗位薪酬表

如图 5-13 所示,选择要进行清洗的数据 B 列,单击"数据"—"分列"。

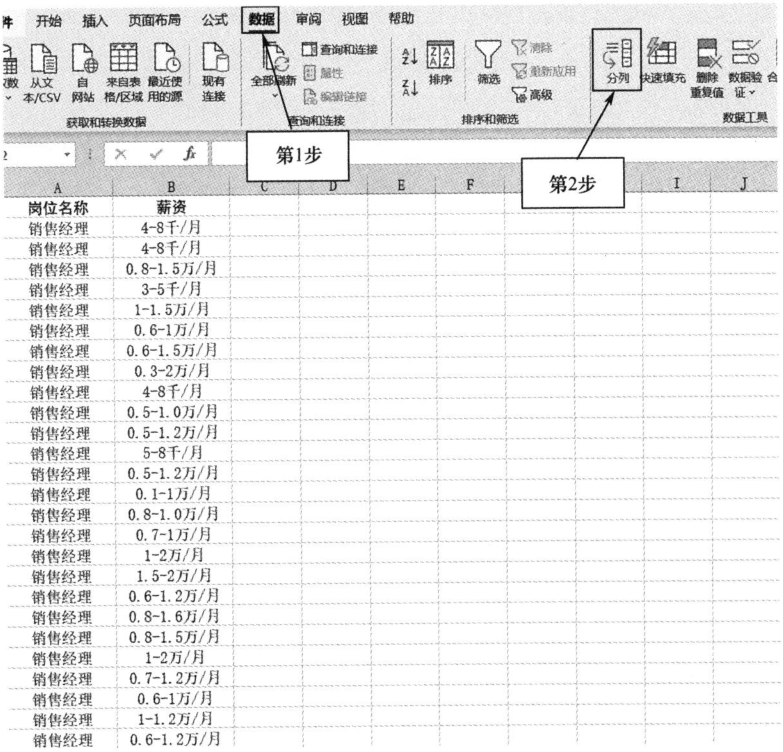

图 5-13　选择数据

如图 5-14 所示,在弹出向导窗的第 1 步选择"分隔符号"选项,单击"下一步";在第 2 步选择分隔符号的"其他"选项并填入"/",单击"下一步";在第 3 步选择"常规",单击"完成",即完成了第一次数据分列。

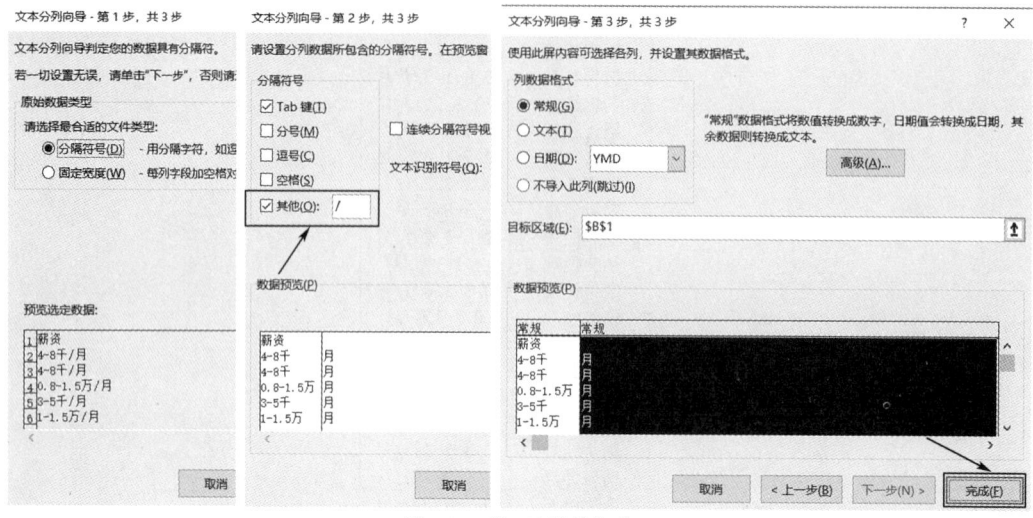

图 5-14 第一次数据分列

再次选择 B 列数据,依照上述操作以"-"为分隔符号完成第二次数据分列并替换 C 列的内容。将 D 列命名为单位,在 D2 单元格中输入函数=RIGHT(C2,1),双击填充柄向下完成填充,复制 D 列数据在 D 列粘贴为"值"。选择 C 列数据,单击"查找和选择"—"替换",在"查找内容"输入"万",单击"全部替换",将"查找内容"换成"千",单击"全部替换"。

替换完成后,依次将 E、F、G 列命名为最低薪资、最高薪资和平均值,分别在 E2、F2、G2 中输入函数=IF(D2="万",B2*10000,B2*1000)、=IF(D2="万",C2*10000,C2*1000)、=AVERAGE(E2:F2),双击填充柄向下完成填充。最终结果如图 5-15 所示。

岗位名称	薪资1	薪资2	单位	最低薪酬	最高薪酬	平均薪值
销售经理	4	8	千	4000	8000	6000
销售经理	4	8	千	4000	8000	6000
销售经理	0.8	1.5	万	8000	15000	11500
销售经理	3	5	千	3000	5000	4000
销售经理	1	1.5	万	10000	15000	12500
销售经理	0.6	1	万	6000	10000	8000
销售经理	0.6	1.5	万	6000	15000	10500
销售经理	0.3	2	万	3000	20000	11500
销售经理	4	8	千	4000	8000	6000
销售经理	0.5	1	万	5000	10000	7500
销售经理	0.5	1.2	万	5000	12000	8500
销售经理	5	8	千	5000	8000	6500
销售经理	0.5	1.2	万	5000	12000	8500
销售经理	0.1	1	万	1000	10000	5500
销售经理	0.8	1	万	8000	10000	9000
销售经理	0.7	1	万	7000	10000	8500
销售经理	1	2	万	10000	20000	15000
销售经理	1.5	2	万	15000	20000	17500
销售经理	0.6	1.2	万	6000	12000	9000
销售经理	0.8	1.6	万	8000	16000	12000
销售经理	0.8	1.5	万	8000	15000	11500
销售经理	1	2	万	10000	20000	15000
销售经理	0.7	1.2	万	7000	12000	9500
销售经理	0.6	1	万	6000	10000	8000
销售经理	1	1.2	万	10000	12000	11000
销售经理	0.6	1.2	万	6000	12000	9000

图 5-15 分列完成结果

三、去除重复项

以人员花名册中的姓名重复项为例。先选中姓名所在列,切换到"开始"选项卡,在"样式"组中,单击"条件格式"的下三角按钮,在弹出的下拉列表中,单击"突出显示单元格规则",在弹出的菜单中单击"重复值",弹出"重复值"对话框,可编辑背景填充颜色等格式设置(图 5-16),完成后单击"确定"即可,重复信息的单元格就被突出显示出来了。

图 5-16　突出显示步骤

四、数据一致性检验

如需对比表中的两列数据是否相同,可以采取以下方式:

①利用 Ctrl+\ 快捷键对比。先选中两列数据,然后使用快捷键 Ctrl+\,最后标记颜色。

②用 IF 函数对比。公式:=IF(B2=C2,"(*)","(*)")。

③用 DELTA 函数对比。公式:=DELTA(B2,C2),用于比较两个数字是否相等。

④用 EXACT 函数对比。公式:=EXACT(B2,C2),用于比较两个字符串是否相同。

本章小结

本章主要介绍了以下内容:一是数据关联、数据合并和数据集成的内涵。二是数据转换和数据规约的定义。三是数据清洗的内涵与方法。四是人力资源数据清洗的主要方法。

课后思考题

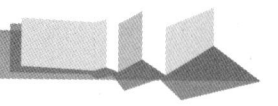

1. 数据预处理的常见方法包括哪些?
2. 数据集成的基本策略有哪些?
3. 数据质量评估的标准具体是什么?
4. 数据清洗的方法是什么?

实训作业

1. 分小组讨论:影响人力资源数据质量的因素是什么?如何确保数据质量?
2. 通过实际操作和实践,对比并讨论各种清洗的方法。

延伸阅读

MIT发布首个贝叶斯"数据清洗"机器人!8小时洗200万条数据

【新智元导读】吴恩达说AI模型里百分之八十的工作要放在数据上,而数据清洗又是保证模型质量的关键步骤,它涉及领域知识等,往往很难自动化,MIT最近发布了一个自动数据清洗机器人,有望摆脱手工清洗数据。

脏数据可以说是所有AI从业者、数据分析师、数据科学家的噩梦。麻省理工学院的研究人员最近带来了一种全新的系统PClean,能够自动地清洗脏数据,如错误、值缺失、拼写错误和值不一致。并且还能够根据概率统计出常识知识来推断信息。这个名为PClean的系统是概率计算项目(Probabilistic Computing Project)研究人员编写的针对特定领域的概率编程语言,旨在简化人工智能应用程序的开发并实现自动化,例如,时间序列和数据库建模。

根据Anaconda和Figure Eight所做的调查,清洗数据可能会占用数据科学家四分之一的时间。如何将这个任务自动化,一直以来都是一个具有挑战性的任务。因为不同的数据集需要不同类型、不同层次的清理,而且清洗过程经常需要依赖常识来对世界上的物体进行判断,例如,一个城市表中,需要判断哪些值不属于这列。

PClean为这类判断提供了一个通用的常识模型,可以根据特定的数据库和错误类型进行定制化操作。PClean使用基于知识的方法来自动化数据清洗的过程:即用户在定义数据的时候,已经隐含包括了数据库的背景知识以及可能出现的各种问题。例如,有一个场景,当清理公寓列表数据库中的国家名称的时候,如果有人说他们住在比弗利山庄,但是没有留下任何其他信息怎么办?虽然在加州有著名的比弗利山庄,但在佛罗里达州、密苏里州和得克萨斯州也有一个,而且在巴尔的摩有一个被称为比弗利山庄的社区。你怎么知道这个人住在哪里?这就是 PClean 这门脚本语言创造的初衷。

用户可以向 PClean 提供有关域以及数据可能如何损坏的背景知识。PClean 通过常识性概率推理将这些知识结合起来得出答案。例如,如果对租金类的常识有更多的了解,PClean 就能推断正确的比弗利山是在加利福尼亚,因为被调查者居住的地方的租金成本很高。

一、PClean 拉近人机之间距离

这篇论文的第一作者是 MIT 电子工程和计算机科学系(EECS)的博士生 Alex Lew,合著者还包括 EECS 的博士生 Monica Agrawal、EECS 的副教授 David Sontag 和脑与认知科学系的首席研究科学家 Vikash k. Mansinghka。他们认为 PClean 提供了一种从计算机中检索常识的一种方法,就像人们寻求彼此帮助的方式一样。

当你向朋友寻求帮助时通常比向电脑寻求帮助要容易。这是因为在大多数编程语言中,程序员必须给出一步一步的明确指令,这种指令不能假定计算机具有任何关于世界或任务的上下文,甚至不能假定计算机具有常识推理能力。但对于人类,可以假设所有聊天的双方有共同的常识。PClean 可以让我告诉计算机我所知道的问题,编码的背景知识就像我向一个帮助我清理数据的人解释的那样。我还可以给出 PClean 我已经发现的快速解决问题的技巧。

Hanna Pasula 和其他来自加州大学伯克利分校 Stuart Russell 实验室的研究人员在 2003 年的一篇论文中提出,基于陈述性、生成性知识的概率性数据清洗可能比机器学习提供更高的准确性。

加州大学伯克利分校(UC Berkeley)计算机科学教授 Russell 表示,在现实世界中,确保数据质量是一个巨大的问题,几乎所有现有的解决方案都是临时性的、昂贵的,而且容易出错。共同作者 Agrawal 也自吹自擂,PClean 是第一个可扩展的、经过良好设计的、基于生成式数据建模的通用解决方案,这肯定是正确的方向,结果不言自明。现有的数据清理方法在表达能力方面受到更多的限制,这可能更加用户友好,但是代价是限制性太强。此外,我们发现 PClean 可以扩展到非常大的数据集。

PClean 是第一个贝叶斯数据清洗系统,它可以结合领域专业知识和常识推理,自动清洗数百万条记录的数据库,主要包括三个创新:

首先,PClean 的脚本语言可以让用户对他们所了解的常识信息进行编码。这就产生了更准确的模型,即使对于复杂的数据库也是如此。

其次,PClean 的推断算法使用了一种两阶段的方法,基于一次处理一条记录的方式来对如何清理记录做出明智的猜测,然后再次调用其判断函数来修复错误。这将产生稳健、准确的推断结果。

第三,PClean 提供了一个自定义编译器,用于生成快速推理代码。这使得 PClean 能够以比多种相似方法更快的速度在万条记录的数据库上运行。

二、利益、风险和监管

PClean使得将混乱、不一致的数据库连接到干净的记录中变得更容易，而不需要像目前以数据为中心的公司那样，在人力和软件系统上进行大规模投资。这有潜在的社会利益，但也有风险，其中包括，通过将来自多个公共来源的不完整信息联合起来，PClean可能会让侵犯人们隐私的成本更低、更容易，甚至可能去匿名化。

我们最终需要更细致的数据、更强大的人工智能和隐私监管，以减轻这些危害，与机器学习方法相比，PClean可能允许更细粒度的监管控制。例如，PClean不仅可以告诉我们它合并了两个指向同一个人的记录，还可以告诉我们它为什么这样做，我可以自己判断我是否同意。我甚至可以告诉PClean只考虑合并两个条目的某些原因。

不幸的是，无论数据集被如何公平地清理，隐私问题依然存在。有些人希望利用PClean改进新闻和人道主义应用的数据质量，例如，反腐败监测和整理提交给州选举委员会的捐助者记录。阿格拉瓦尔说，她希望PClean能腾出数据科学家的时间，专注于他们关心的问题，而不是清洗数据。

第六章 数据挖掘

目前数据挖掘主要应用在电信、零售、农业、互联网、金融、电力、生物、化工和医疗等行业。本章内容将对数据挖掘的基本概念进行介绍,使学生了解数据挖掘的内涵、任务、基本流程以及人力资源数据挖掘的应用场景;介绍机器学习的核心基础,使学生理解机器学习的内涵、数据建模和基本算法;并阐述数据挖掘的五种算法,使学生了解算法是什么、怎么做、能做什么;最后介绍数据挖掘的工具,使学生能够选择合适的工具解决实践中的数据挖掘问题。

学习目标

1. 了解数据挖掘的内涵、任务和基本流程
2. 理解机器学习的内涵和数据建模流程
3. 理解数据挖掘的算法
4. 了解数据挖掘工具及应用

知识结构图

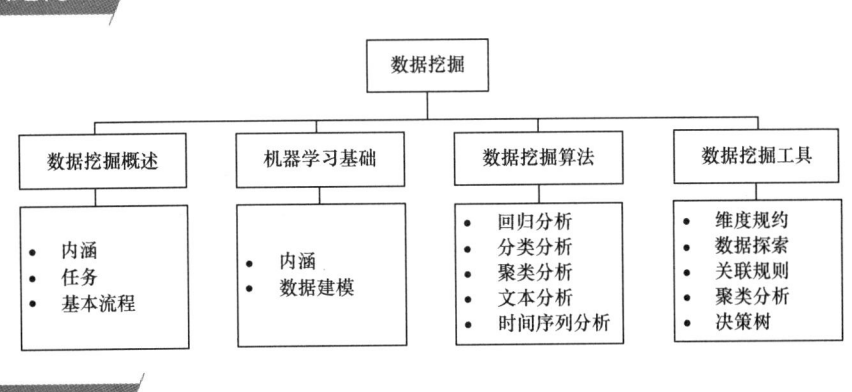

```
                        数据挖掘
    ┌──────────────┬──────────────┬──────────────┐
 数据挖掘概述    机器学习基础    数据挖掘算法    数据挖掘工具
  • 内涵          • 内涵          • 回归分析      • 维度规约
  • 任务          • 数据建模      • 分类分析      • 数据探索
  • 基本流程                      • 聚类分析      • 关联规则
                                  • 文本分析      • 聚类分析
                                  • 时间序列分析  • 决策树
```

引 例

沃尔玛:通过改善搜索引擎提高 15% 的销售额

创建于1962年的沃尔玛超市是全球最大的连锁超市,它在 27 个国家拥有超过一万个门店,员工总数 220 余万,每周接待 2 亿人次的顾客。这样一个雄踞全球零售业榜首的庞然大物,也有自己难以言明的烦恼。2015 年年初,分析师预言阿里巴巴将很快取代沃尔玛,成为全球最大的零售企业。来自中国的威胁固然不可轻视,但美国亚马逊

网站则让沃尔玛产生更大的危机感。

　　电商网站能够给消费者提供价格低廉、种类丰富的产品,沃尔玛企业所创办的沃尔玛网站固然也有不错的收益,但随着线上零售占据越来越多的零售市场份额,沃尔玛在沃尔玛网站上投入了越来越多的精力。沃尔玛一直秉承"帮顾客省每一分钱"的宗旨,并在进货渠道、分销方式,以及营销费用、行政开支等各方面节省资金。物美价廉一直是沃尔玛的一大优势,但不幸的是,亚马逊平台在这一方面并不逊色于沃尔玛。因此,为了反超亚马逊平台,沃尔玛势必要在用户体验方面做出突破。

　　零售业的用户体验法则大多都是关于货品摆放规则的,将牛奶和面包摆在一起,将口香糖摆到收银台附近等都是经典的货物摆放规则,合理的摆放方式能够替顾客节省搜寻货物的时间,提高顾客的用户体验。这种规则同样适用于电子商务网站,如果在顾客搜索产品时,能迅速将顾客想要的商品展示出来,用户体验想必会大大提高。

　　沃尔玛希望通过改善搜索引擎提高15%的销售额,这意味着搜索引擎必须有质的飞跃才能达成这一高远的目标。沃尔玛采用的北极星搜索引擎主要模仿了Kosmix的语义搜索技术和语义分析技术,前者从用户在社交平台上发出的推特及和其他用户之间的互动行为中挖掘用户的购物倾向,后者则度量产品之间的相关度和相似度,包括产品、人物、事件之间的关联。以上两种技术使北极星搜索引擎能够为顾客提供更精准的产品链接,此外北极星在确定产品排名时还引入了顾客的搜索记录。这种解析关键词和挖掘同义词的搜索方法可以给顾客提供更合理的产品,从而提升用户体验。①

第一节　数据挖掘概述

一、数据挖掘的解读

　　数据挖掘是伴随大数据时代崛起的一门新兴学科。数据挖掘和统计学有着共同的目标:发现数据中的结构。数据挖掘利用了如下领域的思想:(1)来自统计学的抽样、估计和假设检验;(2)人工智能、模式识别和机器学习的搜索算法、建模技术和学习理论。和其他学科相比,数据挖掘最大的特点就是涉及海量数据。

　　Gartner Group 提出:"数据挖掘是通过仔细分析大量数据来揭示有意义的新的关系、模式和趋势的过程。它使用模式认知技术、统计技术和数学技术。"Aaron Zornes 表示:"数据挖掘是一个从大型数据库中提取以前不知道的可操作性信息的知识挖掘过程。"IT 行业内普遍接受的数据挖掘的定义是:数据挖掘是从大量的、不完全的、有噪声的、模糊的、随机的实际数据中,提取隐含在其中的、人们不知道的、但又是潜在有用的信息和知识的过程。

　　广义的数据挖掘等同于"在数据中发现知识",即数据库中的知识发现(KDD),因此

---

① 任昱衡,等.数据挖掘:你必须知道的32个经典案例[M].2版.北京:电子工业出版社,2018.

在很多场景中KDD和数据挖掘会作为同义词交替使用。狭义的数据挖掘只是知识发现过程中的一个基本步骤,知识发现过程涉及的步骤依次为:(1)数据清洗:消除噪声和删除不一致的数据。(2)数据集成:多种数据源可以组合在一起。(3)数据选择:从数据库中提取与分析任务相关的数据。(4)数据变换:通过汇总操作把数据变换和统一成适合挖掘的形式。(5)数据挖掘使用智能方法提取数据模式。(6)模式评估:根据某种兴趣度度量,识别代表知识的真正有趣的模式。

步骤(1)~(4)是数据准备,有的时候还会包括数据规约:通过对数据属性筛选和数据采样减少所要分析的数据量,以缩短数据分析时间。数据准备的主要目的是保证数据质量,数据质量中最重要的要素是准确性、完整性和一致性。

二、数据挖掘的任务

数据挖掘的两个目标是预测和描述。前者指用一些变量或数据库的若干已知字段预测其他感兴趣的变量的未知值;后者指找到描述数据的可理解模式。根据发现知识的不同,我们可以将数据挖掘任务归纳为以下几类[1]。

(1)特征规则

从与学习任务相关的一组数据中提取出关于这些数据的特征式,这些特征式表达了该数据集的总体特征。例如,可以从某种疾病的症状中提取关于该疾病的特征规则。

(2)区分规则

发现或提取要学习的数据(目标数据)的某些特征或属性,使之与对比数据能够区分开来。例如,通过对某种疾病与其他疾病的症状的比较,可以提取出该疾病相对于其他疾病的区分规则,利用这些规则就可以区分出这种疾病。

(3)分类

分类是用一个函数把各个数据项映射到某个预定义的类,或者说是开采出关于该类数据的描述或模型。数据分类方法有决策树分类方法、统计方法、神经网络方法、粗集方法等。例如,利用当前病历数据可以建立各种疾病的分类规则,对于新来的病人,根据其症状及分类规则就可以知道此人所患病的种类。

(4)关联性

关联性用来发现一组项目之间的关联关系和相关关系。它们经常被表达为规则形式。关联性分析广泛应用于交易数据分析,通过分析结果来指导销售、目录设计及其他市场决策的制定。例如,在分析美国加州某连锁店的销售记录时,发现下班以后购买婴儿尿布的男性顾客往往同时也会购买啤酒。关联性问题是数据挖掘中研究比较成熟的问题。

(5)聚类

聚类是一种常见的描述工作,搜索并识别一个有限的种类集合或簇集合,从而描述数据。简单地说,就是识别出一组聚类规则,将数据分成若干类。这些种类可能相互排斥而且是穷举的(无遗漏的),或者包含了更丰富的表达形式,例如,层次的种类或重叠的种类。

---

[1] 钟晓,马少平,张铉,俞瑞钊.数据挖掘综述[J].模式识别与人工智能,2001,14(01):48-55.

(6)预测

通过对数据的分析处理,估计一组数据中的某些丢失数据的可能值或一个数据集合中某种属性值的分布情况。一般是利用数理统计的方法,找出与所要预测的属性并根据相似数据的分析估算属性值的分布情况。例如,根据同一单位内其他职工的工资,可以预测某一职工的工资。

(7)变化和偏差分析

变化和偏差分析是探测数据现状、历史记录或标准之间的显著变化和偏离。偏差包括很大一类潜在的有趣知识,如观测结果与期望的偏离、分类中的反常实例、模式的例外等。

三、数据挖掘的基本流程

数据挖掘的基本流程大致分为三个阶段,分别是准备阶段、挖掘阶段和数据分析阶段[1]。

第一,准备阶段。准备阶段的工作主要是对数据的准备,首先要从大量的数据中筛选出所需分析的数据;其次要对数据进行处理,主要工作包括数据检查、数据删重、数据补充和数据推导,其最终目的要使其符合数据挖掘的规范要求;最后是数据交换,所谓的数据交换既是对相关数据进行有效的整理和删除,也是从初始数据中挖掘可用信息。

第二,挖掘阶段。在进行有效的数据挖掘之前必须提前制订规划,确定数据挖掘、数据分类等工作的主要方式,同时明确所使用的算法等。只有以上相关工作皆完成后,方能进行实质上的数据挖掘工作。

第三,数据分析阶段。数据分析就是根据用户的需求,将所挖掘出的数据进行解析和表达,获取具有利用价值的数据。其工作模式如下:在数据挖掘过程中产生一个数据模型,数据挖掘系统通过对模型的分析,有选择性地删除无关或是多余的部分,若最终未能满足用户的需求,则数据挖掘系统会自动重新选取数据,并设置新的参数或采用新的数据挖掘方式。

四、人力资源数据挖掘内容与方法

企业在使用人力资源数据挖掘技术展开相应工作中,获取全部内容均与人力资源密切相关。而相关数据信息在实际应用中,一方面,便于掌握企业发展具体信息,另一方面,可为企业进行相应决策提供参考。

将数据挖掘技术应用到人力资源管理中后,其主要挖掘内容可以分为三类:一是,实时性数据。该类数据主要在人员花名册中体现,包含个人和组织两个层面,其中,个人层面包含人员数量、人员结构、工作经验、年龄结构、学历结构、技能特长、证书结构以及家庭背景。组织层面包含招聘管理、人力资源战略管理、薪资管理以及绩效管理等六个模块。二是,动态性数据。此部分数据通常体现在数据报表中,如人工成本表等,在对此类数据

---

[1] 战丽娜,韩冰.试论人力资源管理中数据挖掘技术的应用[J].中国商论,2015(14):12-15.

进行管理中,需要进行统计计算和跟踪记录。三是,整合性数据。主要是指采用设计问卷等形式,并进行整合分析处理后的信息,如员工满意度。

人力资源数据挖掘技术应用方法:集群化管理人力资源、分析员工能力、人力资源合理配置、分析跳槽概率、应用于绩效考核、设计员工薪酬[①]。

(1)集群化管理人力资源

企业中人员包含领导层、中间管理层和基层员工,不同层次人员数量有限,数量过多或较少皆会影响企业稳定运行。因此,应将主管人员与员工比例控制在合理范围内。同时在进行人力资源管理中,针对既定数量员工实施不同管理方式,发挥管理效果存在差异。针对不同素质能力员工采用相同管理方式,也会使得管理效率有所区别。在新时期数据挖掘技术辅助下进行管理,可提升相关工作开展效果。如公司根据承担相应职能员工比例进行控制,通过分析有关人员工作能力、服务人数等信息,利于快速确定应增加、维持或减少人员编制,提升对人力资源合理利用。在实际使用人力资源数据挖掘技术时,应根据员工个人性格特征进行分类,将员工信息输入到数据库中,利用数据库及信息挖掘技术,确定彼此间联系,便于管理确定员工类型、能力等,实现对员工及其信息集群化管理,可为展开人力资源管理工作提供支持。

(2)分析员工能力

使用人力资源数据挖掘技术,通过对员工相关信息进行分析,可提升管理人员对员工能力了解和掌握,从而为开展人力资源配置等工作提供信息数据参考。现阶段,企业在进行人才招聘中,主要通过网络渠道发送和获取信息,而随着相应数据信息记录不断增加,为分析应聘人员潜力和能力提供了数据支持。企业通过对数据进行挖掘,利于结合相应信息解决人员管理中存在的问题和难题,同时结合人员年龄、学历、工作经历、技能和个性等进行综合分析后,便于确定不同级别和权重间关系。另外,通过数据信息挖掘以及对员工信息进行综合评估,便于确定员工对企业发展价值、判断其发展潜力,便于企业根据员工价值进行人力资源调配。

(3)人力资源合理配置

人才是实现企业发展的核心力量,通过对人才资源进行优化配置,不仅利于提升员工积极性,而且可精简工作流程,提升人员管理和人才工作水平。信息环境下,为实现对人力资源合理配置,需要重视对信息技术利用。因此,在开展相应工作中,应从以下几方面入手:首先,应重视并了解人力资源数据信息挖掘技术,利用技术优势对历史和当前岗位及员工信息进行整合,了解具体工作量和工作效率。同时在技术配合下,根据员工能力对其进行工作分配,建立生产标准体系。其次,企业将员工日常工作量信息录入人力资源系统后,应结合员工实际工作量和工作能力等信息,及时进行调整,最大程度上挖掘出员工潜力,从而发挥员工在企业经济效益创造中的作用。

(4)分析跳槽概率

由于数据挖掘技术可以结合相应有关信息内容进行预测,因此,可将其应用于分析跳

---

① 白敏,顾怀信,程微.人力资源数据挖掘技术及其应用探究[J].商业文化,2021(14):128-129.

槽概率方面,这对确定人才流失原因,提升人才保留率具有重要作用。在具体应用中,首先,应将员工信息录入数据库中,建立员工招聘渠道、年龄、性格、工作环境以及学习能力等数据表,结合数据表分析出跳槽原因,并对相同类型员工信息进行整合。其次,利用数据挖掘技术确定人才流失率较高的招聘渠道以及员工类型,为开展招聘工作指明方向。最后,利用数据挖掘技术面对不同员工及其岗位配置情况进行分析,从而为进行人才合理利用提供支持。

(5)应用于绩效考核

随着数据挖掘技术在人力资源管理中多个方面的应用,其在绩效考核中也发挥出重要作用。在管理环节中,通过引入数据挖掘技术中的决策树方式,对工作内容数据进行分析,利于提升绩效考核全面性,同时可提升考核的公平、公正和客观性。在具体应用中,通过建立绩效考核系统,确定员工日常工作时间,一定时间内人员工作量和质量等,利于客观、公正地评价员工工作水平。

(6)设计员工薪酬

企业在运营管理中,要想保证发展的稳定性,做好员工薪酬管理至关重要。以往通过设计合理薪酬体系,可基本满足员工需求,提升其在工作中积极性。但传统薪酬设计缺乏数据支持,导致设计中普遍存在问题,并且未能实现对数据的有效分析与整理。而利用数据挖掘技术,利于加强对大量影响因素的控制。在数据挖掘技术应用中,主要用于提供设计员工薪酬相应的参考数据,以此保证薪资管理体系制定的合理性,同时为企业进行岗位薪资准确定位和精准招聘提供依据。

第二节　机器学习基础

一、数据挖掘与机器学习

机器学习,引用卡内基梅隆大学机器学习研究领域的著名教授 Tom Mitchell 的经典定义:如果一个程序在使用既有的经验 E(Experience)来执行某类任务 T(Task)的过程中被认为是"具备学习能力的",那么它一定要展现出:利用现有的经验 E,不断改善其完成既定任务 T 的性能(Performance)的特质。

机器学习已经有了十分广泛的应用,例如,数据挖掘、计算机视觉、自然语言处理、生物特征识别、搜索引擎、医学诊断、检测信用卡欺诈、证券市场分析、DNA 序列测序、语音和手写识别、战略游戏和机器人运用。在我们当下的生活中,语音输入识别、手写输入识别等技术,识别率相比之前若干年的技术识别率提升非常巨大,达到了将近97%以上,大家可以在各自的手机上体验这些功能,这些技术来自机器学习技术的应用。

二、数据建模

1. 什么是数据建模

(1)数据模型,就是在数据层面建立起来的一种逻辑关系的算法集合,该算法集合可以运算未来的同源数据,并产生可预期的结果。通俗说,模型就是算法或公式,如模型 $y=ax+b$,通过该公式,输入 x,可以得到 y 值。通过数据建模输出的模型,就是数据模型。

(2)数据建模是数据分析的一部分,数据分析是一个数据收集、数据检验清洗、数据重构、数据建模的过程,其目的是发现数据中潜在的信息,得出有建设性的结论,辅助决策。所以数据建模的最终目的是提升效率(优化业务流程)。

(3)数据建模,这里指的是业务模型和算法模型的构建,更多的是算法模型的一个过程,不是指数据仓库相关的模型构建。

2. 数据模型的分类

(1)业务模型

通过分析方法,如对比分析法、RFM 分析法、AARRR 分析法,从业务维度和指标出发,确定模型的分类维度和指标阈值,构建业务规则的指标体系,形成业务模型,如 RFM 分析模型、AARRR 分析模型、5W2H 分析模型等。

(2)算法模型

算法模型是基于机器学习等算法构建的模型,如常见的算法有相关、聚类、决策树(分类)、逻辑回归、神经网络、时间序列等,通过这些算法建立的模型基本上分为预测、聚类、关联和异常检测四种,如流失预警模型、购物篮分析模型、消费额预测模型、消费者群体模型等。

3. 数据模型的构建全流程

数据建模可以分为以下几个步骤:

(1)明确业务问题,确定目标

首先要理解业务,然后根据业务问题确定目标;如用户存在持续性流失,要构建流失预警模型;社交平台存在假粉丝的问题,构建识别假粉的模型;分析用户行为,分类用户,输出洞察报告;等等。

(2)数据理解和获取,数据描述分析

①数据理解,是指为了避免盲目获取数据,与业务实际要求不统一,要先跟业务方沟通,统一数据口径,核实数据源的真实性及时效性。②数据获取,可能从内部数据库获取,也可能是网站上爬取。③数据描述分析。

(3)数据清洗,数据预处理

①删除无效信息;②判断重复值,是整条信息重复还是个别字段重复,确定要不要去重。③判断缺失值,根据样本数据的多少和缺失比例,来判断是整个字段删除,还是进行缺失值的填充。④判断异常值,有伪异常(业务运营动作产生的)和真异常(异常数据本身就是目标数据)。

(4) 数据规整

数据标准化处理有离差标准化(最小最大规范化)和标准差标准化(z 值规范化)两种方法；方法一是 $X=(x-\min)/(\max-\min)$；方法二是 Z 标准化，$X=(x-均值)/标准差$，将其规范化为均值 0 标准差 1。

(5) 描述统计，洞察结论

描述基本情况，为后续模型的建立提供基础信息。

(6) 特征选择，模型选择

有些特征存在多重共线性(解释变量之间存在精确相关关系或高度相关关系使得模型估计失真或难以估计准确)，会对一些模型影响很大，如线性回归和逻辑回归；同时特征太多，增加模型复杂性和无关性。进行特征选择可以缓解维数灾难，降低学习任务的难度，以及增强模型的可解释性。

模型选择：不同的业务问题要选择合适的算法来建模；对顾客分类可用聚类、分类，购物篮的分析可用相关或聚类，满意度调查用回归、聚类或分类；等等。确定算法后，查看变量特征是否满足算法要求，不满足时进行变量重构，重复上述流程。

(7) 数据集划分，设定参数，加载算法，构建模型

了解模型对新场景的泛化能力的唯一办法是让模型真实处理新场景，更好的选择是将数据分割成训练集和测试集两部分；训练集训练模型，测试集测试模型，通过测试集评估模型，得到泛化误差(应对新场景的误差)的评估，就是模型处理新场景的能力；训练误差很低而泛化误差很高，说明模型对于训练数据存在过度拟合。设定参数，加载算法，构建模型；针对不同的模型需要调整参数。参数在后续的测试中要经过多次调整，优化模型，提升模型的解释能力和实用性，最后能达到一个比较好的效果。

(8) 模型评估

模型评估用于评价训练好的模型的表现效果，表现效果大致可分为过拟合和欠拟合。模型评估有多种方法：混淆矩阵、洛伦兹图、基尼系数、ks 曲线、roc 曲线、lift 曲线。

(9) 模型调优

模型调优的策略，主要是选择更合适的算法、调优模型参数和改进数据这三种。需要注意的是，模型的提升没有终点，最低限度的标准是模型性能至少优于基线指标，其次对比模型性能和其他的一些指标，验证模型的意义性，评估继续优化模型的性价比。

(10) 输出规则，模型加载，结果呈现

最后，不管是业务模型还是算法模型，都要输出结果，可能是一个业务模型，可能是一些规则，也可能是算法代码，相关数据进行可视化呈现。

(11) 模型部署。

模型构建的最终目的就是投入业务应用，产生商业价值，并且实时跟踪，根据反馈结果优化迭代更新。

三、机器学习算法[①]

机器学习算法是一类从数据中自动分析获得规律,并利用规律对未知数据进行预测的方法,可以分成下面几种类别:监督学习、无监督学习、强化学习。

(1)监督学习是从有标记的训练数据中学习一个模型,然后根据这个模型对未知样本进行预测。其中,模型的输入是某一样本的特征,函数的输出是这一样本对应的标签。例如,根据某病人的饮食习惯和血糖、血脂值来预测糖尿病是否会发作。通过学习已知数据集的特征和结果度量,建立起预测模型,来预测并度量未知数据的特征和结果。这里的结果度量一般有定量的(例如身高、体重)和定性的(例如性别)两种,分别对应于统计学中的回归和分类问题。

(2)无监督学习又称为非监督式学习,它的输入样本并不需要标记,而是自动从样本中学习特征实现预测。常见的无监督学习算法有聚类和关联分析等,在人工神经网络中,自组织映射和适应性共振理论是最常用的无监督学习。

(3)强化学习是通过观察来学习做成什么样的动作。每个动作都会对环境有所影响,学习对象根据观察到的周围环境的反馈来做出判断。强化学习强调如何基于环境而行动,以取得最大化的预期利益。其灵感来源于心理学中的行为主义理论,即有机体如何在环境给予的奖励或惩罚的刺激下,逐步形成对刺激的预期,产生能获得最大利益的习惯性行为。

第三节 数据挖掘算法

一、回归分析

回归分析是一种预测性的建模技术,它研究的是因变量(目标)和自变量(预测器)之间的关系。它可用于预测时间序列建模以及发现各种变量之间的因果关系。

1. 线性回归

线性回归通常是人们在学习预测模型时首选的少数几种技术之一。在该技术中,因变量是连续的,自变量(单个或多个)可以是连续的也可以是离散的,回归线的性质是线性的。线性回归使用最佳的拟合直线(也就是回归线)建立因变量(Y)和一个或多个自变量(X)之间的联系。用一个等式来表示它,即

$$Y = a + b * X + e$$

其中,a 表示截距,b 表示直线的倾斜率,e 是误差项。这个等式可以根据给定的单个或多个预测变量来预测目标变量的值,如图 6-1 所示。

[①] 赵卫东,董亮. 机器学习[M]. 北京:人民邮电出版社,2018.

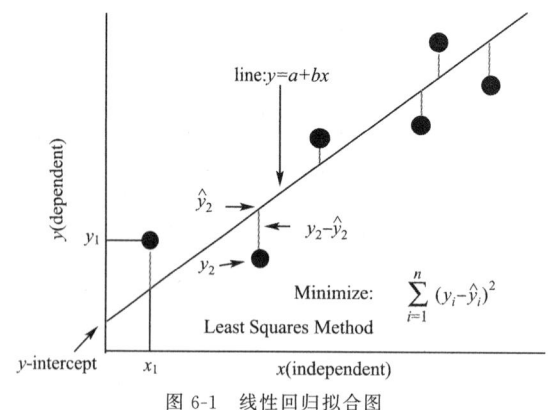

图 6-1 线性回归拟合图

一元线性回归和多元线性回归的区别在于,多元线性回归有一个以上的自变量,而一元线性回归通常只有一个自变量。

2. Logistic 回归

Logistic 回归可用于发现"事件＝成功"和"事件＝失败"的概率。当因变量的类型属于二元(1/0、真/假、是/否)变量时,我们就应该使用逻辑回归。这里,Y 的取值范围是从 0 到 1,它可以用下面的等式表示:

$odds = p/(1-p) =$ 某事件发生的概率/某事件不发生的概率

$ln(odds) = \ln(p/(1-p))$

$logit(p) = \ln(p/(1-p)) = b_0 + b_1 X_1 + b_2 X_2 + b_3 X_3 + \cdots + b_k X_k$

如上,p 表述具有某个特征的概率。在这里我们使用的是二项分布(因变量),我们需要选择一个最适用于这种分布的连结函数,它就是 Logit 函数。在上述等式中,通过观测样本的极大似然估计值来选择参数,而不是最小化平方和误差。

3. Cox 回归

Cox 回归的主要作用是发现风险因素并用于探讨风险因素的强弱。但它的因变量必须同时有两个,一个代表状态,必须是分类变量,一个代表时间,应该是连续变量。只有同时具有这两个变量,才能用 Cox 回归分析。

Cox 回归主要用于生存资料的分析,生存资料至少有两个结局变量,一是死亡状态,是活着还是死亡;二是死亡时间,如果死亡,什么时间死亡? 如果活着,从开始观察到结束时有多久了? 所以有了这两个变量,就可以考虑用 Cox 回归分析。

4. Poisson 回归

通常,如果能用 Logistic 回归,通常也可以用 Poisson 回归,Poisson 回归的因变量是个数,也就是观察一段时间后,发病了多少人或是死亡了多少人等。其实跟 Logistic 回归差不多,因为 Logistic 回归的结局是是否发病,是否死亡,也需要用到发病例数、死亡例数。

5. Probit 回归

Probit 回归是"概率回归",用于因变量为分类变量数据的统计分析,与 Logistic 回归近似。也存在因变量为二分、多分与有序的情况。目前最常用的为二分。医学研究中常见的半数致死剂量、半数有效浓度等剂量反应关系的统计指标,现在标准做法就是调用 Probit 过程进行统计分析。

6. 负二项回归

对于某些计数资料,当其服从的 Poisson 分布强度参数 λ 服从 γ 分布时,所得到的复合分布即为负二项分布,又称为 γ－Poisson 分布。在负二项分布中,λ 是一个随机变量,方差 $\lambda(1+k\lambda)$ 远大于其平均数。其中,k 为非负值,表示计数资料的离散程度。当 k 趋近于 0 时,则近似于 Poisson 分布,过离散是负二项分布相对于 Poisson 分布的重要区别和特点,可用拉格朗日算子统计量检验资料是否存在过离散。若数据服从 Poisson 分布可以采用 Poisson 回归;当计数因变量服从负二项分布时,可采用负二项回归进行回归分析,其参数估计、假设检验与 Poisson 回归相似。

7. 主成分回归

主成分回归分析法作为多元统计分析的一种常用方法在处理多变量问题时具有一定的优越性,其降维的优势是明显的。主成分回归方法对于一般的多重共线性问题还是适用的,尤其是对共线性较强的变量之间。当采取主成分提取了新的变量后,往往这些变量间的组内差异小而组间差异大,起到了消除共线性的问题。

8. 岭回归

岭回归分析法实际上是一种改良的最小二乘法,是一种专门用于共线性数据分析的有偏估计回归方法。岭回归分析法的基本思想是当自变量间存在共线性时,解释变量的相关矩阵行列式近似为零,$X'X$ 是奇异的,也就是说它的行列式的值也接近于零,此时 OLS 估计将失效。

当数据之间存在多重共线性(自变量高度相关)时,就需要使用岭回归分析。在存在多重共线性时,尽管最小二乘法(OLS)测得的估计值不存在偏差,它们的方差也会很大,从而使得观测值与真实值相差甚远。岭回归通过给回归估计值添加一个偏差值,来降低标准误差。

9. 偏最小二乘回归

偏最小二乘回归也可以用于解决自变量之间高度相关的问题。但比主成分回归和岭回归更好的一个优点是,偏最小二乘回归可以用于例数很少的情形,甚至例数比自变量个数还少的情形。所以,如果自变量之间高度相关,例数又特别少,而自变量又很多,那就用偏最小二乘回归就可以了。

10. 多项式回归

对于一个回归等式,如果自变量的指数大于1,那么它就是多项式回归等式。如下等式所示:$y=a+b*x^2$。

在这种回归技术中,最佳拟合线不是直线,而是一个用于拟合数据点的曲线。多项式回归要点:(1)虽然存在通过高次多项式得到较低的错误的趋势,但这可能会导致过拟合。需要经常画出关系图来查看拟合情况,并确保拟合曲线正确体现了问题的本质。(2)须特别注意尾部的曲线,看看这些形状和趋势是否合理。更高次的多项式最终可能产生怪异的推断结果。

11. 逐步回归

逐步回归是一种常用的消除多重共线性、选取"最优"回归方程的方法。其做法是逐个引入自变量，引入的条件是该自变量经 F 检验是显著的，每引入一个自变量后，对已选入的变量进行逐个检验，如果原来引入的变量由于后面变量的引入而变得不再显著，那么就将其剔除。这个过程反复进行，直到既没有不显著的自变量选入回归方程，也没有显著自变量从回归方程中剔除为止。

二、分类分析

分类就是按照某种标准给对象贴标签，再根据标签来区分归类。分类是事先定义好类别，类别数不变。分类器需要由人工标注的分类得到，属于有监督学习范畴。

1. 朴素贝叶斯[①]

朴素贝叶斯是机器学习中常见的分类基本算法之一，它是基于贝叶斯定理与条件独立性假设的分类方法。贝叶斯方法的特点是结合先验概率和后验概率，即避免了只使用先验概率的主观偏见，也避免了单独使用样本信息的过拟合现象。该算法的理论核心是贝叶斯定理，基于条件独立性假设这个强假设之下，这是该算法称为"朴素"的原因。

假设有随机事件 A 和 B，它们的条件概率关系可以用以下数学公式表达：

$$P(A|B) = P(A) \frac{P(B|A)}{P(B)}$$

其中，事件 A 是要考察的目标事件，$P(A)$ 是事件 A 的初始概率，称为先验概率，它是根据一些先前的观测或者经验得到的概率。

B 是新出现的一个事件，它会影响事件 A。$P(B)$ 表示事件 B 发生的概率。

$P(B|A)$ 表示当 A 发生时 B 的概率，它是一个条件概率。

$P(A|B)$ 表示当 B 发生时 A 的概率（也是条件概率），它是我们要计算的后验概率，指在得到一些观测信息后某事件发生的概率。贝叶斯公式给出了通过先验概率和条件概率求出后验概率的方法。

使用朴素贝叶斯算法要满足一个基本假设：假定给定目标值的各个特征之间是相互独立的，即条件独立性。

2. 决策树

决策树是附加概率结果的一个树状的决策图，是直观运用统计概率分析的图法。决策树模型常常用来解决分类和回归问题。常见的算法包括 CART（Classification And Regression Tree）、ID3、C4.5、随机森林（Random Forest）等。决策树基本思想是自顶向下，以信息增益（或信息增益比，基尼系数等）为度量构建一根度量标准下降最快的树，每个内部节点代表一个属性的测试，直到叶子节点处只剩下同一类别的样本。

决策树由 3 个主要部分组成，分别为决策节点、分支和叶子节点。其中决策树最顶部的决策节点是根决策节点。每一个分支都有一个新的决策节点。决策节点下面是叶子节点。每个决策节点表示一个待分类的数据类别或属性，每个叶子节点表示一种结果。整个决策的过程从根决策节点开始，从上到下。根据数据的分类在每个决策节点给出不同

---

① 徐晟. 大话机器智能一书看透 AI 的底层运行逻辑[M]. 北京：机械工业出版社，2022.

的结果。

在现实生活中,我们每天都会面对各种抉择,例如,根据商品的特征和价格决定是否购买。不同于逻辑回归把所有因素加权求和然后通过 Sigmoid 函数转换成概率进行决策,我们会依次判断各个特征是否满足预设条件,得到最终的决策结果。例如,在购物时,我们会依次判断价格、品牌、口碑等是否满足要求,从而决定是否购买。决策的流程如图 6-2 所示。

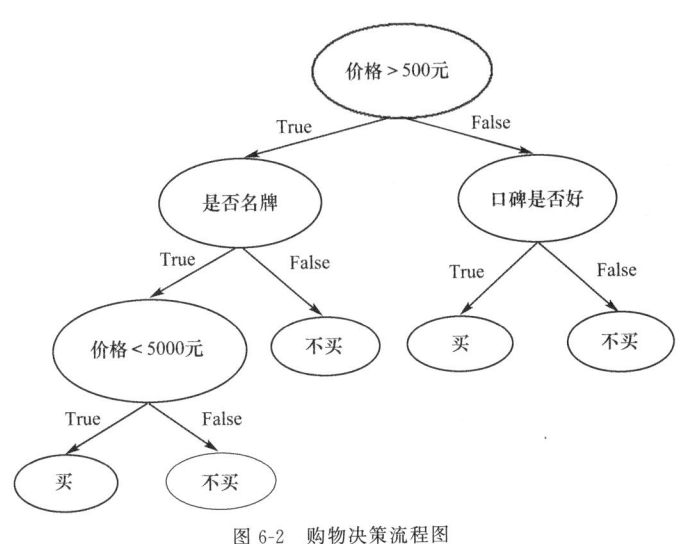

图 6-2 购物决策流程图

三、聚类分析

数据分析和挖掘的首要问题是聚类,这种聚类是跨学科、跨领域、跨媒体的。大数据聚类是数据密集型科学的基础性、普遍性问题。将物理或抽象对象的集合分成由类似的对象组成的多个类的过程被称为聚类。即给定一组数据点,可以用聚类算法将每个数据点划分为一个特定的组,理论上同一组中的数据点应具有相似的属性或特征,而不同组的数据点应具有高度不同的属性或特征。常见的聚类方法有以下几种。

(1)基于划分聚类算法:K-Means 是一种典型的迭代求解的划分聚类分析算法,其步骤是,预将数据分为 K 组,随机选取 K 个对象作为初始的聚类中心,然后计算每个对象与各个种子聚类中心之间的距离,把每个对象分配给距离它最近的聚类中心。聚类中心以及分配给它们的对象就代表一个聚类。每分配一个样本,聚类的聚类中心会根据聚类中现有的对象被重新计算。这个过程将不断重复直到满足某个终止条件。

(2)基于层次聚类算法(CURE):CURE 算法核心的思想是使用一定数量的"分散的"点来代表一个簇,而不像是其他层次聚类算法中只使用一个点。CURE 算法可以高效地运用在大型数据集上,而且收缩因子降低了噪声对聚类的影响,从而使 CURE 算法对孤点的处理更加健壮,而且能识别非球形和大小变化比较大的簇,对于大型数据库具有良好的伸缩性。缺点是参数设置对聚类结果有很大的影响,不能处理分类属性。

(3)基于密度聚类算法:采用空间索引技术来搜索对象的邻域,引入了"核心对象"和"密度可达"等概念,从核心对象出发,把所有密度可达的对象组成一个簇。

四、文本分析

文本分析是将非结构化文本数据转换为有意义的数据进行分析的过程,以度量客户意见、产品评论、反馈,提供搜索工具、情感分析和实体建模,以支持基于事实的决策制定。

举例来说,某个APP的用户满意度一段时间内上升不少,可以从评论量中好评数量的增加以及服务评价几颗星来看出,但这只是描述性的分析,并不能知道为什么用户会给好评或差评,产品或服务的哪些方面会得到好评。

1. 什么是文本

文本是指书面语言的表现形式,从文学角度说,通常是具有完整、系统含义的一个句子或多个句子的组合。一个文本可以是一个句子、一个段落或者一个篇章。文本的结构以中文为例:单字可以组词语,词语可以造句,句子组成段落,段落构成文章。一些主流文本预处理技术:切分、标注、分块、词干提取、词形还原。除了这些技术之外,还需要执行一些基本操作,例如,处理拼写错误的文本,删除停用词,以及根据需要处理其他不相关的成分。

2. 文本分析的场景

文本分析如果从智能的维度来分类可以分为以下三大类。

第一类:文本统计分析(根据规则统计文本)。这一阶段,主要是对文本中出现的词语进行统计分析,运用场景主要有:(1)词云。词频是对文章中的单词进行频数统计,然后根据频数来度量大小,画成词云图。(2)舆情分析。简单的舆情分析,就是统计某个特定的单词在不同时间出现的频率,根据频率做出某种判断,举个例子,大家搜索数据分析这个关键字,根据数据分析出现的频率来判断国民对数据分析的热度。(3)简易版的智能客服。简易版的智能客服就是这种模式,当你直接输入"人工",他就知道机器人不能回答你的问题,很快就帮你转接人工了。

第二类:文本建模分析(根据模型监督鉴别文本)。文本建模是通过将文本进行数字数据化之后,再和机器学习等算法进行结合。本节仅介绍情感分析。文本情感分析又称意见挖掘、倾向性分析等。简单而言,是对带有情感色彩的主观性文本进行分析、处理、归纳和推理的过程。互联网(如博客和论坛以及社会服务网络如大众点评)上产生了大量的用户参与的、对于诸如人物、事件、产品等有价值的评论信息。这些评论信息表达了人们的各种情感色彩和情感倾向性,如喜、怒、哀、乐和批评、赞扬等。基于此,潜在的用户就可以通过浏览这些主观色彩的评论来了解大众舆论对于某一事件或产品的看法。

第三类:文本语义分析。文本语义分析会采取深度学习等复杂算法进行训练,使得可以从文本中挖掘出来具有语法信息的文本信息。常见的方法是主题模型LDA。主题模型是以非监督学习的方式对文集的隐含语义结构进行聚类的统计模型。主题模型主要被用于自然语言处理中的语义分析和文本挖掘问题,例如,按主题对文本进行收集、分类和降维,也被用于生物信息学研究。隐含狄利克雷分布(Latent Dirichlet Allocation,LDA)是常见的主题模型。

五、时间序列分析

时间序列分析是根据系统观测得到的时间序列数据,通过曲线拟合和参数估计来建立数学模型的理论和方法。它一般采用曲线拟合和参数估计方法(如非线性最小二乘法)进行。时间序列分析常用在国民经济宏观控制、区域综合发展规划、企业经营管理、市场潜量预测、气象预报、水文预报、地震前兆预报、农作物病虫灾害预报、环境污染控制、生态平衡、天文学和海洋学等方面。

1. 时间序列

时间序列是对某一统计指标,按照相等时间间隔的顺序搜集整理其指标值而形成的一组统计数据。一般认为,一个时间序列中包含四种变动因素:长期趋势变动、季节性变动、周期性变动和不规则变动。换言之,时间序列通常是上述四种变动因素综合作用的结果,但不是所有的时间序列都含有这四种变动因素。

(1)长期变动趋势

长期变动趋势是指变量值在一个长时期内的增或减的一般趋势。长期变动趋势可能呈现为直线型变动趋势,也可能呈现为曲线型变动趋势,依变量不同而异。

(2)季节性变动

季节性变动是指变量的时间序列值因季节变化而产生的变动。季节变动是一种年年重复出现的一年内的季节性周期变动,即每年随季节替换,时间序列值呈周期变化。例如,冰激凌的销售量具有明显的季节性变动特征,每年4、5、6三个月冰激凌的销售量开始呈增长趋势,7、8、9三个月销售量达最高点,以后三个月的销售量呈下降趋势,第一季度的销售量为最低点。年年如此循环。

(3)周期性变动

周期性变动又称循环变动,它是指变量的时间序列值相隔数年后所呈现的周期变动。在一个时间序列中,循环变动的周期可以长短不一,变动的幅度也可大可小。例如,美国的经济危机曾呈现出相隔时间越来越短、危机时间越来越长、危机程度越来越大的周期性变动特征。

(4)不规则变动

不规则变动是指变量的时间序列值受突发事件,偶然因素或不明原因所引起的非趋势性、非季节性、非周期性影响的随机变动,因此,不规则变动是一种无法预测的波动。例如,1973年中东战争和1990年伊拉克入侵科威特都曾引起世界石油价格突变,就是一种由于突发事件引起油价不规则的变动。在其他正常年份,石油价格也有不规则波动,这是由于偶然因素或随机因素造成的。不规则变动具有不可预测性,所以不能用数学模型来表达和说明。不规则变动在一段时间内相互作用,归于消失,因此可不必考虑其影响。

2. 时间序列的分析模型[①]

时间序列中的模型,常见的有以下几种。

---

① 罗芳琼,吴春梅.时间序列分析的理论与应用综述[J].柳州师专学报,2009,24(03):113-117.

(1) 自回归 AR(p) 模型

仅通过时间序列变量的自身历史观测值来反映有关因素对预测目标的影响和作用,不受模型变量相互独立的假设条件约束,所构成的模型可以消除普通回归预测方法中由于自变量选择、多重共线性等造成的困难。

(2) 移动平均 MA(q) 模型

用过去各个时期的随机干扰或预测误差的线性组合来表达当前预测值。AR(p) 的假设条件不满足时可以考虑用此形式。

(3) 自回归移动平均 ARMA(p,q) 模型

使用两个多项式的比率近似一个较长的 AR 多项式,即其中 $p+q$ 个数比 AR(p) 模型中阶数 p 小。前两种模型分别是该种模型的特例。一个 ARMA 过程可能是 AR 与 MA 过程、几个 AR 过程、AR 与 AR－MA 过程的叠加,也可能是测度误差较大的 AR 过程。

(4) 自回归综合移动平均模型

模型形式类似 ARMA(p,q) 模型,但数据必须经过特殊处理。特别当线性时间序列非平稳时,不能直接利用 ARMA(p,q) 模型,但可以利用有限阶差分使非平稳时间序列平稳化,实际应用中 d 一般不超过 2。

若时间序列存在周期性波动,则可按时间周期进行差分,目的是将随机误差有长久影响的时间序列变成仅有暂时影响的时间序列。即差分处理后新序列符合 ARMA(p,q) 模型,原序列符合 ARIMA(p,d,q) 模型。

3. 时间序列的分析步骤

时间序列分析的目的就是逐一分解和测定时间序列中各项因素的变动程度和变动规律,然后将其重新综合起来,预测统计指标今后综合的变化和发展情况。

时间序列的综合分析步骤如下:(1)确定时间序列的变动因素和变动类型;(2)计算调整月(季)指数,以测定季节变动因素的影响程度;(3)调整时间序列的原始指标值,以消除季节变动因素的影响;(4)根据调整后的时间序列的指标值(简称调整值)拟合长期趋势模型;(5)计算趋势比率或周期余数比率,以度量周期波动幅度和周期长度;(6)预测统计指标今后的数值。

第四节　数据挖掘工具

一、数据挖掘方法[①]

数据挖掘方法主要包括维度归约、数据探索、关联规则、聚类分析及决策树等。

(1) 维度归约

由于人力资源信息数据集中包含上百个数据库的特性,但是这些特性与数据挖掘需

---

① 贺岚.高校人力资源管理中的数据挖掘[J].湖北科技学院学报,2013,33(12):172-173.

求无任何关联性,也就是说这些特性在数据挖掘中是多余的。再者,维度效应将导致数据挖掘集中力下降,使部分子集无法得到关注。若未能将多余特征删除,将不利于数据挖掘工作的简化,挖掘结果也难以理解。因此,需通过构建特性,选取特性的方式,使数据高维度现象得以解决。

(2) 数据探索

在数据准备和挖掘后,需对其数据进行有效的分析和探索,即对整个管理数据集进行有效概括,并采取描述特征统计方法,对数据结构、数据关系进行有效刻画,以获取相应的数据特征。

(3) 关联规则

主要从原有信息数据库内获取感兴趣且具有关联规则的子集,其应用优势在于操作简便,并具有较强的解释性,但是在计算上需花费大量时间。

(4) 聚类分析

主要把数据集划分为若干小组,使组内相似度提高,而组间相似度大大降低。在聚类分析中,选择适宜分组个数很重要,同质组应加上适宜分组个数,而简约组则需减少一定量的分组个数,并在两者间设置折中。在利用聚类分析法对人力资源进行分析时,应分别对分组个数各不相同的聚类结果进行有效分析,以将与人力资源管理解释最为接近的分组结果作为最后的聚类分析结果。

(5) 决策树

决策树是现阶段使用较为广泛的分类模式,从其构造中能够凸显较强的特性选取功能。决策树构造节点形成的数据库特性具有较强的分类能力,同时数据库特性间具有一定的独立性。

二、人力资源数据挖掘技术的应用方法[①]

将数据挖掘技术应用到人力资源工作中,建立相关模型,并以决策树为基础开展人力资源工作是提高工作质量的关键。具体方法如下:

数据挖掘技术的应用流程中,最为重要的一点便是建立模型。考虑到人力资源工作的内容,基于流动率、劳动成本、劳动力规划以及雇员开发等建立相关模型,是当前工作的要点。

(1) 流动率模型

团队运行的过程中,雇员出现流动是常见现象,如何将流动率控制在一定范围内,是人力资源工作者应当注意的主要问题。而为了达到这一目的,人力资源工作者,务必了解雇员流动的原因,同时学会对流动趋势进行预测。可以从性别、年龄以及岗位或工龄等多方面出发,借助数据挖掘技术,建立相关模型。具体如下:

离职率=(离职数/总人数)×100%

新进率=(新进数/总人数)×100%

---

① 林坚.企业人力资源数据挖掘技术及其应用探究[J].商场现代化,2021(21):60-62.

上述模型中:总人数＝(月/年初员工数＋月/年末员工数)/2

建立上述模型后,需要对其进行评价。可以从团队本身所属的行业、薪资待遇以及团队氛围与文化等方面出发,分析流动率影响因素。也可以从员工的性别、年龄、工龄等角度出发,分析影响因素。上述各项因素相互集合,整体上会对员工的企业认同感产生影响,如员工认为此岗位不符合自身的职业发展规划,或对当前生活状况不太满意,同样会出现流动现象。

(2)劳动成本模型

劳动力成本,是人力资源成本中的重点,一般包括招聘成本、培训成本、离职补偿、薪酬成本等内容。如何在满足员工基本需求的情况下,将上述成本降低,是促使经济效益提升的关键。对此,有关人员可以基于数据挖掘技术,建立劳动力成本模型,从而实现对此类成本的分析,为成本的降低奠定基础。具体模型如下:

招聘成本＝劳务费＋管理费＋业务费

培训成本＝培训者的薪酬＋被培训者在培训期间离职所产生的费用损失＋由于被培训者本身能力不足而导致延长培训时间所带来的成本＋管理费

离职补偿＝按《劳动法》规定对离职员工给予的补偿

薪酬成本＝为员工所发放的薪酬

基于上述信息,人力资源管理者可以以数据挖掘技术为依托,对员工的各项数据进行统计。可以将绩效、事故以及风险等加入模型判定以及分析的范围内,结合分析结果,了解影响效益的因素。在此基础上,通过相关算法对以往的经验进行学习,并采取措施对风险进行处理,使劳动成本尽可能减小,经济效益尽可能得到进一步提升。

(3)劳动力规划模型

劳动力规划模型,指的是人力资源工作者在了解当前劳动力需求的基础上,按照其需求,对其进行持续管理的过程。另外,结合目前团队劳动力数量的要求,制订未来的工作规划。建立劳动力规划模型,有利于帮助团队长期具有人力资源支持,避免出现资源亏空的现象,同样有利于帮助业务扩展,这对其竞争力的提升具有重要价值。

劳动力规划模型,主要由三部分构成,分别为保证人员充足、保证生产力、保证竞争力。在数据挖掘技术的支持下,上述三项目的均能够达成,而劳动力也将发挥更大的价值。具体如下:①就人员数量而言,人力资源工作者,需要借助数据挖掘技术,对其过去、现在、未来三个时间段的数量、需求量进行分析。而分析的过程,也需要与当前的业务量、市场劳动力总量等相互适应。如发现虽然目前的劳动力数量可满足业务需求,但在未来,随着市场规模的扩大,存在增加劳动力的需求。此时,则需要通过招聘等方式,增加人力资源总量,为未来打下基础。②生产力与竞争力。劳动力的数量与生产力呈正相关,但部分情况下,劳动力的能力也会对生产力产生影响。因此,在劳动力规划的过程中,需要保证劳动力能力符合岗位需求,以全面提升生产力。

(4)雇员开发模型

所谓雇员开发模型,指的是为了使雇员能够得到更好的发展,在其任职期间不断增强其技能、优化知识结构的一种模型,其目的同样在于使雇员能够稳定在企业内发挥价值。上述对雇员进行控制的过程,称为雇员开发。

雇员开发模型,主要由三部分构成,分别为成本、利用率、培训。具体如下:①成本。雇员开发的过程中,含有对其进行培养的过程。而上述过程,通常会带来一定成本。在人力资源工作中,工作者必须结合数据挖掘技术,对以往的开发模式进行分析。基于以往的模式,采取优化的措施,展开开发过程,保证收益高于成本。②利用率。从利用率的角度分析,不同的人才,其本身所具备的技能均存在一定差异,如何对其进行合理利用,是决定人才能否充分发挥其价值的关键。因此,需要在入职期间,对人才进行评估,使人尽其用,提高人才利用率。③培训。为了提高雇员开发效率,在培训的过程中,应当保证具有针对性。可以首先对培训者进行考核,找到其弱点,并针对弱点重点培训,针对优势适当培训。另外,还需要观察培训是否取得了效果。

本章小结

数据挖掘是一种发现知识的手段。数据挖掘要求数据分析师通过合理的方法,从数据中获取与挖掘项目相关的知识。本章在案例导入的基础上,从数据挖掘概述、机器学习基础、数据挖掘算法、数据挖掘工具四个方面进行了内容阐述。数据挖掘是一个多学科交叉的产物,涉及统计学、数据库、机器学习、人工智能及模式识别等多种学科。数据挖掘的基本流程大致分为三个阶段,分别是准备阶段、挖掘阶段和数据分析阶段。人力资源数据挖掘技术应用方法:集群化管理人力资源、分析员工能力、人力资源合理配置、分析跳槽概率、应用于绩效考核、设计员工薪酬。机器学习为数据挖掘提供了理论方法,而数据挖掘技术是机器学习技术的一个实际应用。机器学习算法可以分成下面几种类别:监督学习、无监督学习、强化学习。数据挖掘方法主要包括:维度归约、数据探索、关联规则、聚类分析及决策树等。

课后思考题

1. 简述数据挖掘的流程。
2. 数据挖掘的应用场景有哪些?举例说明。
3. 如何选择适合的数据挖掘算法和工具?
4. 如何在人力资源管理领域开展数据挖掘?

实训作业

1. 搜集企业数据挖掘应用案例,撰写一份详细的调研报告,或者做成PPT进行汇报展示。
2. 针对人力资源管理领域的数据挖掘,分析其是如何对人才简历库进行分析,如何对招聘信息进行精准投放的。

延伸阅读

数据挖掘在人力资源信息化管理中的应用[①]

随着科学技术的高速发展,人力资源管理也发生了很大变化,当下已经进入了人才主导的新时代。对于企业来说,做好人力资源管理可以全面促进企业高水平发展,管理方法能否与企业内部的环境有效结合是企业首先需要解决的根本问题。在企业海量动态的人力数据资源中,必须要进行统计管理的综合分析,挖掘核心数据,提高企业内部决策的高效性和正确性。同时还需要根据不同企业的背景、文化、氛围以及员工知识发展需求进行数据分析,全面提高企业内部人才管理的个性化特点。

比如,在对企业人才管理过程中每个员工都有自己独特的一面,企业需要将众多员工进行分组,实施不同的管理方法,提高管理工作的效率,全面突出以人为本的管理理念。这就需要运用数据挖掘技术把每个人的性格特征进行分类并录入数据库当中,通过对数据的深度挖掘与筛选获得彼此之间的关联,将关联共同点较多的一部分归为一个类,并建立类库,标记其关联特点,方便管理者进行高质量的管理与分析。完成分组之后管理者可以清楚地认识到同一类型员工的特点,发现这一类型员工的特长及问题,制定更加符合其特点的管理手段及激励政策,全面提高其工作积极性。

此外,在企业人才招聘过程中可以建立人才招聘数据库,详细记录招聘渠道、面试方法、面试数据,运用数据挖掘技术对这类信息进行类聚,了解哪些人才适合哪些岗位,以及优秀人才的招聘思路,为企业人才招聘提供明确的方向。

数据挖掘技术作为一种高科技高效率的新型技术,对当下的企业管理以及发展有着十分积极的促进作用,但也会在实际应用和推广中面临挑战,因此企业需要充分认识到自身主体身份,定期对数据挖掘技术进行钻研,全面提高人力资源部门对数据挖掘技术的应用率,使人力资源员工成为数据挖掘技术的实践者、推动者。另外还需要让员工充分认识到数据挖掘在人力资源信息化管理中的运用前景及挑战,激发员工的学习及应用热情,不断探索全新的信息化管理与数据挖掘技术的结合点,推动数据挖掘技术的有效应用。

比如在员工正式应聘开始时,企业人力资源管理部门就需要运用数据挖掘技术对员工信息进行记录,随着时间的推移,员工的信息记录被不断完善与丰富,人力资源管理部门需要通过定期的数据分析,分析该员工的工作能力及工作潜力,分配其工作任务,将数据挖掘应用到人力资源管理的每一项基础工作当中。通过这种方式可以给人力资源管理部门提供一个深度探寻的方向与渠道,管理者需要运用好数据挖掘技术对员工的学历、学习背景、工作经历、能力、工作记录、人际关系等信息进行综合分析,结合企业其他员工的情况展开综合评价,为员工制订合理的工作方案、工作目标以及工作奖励制度,全面激发员工的工作潜力。

员工作为企业的核心力量,对企业的发展有着十分重要的促进作用,在企业应用数据挖掘技术时需要不断加强数据挖掘技术的应用范围,除了可以利用数据挖掘技术分析员

---

① 牛佳惠.数据挖掘在人力资源信息化管理中的运用探析[J].数字通信世界,2022(03):94-96.

工的工作能力,也需要运用该技术充分挖掘员工的忠诚度和工作积极性,并根据数据分析筛选的结果做好人力资源规划与分配,降低企业人才应用成本,减少企业人才流失。

比如在人力资源管理过程中,企业经常担心优秀的人才流失,就可以利用数据挖掘技术建立人才流入流出数据表,详细记录每一位员工的招聘渠道、岗位环境、工作年限、性格、工作能力以及人才流失等具体信息,合理利用信息网络,弄清楚哪些渠道招聘来的人才最容易流失以及哪个岗位中的人才容易流失。通过这种方式可以让企业更加清晰地认识到人才流失的根本原因,根据核心人才的相关要求以及未来发展方向,制订符合其未来规划的工作内容及奖励政策,为企业保留优秀人才。

第七章 数据可视化

心理学研究表明人与人之间93％的交流是靠非言语行为，而在非言语的环境下，视觉在我们接收信息、传递感情时扮演的角色尤为重要。人眼是一个高带宽的巨量视觉信号输入并行处理器。人的大脑将近50％的精力是在进行视觉处理，这是一个相当大的比例。70％的感觉接收器都集中在人的眼睛中，因此我们更容易吸收视觉上的信息。人类可以在每1/10秒内获得一个视觉信息，这比通过阅读、消化和理解一段文字要快得多。可视化的重要性显而易见，在大数据技术发展的今天，数据的可视化给人们带来更直观的感受。

本章在讲解数据可视化含义的基础上，了解数据可视化特征及作用，理解数据可视化的设计原则。了解数据可视化的工具，了解数据可视化应用，了解数据可视化图表，掌握数据可视化图表分析。

学习目标

1. 了解数据可视化含义、特征及作用
2. 了解数据可视化的工具
3. 了解数据可视化应用和数据可视化图表
4. 理解数据可视化的设计原则
5. 掌握数据可视化图表分析

知识结构图

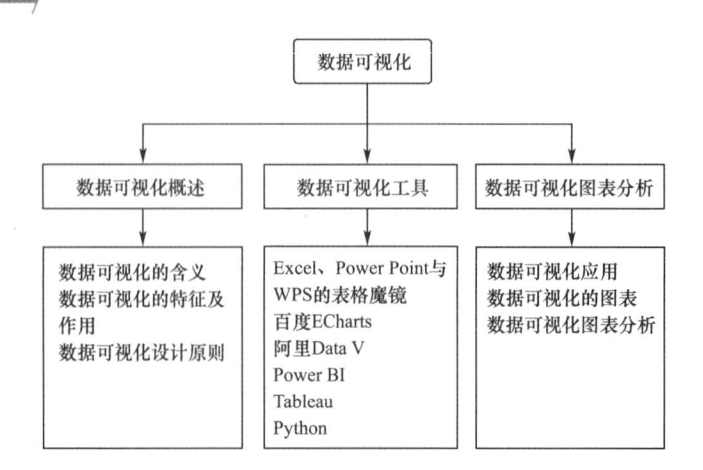

```
                         数据可视化
                            │
          ┌─────────────────┼─────────────────┐
      数据可视化概述     数据可视化工具    数据可视化图表分析
          │                 │                 │
    数据可视化的含义    Excel、Power Point与   数据可视化应用
    数据可视化的特征及  WPS的表格魔镜         数据可视化的图表
    作用               百度ECharts           数据可视化图表分析
    数据可视化设计原则  阿里Data V
                      Power BI
                      Tableau
                      Python
```

引 例

大数据时代,人类拥有的数据量越来越大。在互联网的世界里,抖音平均每分钟有500次的访问量;"双十一"活动,让阿里的销售额突破100亿元仅仅用了1分36秒;全球IP网一分钟能够传输639TB的数据;看完互联网上一秒钟传输的视频,平均一个人要花费5年的时间。① 面对如此海量的数据,如何分析挖掘数据的内涵并将有用的信息从数据中更好地展现出来,成为当前研究的主要对象,而数据可视化正是一种重要的数据分析和展现信息的手段,也成为研究数据的主要工具。

数据可视化用图形的方式来展现数据,从而更加清晰有效地传递信息,它是关于数据视觉表现形式的科学技术研究。数据可视化被许多学科视为与视觉传达含义相同的现代概念,它涉及数据的可视化表示的创建和研究。数据可视化利用统计图形、图表、信息图表和其他工具清晰有效地传递信息,可以使用点、线或条对数字数据进行编码,以便在视觉上传达定量信息。数据可视化将复杂的数据变得更加容易理解和使用,帮助用户分析和认识数据,理解数据的内在关系,发现数据中的隐藏特征,从而更好地促进决策和行动。

数据可视化并不是让数据简单变成图表,而是要从数据视觉的角度来看待世界。即数据可视化的客体是数据,以数据为基础,可视化映射为手段,目的是从数据视觉的角度来描述、理解、探索世界。数据可视化的终极目标和意义是洞悉蕴含在数据中的现象和规律,包括发现、决策、解释、分析、探索和学习等多重含义。②

第一节 数据可视化概述

一、数据可视化的含义

(一)数据可视化的概念

图形的发展可以说和人类是息息相关的,图形是人类通过对客观物体的长期观察逐渐抽象出来的,抽象的核心是人类把物体的外部形象用线条描绘在二维平面上。虽然图形是抽象的,但是人们却能够从形象的图形中发现数据的一些规律和信息。"可视化"不仅仅是要求可以看见即可,它还需要能够"可理解",原本繁杂抽象的数据通过"可视化"处理变得具体易懂,便于传播、交流和研究。

数据可视化是关于数据视觉表现形式的科学技术研究,是一种以某种概要形式抽提出来的信息,包括相应信息单位的各种属性和变量。狭义的数据可视化指利用计算机图

---

① 吕峻闽,张诗雨,等.数据可视化分析(Excel2016+Tableau)[M].北京:北京电子工业出版社,2017(09):P2.
② 蒲云鹏.大数据时代基于Python的数据可视化研究[J].信息与电脑,2021(23):P179.

形学和图像处理技术,将数据转换为图形或图像在屏幕上显示出来,并利用数据分析和开发工具发现其中未知信息,并进行各种交互处理的理论、方法和技术。广义的数据可视化指一切能够把抽象、枯燥或难以理解的内容,包括看似毫无意义的数据、信息、知识以一种容易理解的视觉方式展示出来的技术。

数据可视化的流程一般包括数据采集、数据分析、可视化设计,从抽象的原始数据到具象的可视化图形(图7-1)。

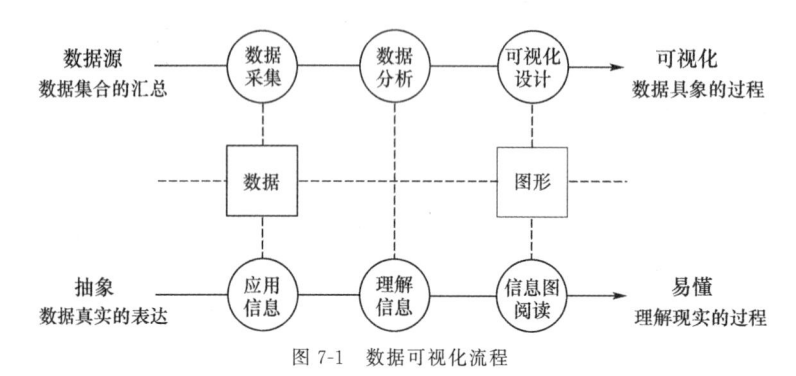

图 7-1 数据可视化流程

(二)数据可视化的演变历程

可视化与现代数据技术的碰撞带来的数据可视化技术得到了快速的发展,其不断变化的认知框架正在为我们打开新的视野,数据可视化的形式在不断出现。人们利用数据可视化的时间并不长,但是人类对可视化这门学问的研究却可以追溯到中世纪。

1. 10—17世纪(可视化的萌芽时期)

最早的可视化作品究竟是什么时候产生,我们已经无从考察。但是在中世纪开始,人们就已经开始使用包含等值线的地图和表示海上风向的箭头图等。16—17世纪,欧洲处于文艺复兴时期,此后也带来了欧洲的思想大解放,并涌现出了许多"巨匠"。此时也是欧洲的大航海时代,欧洲的船队出现在世界各处的海洋上,人们在知识不断积累的同时,为了更好地探索世界的其他地区,人们开始汇总信息绘制地图,如图7-2所示。

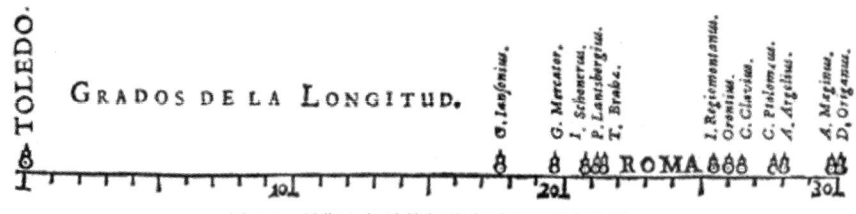

图 7-2 早期人们计算托莱多到罗马距离的图

2. 17—18世纪(图形符号发展时期)

进入18世纪后,微积分、物理、化学、数学等学科领域都开始蓬勃发展,统计学也开始繁荣发展,数据的价值开始被人们重视起来,人口、商业等经验数据开始被整理并诞生了早期的图表和图形。数据可视化发展中的重要人物 Wiliam Playfair 在1765年创造了第一个实践线图,用于表示人的生命周期。时间线的使用启发他发明许多我们至今仍在使用的图,例如,条形图、饼图、时序图等。随着数据在经济、地理、数学等领域不同场景的应用,数据可视化的形式变得更加丰富,也预示着现代化的信息图形时代的到来。①

3. 19 世纪上半叶(现代信息图形设计的开端)

在 19 世纪上半叶,受到 18 世纪的视觉表达方法创新的影响,统计图形和专题绘图领域出现爆炸式的发展,目前已知的几乎所有形式的统计图形都是在此时被发明出来的。在此期间,数据的书籍整理范围明显扩大,由于政府加强对人口、教育、犯罪、疾病等领域的关注,大量社会管理方面的数据被收集而用于分析。这一时期,数据的收集整理从科学技术和经济领域扩展到社会管理领域,对社会公共领域数据的收集标志着人们开始以科学手段进行社会研究。

4. 19 世纪下半叶(数据制图的黄金时期)

19 世纪初期的数据可视化研究与发展,带来了数据获取的精确度提升和应用范围的明显扩大。随着数字信息对社会、工业、商业和交通规划的影响不断增大,欧洲开始着力发展数据分析技术。在 19 世纪中叶,数据可视化主要用于军事用途,主要用来表示军队的分布图,分析军队死亡原因等。19 世纪下半叶,进入了可视化的黄金时代。

人们在该时期开始利用可视化技术解决了一些难题,例如,1946 年开始的全球霍乱第三次大流行时期利用可视化技术来发现霍乱的传播途径,当时的一些理论认为是空气传播了霍乱病菌。1864 年,一名叫作约翰斯诺(John Snow)的医生使用散点在地图上标注了伦敦的霍乱发病案例,从而判断出布罗德街(Broad Street)的水井污染是疫情暴发的根源,后人称其所画的图为《约翰斯诺霍乱图》。每死亡一个人就标注一个小黑点,图谱(图 7-3)显示出死亡人数密集的地区,可以直观地看出大部分在布罗街水泵附近。约翰斯诺尝试移除了布罗德街附近的水泵,霍乱得到控制,通过可视化方法将取水点、霍乱死亡统计分布图和地图进行对比分析。随后,可视化在信息推理、信息分析、信息传播及知识表达中得到广泛应用。

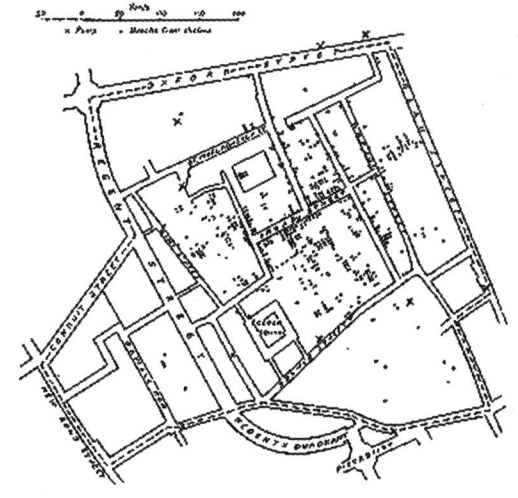

图 7-3 约翰斯诺霍乱图

---

① 雷婉婧.数据可视化发展历程研究[J].电子技术与软件工程,2017(12):195-196.

5. 20世纪初期至20世纪50年代（现代休眠时期）

20世纪上半叶，随着数理统计这一新数学分支的诞生，数据可视化成果在这一时期得到了推广和普及，人们第一次意识到图形的显示方式为航空航天、物理学、天文学和生物学领域科学和工程提供了新的见解和发现机会。然而，这一时期人类收集、展现数据的方式并没有得到根本上的创新，成为数据可视化技术的休眠期。

6. 20世纪50年代末至1974年（可视化领域复苏期）

20世纪上半叶末到1974年这一时期又被称为数据可视化领域的复苏期，在这一时期引起数据可视化发展的重要因素就是计算机的发明，计算机的出现让人类处理数据的能力有了跨越式的提升。20世纪60年代，伴随着计算机技术的普及，各研究机构就逐渐开始使用计算机程序代替手绘技术，数据缩减图、多维标度法MDS、聚类图、树形图等更为新颖复杂的数据可视化形式开始出现。人们也开始尝试在一张图表上表达多种类型数据，或用新的形式表现数据之间的复杂关联，这也成为现今数据处理应用的主流方向。

7. 1975—2011年（动态交互式数据可视化）

计算机技术成为这一阶段数据处理的必要成分，数据可视化技术进入新的黄金时代。20世纪的70—80年代，人们主要尝试使用多维定量数据的静态图来表现静态数据，80年代中期动态统计图开始出现，在20世纪末期两种方式开始合并出现了动态、可交互的数据可视化，从而动态交互式可视化推动了这一时期数据可视化的发展。

8. 2012年至今（大数据时代）

2003年全世界创造了5EB的数据量时，人们就开始重点关注大数据的处理。2011年世界上每天新增数据量开始呈指数级增长，用户使用数据的效率也在不断提高，2012年人类进入了数据驱动的时代。大数据的理论正积极地影响着我们社会宏观、中观以及微观企业和个体生活的各个方面。

互联网技术增加了数据更新的频率和获取的渠道，推动现代社会进入了读图时代，图像在一定程度上取代了文字，占据了主导地位。对于数据分析来说，一张清晰的可视化图表比纷繁复杂的数字更清晰美观。常用的数据可视化工具有，Excel、Tableau、Echarts、D3.js（Data Driven Documents，一种支持SVG渲染的另一种JavaScript库）、Plotly、Highcharts等。

9. 未来（VR、AR、MR、XR技术和AI工具应用）

VR（Virtual Reality，虚拟现实）、AR（Augmented Reality，增强现实）和MR（Mix Reality，混合现实）是人们熟知的数据可视化技术。近年来，XR（Extended Reality，扩展现实）技术在虚拟制作中被广泛应用，XR技术在给影视行业带来产业革新的同时，也被应用于数据可视化领域。

随着以深度学习为代表的人工智能技术（AI，Artificial Intelligence）的突破性进展，面向人工智能的可视化和人工智能驱动的可视化受到了可视化、机器学习、数据挖掘等领域的高度关注。可视化与可视分析利用高带宽的视觉感知通道，将数据转换为图形表达，辅以交互手段，以增强人对数据的认知能力，在态势感知、关联分析、决策辅助等方面展示了强大的赋能作用。

二、数据可视化的特征及作用

为了实现信息的有效传达,数据可视化需要综合考虑美学呈现形式与功能的需要,通过对丰富信息进行有效加工,可以有效提升人们的注意力。

(一)数据可视化的特征

大数据时代的数据可视化具有以下五点特征。

1. 可视性

数据可以用二维、三维图形和动画等显示,以视觉效果来加强用户对数据的感知能力。

2. 交互性

允许用户选择感兴趣的内容,或者改变数据的展示形式,更好地促进用户和数据之间的互动。

3. 多维性

对数据相关的多个变量或多个属性进行标识,可根据每一维的量值来进行显示、排序、组合与分类。

4. 时效性

使用图表来总结复杂的数据,可以确保对关系的理解要比那些混乱的报告或电子表格更快,从而轻松理解数据。

5. 个性化

为了深入了解某个模块的内容,定制数据可视化不仅可以提供数据的图形表示,还允许更改表单,省略不需要的内容,用来更深入地浏览以获取更多的详细信息。

(二)数据可视化的作用

可视化的作用体现在许多方面,如揭示想法和关系、形成论点或意见、观察事物演化的趋势、总结或聚集数据、存档和汇整等。对于人力资源管理而言,数据可视化作用意义表现在以下四个方面[①]。

1. 在人员评价方面

在大数据环境中,采用人力资源可视化应用平台,筹划人才资源开发方略,根据数据动态现状进行细致合理的分析,实时关注人员的工作状态。利用人力资源可视化平台准确记录员工的整体工作效率、绩效考核状况等数据信息,通过对整体数据的深入分析,实现对人员的综合素养与能力水平的科学准确评估。同时,根据系统提供的标签库,为企业全部工作人员的能力特点进行标注,对具有同类型工作能力的人员进行合理有效的归类。

2. 在人员筛选方面

充分利用数据化的先天条件和特征,建立人力资源数据可视化平台,通过对人员信息数据中心的有效管理和运用,逐渐实现对人员自动化、可视化筛选。另一方面,构建各领域人才需求数据可视化模块,深度分析挖掘各类型人才的需求指标,把需求指标进行可视

---

① 赵雯.人力资源数据模型化与可视化[J].财讯,2021(8).

化处理,在规定范围内通过人力资源数据中心系统进行准确分析,匹配出符合指标的人员信息,再根据系统匹配人员的工作经历、知识水平、工作能力与技术特征进行全面分析,进一步确定最佳人选。

3. 在人员考核方面

利用图像、三维动画与考核模型进行有机融合,实现对工作人员考核的可视化表述,让参与考核的工作人员对整个考核过程、考核准则以及考核结果有更直观的了解。对考核过程中可能存在的问题以及需要考核的所有数据进行事先模拟分析,最大限度减轻考核工作人员的心理压力,进而避免考核工作人员在工作上的失误,提高考核效率和工作人员的考核水平。通过整体局势的可视化表达,使相关考核动态更加直观、清晰地展现出来,为考核工作人员准确无误地掌握考核情况奠定基础。

4. 在人员培训方面

人力资源培训的核心内容就是需求对接,在进行培训之前,相关培训人员首先需要了解企业对人才的实际需求,并且分析参与培训人员的个人能力现状与专业技术水平,从而找到合适的切入点进行培训。因此,培训人员应当及时利用可视化人力资源数据平台,及时了解参与培训人员的实际工作情况,并且在培训过程中,动态展示人员培训的进程以及质量,根据可视化数据平台呈现出的数据,随时更改与完善培训方案。

三、数据可视化设计原则

在数据可视化操作过程中,在遵循数据可视化目的的基础上,以内容为基础,在数据可视化设计上进行加强,才可以达到数据可视化的最终结果。对于人力资源管理者而言,可视化设计主要侧重的是数据分析、运用方面的设计原则。

(一)注重目的与内容

数据可视化设计者为了更好地将内容传达给读者,在进行数据可视化设计过程中不能脱离数据分析的目的和数据分析的内容。数据设计者这样做可以更好地让读者理解内容,迅速读取设计者想要传达的重点信息,从而更好地实现沟通。

(二)图表容易被理解

在数据可视化阶段,数据可视化工具被用于生成图表及表格,并把数据直观地表现出来。数据可视化设计是为了让视觉效果更好,设计的图表必须是容易被理解的,选择的图表类型要简洁明了、直观有效。很多时候数据可视化结果是用来做报告的,这些报告有可能是对内的也有可能是对外的,因此数据可视化报告变得容易理解也是很重要的。因此,数据可视化设计要避免密密麻麻的文字,即使不了解数据分析技术以及IT技术的非专业人士也能迅速看懂。

(三)表达重点要突出

数据可视化的设计是对已经初步形成的数据可视化结果进行再加工,将隐藏的信息表现出来,所以数据分析人员必须要了解数据设计的整个过程。在设计过程中,如果这些信息是关键的、重要的,就要学会将这些信息表现出来。数据可视化的设计不在于图表类型的多样化,而在于如何能在简单的一页之内让用户读懂数据之间的层次与关联,这就关系到色彩、布局、图表的综合运用,从而做到协调统一。

(四)设计不能有歧义

数据可视化的主要目的是洞悉蕴含在数据中的现象和规律,这里面有多重含义:发现、决策、解释、分析、探索和学习,简明含义就是通过可视表达增强人们完成某些任务的效率。在数据可视化设计中,为了更好地显示数据可视化的结果,设计必须是独立的并且不能引起读者的歧义。

第二节 数据可视化工具

数据可视化工具有很多种,本节简单介绍一些常用的工具,如 WPS、Python、魔镜、Tableau、谷歌 Charts、百度 Echarts、阿里 DataV、用友分析云等。

一、Excel、PowerPoint 与 WPS 的表格

(一)简介

Microsoft 公司开发的一款软件 Excel 和 PowerPoint 也是一款办公软件,作为数据可视化的入门级工具,仍然被广泛应用于公司办公,但是在处理数据量、图表样式选择上有限制,如图 7-4 所示。

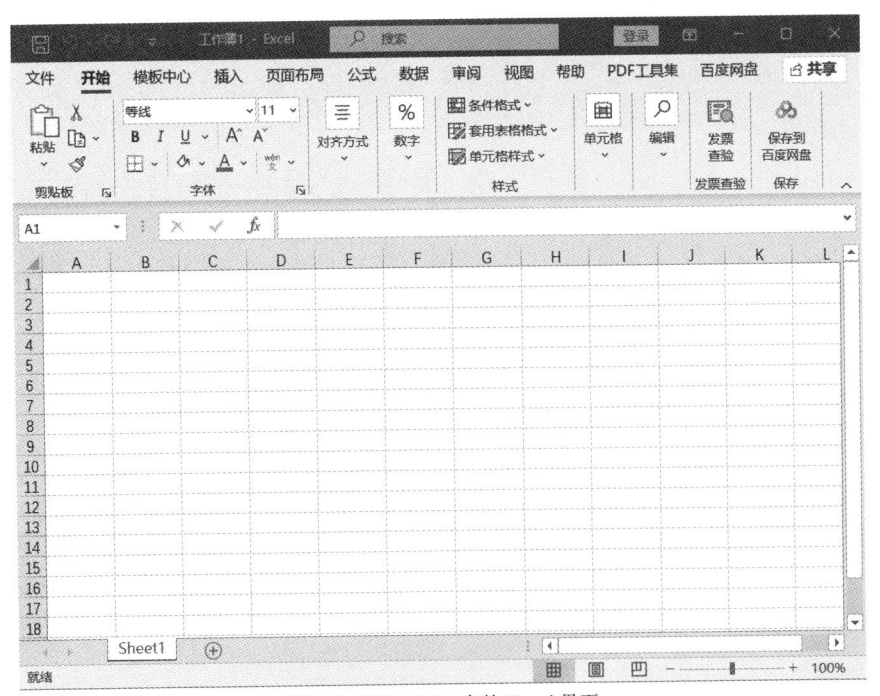

图 7-4 Office2021 中的 Excel 界面

WPS是由金山办公软件股份有限公司自主研发的一款办公软件套装,可以实现办公软件最常用的文字、表格、演示、PDF阅读等多种功能。其中的表格能够方便地制作出各种电子表格,使用公式和函数对数据进行复杂运算;用各种图表来表示数据更加直观;利用超链接功能,用户可以快速打开局域网或是Internet上的文件,可以与世界各地的互联网用户共享工作簿文件,如图7-5所示。

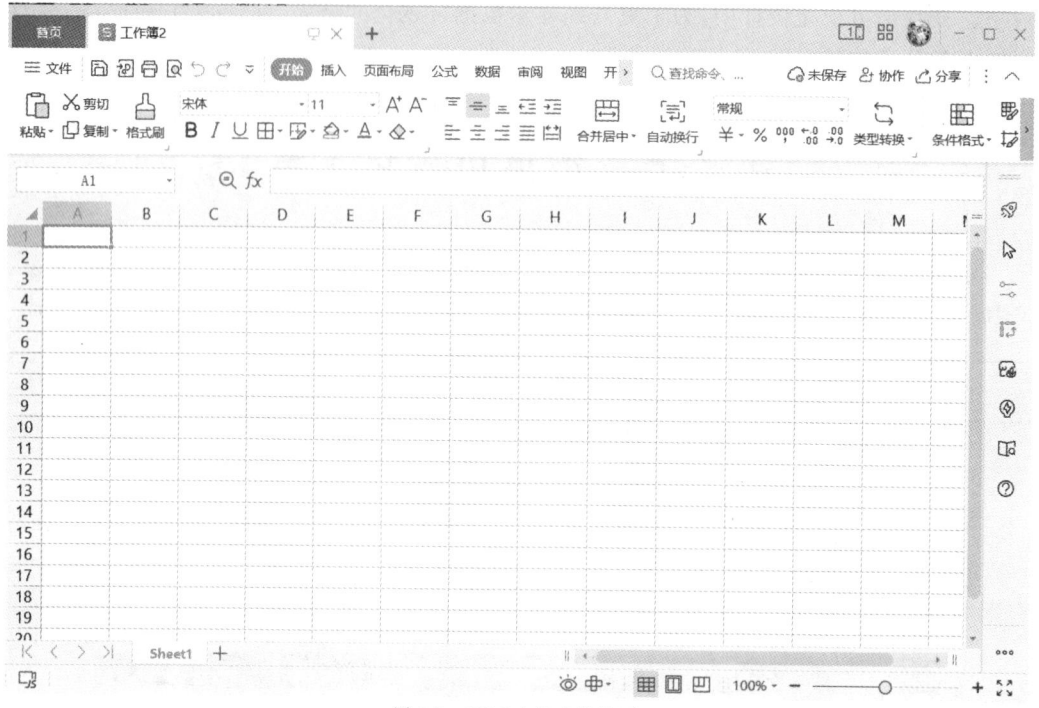

图7-5 WPS中的表格界面

(二)特点

Microsoft公司的Excel提供了14类100多种基本的图表,包括柱形图、饼图、条形图、面积图、折线图、气泡图以及三维图等。Excel的特点是:

(1)具有强大的函数计算功能。它的内部函数包括对数函数、三角函数、工程函数、字符串函数及逻辑函数等,它支持公式的编辑、复制、粘贴;同时还支持Visual Basic编程,通过宏和Visual Basic可以定义用户自定义函数。

(2)具有强大的数据库功能。可以对数据进行修改、插入、删除、查询、替换、排序、筛选、链接等操作。

(3)计算结果自动更新。更改原始数据后,计算结果自动更新。

WPS软件通过工作簿来存储和分析数据,输入一定的数据之后,在菜单栏单击"插入"选项,然后选择其中的图表就可以生成了。WPS提供的图表形式、计算与数据库功能较为相似,也逐渐成为许多用户的选用软件。

二、魔镜

（一）简介

大数据魔镜可视化分析软件（以下简称"魔镜"）是国云数据开发的一款面向企业的大数据分析软件。通过魔镜，企业积累的各种来自内部和外部的数据，如网站数据、销售数据、财务数据、大数据、社会化数据、mysql 数据库等，都可将其整合在魔镜中进行实时分析。魔镜可以进行数据清洗处理、提供数据仓库能力、数据分析挖掘和数据可视化。

图 7-6 魔镜数据可视化分析界面

运用魔镜进行可视化分析也非常简单，通过简答拖拽即可分析出想要的结果，如图 7-6 所示，容易学习和掌握。其可视化结果呈现也比较丰富，有 500 种可视化效果可以选择，如图 7-7 所示，其中包括基础图表和大数据可视化图表效果及定制化图表这些非传统交互式可视化效果。

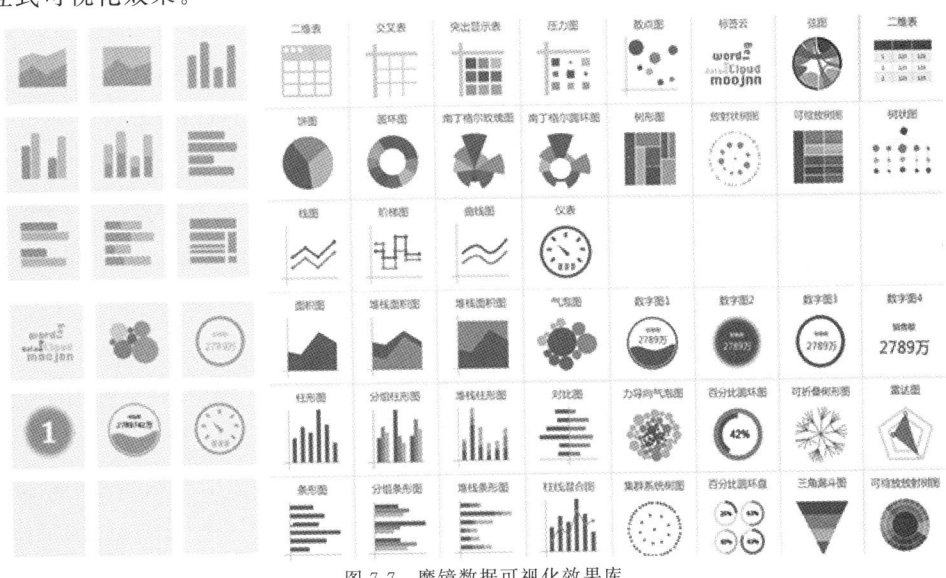

图 7-7 魔镜数据可视化效果库

魔镜也支持多种常见数据库软件的连接，包括 mysql、sqlserver、oracle、Excel 等数据源，用户只需接入数据源进行数据配置和管理，就可以按照需求进行拖拽分析。

魔镜仪盘表支持拖拽式自由布局，也具备上卷下钻、筛选器、图表联动等功能。报告的结果也可以进行交互式分享分析，实时更新数据。同时平台魔镜易懂 bi 平台可以在 ipad/iphone/ipodtouch、安卓智能手机、平板上展示 kpi、文档和仪表盘，不仅可以查看，所有图标都可以进行交互、触摸，可以随时查看和分析企业业务数据，如图 7-8 所示。

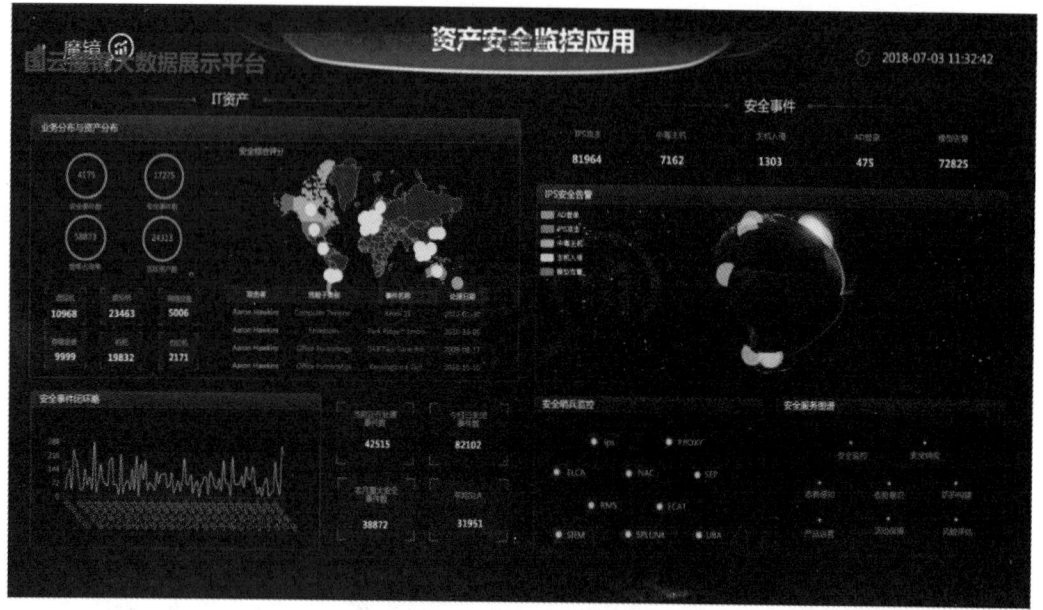

图 7-8　魔镜数据可视化效果图界面

（二）特点

1. 简单易用，无技术壁垒

魔镜倡导数据民主概念，打破了传统的只有管理者才能使用数据分析产品的阻碍，简单易用，没有技术壁垒，从而使普通的业务人员也可以轻松分析和使用数据。

2. 搭建快速，协作能力强

魔镜可以瞬间搭建企业数据价值挖掘体系，增强团队协作能力。魔镜包含的图表可视化分析台、数据库语义层、数据权限管理、自助式拖拽分析等功能模块，实现了这一体系的构建。

3. 体现业务人员价值

魔镜可以利用数据充分发挥业务人员的价值。传统的部分 BI 软件因为需要 IT 和分析能力，往往由数据分析师进行数据分析，而真正懂业务的人员没有接触到一手数据分析。运用魔镜即使不懂技术、无专业分析能力的业务人员也可以轻松获取和使用数据，将业务与数据完美结合，发挥数据价值。

三、百度 ECharts

（一）简介

ECharts 是百度推出的一款可视化开源开发框架。它使用 JavaScript 技术，以 Canvas 绘图为主要图表绘制方式，在 PC 和移动设备上都可以运行，底层依赖轻量级的矢量图形库 ZRender，提供直观、交互丰富、可高度个性化定制的数据可视化图表。ECharts 提供了常规的折线图、柱状图、散点图、饼图、K 线图，以及用于统计的盒形图，用于地理数据可视化的地图、热力图、线图，用于关系数据可视化的关系图、treemap、旭日图等，多维数据可视化的平行坐标，还有用于 BI 的漏斗图、仪表盘，并且支持图与图之间的混搭。

（二）特点

(1)支持直角坐标系、极坐标系、地理坐标系等多种坐标系的独立使用和组合使用。

(2)对图表库进行简化，实现按需打包。同时，ECharts 的移动端交互也比较人性化，如移动端小屏上适于用手指在坐标系中进行缩放、平移。PC 端也可以用鼠标在图中进行缩放(用鼠标滚轮)、平移等。

(3)提供了 legend、visualMap、dataZoom、tooltip 等组件，增加图表附带的漫游、选取等操作，提供了数据筛选、视图缩放、展示细节等交互操作功能。

(4)借助 Canvas 的功能，支持大规模数据显示。

(5)多维可视化设计。配合视觉映射组件，以颜色、大小、透明度、明暗度等不同视觉通道方式支持多维数据的显示，如三维地球、三维建筑群、三维人口分布柱状图等。对线数据、点数据等地理数据有很强的可视化效果。

(6)以数据为驱动，通过图表的动画方式展现动态数据。

(7)可无障碍访问。ECharts4.0 支持自动根据图表配置项智能生成图表描述和贴花图案，视力障碍人士可在朗读设备的帮助下了解图表内容，读懂图表背后的故事。

四、阿里 DataV

（一）简介

DataV 是阿里巴巴出品的数据可视化软件，能接入多种数据源。DataV 直接接入阿里云分析型数据库、关系型数据库、本地 CSV 上传和在线 API 等，可以进行动态展示。DataV 除了常规图表外，还能够绘制包括海量数据的地理轨迹、地理飞线、热力分布、地域区块、3D 地图、3D 地球，实现地理数据的多层叠加(图 7-9、图 7-10 和图 7-11)，此外还有拓扑关系、树图等异形图表(图 7-12)。DataV 的操作也比较简单，通过拖拽就可以生成所需的可视化图表。DataV 将游戏级三维渲染的能力引入地理场景，借助 GPU 计算能力实现海量数据渲染，可实现三维数据可视化，适用于智慧城市、智慧交通、安全监控、商业智能等场景，创建的可视化应用也能够发布分享。

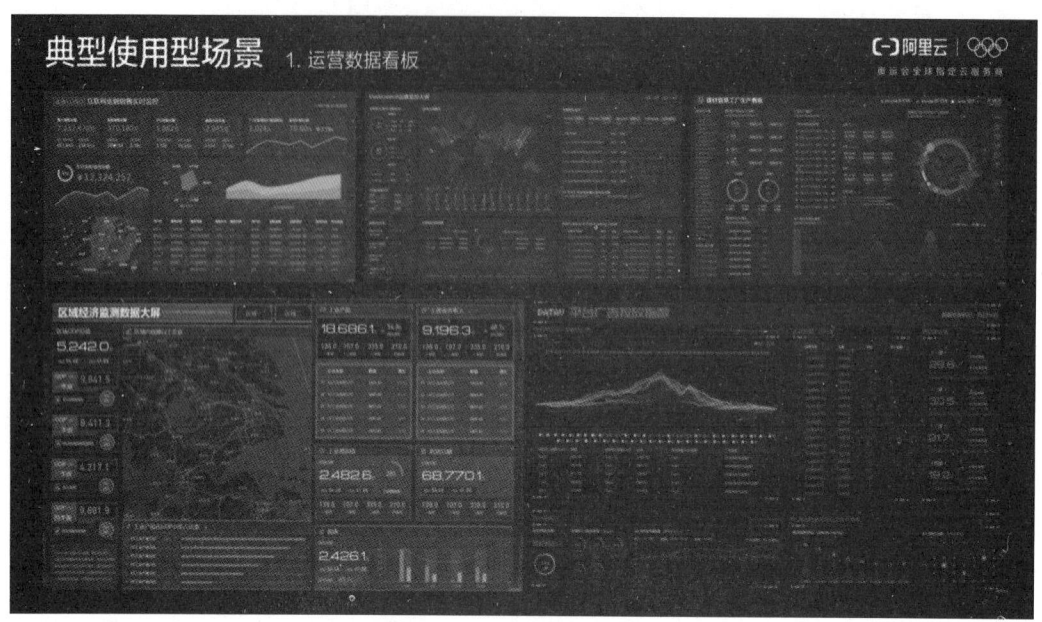

图 7-9　DataV 运营数据看板

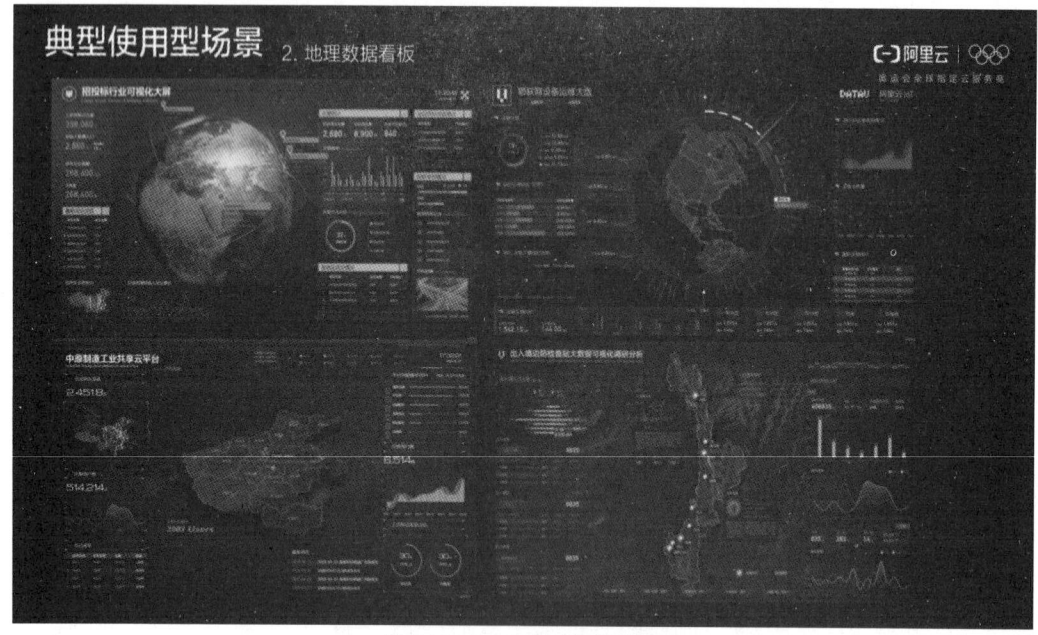

图 7-10　DataV 地理数据看板

图 7-11 DataV 领导驾驶舱

图 7-12 DataV 多种图表组件界面

(二)特点

1. DataV 的可视化工具亦非常丰富

DataV 具有丰富的组件库与模板库,只需要通过托拉拽即可创造出专业的可视化应用,具有强大的编辑功能。同时 DataV 拥有智能主题配色、一键美化、大屏智能生成等工具,快速解决在搭建可视化应用时遇到的整体样式配置困难。

2. 支持多种数据源

DataV 支持接入包括阿里云分析型数据库、关系型数据库、本地 CSV 上传以及通过 API 接口等多种方式。可以实现各类大数据的实时计算,实时监控所关注问题的发展趋势。

3. 地理信息可视化

DataV 支持绘制地理轨迹、地理飞线、热力分布、3D 地球等效果,可以完成与空间地理数据相关的可视分析。

4. 多种发布方式

开放的开发规范,能够方便完成多种方式集成,享用 DataV 带来的强大可视化能力。运用 DataV 数据可视化的结果能够发布连接或二维码分享,也可以设置访问权限,还可以指定访问者看到的可视化应用版本。

五、Power BI

(一)简介

Power BI(Business Intelligence)是微软公司出品的可视化软件,可连接各种主流数据源,对数据进行编辑、建模和可视化展示,还能将可视化图表发布到企业组织内部或手机端进行分享。其数据分析的主要功能由 Power Query、Power Pivot 和 Power View 三个模块组成,分别对应数据查询(清理)、数据分析(建模)和数据图表(展示)。

Power BI 的桌面版(Power BI Desktop,如图 7-13 所示)是可以免费下载和使用的,而且数据分析的常用功能全部具备。基于迭代开发的理念,目前 Power BI 每月都有更新,用于完善现有功能或应用新功能。其操作也非常简单,通过鼠标拖拉拽就可以完成大部分操作,有近 200 种样式的图表可供选择,以匹配不同的场景使用。

图 7-13 Power BI 桌面版界面

（二）特点

Power BI 的一个优点就是操作简单、易于上手。Power BI 使用 Microsoft Office 产品系列中熟悉的功能区菜单，将许多选项置于前端和中心位置。如果熟悉 Excel，首次使用 Power BI 时会感觉很容易上手操作。Excel 和 Power BI 都是微软公司产品，界面有一定相似性，但也有不同（图 7-14）：Excel 更专注于数据分析；而 Power BI 则比较精简且更专注于报表可视化。

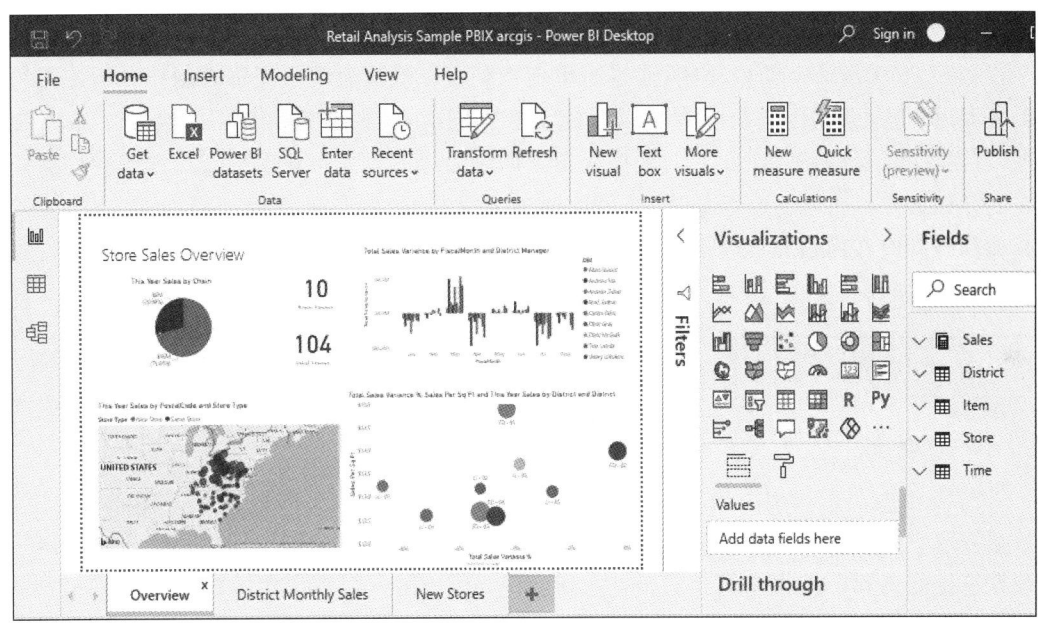

图 7-14 Power BI 服务界面

Power BI 有丰富的图表样式，除了预置图标，许多比较炫酷的可视化组件可以到 Power BI 市场下载安装。Power BI 的可视化图表可以多层钻取；图表或报表之间可以交互式分析；可以呈现动态分析的结果。生成的可视化图表可以在电脑端和移动端与团队成员进行实时共享。

六、Tableau

（一）简介

2003 年，来自斯坦福大学的三位校友在西雅图注册成立了 Tableau，主要面向企业提供数据可视化服务。Tableau 包括多种产品，如 Tableau Desktop、Tableau Server、Tableau Public、Tableau online 和 Tableau Reader 等，常用的主要是 Tableau Desktop、Tableau Server 和 Tableau Reader。

Tableau Desktop 可以帮助企业/个人生动地分析实际数据，可以快速生成美观的图表、坐标图、仪表盘与报告。利用 Tableau Desktop 简便的拖放式界面，可以自定义视图、布局、形状、颜色等，有效展现数据背后的信息。

Tableau Server 是一款企业智能化应用软件，是基于浏览器的数据分析和图表生成，将 Tableau Desktop 中最新的交互式数据转换为可视化内容,仪表盘、报告与工作簿的共享变得迅速便捷。用户可以通过 Web 浏览器的界面进行合作,或将 Tableau 视图嵌入其他 Web 应用程序中,生成所需各类报告。

Tableau Reader 可以帮助实现数据可视化结果与团队成员的共享。它可以打开 Tableau Desktop 所创建的报表、视图、仪表盘文件等,团队成员之间可以使用按过滤、排序及调查得到的数据分析结果进行交流、分享。

(二)特点

Tableau Desktop 简单易用,通过简单拖拽就可以快速实现数据图表制作分析。无须编程即可深入分析,因此初学者可以快速上手。同时,其职能仪表板中集合多个数据视图,可供选择以进行丰富、深入的数据分析。同时通过实时连接获取最新数据或者根据指定的日程表获取自动更新。最后,还可以通过瞬时共享,发布仪表板,可与上级决策者或其他部门同时在网络和移动设备上实现实时共享。所以,Tableau Desktop 不仅简单、易用,而且快速高效。

七、Python

(一)简介

Python 是目前市面上用于大数据分析的优先选择,Python 的数据分析功能强大,对数据抽取、收集整理、分析挖掘及展示,都可以实现,避免了开发程序的切换。Python 的数据挖掘能力和产品构建能力兼而有之,是跨平台且开源的技术,成本较小。

数据时代,通过数据分析挖掘数据的价值,Python 中提供了一些数据可视化的工具,比如 Numpy、Pandas、Matplotlib、Seaborn、Bokeh 等。

(二)Python 的特点与优势

Python 中的可视化工具包括通用的软件工具和特定软件组件。通用的软件工具是集成开发环境(IDE),这是一种同一软件包内囊括所有生产工具的应用程序。Python 具有以下特点和优势:

(1)简单易学,开源免费,跨平台,可移植性强。

(2)有强大的标准库和第三方库,无论是简单文本处理、操作 Excel 等数据文件,还是科学计算、可视化,还是机器学习和人工智能等技术,都可以方便调用各种库。

(3)包装能力很好,可组合性强,可以将各种复杂性包装在脚本代码中,用很好的代码来高效完成任务。

(4)应用领域广泛,包括科学计算、大数据、人工智能、云计算、Web 开发、网络爬虫以及游戏开发等。

(三)Python 可视化库简介

利用 Python 可视化数据一般需要调用专用于可视化的库。Enthought 中的 Canopy 和 Continuum Analytics 中的 Anaconda 都是比较方便的工具。特定的软件绘图组件是

Python绘图库,比如Bokeh、iPython、Matplotlib、NetworkX、Scipy、Numpy、Scikit-learn以及Seaborn。

Plotly是一种在线分析和数据可视化工具。为更好地协作,Plotly提供了在线绘图、分析学和统计工具。这种工具通过将Python与使用JavaScript的用户界面及D3.js、HTML、CSS创建的可视化库一起使用来构建。Plotly包括多语言兼容的科学绘图库,比如Arduino、Julia、MATLAB、Python。

最常用的可视化类型包括以下分类:比较和排名、相关性、分布、位置定位或地理数据、局部到整体的关系、随时间的变化趋势等。[①]

(1) Matplotlib

该库提供完全的二维图像支持和部分三维图像支持。在跨平台和互动式环境中生成高质量数据时,Matplotlib会很有帮助,也可以用来制作动画。

(2) Seaborn

该库能够创新富含信息量和美观的统计图形。Seaborn基于Matplotlib,具有多种特性,比如内置主题、调色板,可以可视化单变量数据、双变量数据、线性回归数据和数据矩阵以及统计型时序数据等,能让我们创建复杂的可视化图形。

(3) Bokeh

该库是一个专门针对网页浏览器的呈现功能的交互式可视化Python库,支持现代化网页浏览器展示(图表可以输出为JSON对象、HTML文件或者可交互的网络应用),这是Bokeh与其他可视化库最核心的区别。它提供风格优雅、简洁的D3.js的图形化样式,并将此功能扩展到高性能交互的数据集、数据流上。使用Bokeh可以快速便捷地创建交互式绘图、仪表盘和数据应用程序等。Bokeh能与NumPy、Pandas、Blaze等大部分数组或表格式的数据结构完美结合。

(4) Plotly

该库是一个开源、交互式和基于网页浏览器的Python库,可以创建能在仪表盘或网页中使用的交互式图表(可以将它们保存为HTML文件或静态图像)。它是一个高级图表库,与Bokeh一样,Plotly的强项是制作交互式图表,有超过30种图表类型,提供了一些在大多数库中没有的图表,如等高线图、树状图、科学图表、统计图表、3D图表、金融图表等。Plotly绘制的图表能直接在jupyter中查看,也能保存为离线网页,或者保存在云端服务器内,以便在线查看。

(5) Pyecharts

该库是基于Echarts开发的,是一个用于生成Echarts图表的类库。Echarts是百度开源的一个数据可视化JavaScript库,凭借着良好的交互性、精巧的图表设计,得到了众多开发者的认可。该库的文档全部用中文撰写,而Pyecharts实际上就是Echarts与Python的对接。

---

① 杨凯利,山美娟.基于Python的数据可视化[J].现代信息科技,2019(03):30.

第三节　数据可视化图表分析

一、数据可视化应用

数据可视化广泛应用于政府、企业经营管理分析等。例如,在企业应用于财务报表、销售统计、人力资源分析等的数据展示;在金融领域,经济数据可视化能够更清晰体现趋向,股票数据可视化能够完整体现趋势;在我们熟悉的日常生活领域,电子地图、天气预报、人口普查都能出现数据可视化的身影。随着多媒体和网络技术的发展,数据可视化应用产生了多种新兴形式。

(一)大屏

随着许多企业的数据积累和数据可视化的普及,大屏数据可视化需求正在逐步扩大,例如,一些监控中心、指挥调度中心,以及如企业展厅、展览中心之类以数据展示为主的展示场所,还有电商平台在大促活动时对外公布实时销售数据来作为广告公关手段等。

(二)触屏设备

作为实现交互式数据可视化的方式之一,触屏设备常常用作控制大屏展示内容的操作设备(其中包括收集和平板计算机),也可兼顾数据展示,大大增加了用户与数据之间的互动程度。

(三)视频

视频也是数据可视化的有效展示手段之一。视频受到展示平台的限制较少,可以应用的场景也更广。不过因为视频不可交互的特性,视频展示更适合将数据与真实、艺术的视觉效果相结合,预先编排成一个个引人入胜的故事。

二、数据可视化图表

我们通常把数据可视化图表分为七类(表7-1)。

表7-1　　　　　　　　　　数据可视化图表分类

分类	图表名称
常规的数据可视化图表	柱形图(直方图)、堆积柱形图
	条形图、堆积条形图
	折线图、面积图
	饼图、环形图
	玫瑰图(南丁格尔玫瑰图)
	双轴图(柱形图与折线图结合)
	雷达图
	散点图

(续表)

分类	图表名称
地理数据可视化图表	地图 热力图 线图(路径图)
关系数据可视化图表	关系图 树图、矩形树图 旭日图
文本分析图表	词云图(标签云)
统计专用分析图表	盒须图(箱型图)
多维数据可视化图表	平行坐标
商务职能(BI)分析	漏斗图 仪表盘 K线图

今天数据可视化已无处不在,并且正被越来越广泛地应用到历史、政治、科学、经济、商业等领域,渗透到我们生活的方方面面。而通过本节,我们知道了数据可视化是一门结合科学、设计和艺术的复杂学科,其核心意义在于清晰地叙述和艺术化地呈现。

三、数据可视化图表分析

图表是对数据可视化的展示,合适图表可以方便用户解读数据的信息,有助于发现事物的发展趋势、规律或特点,帮助用户做出正确的判断。数据可视化图表有多种类型,下面对 Excel 进行说明。

利用 Excel 可以对数据做基础的可视化展示。Excel 图表由图表区、绘图区、标题、数据系列、图例和网格线等基本部分构成。Excel 提供了 10 多种标准图表类型,常用的图表包括柱形图、条形图、折线图、饼图、组合图、雷达图等。

我们利用 Excel2021LTSC 绘制基本的图表来进行数据的可视化展示。绘制图表的原始数据来源于在互联网招聘网站爬取的不同岗位招聘信息。

1. 柱形图

柱形图是 Excel 里最常见的基础图表之一。柱形图通常用来展示一个系列的不同项之间或多个系列不同项之间的差别。图 7-15 为人力资源从业者月度薪酬和岗位分布的柱形图,如图 7-15 所示,月度薪酬与岗位整体呈正相关。柱形图的绘制步骤如下:

(1)选中数据区域,单击"插入",单击"推荐的图表",单击"所有图表",选择"柱形图"。

(2)单击图表旁的"+"标志,对图表元素进行调整,图表标题放在上方,数据标签放在外围,图例放在底部。

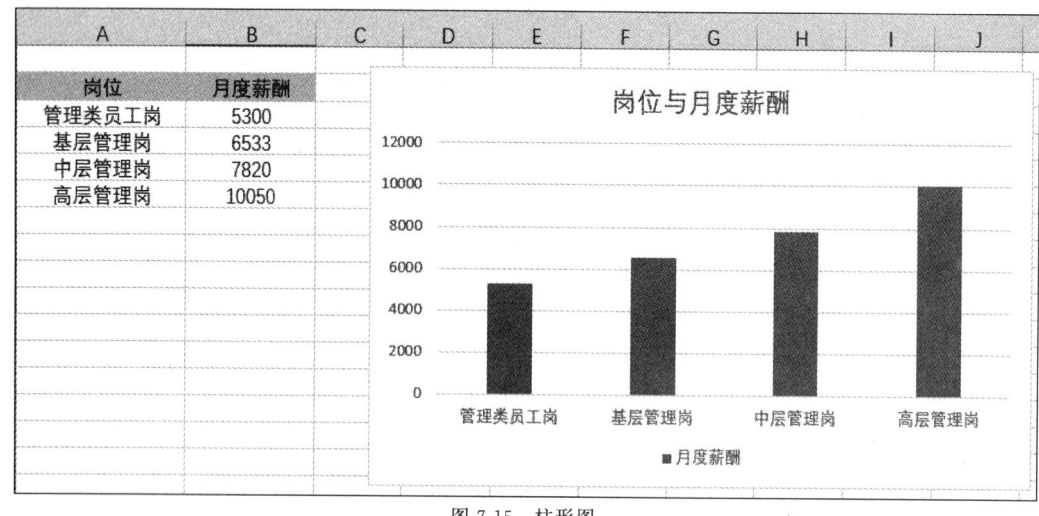

A	B
岗位	月度薪酬
管理类员工岗	5300
基层管理岗	6533
中层管理岗	7820
高层管理岗	10050

图 7-15　柱形图

2. 条形图

条形图可以看作是将柱形图按照逆时针方向旋转 90°之后生成的图形。当标签过长时,为了用户更方便地阅读标签,选择条形图明显要优于选择柱形图。图 7-16 为人力资源从业者在不同岗位的月薪高低线的条形图。条形图的绘制步骤如下:

(1)选中数据区域,单击"插入",单击"推荐的图表",选择"簇状条形图"。

(2)选中图表坐标轴标签,右击选择"设置坐标轴格式",在"设置坐标轴格式"对话框中选择"坐标轴选项"标签,勾选"逆序类别"选项。

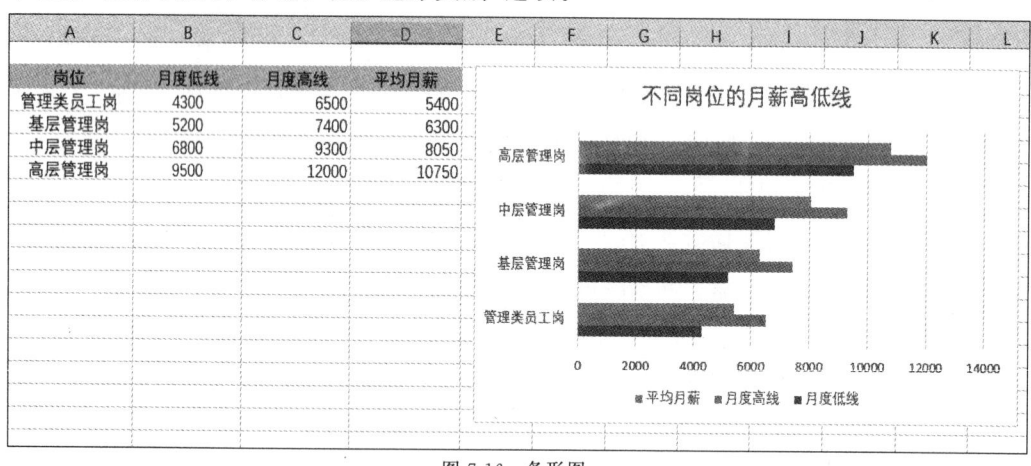

A	B	C	D
岗位	月度低线	月度高线	平均月薪
管理类员工岗	4300	6500	5400
基层管理岗	5200	7400	6300
中层管理岗	6800	9300	8050
高层管理岗	9500	12000	10750

图 7-16　条形图

3. 折线图

折线图比较适合对连续的数据进行绘制,从中发现数据走势规律。Excel 中提供 7 种折线图类型,包括折线图、堆积折线图、百分比堆积折线图、带数据标记的折线图、带标记的堆积折线图、带数据标记的百分比堆积折线图和三维折线图。图 7-17 为人力资源不同岗位月薪高低线的走向趋势折线图。折线图的绘制步骤如下:

(1)选中数据区域,单击"插入",单击"推荐的图表",单击"所有图表",选择"折线图"。

(2)单击图表旁的"＋"标志,对图表元素进行调整。

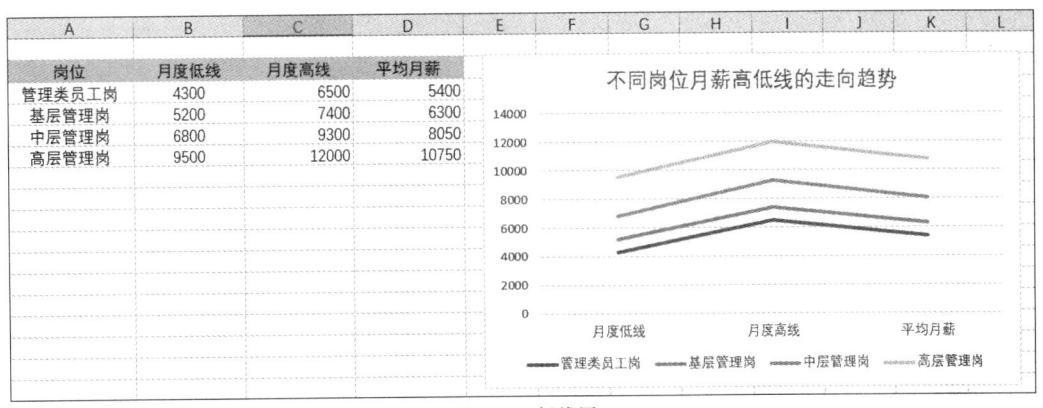

A	B	C	D
岗位	月度低线	月度高线	平均月薪
管理类员工岗	4300	6500	5400
基层管理岗	5200	7400	6300
中层管理岗	6800	9300	8050
高层管理岗	9500	12000	10750

图7-17　折线图

4. 饼图

当对某一组数据中各个数值的占比进行分析时，饼图是最佳选择。图7-18为某企业分岗位等级从业人员规模的饼图。饼图的绘制步骤如下：

(1)选中数据区域，单击"插入"，单击"推荐的图表"，单击"所有图表"，选择"图表"。

(2)选中饼图任意扇区，右击选择"设置数据标签格式"选项，在对话框里勾选"类别名称""百分比"选项。然后，在标签位置部分，勾选"标签数据外"。

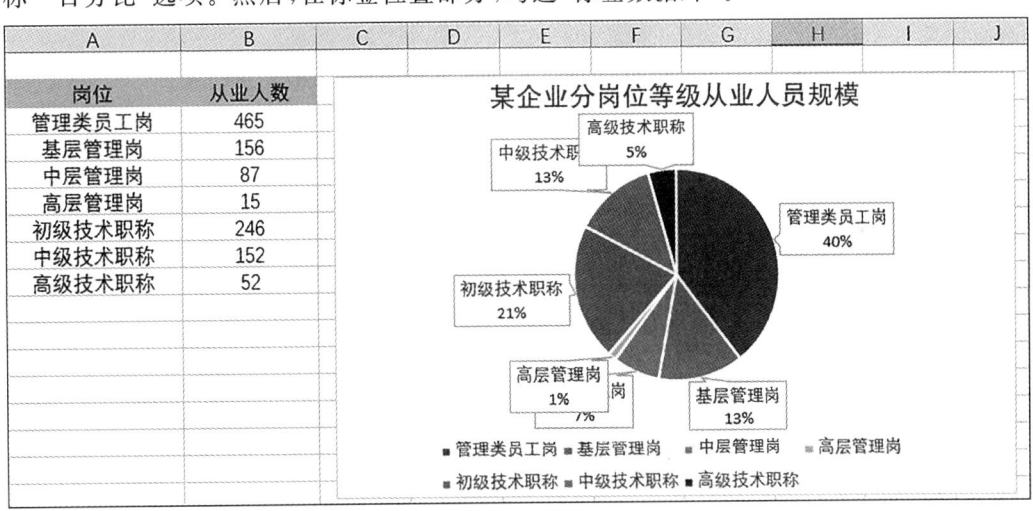

A	B
岗位	从业人数
管理类员工岗	465
基层管理岗	156
中层管理岗	87
高层管理岗	15
初级技术职称	246
中级技术职称	152
高级技术职称	52

图7-18　饼图

5. 组合图

组合图也叫双轴图，可以把多个图表组合在一起。Excel提供了4种组合图类型，包括簇状柱形图-折线图、簇状柱形图-次坐标轴上的折线图、堆积面积图-簇状柱形图、自定义组合。

图7-19为不同工作经验阶段的人力资源从业者，在互联网企业的月薪与在社会的平均月薪对比组合图。组合图的绘制步骤如下：

(1)选中区域数据，单击"插入"，单击推荐的图表，单击组合图，选择簇状柱形图-折线图。

(2)设置柱形图填充色、线条颜色以及线条的短划线类型。

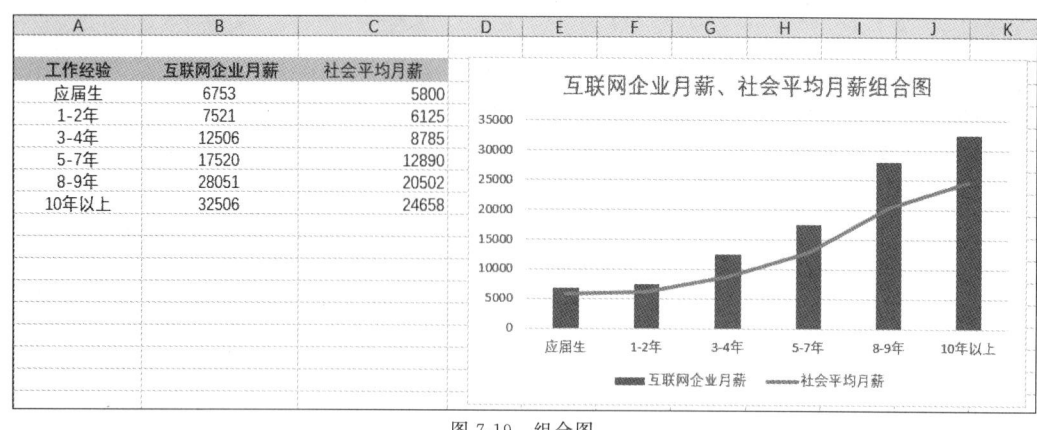

A	B	C
工作经验	互联网企业月薪	社会平均月薪
应届生	6753	5800
1-2年	7521	6125
3-4年	12506	8785
5-7年	17520	12890
8-9年	28051	20502
10年以上	32506	24658

图 7-19　组合图

6. 雷达图

雷达图是一种可以表现多个分类数据大小的图表。Excel 中提供 3 种雷达图类型，包括雷达图、带数据标记的雷达图、填充雷达图。

图 7-20 为某企业员工工作能力雷达图。雷达图的绘制步骤如下：

（1）选中数据区域，单击"插入"，单击"推荐的图表"，单击"雷达图"。

（2）单击图表旁的"＋"标志，对图表元素进行调整，图表标题放在上方，图例放在顶部。

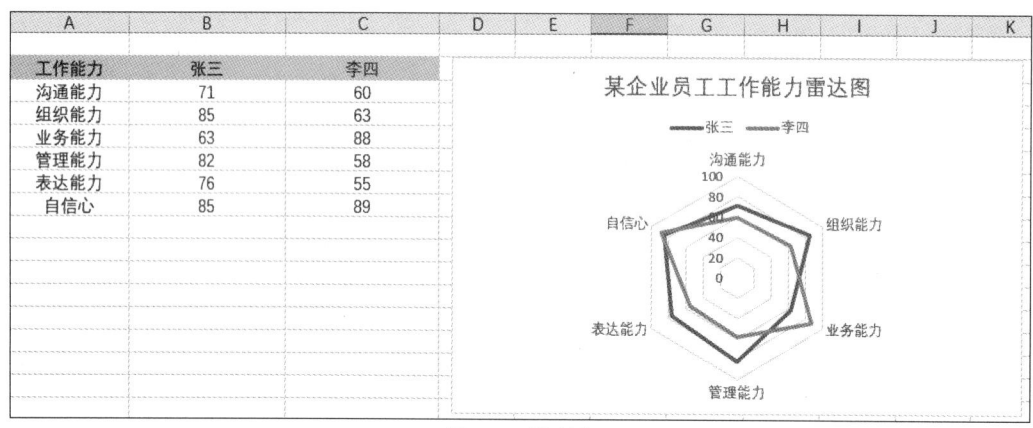

A	B	C
工作能力	张三	李四
沟通能力	71	60
组织能力	85	63
业务能力	63	88
管理能力	82	58
表达能力	76	55
自信心	85	89

图 7-20　雷达图

本章小结

1. 数据可视化含义、特征及作用。
2. 数据可视化的工具、图表和应用范围。
3. 数据可视化的设计原则。
4. 数据可视化图表分析。

课后思考题

1. 数据可视化的含义、特征及作用有哪些?
2. 常用的数据可视化工具有哪些?
3. 常用的数据可视化图表包括哪些?请举例说明。

实训作业

1. 以小组为单位,通过查看相应的数据可视化工具的应用场景,了解数据可视化的工具使用。
2. 以小组为单位,通过对一组数据进行可视化处理,制作一种数据可视化图表并进行分析。

延伸阅读

融媒体语境下的数据可视化新闻叙事

作者:张利昌　　　　来源:中国新闻出版广电报

伴随着媒体融合的不断发展,数据可视化新闻叙事已然成为新闻传播的重要创新形式之一,无论在传统纸媒,还是新媒体领域,其优势显而易见,受到了读者的青睐。

本文就当下数据新闻可视化在媒体报道中的应用情况进行简要分析,结合笔者新闻可视化工作实践,来探究数据可视化叙事的优势和存在的不足,并提出建议和对策。

一、数据可视化新闻叙事的现状及其优势

可视化新闻报道,并不是新生事物,其一直伴随着新闻媒体的发展,最初的新闻漫画、新闻摄影,都属于可视化的范畴,它们为新闻叙事提供了有益补充。

纸媒版式创新的浪潮和新媒体迅猛发展,以及大数据时代的到来,为数据可视化提供了展示空间和更多的数据资源,也为可视化的多样化表现提供了必要条件,图表、地图、音频、视频、动漫、条漫等都是当下可视化新闻叙事的热门表现形式。多家实力纸媒都尝试推出信息图表版面,如《南方都市报》《新京报》《钱江晚报》等,让新闻耳目一新。新媒体一端,如搜狐、网易、新浪、新华社等各大门户网站及其APP相继推出数据新闻可视化作品,都收获了不少粉丝。

大数据时代来临,传统纸媒的可视化新闻阵地有逐渐缩小的态势,具体表现就是纸媒版面空间的压缩。新媒体端纵向空间约束小,技术支持有力,可视化实践得到快速发展。

1. 纸媒数据可视化的优势显而易见

数据可视化既可以辅助新闻报道,也可以独立成篇。纸媒新闻版面、页(界)面设计、创意互动、融合创新都是其前沿阵地,这也体现在中国新闻奖评选项目的设置和要求上,例如,第三十届获奖的报纸新闻版面:《浙江日报》的《良渚古城遗址申遗成功》、《河南日报》的《走进最早的中国》等版面为跨版,在版面设计横向空间大于新媒体设计空间的优势上,运用图片、图形、数字、地图、插画等设计手法淋漓尽致地展示了数据可视化设计的优势,很好地配合了新闻报道。再如独立成篇的《中国日报》关于北京大兴国际机场的可视化呈现。这些纸媒获奖版面都打破了版面设计的传统面目,让新闻产品有了耳目一新的新面孔,使报纸具备了较高的美学价值和收藏价值。

这些数据可视化获奖版面还体现了以下三点优势:

(1)区别于传统单调乏味的纯文字新闻,丰富的可视化表现形式,使新闻叙事有了趣味性。

(2)对新闻背后的数据进行深层次挖掘,揭示数据背后的真相,使新闻叙事更具有深度性。

(3)将复杂难懂的新闻数据转化为直观易懂的信息制图,使数据新闻更具有易读性。

2.以《南湖晚报》《足迹》特刊的数据可视化实践为例

2021年,建党百年来临之际,作为红船旁的《南湖晚报》,推出大型融媒体报道《足迹》,全方位、立体化展现中共一大代表的时代风采,《足迹》"追寻"版面为可视化呈现代表的光辉足迹。从策划、立意、采访、制图,环环相扣,纵观整个版面,内容饱满、厚重大气,再现百年历史时空。有以下几点经验:

(1)数据地图是可视化表现中最具有代表性的一种类型,版面运用数据地图,从时间和空间两个维度,全景式展现一大代表的革命路径。将复杂的大量历史数据转化为直观具体的数据地图,让读者能够明晰年代事件、地理位置与一大代表之间的关系,优化了数据可视化的受众体验。

(2)优秀的数据可视化色彩设计,可以强化作品的叙事氛围。合理配置有限的图文影像资料,通过图片的大小、形状、色彩、明度等对比,链接代表所处历史时空,与代表同行,感受其精神伟力。

(3)可视化细节的设计有利于受众对信息表达的理解:醒目的代表年份,分层凸显一大代表主要的活动省份,水波状的足迹符号,这些都为速读时代的读者提供了强有力的阅读支撑。

二、数据可视化新闻叙事存在的不足和解决策略

可视化叙事在我国主流媒体方面,做了大量极有成效的实践和创新,笔者结合可视化新闻设计实践,提出以下体会和建议:

1.可视化数据来源不足,对可视化的呈现带来了一定的影响。

《足迹》"追寻"版面所使用的历史数据有限,综合来自网络搜索、纪念场馆、文献资料等方面,存在不同程度的信息缺失,这依赖于专家历史学者的更新研究成果。同时,媒体要建立自己的数据库,不断积累数据素材,严格把控数据的来源和严谨性,给日常新闻可视化设计带来便利。

2.可视化选题单一,要兼顾不同受众的需求。

新媒体时代,受众更加细分,尊重受众阅读习惯,如何设计生产出满足不同受众口味的可视化新闻产品,考验着新闻工作者的策划能力。新华社客户端出品的《天黑不打烊!订单里的"夜经济"》以快递小哥为切入点,将网友关心的跑单数据融合在动画视频中,形式新颖活泼,获得了很好的传播效果。今年又陆续推出了关于春运、礼物、航天等读者关

注的可视化报道,满足了不同受众的阅读需求。

3.可视化设计互动不够,融合新媒体势在必行。

纸媒需要报屏互动,通过扫描二维码等设计手段,实现报网两端联动传播,以取得刊播效果的最大化。《足迹》在"追寻"版面,缺乏与受众之间的互动,如能设置二维码,从细节上补充版面内容,让读者进一步了解和感受一大代表精神,强化读者的"沉浸式"体验,在建党百年这一历史节点,更能增强新闻产品与读者之间的黏度。设置评论议题,收集受众反馈,充实数据库,也有利于以后同题可视化新闻的设计创新。

4.可视化设计不足,表现形式需要创新。

限于数据编辑人员和设计人员的专业技术水平,一些媒体还停留在数据罗列堆砌的简单表达上,在大题材、大立意、大设计方面受到瓶颈限制。这对数据编辑人员提升自己的数据编辑能力,有了更高的要求。可视化设计人员也要不断提高自己的业务水平,丰富可视化表现形式,形式创新是数据新闻报道创新的前提,同时也要警惕数据可视化设计的过度修辞。

(作者单位:嘉兴日报报业传媒集团视觉中心)

第三篇
场景篇

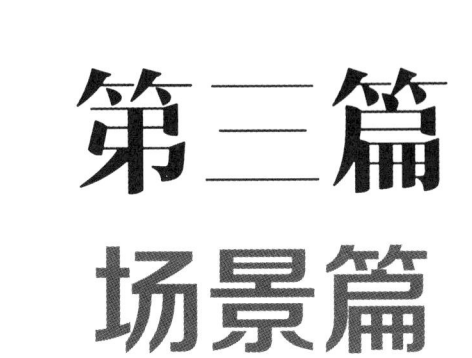

第八章 人才盘点

随着企业对人才愈发重视,一个能够帮助企业评估其人才数量与素质,以支撑企业战略的方法得到了管理者的普遍关注与应用,即人才盘点。人才盘点就是对组织的人才进行梳理、评价、再配置的过程。通过人才盘点,使人才与组织相匹配,进而支撑组织战略的实现。本章内容将对人才盘点进行概述,使得学生了解人才盘点的内涵、意义、基本理论、测评技术和盘点程序;介绍实施人才盘点的数据收集和处理程序,使得学生理解实施人才盘点的数据来源,以及进行数据预处理的手段;介绍人才盘点过程中的可视化分析,使得学生通过依托新道云平台掌握人才盘点的可视化;介绍人才盘点中的数据挖掘分析内容,使得学生通过依托新道云平台掌握人才盘点核心内容的数据挖掘;最后介绍如何撰写人才盘点报告,使得学生能够全方位把握数据挖掘在人才盘点中的价值和作用。

学习目标

1. 理解人才盘点的内涵、理论和程序
2. 了解人才盘点的数据来源和预处理
3. 掌握人才盘点的可视化
4. 掌握人才盘点的数据挖掘分析
5. 了解人才盘点报告的撰写思路

知识结构图

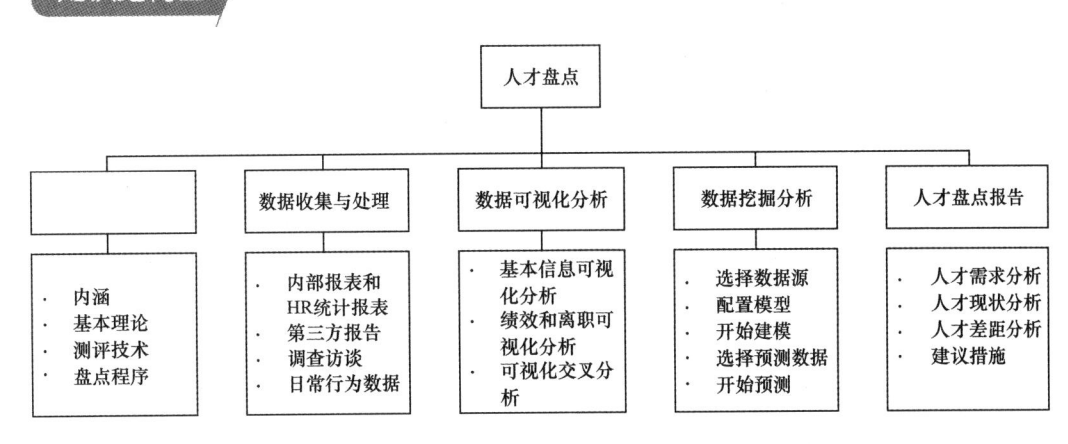

```
                          人才盘点
        ┌──────────┬──────────┬──────────┬──────────┐
                   数据收集与处理  数据可视化分析  数据挖掘分析  人才盘点报告
     ·内涵         ·内部报表和    ·基本信息可视   ·选择数据源   ·人才需求分析
     ·基本理论      HR统计报表    化分析         ·配置模型     ·人才现状分析
     ·测评技术     ·第三方报告    ·绩效和离职可   ·开始建模     ·人才差距分析
     ·盘点程序     ·调查访谈      视化分析       ·选择预测数据 ·建议措施
                  ·日常行为数据  ·可视化交叉分   ·开始预测
                                  析
```

> 引 例

紧抓人才盘点时机,做好人才盘点工作①

2019年下半年,某公司紧抓关键少数,对241名一线项目班子成员,尤其是项目经理团队,分12个批次开展了人才盘点工作。此次人才盘点历时三个月,动态了解项目班子共性和个性的优势、不足和整体梯队现状,助力某公司选人用人有据可依、分层培养明确方向,完成了某公司体系化人才管理的首要举措。

根据公司干部领导力模型,借鉴联想的"坦诚、直接、拥抱变化"模型要素,某公司结合本单位实际情况提出了更为明确的人才标准。通过开展两级会议,即8月10日开展人才盘点启动会,对某公司两级班子成员宣贯政策及整体安排,8月16日开始,开展人才盘点沟通说明会10次,对某公司两级机关干部介绍人才盘点目的、流程、工具运用等方式,形成多方参与、结论共享的态势,统一了某公司内部人才评价语言,完成内部用人标准的传递,形成认知判断共识,强化用人文化建设。

人才盘点的主线由"网络测评"和"现场述能"两个环节构成。一是网络测评。核心为人才测评工具的使用。本次盘点选用了某公司既有的两款实用型测评工具,对被测评者进行"性格风格测试"和"360领导力素质评估问卷调研",并将结果标化为现场述能评定参考依据之一。依据样本选取原则,性格风格测评241人,问卷调研552人。二是现场述能。核心流程借鉴长安汽车"述能会"。与传统的"述职"不同,"述能"的核心是"个人能力"。此次盘点通过对"述能者"现场即兴表现与管理能力水平现状相印证的方式,巧用"结构化面试"技巧,穿插提问预设的23个领导力对标问题,最终对"述能者"过往一年的业绩水平进行认定,对现阶段综合能力进行总结,对今后的能力发展趋势和提升方案进行分析讨论。

本着业绩是做出来的,能力评价来源于平时工作表现的原则。此次盘点赋能由某公司两级机关领导班子、部门正副职,前后共计约90人担任评委,将"述能者"直接上级、斜线上级和隔级上级统一在一起,通过集中对其个人情况进行讨论、验证、复核等方法,确定人才个体岗位胜任力和能力优劣势,并针对劣势制订差异化"个人发展行动计划",最终采取强制排序的方法,确认每名干部在"人才盘点九宫格"中的位置。

此次人才盘点现场述能时长人均45分钟,总耗时约180个工时,共计撰写了241份干部"个人发展档案",形成了571条个人行动计划。分系统分区域出具12份团队画像和一份整体分析报告。通过盘点,一方面对两级机关干部而言,系统强化了识人认人的"人才洞察力",着力提升了团队带教的"人才把控力"。一方面对被盘点干部而言,通过将个人能力优劣势结论、差异化"个人发展行动计划"反馈至本人手上,为其明确了业务思路、自我认知及行动方向。

人才盘点结束后,公司形成了自己的项目班子人才云梯,这不仅有助于全方面提升某公司在人才选用育留等方面制订策略的质量和效率,更是为人才建设的闭环管理奠定基础。

---

① 杨荣,刘茂.浅析突破人才经营瓶颈的关键举措——以某公司2019年度人才盘点情况为例[J].中国集体经济,2020(25):111-112.

第一节　业务理解

企业在实际的人才管理中常常遇到如下困境:(1)人才招募困难,企业中越是重要的岗位,其所需招聘的周期越长且难度越大。(2)外部招聘的人才难以适应企业文化,这些"空降兵"的忠诚度较弱。(3)企业没有为员工制订明确的职业上升通道或个人职业发展规划,致使企业内部人才流动频繁,人才因缺少发展机会而倾向于寻找外部机会。因此,企业在面对上述困境时,人才盘点就显得尤为重要。人才盘点帮助企业发现优秀员工,"因材施教",提高其敬业度与忠诚度,进而实现企业价值与员工个人价值的统一。

那么,企业应该选择什么时机进行人才盘点?这需要企业从宏观和微观两个层面判断。从宏观层面而言合适的时机有:企业进行大规模的并购或业务重组;企业处于战略转型期,其业务策略、商业模式、运营模式发生巨大变化;企业经营业绩高速增长,管理跟不上业务发展的需要;外部环境发生巨大变化,市场、产品或技术亟须升级;企业人才供给、分布不均衡。从微观层面而言合适的时机有:企业核心人才的供给不足,过度依赖外部招聘;核心人才难以保留,员工流失率高;关键人才的胜任力与绩效目标完成情况不匹配;人才梯队出现断层,没有人才继任计划[①]。

一、人才盘点的解读

所谓人才盘点,是指企业为了清晰地了解对人才的需求,发掘高素质、高潜力的人才,识别组织对于不同类型人才的需求,从而增加企业人才厚度,在动态竞争的市场中占据一席之地,保持持续增长,而进行的一系列人才识别与发掘活动。通俗来讲,企业在管理实践中强调人职匹配,即将最为合适的人安排在最适合的岗位上。

1. 对组织的价值

(1)组织通过人才盘点,对组织的结构和人才进行了系统梳理,使组织明确了未来发展所需要的资源及能力。(2)人才盘点可以为组织战略落地提供支持。通过人才的供需分析及胜任力模型的构建等一系列工作,支撑组织战略的实现。(3)通过对人才的梳理及评价,建立人才梯队,促进组织的持续健康发展。

2. 对人力资源工作的价值

(1)在人才盘点的过程中,通过人力资源部门与其他业务部门的互相配合及通力合作,更加紧密地衔接了相互之间的关系,不仅使人力资源部更懂业务,而且业务部门也开始理解人力资源部的工作。(2)通过人才盘点,组织确定并建立了自身的人才评价标准体系,不仅有助于组织进一步吸引人才、培养人才及保留人才,而且使组织能够快速实现人岗匹配。

3. 对员工的价值

(1)通过人才盘点,使员工获知组织对人才的需求及自身与组织的匹配度。(2)人才

---

① 彭剑锋.来一场意义非凡的人才盘点[J].华夏基石管理评论,苏商学院,2021-07-29.

盘点还有助于员工明确未来工作中需要改进及发展的方向。

二、人才盘点的内容

目前企业进行人才盘点的形式虽多种多样,但大致上可以分为两个类别,分别是关门盘点和开门盘点。

1. 关门盘点

关门盘点的方式一般由企业的人力资源部门主导,通过与外部咨询机构合作,利用评价中心测评系统筛选出企业的关键人才。但该盘点的方式往往只有企业高层及人力资源部门参与,或者只是更多地依赖于外部咨询公司的评价工具,而且只覆盖关键岗位。

对于组织而言,如果只是需要快速发现、准确识别高潜力人才,进行覆盖个别关键岗位的人才盘点,那么关门盘点无疑是一种高效便捷的人才盘点方式。关门盘点周期短、效率高,可供选择的工具丰富多样,有利于被评价者获得更为全面的自我认知,且保密性高。

2. 开门盘点

与关门盘点不同,开门盘点是由业务部门主导的。人力资源部的角色由主导者变为方法、工具的提供者和人才盘点的组织者。

开门盘点主要有以下特点:(1)从CEO到基层经理都亲自参与,盘点要依赖于他们的评价结果;(2)业务经理主导;(3)人力资源部的组织发展岗位负责人提供人才盘点的方法、工具,并组织和支持业务经理完成人才盘点;(4)在一定范围内公开讨论对管理者的评价及任用;(5)盘点覆盖全员(不仅包括关键的领导岗位);(6)与人力资源的其他模块衔接紧密,是每年的"固定项目"。

因此,为了确保组织的人才盘点顺利实施,一般要确立以下角色:成立人才盘点委员会,明确CEO是人才盘点的第一负责人,各级经理人是主导者和实施者,人力资源部门是流程推动者。换句话说,开门盘点并非是企业高层及人力资源部门的工作,而是需要企业内多方配合来完成。

盘点内容包括盘点组织人才现状、盘点人才能力水平和盘点未来发展方向。

(1)盘点组织人才现状。主要有以下内容:第一是组织战略发展及对人才的要求;第二是岗位需求,现在需要多少人,需要哪些岗位;第三是人员的编制;第四是劳动生产率,即人均的劳动产出;第五是组织整体氛围,即员工满意度、敬业度等内容。

(2)盘点人才能力水平。主要有五个方面的内容:第一是人才基本情况,包括人才总体数量、学历、职称、层次比例等内容;第二是人才的能力素质水平与发展潜力情况;第三是人岗匹配度,即人才的能力与所在岗位的匹配度是多少;第四是人员的成长性,他们的能力发展速度是怎么样的;第五是人员的稳定性,哪些人是马上要离职的,哪些人是比较忠诚的,哪些人可以长久在公司工作,这些都是我们要盘点的。

(3)盘点未来发展方向。一是关键岗位的继任计划,组织中的中高层管理人员,包括核心的专业技术岗位人才要建立继任计划;二是高潜人才的培养计划,那些高潜质的人才我们要进行怎么样的培养,怎么安排培训,怎么安排轮岗,都要有具体的计划;三是人员的调整计划,哪些人是要调任岗位的,哪些人是要晋升的,哪些人要淘汰的,哪些人才还需要引进等内容。

尽管"人才盘点"对企业意义重大,且不少企业也定期对人才进行了盘点,但由于在盘点过程中经常陷入一些误区,致使盘点的效果并不如预期,甚至还会出现负面效应。因此,我们对企业在人才盘点中可能会陷入的误区进行了归纳,大概有以下三种。

(1)人才盘点可以解决问题

多数企业高层管理者往往是在业绩下滑,人员流失率大,或人才能力的发展与组织业务的发展不匹配时,才会意识到企业缺乏对人才的识别、培养与保留。这时寄希望于人力资源部门通过人才盘点解决企业遇到的问题就有些勉为其难,此时的人力资源部门既无明确的盘点目的,又无合适的人才评价标准及评估工具。我们应该把人才盘点工作作为企业运行过程中的日常管理流程,而非在企业已经陷入人才管理困境时再开展盘点。因此,人才盘点的目的不是解决问题,而是发现问题。

(2)人才盘点与绩效考核挂钩

不少企业将人才盘点与绩效考核相结合,通过最终的考核来确定优秀员工及企业存在的问题,进而再进行相应激励及改进计划。基于人才盘点的绩效考核往往只能衡量员工当下业绩的好坏,不能对员工的未来发展进行预测。因此,单纯地将人才盘点与绩效考核强挂钩是不可取的,人才盘点仅是绩效考核的一个参考。

(3)人才盘点是人力资源部门的工作

人才盘点是为企业战略服务的,为业务服务的,不只是人力资源部用来识别高潜人才的。如果只是人力资源部带头开展,业务部门与企业领导不关注、不参与,管理者并没有真正意识到建设人才梯队的重要性,那么人才盘点的效果就会大打折扣。因此,人才盘点工作既需要企业领导的重视也需要业务部门的积极参与,只有这样才能确保人才盘点的有效性。

三、人才盘点的基本理论[①]

(1)胜任力模型和冰山素质模型

胜任力模型就是针对特定职位表现优异要求组合起来的胜任力结构,是一系列人力资源管理与开发实践(如工作分析、招聘、选拔、培训与开发、绩效管理等)的重要基础。麦克利兰于1973年发表的文章中提出胜任力模型是一组相关的知识、态度和技能,它们影响个人工作的主要部分、与工作绩效相关、能够用可靠标准测量和通过培训和开发而改善。胜任力模型可以描述出能够鉴别绩效优异者与绩效一般者的动机、特质、技能和能力,以及特定工作岗位或层级所要求的一组行为特征。

麦克利兰也从特征的角度提出了"素质冰山模型"。素质冰山模型把个体素质形象地描述为漂浮在洋面上的冰山,其中知识和技能是属于裸露在水面上的表层部分,这部分是对任职者基础素质的要求,但它不能把表现优异者与表现平平者区别开来,这一部分也称为基准性素质。基准性素质是容易被测量和观察的,因而也是容易被模仿的;换言之,知

---

① 刘俊.关于人才盘点在企业中设计的研究[J].黑龙江人力资源和社会保障,2021(08):121-124.

识和技能可以通过针对性的培训习得。内驱力、社会动机、个性品质、自我形象、态度等属于潜藏于水下的深层部分的素质,这部分称为鉴别性素质。它是区分绩效优异者与平平者的关键因素;职位越高,鉴别性素质的作用比例就越大。相对于知识和技能而言,鉴别性素质不容易被观察和测量,也难于改变和评价,这部分素质很难通过后天的培训得以形成。

(2)九宫格理论

九宫格是人才盘点最常用的工具之一,"经典九宫格"是横坐标为绩效结果、纵坐标为能力水平,通过能力和绩效的高、中、低强制划分为九个格子,每个格子对应的人才画像和管理策略各有不同。

九宫格的本质是一个数学矩阵,也可以被看成一种思维框架和模式。这种矩阵思维的展示更加直观、明确,可以一目了然地明确业务或人才的分布情况,进而选择不同的策略。在人才盘点的项目中使用的九宫格有多种变式。有一些企业在实践中为了更好地展示人才整体分布,将九宫格扩展为十六宫格或者缩小为四宫格,也可以增加维度,变成三维。

常见的有"能力—绩效九宫格""潜力—绩效九宫格""价值观—绩效九宫格"[①],图8-1展示的是通用九宫格人才地图。

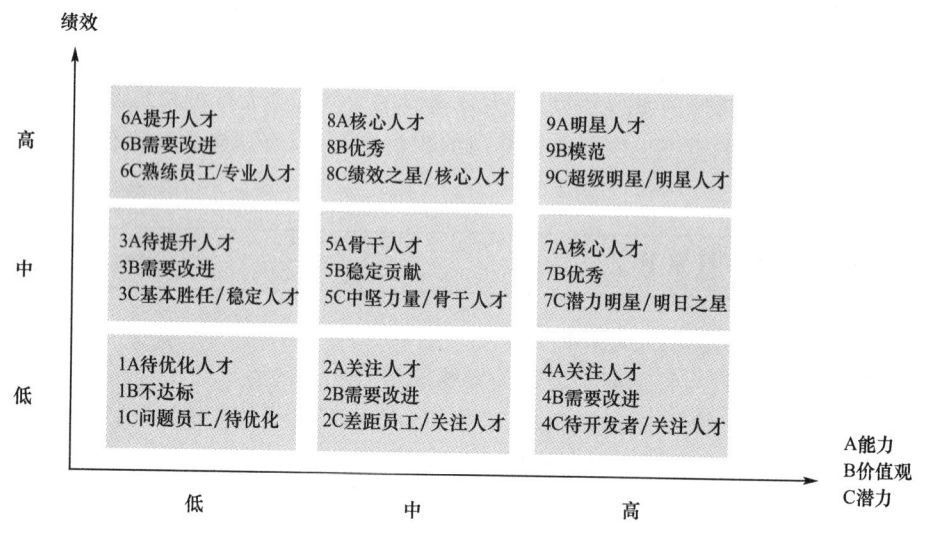

	低	中	高
高	6A提升人才 6B需要改进 6C熟练员工/专业人才	8A核心人才 8B优秀 8C绩效之星/核心人才	9A明星人才 9B模范 9C超级明星/明星人才
中	3A待提升人才 3B需要改进 3C基本胜任/稳定人才	5A骨干人才 5B稳定贡献 5C中坚力量/骨干人才	7A核心人才 7B优秀 7C潜力明星/明日之星
低	1A待优化人才 1B不达标 1C问题员工/待优化	2A关注人才 2B需要改进 2C差距员工/关注人才	4A关注人才 4B需要改进 4C待开发者/关注人才

纵轴:绩效 横轴:能力 A能力 B价值观 C潜力

图8-1 通用九宫格人才地图

能力九宫格是基于员工绩效和工作能力评估的人才地图,应用较为广泛。价值观九宫格基于员工绩效与企业价值观匹配度,其中企业文化多与通用能力模型中的基本素质相关,比较有代表性的是GE、阿里巴巴等企业。潜力九宫格是基于员工绩效与员工发展潜力的人才地图,比较有代表性的是京东、花旗银行等。

---

① 龚俊峰.认知人才盘点,激活人才活力[J].人力资源,2020(19):56-59.

四、人才盘点的测评技术[①]

与绩效评估方式一样,对能力的评估方式也有很多,按照其特性通常可以分为五种。

(1)问卷法

我们常用的360评估法属于问卷法。360评估法是一种相对主观的测评方法,得分高低会受到很多方面的影响。因此,在实施中一定要基于胜任力模型展开评价,在评价的时候针对每条胜任力下面的行为描述进行打分,而非对某个人的主观印象。基于胜任力的360评估法的结果可以用于个人发展。除360评估法之外,备受推崇的盖洛普敬业度调查也属于问卷法的范畴。

(2)心理测评法

例如,人力资源部在招聘时会用到的MBTI、DISC、九型人格、16pf等,其中MBTI、DISC、九型人格属于心理类型测验,是很好的破冰工具,但是不建议用于人才选拔和发展。而16pf属于心理特质类测验,这类测验是通过统计方法计算出来的,可以用于人才选拔。另外,投射技术也是心理测评的一种,但其主观性较大、成本较高、操作困难,应用并不广泛。

(3)访谈法

访谈法主要是指行为事件访谈法,是使用行为事件访谈技术对盘点对象在已发生的典型工作中所展现出的胜任力和素质进行评估。

(4)观察法

观察法包括无领导小组讨论、角色扮演、案例分析、公文筐测试等,通过创造一个典型的工作场景来考察受评者的综合能力。这类观察法的开发和实施成本较高,一般企业不具备开发能力,只有较高级别的管理者或者拥有较为明确的继任发展项目要开展时,才会采用此项技术。

(5)评鉴中心法

评鉴中心法也称评价中心法、发展中心法,是综合各种测评技术、多个测评维度,需要1～3天时间对受评者进行评估的方法。评鉴中心法更多用于对企业高层或关键岗位的胜任力进行评估。

五、人才盘点的程序[②]

人才盘点可为企业人才管理提供抓手,促进工作的推进。企业可根据盘点结果了解内部人才现状,清楚战略与组织、人才之间的差异,采用组织优化与人才管理创新等方式,使战略、组织与人才协调一致,为企业发展提供充分的人才支持。优化人才盘点的具体步骤如下:

第一步:抓住组织机构,提高运营效率。组织盘点是指对组织层面做出评估,重点分

[①] 龚俊峰.认知人才盘点,激活人才活力[J].人力资源,2020(19):56-59.
[②] 严俐华.优化企业人才盘点的若干举措[J].人力资源,2022(04):6-7.

析关键岗位、组织架构是否与战略相一致,以及当前组织运营情况如何。通过盘点,组织可评估自身现状,为战略调整提供依据,促进经营目标顺利实现。

第二步:利用评价工具,衡量人才水平。测评数据作为人才盘点的基础,应对企业内部管理者、专业人才的行为能力、绩效、个人潜力等进行测评。不同企业可根据自身情况选择相应的测评工具,规模较大、发展速度较快的企业还可利用360评估法,对大量行为数据进行全面分析。

第三步:绘制人才地图,汇总盘点成果。企业发展离不开人才支持,企业要创建适合自身的人才管理体系,定期开展人才盘点工作,对现有人才进行评估,绘制人才地图,汇总盘点成果,优化人才结构,提高人才效能。

第二节 数据收集与预处理

一、数据收集

在做人力资源数据分析的过程中,需要先明确做这个模块数据分析的目的是什么。做数据分析不是追求精美的数据图表和报告,其最终目的是通过数据建模,发现数据之间的规律和问题,最终解决问题并给予解决方案,所以数据分析的需求就好像是数据分析整个流程的方向,如果方向错了,后面的数据建模、数据图表做得再好也没有用。那么数据分析的需求又是从哪里来的呢?可以从模块关键指标和绩效指标数据两个维度来提取需求。

人才盘点的数据来源于四个方面:内部报表和HR统计报表、第三方报告、调查访谈和日常行为数据。这些数据来自组织层面、团队层面和个人层面。数据的提供者一般有公司管理层、业务职能部门、财务部门、人力资源部门和员工等。

(1)内部报表和HR统计报表

内部报表是指在管理控制系统运行中,为企业内部的各级管理层以定期或非定期形式提供用于企业沟通、控制、决策以及业绩等的格式灵活的各种报表。HR统计报表一般是人力资源部根据公司整体战略规划数据、企业组织结构数据、财务预算数据、各部门年度规划数据等相关资料,整理企业人力资源政策、薪酬福利、培训开发、绩效考核、人力资源变动等方面的数据资料,提炼出所有与人力资源规划和调查有关的数据信息,并整理编报。

人力资源管理报表一般包括三个:人力资本负债表、人才流量表、人力资本利润表。[1]

①人力资本负债表。人力资本负债表是对公司人才状况数量上的盘点,反映公司整体人才的数量状况和结构。如果公司存在人才过剩或人才短缺等异常状况,人力资本负债表能够快速、直观地体现出来,便于人力资源管理者迅速解决问题。

②人才流量表。人才流量表反映一段时期内公司的招聘、离职、调动等产生的人才增减变动情况。

---

[1] 任康磊.人力资源量化管理与数据分析[N].北京:人民邮电出版社,2019.

③人力资本利润表。利润表反映了组织的经营状况,是组织在一段时期实现的各种收入,发生的各种费用、成本或支出,以及公司实现利润或发生亏损情况的会计报表,也被称作损益表。与财务管理中的利润表对应的人力资源管理报表可以叫作人力资本利润表(表8-1)。

表8-1　　　　　　　　　　　　　　人力资本利润表

投资分析		上期	本期	标杆	收益分析		上期	本期	标杆
直接人力成本结构	工资费用				直接投资收益	人力资本投资回报率			
	社保费用					人力资本收入指数			
	住房公积金					人力资本利润指数			
	员工福利					人力资本成本指数			
	员工教育经费					人力资本成本比率			
	工会费					人力资本市场价值			
	……					人力成本销售收入系数			
间接人力成本结构	招聘成本					人工成本利润率			
	人员缺勤成本					全员劳动生产率			
	人员离职成本					……			
	……				间接投资收益	招聘成功率			
人力投资水平	人工成本含量					员工离职率			
	人均人工成本					员工敬业度			
	人均现金收入					员工平均服务年限			
	人力费用率					月人均缺勤天数			
	劳动分配率					关键员工留任比率			
	……					……			

(2)第三方报告

第三方报告一般包括政府公开信息、行业报告和市场调查报告。政府信息公开是指行政机关在履行职责过程中制作或者获取的,以一定形式记录、保存的信息,及时、准确地公开发布。

以上市公司年报为例,展示如何获取第三方公开资料的收集。首先,在上海证券交易所和深圳证券交易所等网站上下载上市公司年报。其次,打开年报,按住"Ctrl+F"键,在弹出的输入框中输入关键字搜索。例如,输入"合并利润表",查看"本期发生营业总收入""净利润"数据;输入"员工数量",查看"当期领薪酬员工人数";输入"应付职工薪酬列示",查看"本期增加合计"。

(3)调查访谈

调查访谈一般包括问卷调查、访谈和座谈等。问卷调查法是指研究者通过书面形式直接从研究对象处获取研究资料的方法。

访谈是定性研究的方法之一,访谈者通过和被访谈者进行口头形式互动,根据被访谈者的回复搜集客观、不带偏见的事实材料,准确说明样本所代表的总体,尤其是在研究比较复杂的问题时需要向不同类型的群体了解不同维度的信息资料。访谈并不是随便找个对象聊天,而是要围绕一个目标主题或多个目标主题进行探索性访谈、验证性访谈、描述性访谈、传记性访谈或治疗性访谈。在访谈提纲的设计方面,要以项目目标为核心,要考虑不同的访谈对象设计不同的访谈问题,以保证最终访谈结果的获取。例如,绩效管理的问题,不同职级的访谈对象,问题的侧重点是不一样的。

座谈会是由主持人以非结构化的自然方式对一小群调查对象进行的访谈。这种方法的价值在于自由的小组讨论经常可以有意想不到的发现,是最重要的定性研究方法。

(4)日常行为数据

日常行为数据一般包括工作报告、邮件和OA网络数据等。

根据人才盘点内容的不同,应制订具体的业务数据收集方案,包括目标、指标、数据来源、收集方式和采集周期等。

二、数据预处理

在实际应用中,初始数据一般是多数据源且格式多样化的数据,这些数据的质量通常是良莠不齐的,或多或少存在问题,不能直接被应用到数据分析或数据挖掘工作中,直接使用会造成低质量的分析或挖掘结果。初始数据在进行分析或挖掘之前需要经过一些处理,调整成符合分析或挖掘需求的数据。在从初始数据到得出分析或挖掘结果的整个过程中对数据进行的一系列操作称为数据预处理。

数据预处理是数据分析或数据挖掘前的准备工作,也是数据分析或数据挖掘中必不可少的一环,它主要通过一系列的方法来处理"脏"数据、精准地抽取数据、调整数据的格式,从而得到一组符合准确、完整、简洁等标准的高质量数据,保证该数据能更好地服务于数据分析或数据挖掘工作。据统计发现,数据预处理的工作量占据整个数据挖掘工作的60%。由此可见,数据预处理在数据挖掘中扮演着举足轻重的角色。

数据质量涉及许多因素,包括准确性、完整性、一致性、时效性、可信性和可解释性。不正确、不完整和不一致的数据是现实世界大型数据库和数据仓库的共同特点。

数据预处理技术:(1)数据清理:可以用来清除数据中的噪声,纠正不一致。(2)数据集成:将数据由多个数据源合并成一个一致的数据存储,如数据仓库。(3)数据归约:可以通过如狙击、删除冗余特征或聚类来降低数据规模。(4)数据变换:可以用来把数据压缩到较小的区间,如0.0到1.0。数据预处理技术可以提高设计距离度量的挖掘算法的准确率和效率。

示例:将某公司2022年人员绩效考核结果按照要求进行数据清洗。

操作步骤:

(1)单击"选择数据源",选择已内置的数据表"2022年员工绩效考核结果信息表.xlsx",单击"保存"按钮;

(2)单击"查看数据源",查看数据特征;

(3)单击清洗工具界面上的"配置全局清洗规则",字符清理选择"非法字符清理""空格清理";字符替换选择"—(仅有)替换为0""空格(仅有)替换为0",单击"保存"(图8-2);

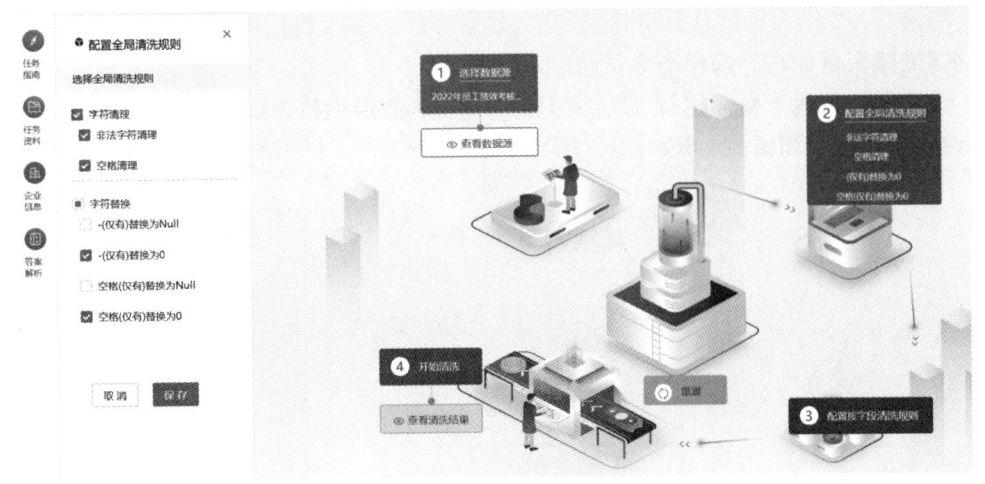

图 8-2　配置全局清洗规则

（4）单击清洗工具界面上的"配置按字段清洗规则"，将绩效考核结果 A、B＋、B、C 替换成数值 5、4、3、2；

（5）单击"开始清洗"，进行数据清洗工作；

（6）清洗完成，单击查看并下载清洗结果（图 8-3）。

序号	人员编号	一级部门	二级部门	三级部门	姓名	性别	职级	职级大类	年龄	司龄	工龄	2022绩效考核结果
1	TZ00382	职能中心	总裁办	总裁办	郭博敬	男	7B	7	54.589	21.3836	31.789	3
2	TZ00560	职能中心	总裁办	总裁办	吴和悦	男	7A	7	46.8986	17.4904	20.9986	3
3	TZ00924	职能中心	总裁办	总裁办	钟秦	男	6B	6	48.0521	13.8986	25.2521	3
4	TZ01474	职能中心	总裁办	总裁办	黄飞驰	男	7A	7	44.9918	10.4548	19.0918	4
5	TZ01547	职能中心	总裁办	总裁办	钱宫	男	7A	7	45.2767	18.7767	18.7767	3
6	TZ01602	职能中心	总裁办	总裁办	陈梦馨	女	6B	6	41.263	0.763	18.463	3
7	TZ01838	职能中心	总裁办	总裁办	钱南晴	女	6B	6	40.4219	14.9219	14.5219	3
8	TZ02194	职能中心	总裁办	总裁办	陈宏峻	男	6A	6	41.8082	10.3548	15.9082	4
9	TZ01903	职能中心	总裁办	总裁办	郑彭涛	男	6A	6	34.8521	0.6425	18.3521	4
10	TZ02467	职能中心	市场部	市场部	赵鸿才	男	5A	5	38.7836	9.9041	15.9836	3

图 8-3　清洗结果

第三节　数据分析

一、数据可视化基本分析

1. 基本信息分析

以人数、性别分布为例进行可视化分析。

步骤一：对"人数"进行可视化分析。

单击"开始任务"，单击"分析设计"，单击"我的故事板"，进入画布界面；单击"可视化—新建"；选择"数据集—人才盘点—人员基本信息表—2022年人员信息表"。

阅读"2022年人员信息表",观察字段、数据特征。进入数据可视化界面,将维度字段"姓名"拖拽至指标栏。选择图形:指标卡。

维度字段拖拽至指标栏,汇总方式只有计数;单击指标栏"计数(姓名)"下拉三角,单击"设置显示名",如图8-4所示。

图8-4 设置显示名

修改名称:总人数

单击显示设置,批量设置数据格式,小数位调整为0。

修改图形名称为总人数,单击保存。

分析可视化图形:2022年公司总人数为1 483人。

步骤二:对"性别分布"进行可视化分析

同步骤一,选择"2022年人员信息表";在可视化界面,将维度字段"一级部门""性别"拖拽至维度栏;将指标字段"年龄""司龄"拖拽至指标栏,如图8-5所示。

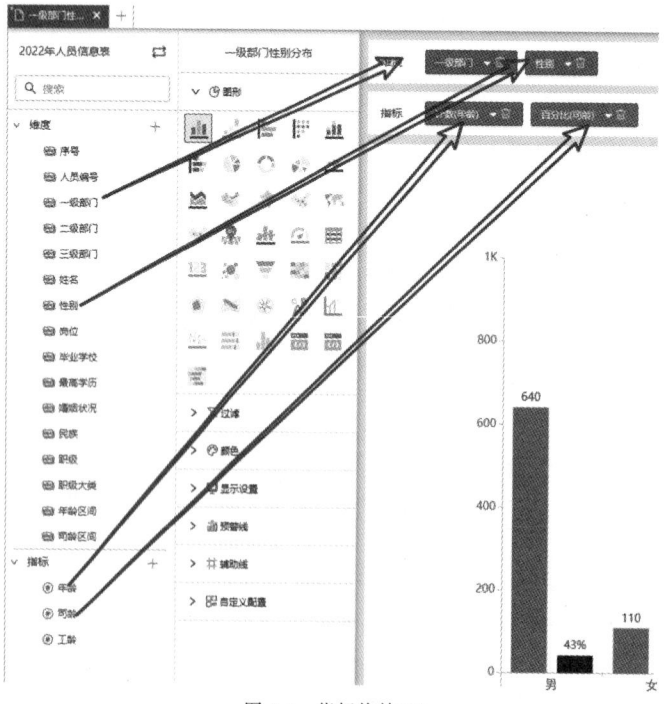

图8-5 指标拖拽(1)

选择图形：柱形图；指标栏"年龄"的汇总方式选计数，指标栏司龄的高级计算选择百分比(整表)。指标栏"年龄"，设置显示名为数量；指标栏"司龄"，设置显示名为百分比。修改可视化图形名称为一级部门性别分布，单击"保存"。

分析性别分布可视化图形：技术研发 BG 的男性最多，业务发展 BG 的女性最多。注意：以一级部门性别分布为例，可以分析不同年度性别数量变化、不同年度各部门性别比例，或者根据需要分析更低级别部门的性别情况，等等。针对基本信息，还需要分析平均年龄、平均司龄、平均工龄、年龄区间、司龄区间等多个维度指标。

2. 学历职级可视化分析

(1) 针对 2020 年、2021 年、2022 年人员信息表，对最高学历分布进行可视化分析

步骤一：操作手册以针对 2020 年学历分布进行可视化分析为例。

单击"开始任务"，单击"分析设计"，单击"我的故事板"，进入画布界面；单击"可视化—新建"；选择"数据集—人才盘点—人员基本信息表—2020 年人员信息表"。

阅读"2020 年人员信息表"，观察字段、数据特征。进入数据可视化界面，将维度字段"最高学历"拖拽至维度栏，将指标字段"年龄"拖拽至指标栏；选择图形：环形图，如图 8-6 所示。

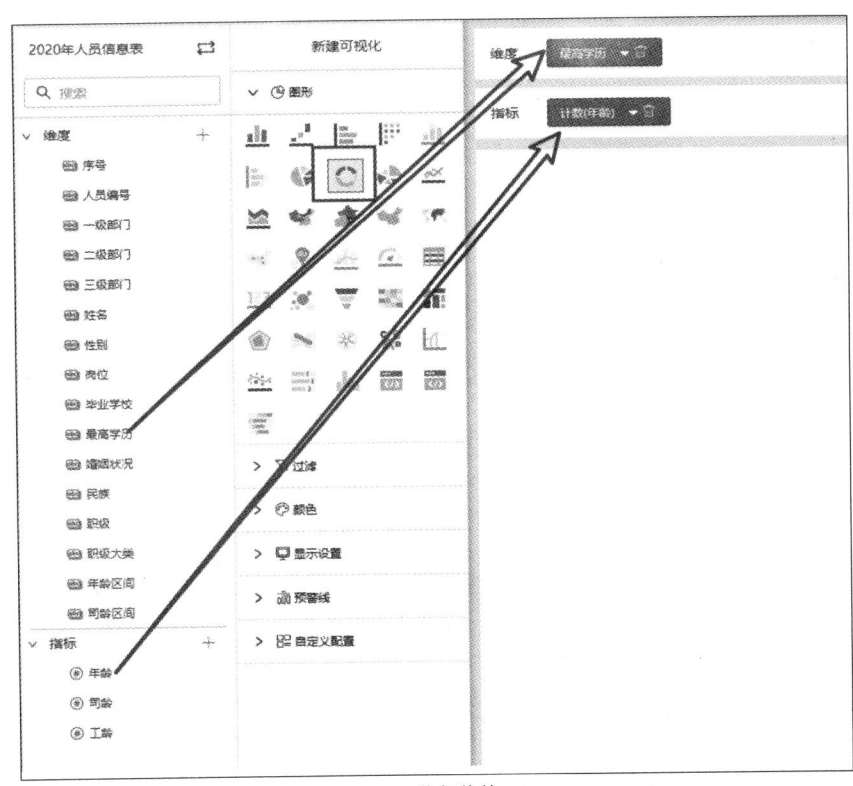

图 8-6　指标拖拽(2)

对维度栏"最高学历"进行自定义排序。

指标栏"年龄"的汇总方式为计数。

修改可视化图形名称；保存，如图 8-7 所示。

分析可视化图形：2020 年最高学历为本科总数为 87 100，占比 73.81%，其次是硕士

研究生、大专、博士研究生。

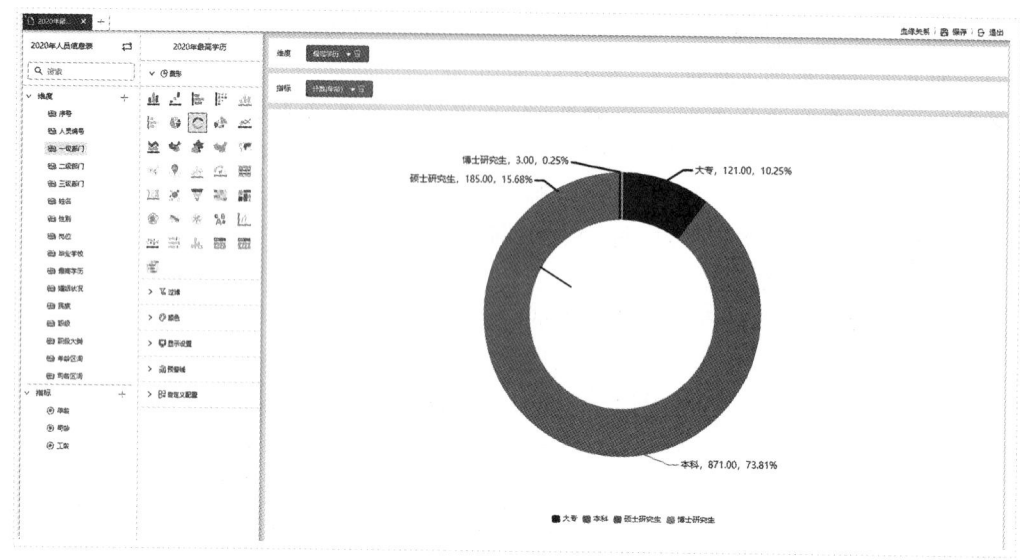

图 8-7 环形图可视化

（2）对 2022 年"职级"分布、"职级大类"分布进行可视化分析

步骤一：操作手册以针对 2022 年学历职级分布进行可视化分析为例。

单击"开始任务"，单击"分析设计"，单击"我的故事板"，进入画布界面；单击"可视化—新建"，选择"数据集—人才盘点—人员基本信息表—2022年人员信息表"。阅读"2022年人员信息表"，观察字段、数据特征；进入数据可视化界面，将维度字段"最高学历""职级大类"拖拽至维度栏，将指标字段"年龄"拖拽至指标栏；选择图形：热力图，如图 8-8 所示。

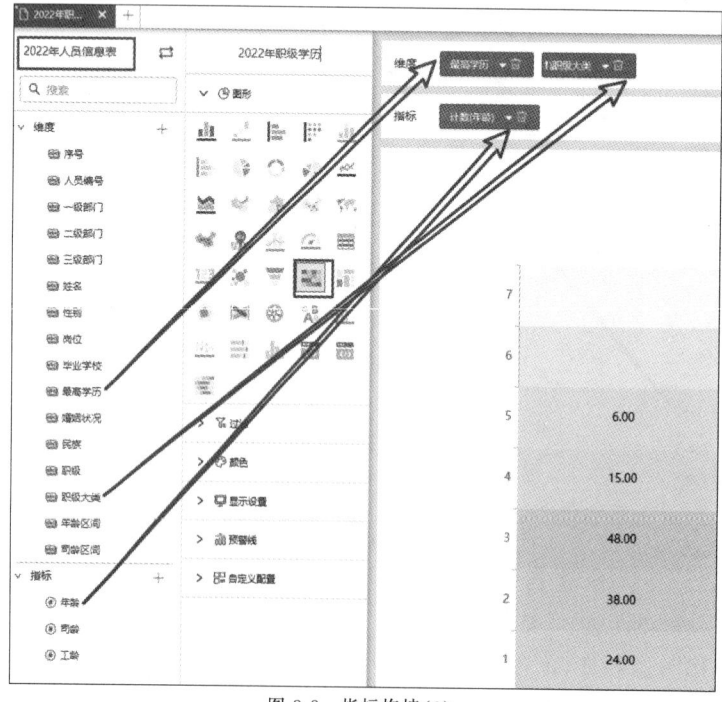

图 8-8 指标拖拽（3）

维度栏"最高学历"进行自定义排序;维度栏"职级大类"进行升序排序;指标栏"年龄"的汇总方式选择"计数",修改可视化图形名称,单击"保存",如图8-9所示。

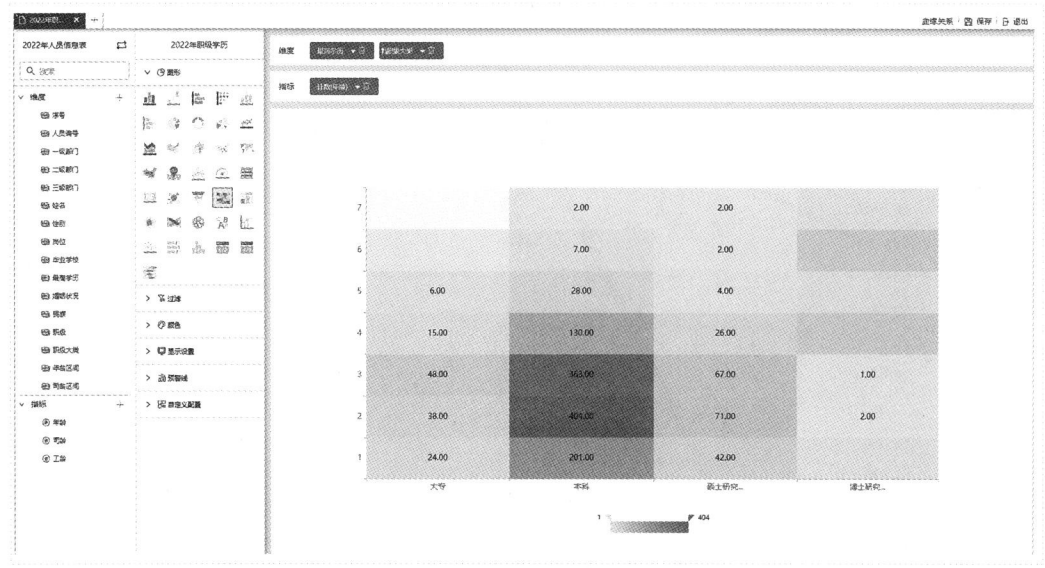

图 8-9 热力图可视化(1)

分析可视化图形可知,2022年本科人员集中于职级2级、3级;硕士研究生1—4级占比较大,4级以上占比较少,硕士研究生以上学历和职级高低无相关性。(注:这是职级大类的分析,以此类推,还可以分析职级的分布、部门职级分布等。)

二、数据可视化分析

1. 绩效结果分析

对2020年、2021年、2022年绩效考核结果进行可视化基本分析。

操作手册以针对2020年绩效考核结果进行可视化分析为例。

单击"开始任务",单击"分析设计",单击"我的故事板",进入画布界面;单击"可视化—新建";选择"数据集—人才盘点—绩效考核结果表—2020年绩效考核关联数据集"。

阅读"2020年绩效考核关联数据",观察字段、数据特征。进入数据可视化界面,将维度字段"R_2020年绩效考核结果"拖拽至维度栏,将维度字段"姓名""人员编号"拖拽至指标栏;选择图形:双轴图,如图8-10所示。

维度栏"R_2020年绩效考核结果"-进行自定义排序,注意绩效正确排序:A/B+/B/C。

单击维度栏"R_2020年绩效考核结果"创建过滤,过滤条件为"不包含""—"。

指标栏"姓名"汇总方式选择计数;"人员编号"高级计算选择百分比、整表;指标栏"姓名"设置显示名为数量;"人员编号"设置显示名为百分比(图8-11)。

此时观察发现双轴图形出现数据重合,单击"显示设置",数轴值最大值取消自动,设置为600;取消与主坐标轴相同,最大值取消自动,设置为40。

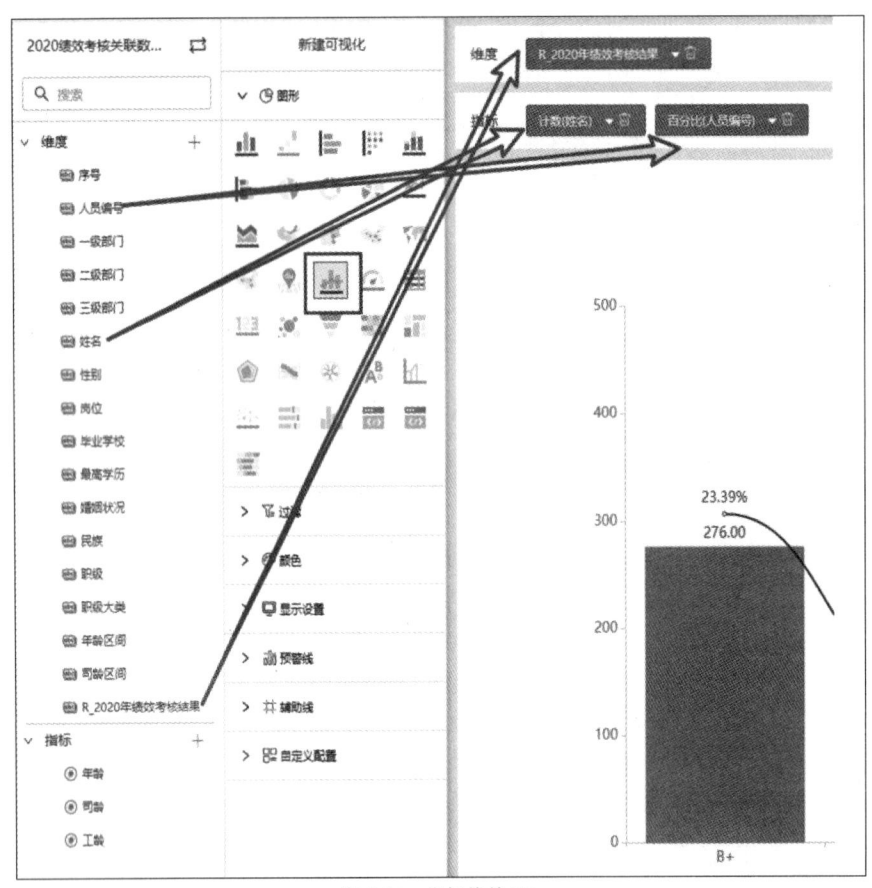

图 8-10 指标拖拽(4)

修改可视化图形名称,单击"保存"。

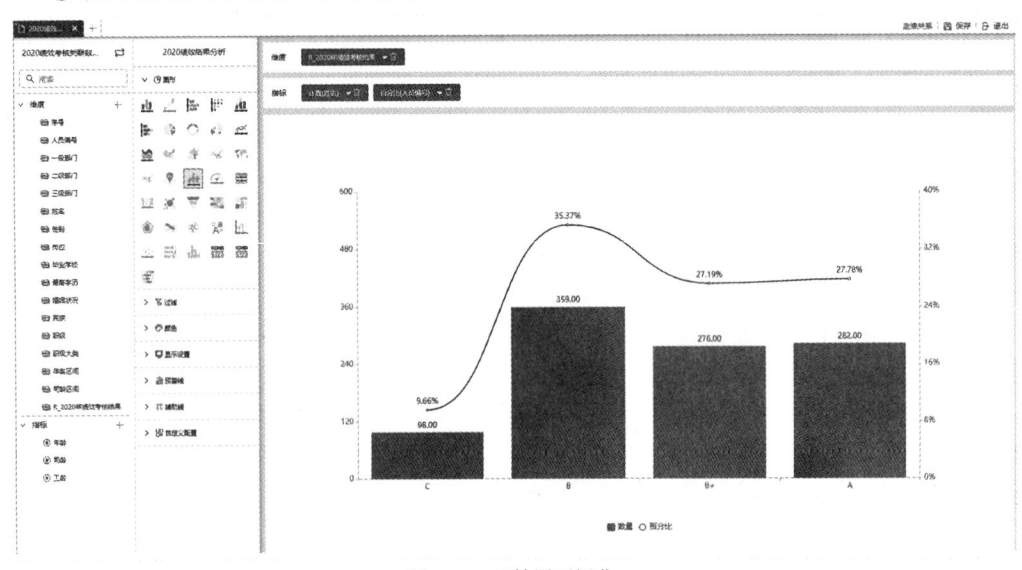

图 8-11 双轴图可视化

分析可视化图形:2020 年绩效结果是正态分布,绩效为 B 所占比例最大。

2. 离职情况分析

(1)对 2020 年、2021 年、2022 年离职原因进行可视化基本分析

操作手册以针对 2022 年离职原因进行可视化分析为例。

单击"开始任务",单击"分析设计",单击"我的故事板",进入画布界面;单击"可视化—新建";选择"数据集—人才盘点—离职人员信息表—2022 年离职人员信息表"。

阅读"2022 年离职人员信息表",观察字段、数据特征。进入数据可视化界面,将维度字段"离职原因"拖拽至维度栏,将指标字段"年龄"拖拽至指标栏;选择图形:条形图,如图 8-12 所示。

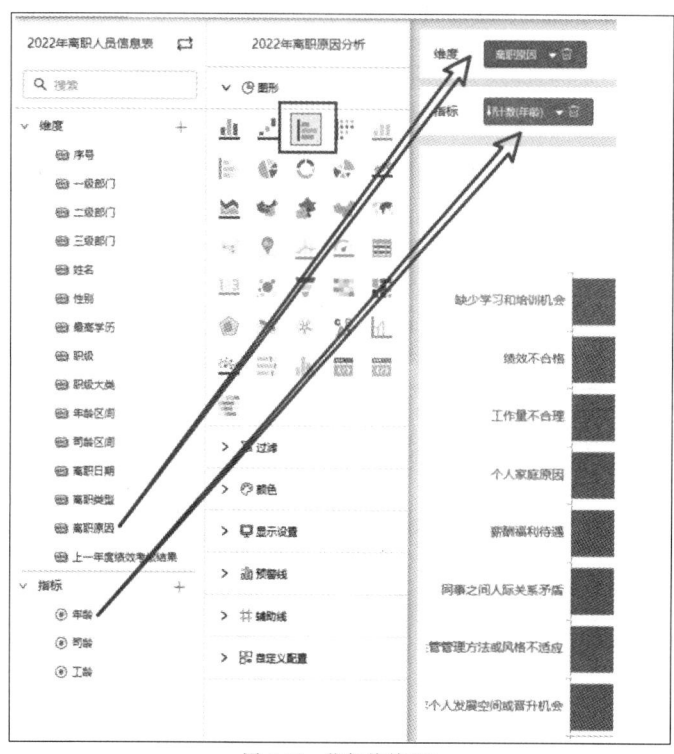

图 8-12 指标拖拽(5)

指标栏"年龄"汇总方式为计数,进行降序排序,如图 8-13 所示;指标栏"年龄"设置显示名为离职原因排行;修改可视化图形名称;单击"保存"。

分析可视化图形:如图 8-13 所示,2022 年人员离职的主要原因有寻求个人发展空间或晋升机会,离职人数达 123 人;对主管管理方法或风格不适应、同事之间人际关系矛盾、薪酬福利待遇也占有很大比例。

(2)对 2020 年、2021 年、2022 年各司龄阶段离职原因进行可视化基本分析

操作手册以针对 2022 年各司龄阶段离职原因进行可视化分析为例。

单击"开始任务",单击"分析设计",单击"我的故事板",进入画布界面;单击"可视化—新建";选择"数据集—人才盘点—离职人员信息表—2022 年离职人员信息表"。

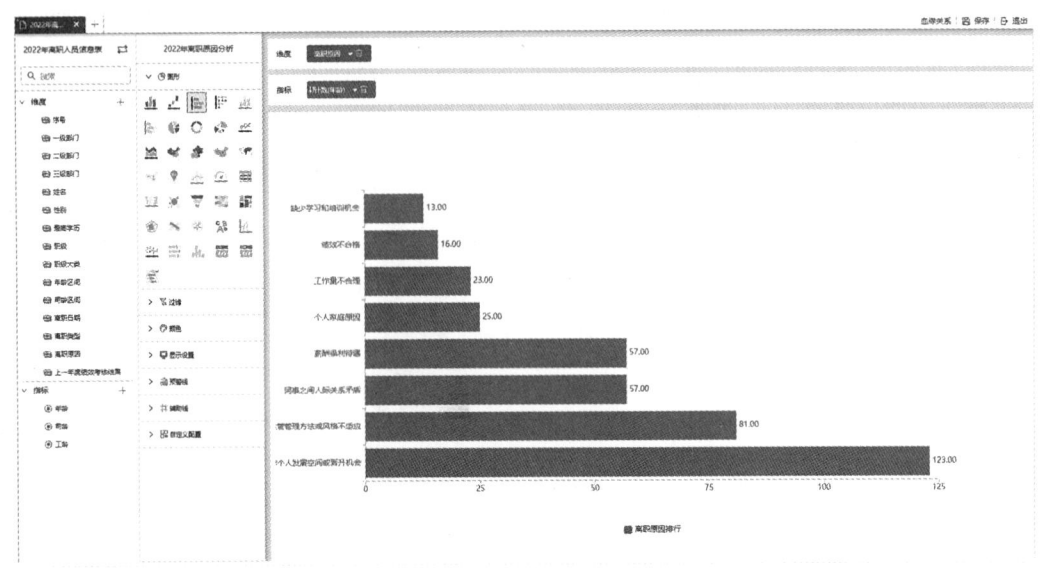

图 8-13 条形图可视化(1)

阅读"2022 年离职人员信息表",观察字段、数据特征;进入数据可视化界面,将维度字段"离职原因""司龄区间"拖拽至维度栏,将指标字段"司龄"拖拽至指标栏;选择图形:热力图,如图 8-14 所示。

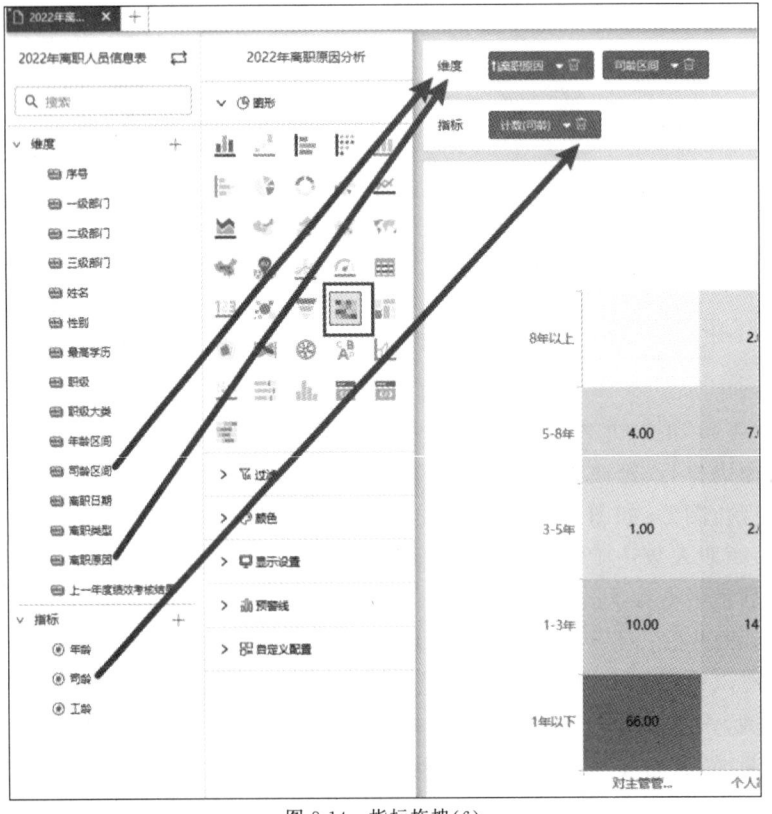

图 8-14 指标拖拽(6)

维度栏"离职原因"按照离职原因进行升序排列;维度栏"司龄区间"进行自定义排序;指标栏"司龄"汇总方式为计数,如图8-15所示;修改可视化图形名称;单击"保存"。

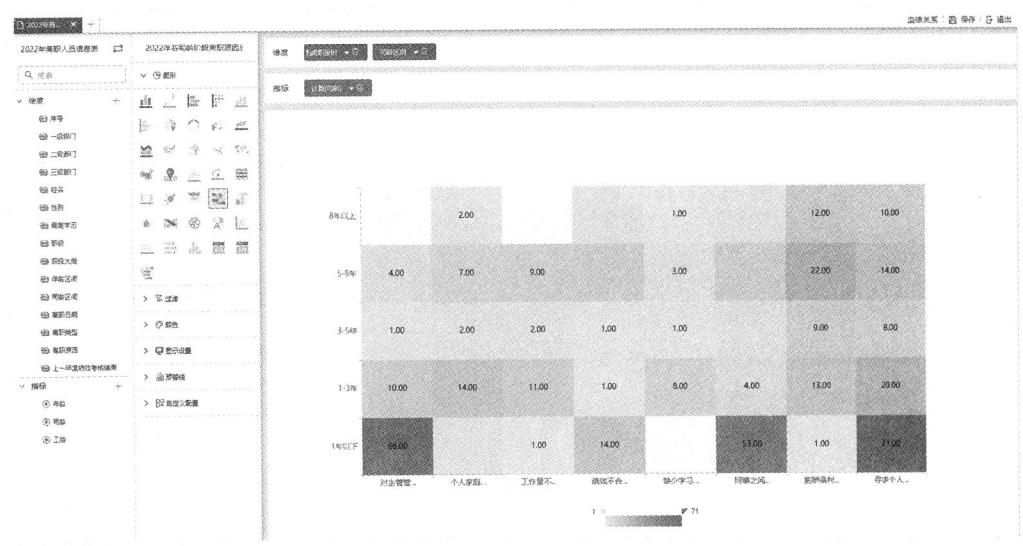

图8-15 热力图可视化(2)

分析可视化图形:司龄一年以下离职原因排前三位的是寻找个人发展空间或晋升机会、同事之间人际关系矛盾、对主管管理方法或风格不适应;而司龄为1~3年的离职原因排前三位的是寻找个人发展空间或晋升机会、个人家庭原因、薪酬和福利待遇。

三、数据可视化交叉分析

1. 业务情况分析

(1) 对2017—2022年公司经营目标完成率、人均人工成本增长率、人均劳动生产率、人均净利润、净利润率、人员增长率、人事费用率等进行可视化分析及环比增长分析

操作手册以针对2017—2022年营业收入/净利润/人工总成本进行可视化分析为例。

单击"开始任务",单击"分析设计",单击"我的故事板",进入画布界面;单击"可视化—新建";选择"数据集—人才盘点—业务数据信息表—2017—2022年业务数据表"。

阅读"2017—2022年业务数据表",观察字段、数据特征;进入数据可视化界面,将维度字段"年份"拖拽至维度栏,将指标栏字段"营业收入万元""净利润万元""人工总成本万元"拖拽至指标栏;选择图形:折线图;如图8-16所示。

维度栏"年份"按照年份进行升序排序。

指标栏"营业收入万元""净利润万元""人工总成本万元"的汇总方式选择求和;指标栏"营业收入万元""净利润万元"人工总成本万元的高级计算选择环比—环比增长率。修改可视化图形名称;单击"保存",如图8-17所示。

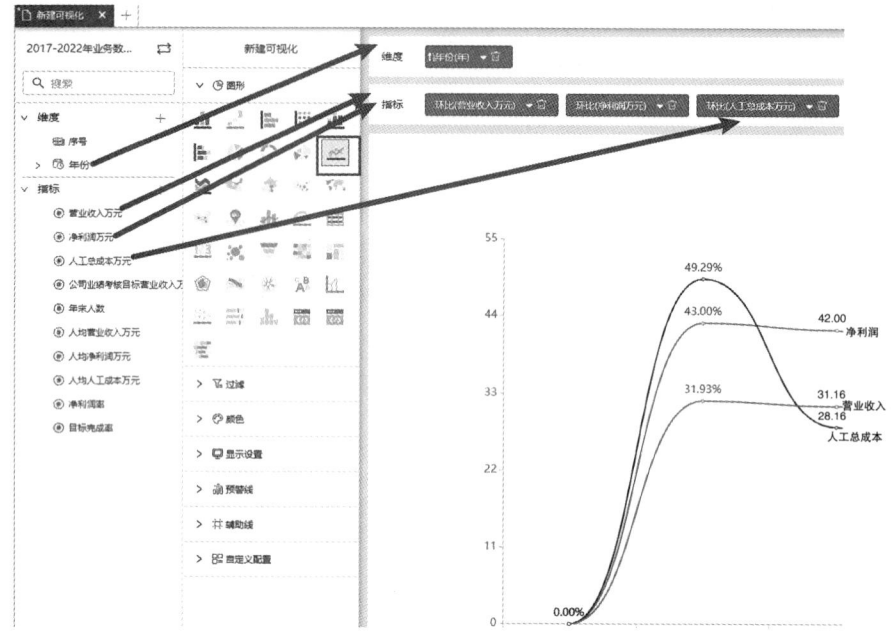

图 8-16 指标拖拽(7)

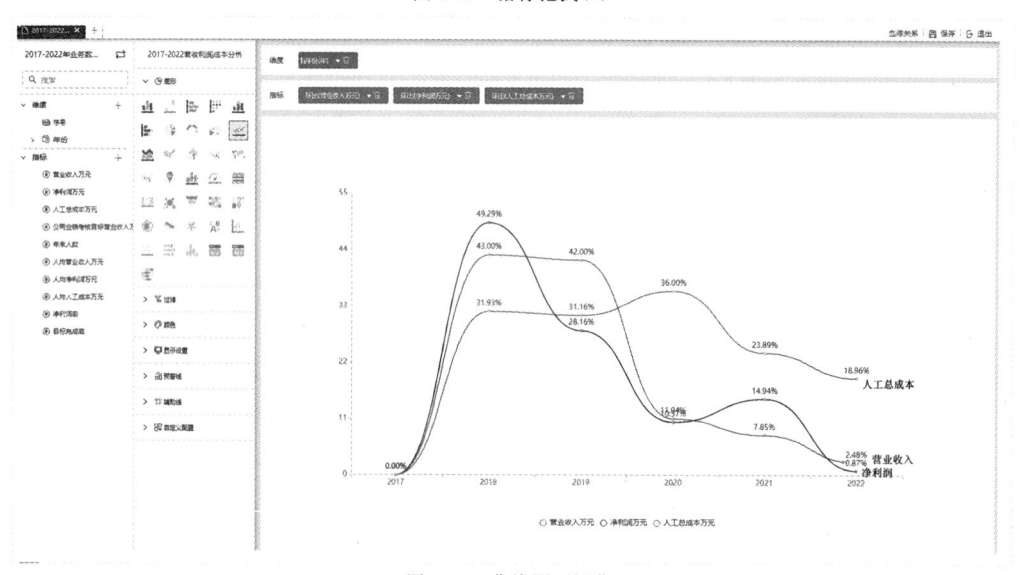

图 8-17 曲线图可视化

分析可视化图形：营业收入从 2020 年开始连续三年暴跌，增长基本停滞，但 2020 年人工总成本大幅增加，2022 年趋缓。

(2)对 2022 年同行业上市公司营业收入、净利润、人工总成本、人均劳动生产率、人均净利润、利润率、人事费用率等进行可视化对比分析

操作手册以针对 2022 年同行业上市公司数据进行可视化分析为例。

单击"开始任务"，单击"分析设计"，单击"我的故事板"，进入画布界面；单击"可视化—新建"，选择"数据集—人才盘点—业务数据信息表—2022 年同行业上市公司数据表"。

阅读2022年同行业上市公司数据表，观察字段、数据特征；进入数据可视化界面，将维度字段"公司"拖拽至维度栏，将指标栏字段"人均营业收入万元""人均净利润万元""人均人工成本万元拖拽至指标栏"；选择图形，条形图；如图8-18所示。

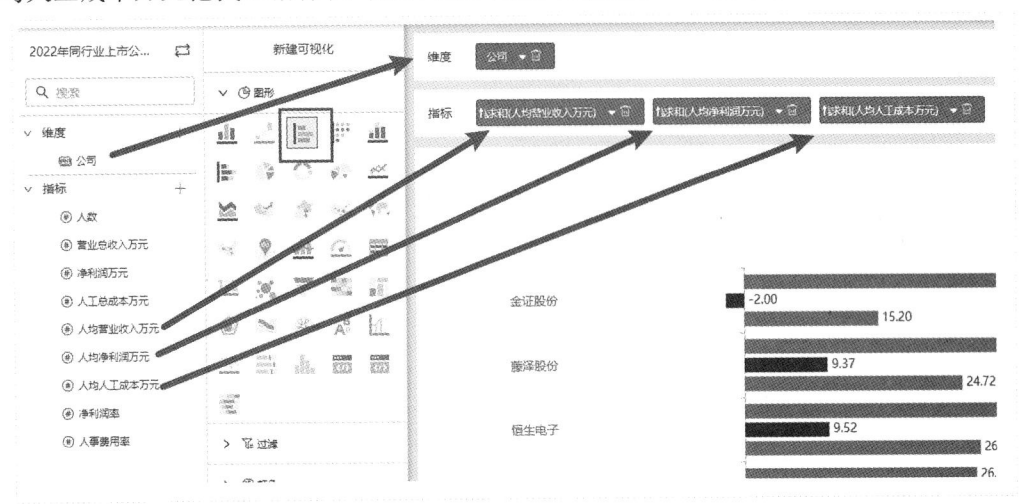

图8-18 指标拖拽（8）

指标栏"人均营业收入万元""人均净利润万元""人均人工成本万元"的汇总方式选择求和；指标栏"人均营业收入万元"按照升序进行排序；修改可视化图形名称，单击"保存"，如图8-19所示。

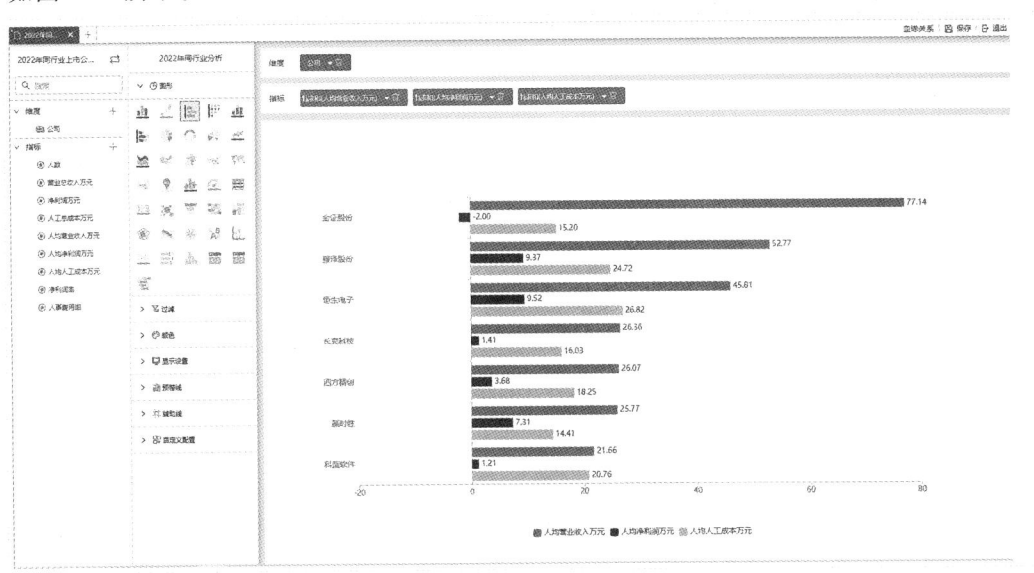

图8-19 条形图可视化（2）

（3）对五个业务部门的经营业绩目标完成率、人均营业收入、人均净利润、净利润率等进行可视化对比分析

操作手册以针对2020—2022年营业收入进行可视化分析为例。

单击"开始任务"，单击"分析设计"，单击"我的故事板"，进入画布界面；单击"可视化—新建"；选择"数据集—人才盘点—业务数据信息表—2020—2022年业务部门数据表"。

阅读"2020—2022年业务部门数据表",观察字段、数据特征;进入数据可视化界面,将维度字段"年份""区域"拖拽至维度栏,将指标栏字段"营业收入万元"拖拽至指标栏;选择图形:柱形图;如图8-20所示。

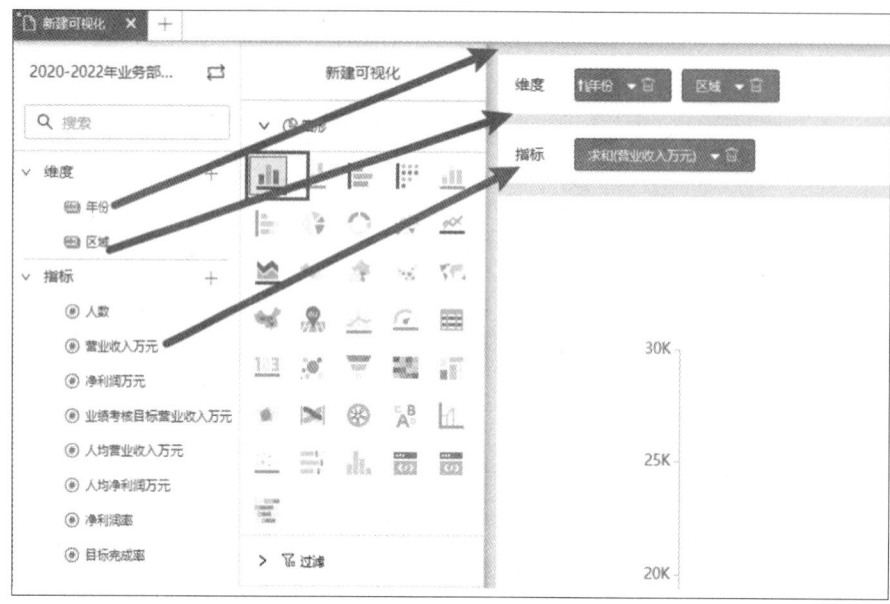

图8-20 指标拖拽(9)

维度栏"年份"按照年份进行升序排序;维度栏"区域"进行自定义排序;指标栏"营业收入万元"的汇总方式选择求和;修改可视化图形名称;单击"保存",如图8-21所示。

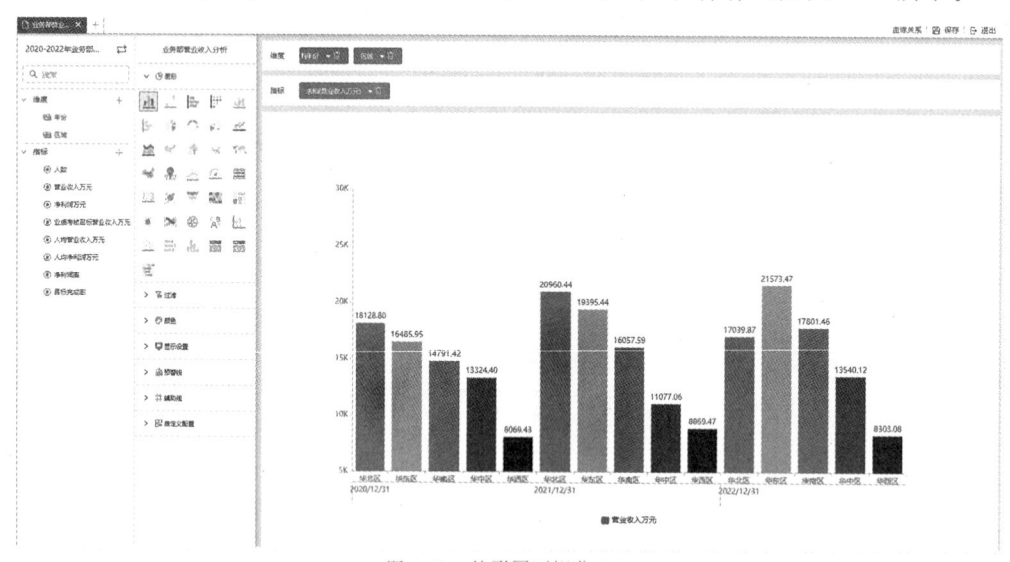

图8-21 柱形图可视化(1)

分析可视化图形:华东区、华北区、华南区收入较高,市场较好,华西区营业收入占比最少。

2. 绩效情况分析

(1)对绩效考核结果进行可视化交叉分析

将2022年人员信息表和2022年绩效考核结果表进行关联。

单击"开始任务",进入分析云界面,单击"数据准备",单击"新建";选择关联数据集,如图 8-22 所示。

图 8-22　关联数据集(1)

名称:2022 年绩效考核关联数据集;

文件夹:我的数据。

单击"数据集—人才盘点—人员基本信息表",将"2022 年人员信息表"拖拽至创建的数据集画布中,如图 8-23 所示。

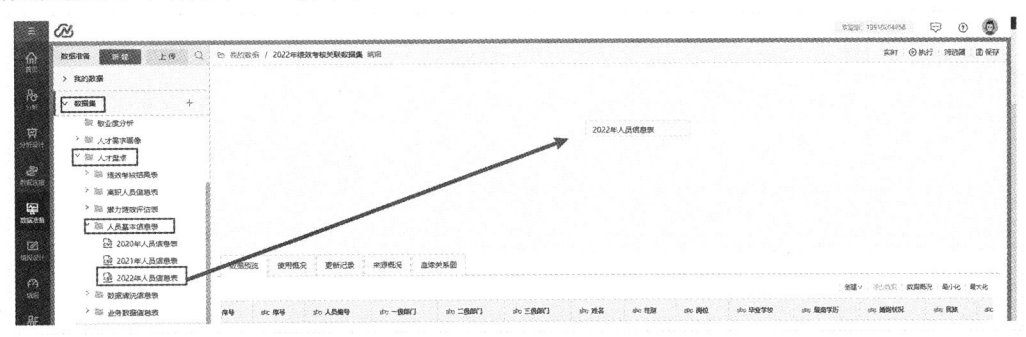

图 8-23　拖拽数据集

单击"数据集—人才盘点—绩效考核结果表",将"2022 年绩效考核结果表"拖拽至创建的数据集画布中。

单击画布中"2022 年人员信息表",单击画布中"2022 年绩效考核结果表",连接数据表,如图 8-24 所示。

图 8-24　关联数据集(2)

连接选择:左连接(连接类型取决于表格连接的内容选择);"2022 年人员信息表"的连接字段选择序号;"2022 年绩效考核结果表"的连接字段选择序号;单击"确定";单击"执行",单击"保存",在数据预览中观察连接好的数据。

在"我的数据"中查看关联好的数据表,如图 8-25 所示。

图 8-25　查看关联数据集

（2）将 2022 年绩效考核结果与学历、职级大类、平均年龄、平均司龄等进行可视化交叉分析

操作手册以针对 2022 年绩效考核结果与职级进行可视化交叉分析为例。

单击"开始任务",单击"分析设计";单击"我的故事板",进入画布界面;单击"可视化—新建";选择"我的数据—2022 年绩效考核关联数据表"。或者直接选择"数据集—人才盘点—绩效考核结果表—2022 年绩效考核关联数据集",阅读"2022 年绩效考核关联数据表",观察字段、数据特征;进入数据可视化界面,将维度字段职级、R_2022 年绩效考核结果"拖拽至维度栏,将指标栏字段"年龄"拖拽至指标栏;选择图形:热力图,如图 8-26 所示。

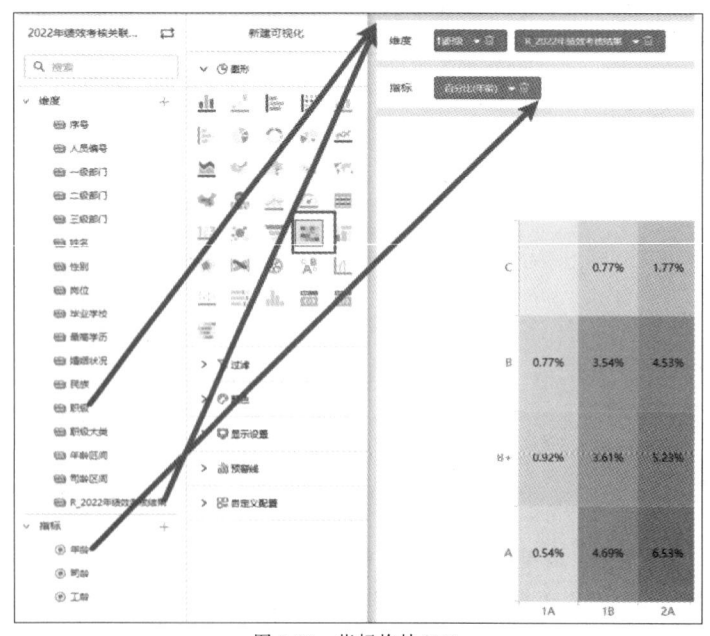

图 8-26　指标拖拽（10）

维度栏"职级"按照职级进行升序排序;维度栏"R_2022年绩效考核结果"进行自定义排序;维度栏"R_2022年绩效考核结果"进行过滤,过滤掉"一";指标栏"年龄"的汇总方式选择计数;指标栏"年龄"的高级计算选择百分比;修改可视化图形名称;单击"保存"。

分析可视化图形:绩效 A、B+、B的职级分布主要集中于1B~3B。

3. 离职情况分析

(1)针对2017—2022年入离职人员数据表将人员流动率、离职率、被动离职率、4A以上关键岗位离职率、1年以下新员工留存率等进行可视化分析

操作手册以针对2017—2022年总离职率、流动率进行可视化交叉分析为例。

单击"开始任务",单击"分析设计";单击"我的故事板",进入画布界面;单击"可视化—新建";选择"数据集—人才盘点—离职人员信息表—2017—2022入离职人员数据表"。

阅读"2017—2022入离职人员数据表",观察字段、数据特征;进入数据可视化界面,将维度字段"年份"拖拽至维度栏,将指标栏字段"总离职率""流动率""R_4A以上人员占总人数比例""R_4A以上人员离职占4A以上人员比例"拖拽至指标栏;选择图形:折线图,如图8-27所示。

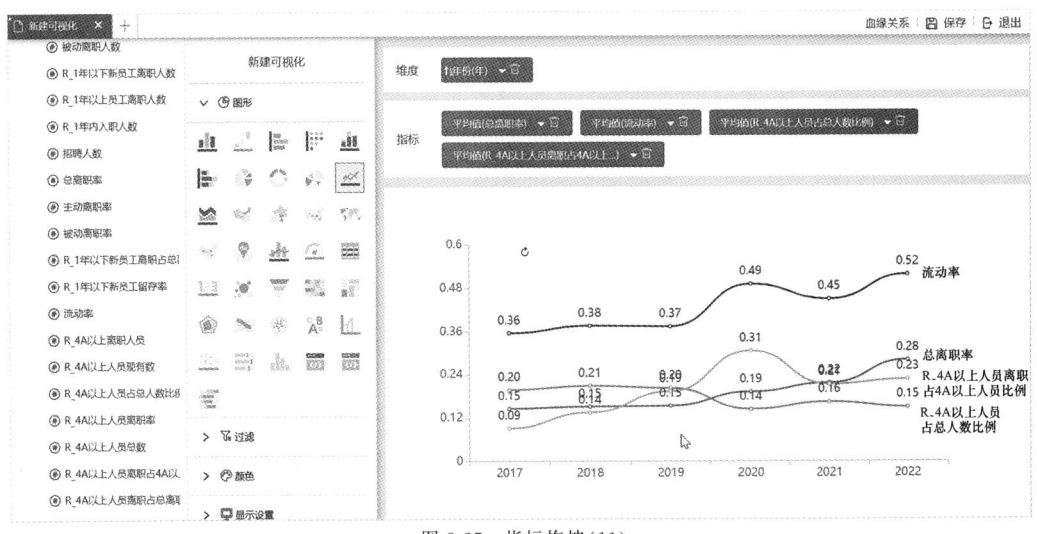

图8-27 指标拖拽(11)

维度栏"年份"按照年份进行升序排序;指标栏"总离职率""流动率""R_4A以上人员占总人数比例""R_4A以上人员离职占4A以上人员比例"的汇总方式选择平均值;修改可视化图形名称;单击"保存"。

分析可视化图形:总离职率自2017—2022年出现明显的波动和逐年上升的趋势。流动率在2017—2019年表线平缓,2019—2020年呈明上升,2020—2022年呈现波动变化。

(2)对离职人员的绩效、离职原因、职级大类、司龄区间等进行可视化交叉分析

操作手册以针对2022年离职人员绩效分布进行可视化交叉分析为例。

单击"开始任务",单击"分析设计";单击"我的故事板",进入画布界面;单击"可视化—新建";选择"数据集—人才盘点—离职人员信息表—2022年离职人员信息表"。

阅读"2022年离职人员信息表",观察字段、数据特征;进入数据可视化界面,将维度

字段"上一年度绩效考核结果"拖拽至维度栏,将指标栏字段"年龄""司龄"拖拽至指标栏;选择图形:双轴图,如图8-28所示。

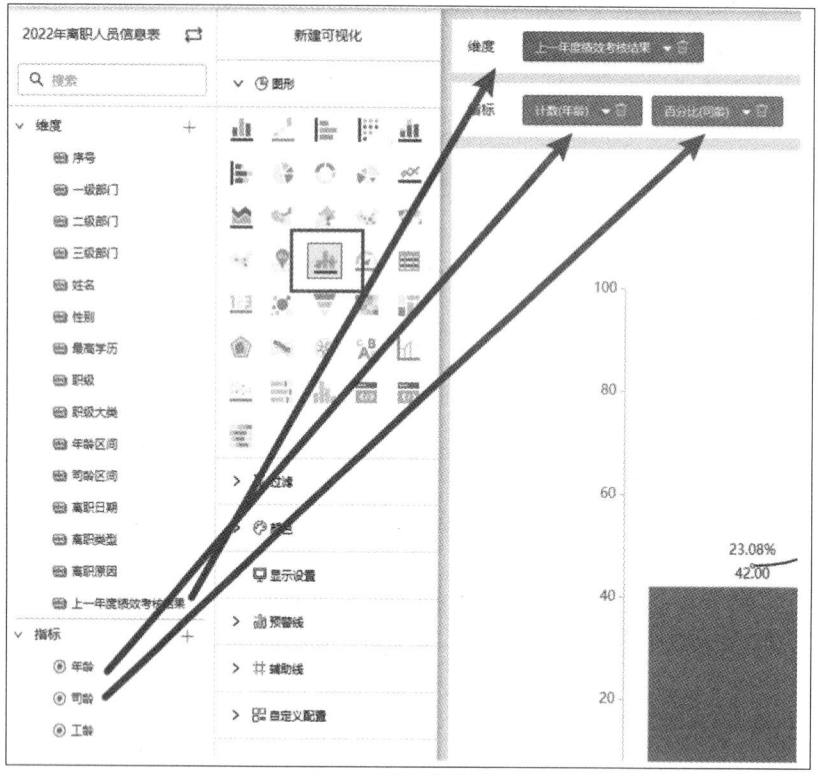

图 8-28　指标拖拽(12)

维度栏"上一年度绩效考核结果"进行自定义排序;维度栏"上一年度绩效考核结果"进行过滤,过滤掉"—";指标栏"年龄"为主轴,汇总方式选择计数;指标栏"司龄"为次轴,汇总方式选择计数,高级计算选择百分比、整表。

修改可视化图形名称;单击"保存"。

分析可视化图形:2022年绩效为B+的离职人员最多。

第四节　数据挖掘分析

一、基本功能

数据挖掘分析包括五个步骤:选择数据源、配置模型、开始建模、选择预测数据、开始预测,如图8-29所示。

步骤一:单击"选择数据源",选择"挖掘工具操作示例数据.xlsx"文件,单击"保存"。上传数据源分为内置文件和上传文件,选择内置文件后需要单击"保存"。单击"+"上传数据文件后,单击"保存",文件格式:xls、xlsx。

第八章 人才盘点

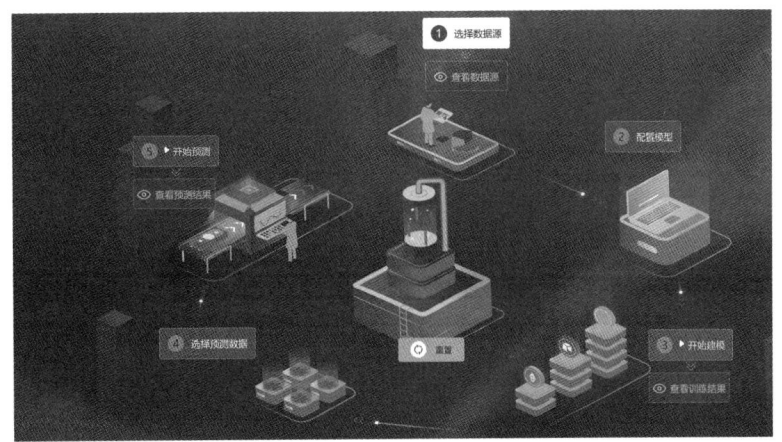

图 8-29　数据挖掘分析步骤

数据上传完成后,单击"查看数据源",切换到数据预览的界面,如图 8-30 所示。其中,可手动修改加载行数,最大值为 1 000,修改后单击"确定"。

图 8-30　查看数据源

步骤二:在主界面选择"配置模型",选择"线性回归"模型,依次选择自变量为"年龄""工龄""基本工资",因变量为"年薪",单击"保存"。

用户根据上传的数据源或者内置文件来选择合适的模型,可供选择的模型有线性回归、朴素贝叶斯、决策树、K-Means、主成分分析、词云、词频和主题分析等。

用户通过单击对应模块图标就可以完成模型的选择。不同的模型会出现不同的参数变量,用户根据提示完成变量填写,具体步骤为:单击"＋"添加字段,页面跳转到图 8-31 所示样式,勾选相应字段,单击"确定"即可。

步骤三:单击"训练模型",开始模型的训练。模型训练结束后,单击"查看训练结果"。

步骤四:返回主界面,单击"选择预测数据",选择预置的"预测数据.xlsx",单击"保存"(图 8-32)。

步骤五:单击主界面"开始预测",等待预测过程结束。

步骤六:单击"查看预测结果",单击"下载"可导出数据。

图 8-31　选址字段

图 8-32　上传数据

二、聚类挖掘

1. 对公司绩效考核结果进行聚类分析

步骤一：选择数据源。

单击"开始任务"，进入数据挖掘界面。单击"选择数据源"，单击"上传数据"或单击下拉菜单，选择"2022年员工绩效考核数据清洗结果表.xlsx"，单击"保存"，单击"查看数据源"，观察数据字段有哪些特征。

步骤二：配置模型。

根据对案例业务问题的分析，应用聚类算法建立模型并优化模型。单击"配置模型"，如图8-33所示，单击"聚类分析—K-Means"。

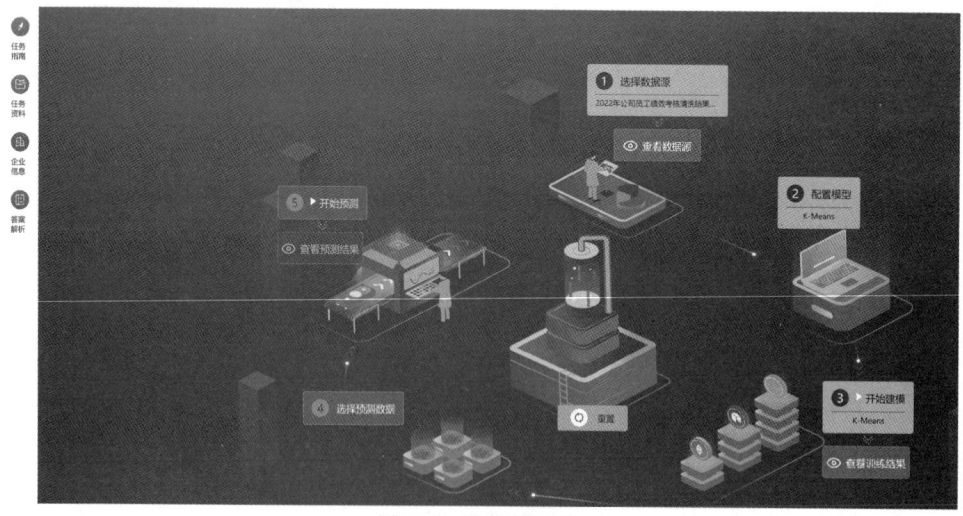

图 8-33　聚类分析(1)

针对聚类算法（K-Means）选取适宜的变量、合适的参数进行聚类分析，要求聚类变量均为数值型变量。这里以变量年龄、司龄、工龄、绩效为例，建立变量年龄、司龄、工龄、绩效的 K-Means 算法模型，判断模型是否合适；单击聚类变量的"＋"号，将"年龄""司龄""工龄"和"2022绩效考核结果"勾选入已选数据，如图8-34所示。（注：变量必须为数值型变量。)

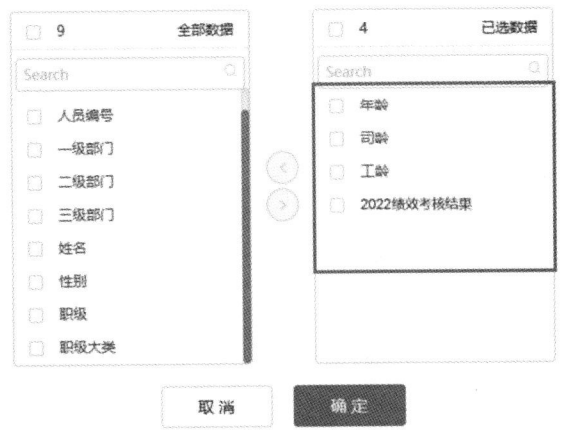

图 8-34 选择变量聚类

聚类个数范围录入"1""8",单击"计算",如图 8-35 所示。

图 8-35 聚类个数范围

按照肘部法则,判断最佳聚类个数。计算结果显示在横坐标 3 的位置,变化趋势最大,判断最佳聚类个数为 3,如图 8-36 所示。

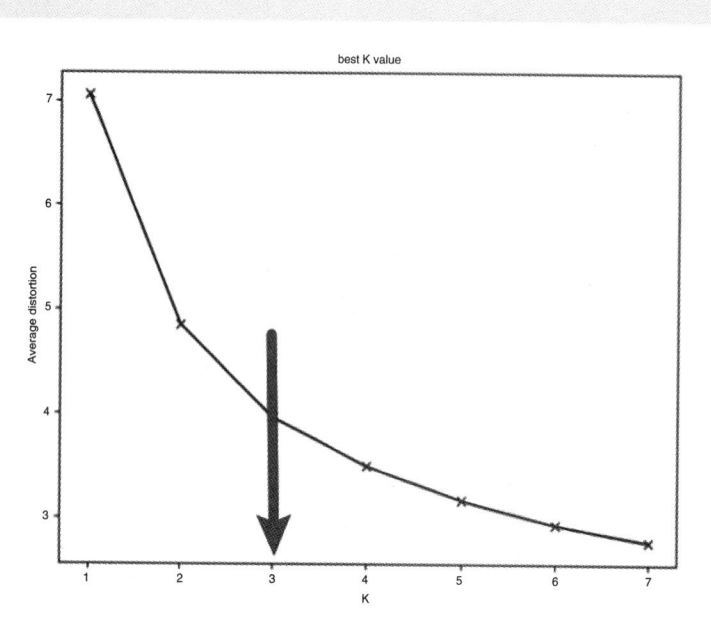

图 8-36　最佳聚类个数

输入最佳聚类个数 3,单击"保存",如图 8-37 所示。

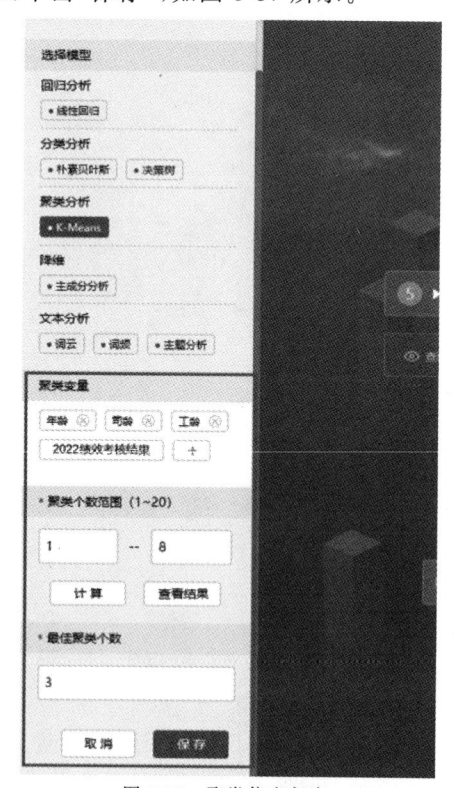

图 8-37　聚类信息保存

步骤三:建立模型,判断聚类结果,优化模型。

单击"开始建模";建模成功后,单击"查看训练结果—分析聚类结果",如图 8-38 和图 8-39 所示。

图 8-38 聚类结果信息图

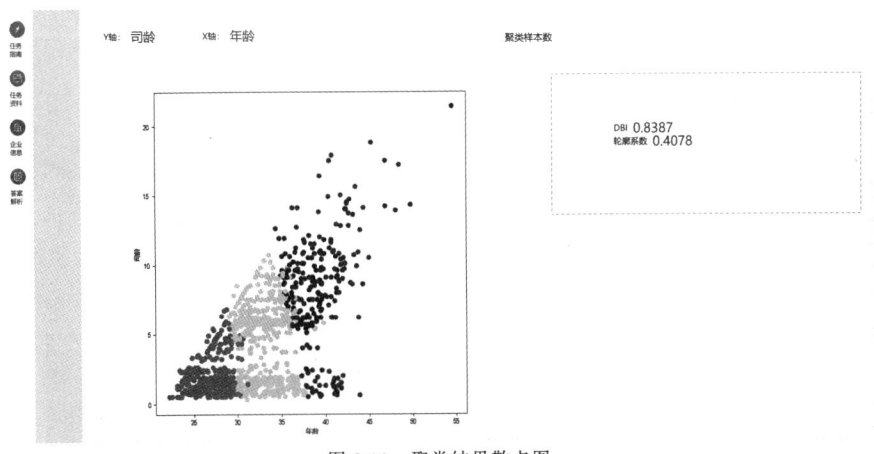

图 8-39 聚类结果散点图

按照聚类 K-Means 算法的判断标准,DBI 系数数值越低聚类效果越具有代表性,轮廓系数越高(接近1)聚类效果越好,越能代表共同性;在年龄、司龄、工龄、绩效的模型中,DBI 为 0.873 8,轮廓系数为 0.397 8,此时可以依据判断标准,调整参数优化模型。

操作手册中将不对模型优化做进一步说明;确定模型后,将聚类结果导出;将 Excel 表进行调整,将"年龄""司龄""工龄""绩效考核"的数字格式调整为数值,如图 8-40 所示。(注:还可以聚类分析职级绩效等为参数。)

图 8-40 数字格式调整

2. 数据挖掘——部门绩效

对云平台部或华北区人员绩效进行聚类分析。

步骤一：选择数据源。

单击"开始任务"，进入数据挖掘界面；单击"选择数据源"，单击"上传数据"，将数据清洗任务中清洗的"公司 2022 年人员绩效考核结果"，筛选出"华北区人员绩效考核清洗结果"，上传云平台。选择"云平台部 2022 年绩效考核清洗结果表.xlsx"，单击"保存"，如图 8-41 所示；单击"查看数据源"，观察数据字段有哪些特征。

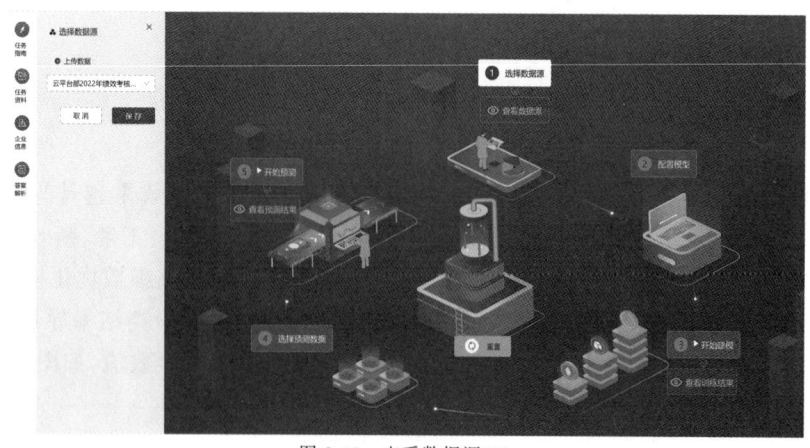

图 8-41 查看数据源（2）

步骤二：配置模型。

根据对案例业务问题的分析，应用聚类算法建立模型并优化模型；单击"配置模型"，单击"聚类分析—K-Means"，如图 8-42 所示。

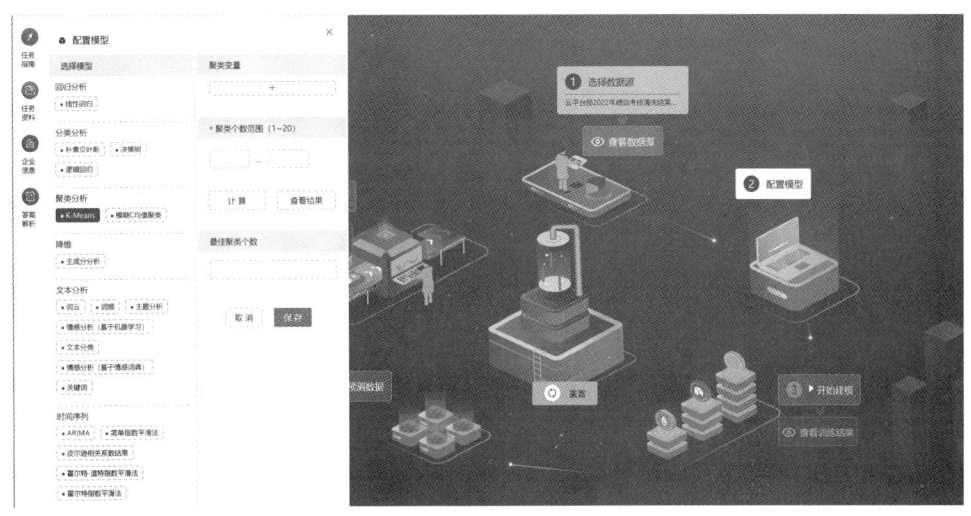

图 8-42 聚类分析(2)

针对聚类算法(k-Means)选取适宜的变量、合适的参数进行聚类分析，要求聚类变量均为数值型变量；操作手册以云平台部年龄、司龄、工龄与绩效为例，建立变量年龄、司龄、工龄与绩效的 K-means 算法模型，判断模型是否合适；单击聚类变量的"＋"，将"年龄""司龄""工龄""2022绩效考核结果"勾选入已选数据，如图 8-43 所示。（注：变量必须为数值型变量。）

图 8-43 选址字段(2)

聚类个数范围，录入"1""15"；单击"计算"。按照肘部法则，判断最佳聚类个数；计算结果在横坐标 3 的位置变化趋势最大，因此判断最佳聚类个数为 3。输入最佳聚类个数 3，单击"保存"。

步骤三:建立模型,判断聚类结果,优化模型。

单击"开始建模";建模成功后,单击"查看训练结果",如图 8-44 所示。

聚类结果

聚类样本数:

聚类1	57
聚类2	42
聚类3	30

	年龄	司龄	工龄	2022绩效考核结果	分类
0	24.4	2.3	2.3	4	1
1	25.3	2.3	2.3	4	1
2	24.2	2.3	2.3	4	1
3	23.9	2.3	2.3	3	1
4	24.2	2.3	2.3	4	1
5	25.3	2.3	2.3	4	1
6	24.4	2.4	2.4	5	1
7	25.4	2.6	2.6	2	1
8	25.4	2.6	2.6	4	1
9	25.4	2.6	2.6	4	1

图 8-44 聚类分析信息图

按照聚类 K-Means 算法的判断标准,DBI 系数数值越低聚类效果越具有代表性,轮廓系数越高(接近1)聚类效果越好,越能代表共同性。

年龄、司龄、工龄、绩效的模型 DBI 为 0.8,轮廓系数为 0.4189(图 8-45),此时可以依据判断标准调整参数优化模型。

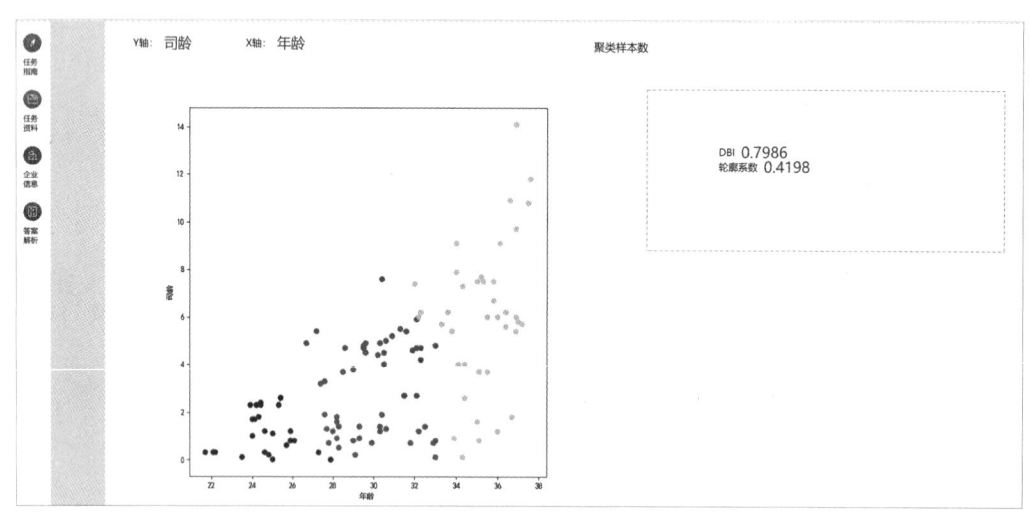

图 8-45 聚类分析散点图

操作手册中将不对模型优化做进一步说明。确定模型后,将聚类结果导出;将 Excel 进行调整,将"年龄""司龄""工龄""绩效"的数字格式调整为数值,如图 8-46 所示。(注:还可以上传华北区数据进行聚类分析。)

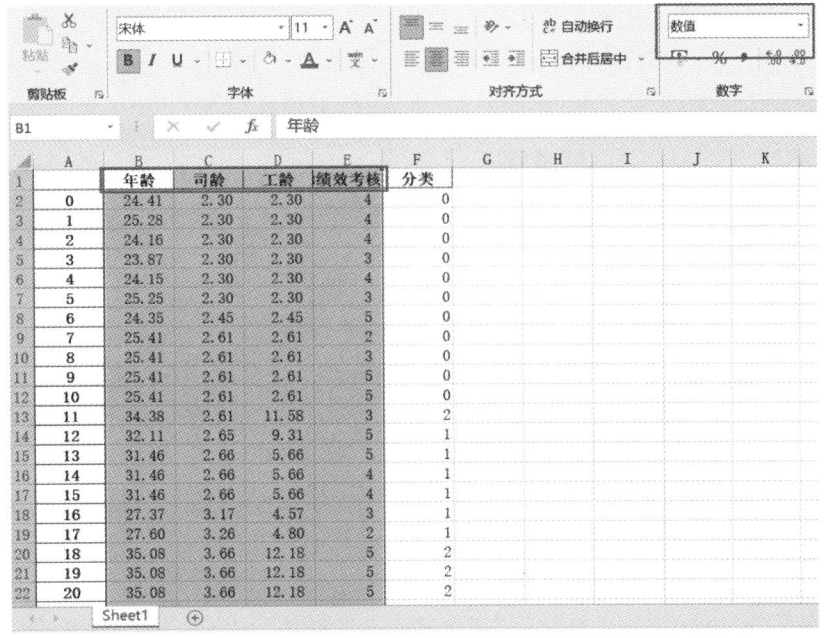

图 8-46 数据格式调整

3. 数据可视化分析——绩效聚类

(1) 对公司绩效聚类结果进行可视化分析

以"08 操作手册数据挖掘——公司绩效"中聚类年龄、司龄、工龄、绩效的结果为例加以介绍。

步骤一:聚类结果数据上传。

单击"开始任务"进入用友分析云界面;单击"数据准备—上传";选择聚类后将年龄、司龄、工龄与绩效数据上传;并将上传数据保存在"我的数据"文件夹中;单击"确定"。

步骤二:可视化聚类结果。

单击"分析设计",单击"我的故事板",进入画布界面;单击"可视化—新建"单击"选择数据集—我的数据—Sheet1 聚类后年龄司龄工龄绩效数据表",如图 8-47 所示。

图 8-47 聚类后"年龄""司龄"绩效数据表

阅读"Sheet1_聚类后年龄司龄工龄绩效数据表",观察字段、数据特征;进入数据可视化界面,将维度字段"分类"拖拽至维度栏,将指标字段"年龄""司龄""工龄"拖拽至指标栏;选择图形:柱状图;指标栏年龄、绩效、司龄、工龄汇总方式为平均值,如图8-48所示。

图 8-48　指标汇总方式

对指标栏"R_2022绩效考核结果"创建过滤,过滤掉绩效结果为"0"的数据(因为绩效为"0"的情况是新员工,没有参与绩效考评,需要过滤掉,否则影响平均结果)。

过滤条件:R_2022绩效考核结果—不等于—0;指标栏"R_2022绩效考核结果"按照降序进行排序;修改可视化图形名称;单击"保存",如图8-49所示。

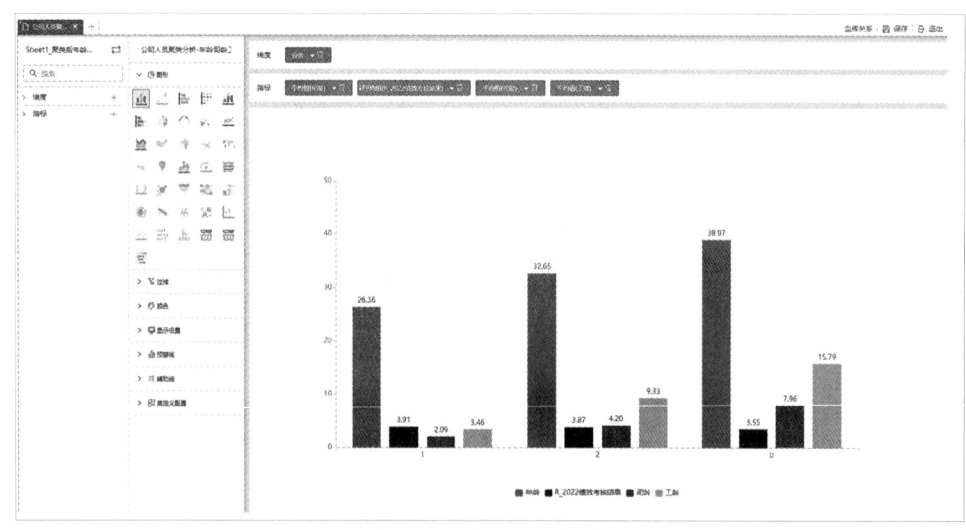

图 8-49　柱形图可视化(2)

分析可视化图形:

公司人员年龄、司龄、工龄与绩效考核结果呈反向关系,年龄26岁左右、司龄2年左右的员工绩效最好;平均年龄约39岁,平均司龄近8年的员工绩效成绩相对落后。

(2)对"云平台部绩效考核聚类结果"或"华北区绩效考核聚类结果"进行可视化分析

以"09 操作手册数据挖掘——部门绩效"中云平台部聚类年龄、司龄、工龄与绩效为例进行介绍。

步骤一：聚类结果数据上传。

单击"开始任务"进入用友分析云界面；单击"数据准备—上传"；选择聚类后云平台部年龄、司龄、工龄与绩效数据上传；并将上传数据保存在"我的数据"文件夹中；单击"确定"。

步骤二：可视化聚类结果。

单击"分析设计"，单击"我的故事板"，进入画布界面；单击"可视化—新建"；单击"选择数据集—我的数据—Sheet1_聚类后云平台部年龄司龄工龄与绩效数据表"，如图8-50所示。

阅读"Sheet1_聚类后云平台部年龄司龄工龄与绩效数据表"，观察字段、数据特征；进入数据可视化界面，将维度字段"分类"拖拽至维度栏，将指标字段年龄"司龄""工龄""拖拽"至指标栏；选择图形，柱状图，如图8-51所示。

指标栏年龄、绩效、司龄、工龄汇总方式为平均值；指标栏 R_2022 绩效考核结果创建过滤，过滤掉绩效结果为"0"的数据（因为绩效为"0"的情况是新员工，没有参与绩效考评，需要过滤掉，否则影响平均结果）。

图 8-50　聚类后云平台部年龄、工龄、司龄与绩效数据表

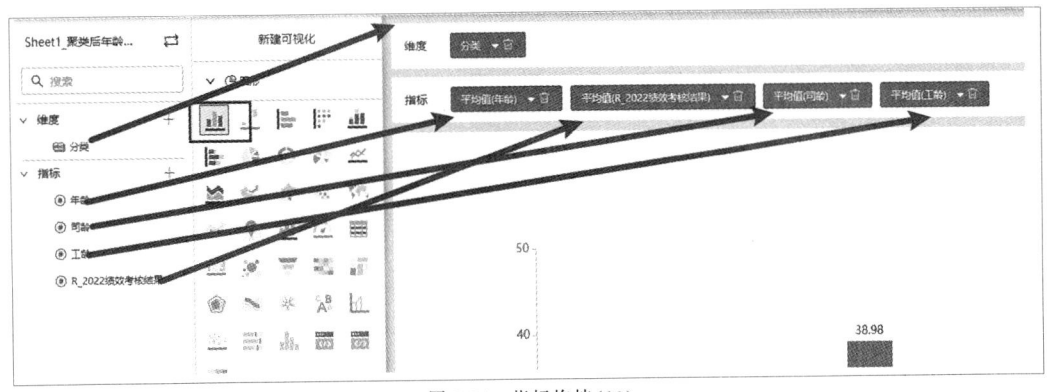

图 8-51　指标拖拽（13）

维度栏"分类"按照分类进行升序排列；修改可视化图形名称；单击"保存"。

分析可视化图形：

云平台部人员中平均年龄 30 岁左右、工龄 7 年左右、司龄 3 年左右的员工绩效考核结果最好；平均年龄 35 岁左右、工龄 12 年左右、司龄 6 年左右的员工绩效考核结果较好；平均年龄 25 岁左右、工龄 2.5 年内、司龄 2 年内绩效考核结果相对落后。

（注：还可以对华北区绩效考核聚类结果进行可视化分析。）

三、人员潜力评估[①]

1. 理论背景

随着企业经营者的职业化和市场化发展，经营者的选拔和考核被认为是影响企业通过人力资源管理获取竞争优势的重要途径，因此，经营者胜任力测评越来越受到国内外学者、企业界及政府管理部门的广泛关注。

随着胜任力管理体系的建立，新的测评技术不断被开发出来。目前，得到广泛应用的测评技术主要有心理测验、面试、行为事件访谈法以及评价中心。

（1）心理测验。主要包括认知行为测验、人格测验、速度测验和难度测验等。其优点在于操作简便，记分和解释比较客观，而且反馈迅速；缺陷在于组织心理测验往往耗时耗力。

（2）面试。面试包括结构化面试和非结构化面试两种。其优点在于能够得到比较全面的信息，设计周期比较短，而且使用比较灵活，有利于信息交流；缺陷在于局面难以控制，效率较低，易受主观因素影响等。

（3）行为事件访谈法。该方法是通过对具体行为事件的访谈，来识别符合岗位要求和职业标准的胜任素质，以此建立胜任素质模型。

（4）评价中心。评价中心是一种由管理人员、监督人员以及受过培训的心理学家组成测评小组，让应聘者经受 2～4 天的测试训练，从而评价其胜任能力的方法。评价中心包含的主要方法有公文筐测验、口头表达测验、角色模拟、无领导小组讨论等。

2. 可视化分析

以公司九宫格分布为例，操作步骤如下：

单击"分析设计"，单击"我的故事板"，进入画布界面。

单击"可视化—新建"，单击"选择数据集—人才盘点—潜力绩效评估表—2022 年人员潜力绩效评估表"。

阅读"2022 年人员潜力绩效评估表"，观察字段、数据特征。

进入数据可视化界面，将维度字段"绩效得分区间""潜力得分区间"拖拽至维度栏，将指标字段"姓名"拖拽至指标栏。

选择图形：热力图。

维度栏"绩效得分区间""潜力得分区间"创建过滤，过滤掉绩效得分为"0"的数据。

过滤条件：绩效得分区间—不等于—0。

[①] 赵曙明，杜娟.企业经营者胜任力及测评理论研究[J].外国经济与管理,2007(01):33-40.

维度栏绩"效得分区间""潜力得分区间自定义排序"。

指标栏"姓名"汇总方式为计数。

在"显示设置"上标注"X 轴"和"Y 轴"名称,"X 轴"为绩效,"Y 轴"为潜力。

修改可视化图形名称。

单击"保存",分析可视化图形。

四、人员接替计划[①]

1. 理论背景

根据企业的战略要求,明确企业的继任需求,通过实施以下程序,最终确定企业继任者,实现企业人才的平稳过渡。

(1)明确企业战略,确认企业的核心能力。企业的战略决定了哪些岗位是企业的关键岗位。通过对企业核心能力的分析,确定哪些是关键岗位以及对于处在关键岗位上的管理者的基本要求。企业的战略只有分解、转变为明确关键岗位的职责,才能够保证企业核心能力的充分发挥和企业战略的顺利实现。因此评估关键岗位,识别在关键岗位上的人应该具备怎样的能力是实施继任计划和保障企业人才持续供给的基础。

(2)确认关键岗位的胜任力模型,包括专业技能、能力以及领导力水平。胜任力模型不仅关注外在的知识和技能,更关注隐性的动机、价值观等方面,通常知识和技能是可以通过学习得到的,但是价值观的形成并非一朝一夕,人的性格也很难通过学习而完全改变。隐性的部分是导致高绩效人员与普通绩效人员的能力差异的主要因素。企业可通过行为事件访谈等方法,建立关键岗位管理者的胜任力模型,细化对管理者各项素质的要求,并对行为和结果进行跟踪、定义和细化后,说明对未来管理者的配置需求,为继任者候选人的选拔和培训提供依据。

(3)盘点现有人才,评估现有人才的优势、劣势。对于进入继任者候选人范围的员工,企业需要对其进行现有能力和发展潜力的评估。继任人才评估以关键岗位的胜任力模型为基础,制定全面的评价指标体系,并选取具有较高信效度的测评方法。此外,对高潜力人员实施评估的评估者应熟练掌握和运用评估方法,保证评估过程的公开、公正、公平。通过全面的评估,最终确定继任者的人才库,并根据关键岗位胜任力模型与进行评估测评的继任者候选人现有的能力对比,找出需要改进和加强的部分,从而进行有针对性的培养。

(4)制订、实施员工的职业发展规划。对继任候选人实施有针对性的培训和制订发展计划。这一环节直接影响整个继任计划的实施。企业充分利用现有资源,制订符合继任者特点的培训计划,通过导师辅导制、岗位轮换、参与项目等方法,继任者得到全面的锻炼,在实战中不断提升继任者候选人的素质。

(5)跟踪和评估机制。在执行继任者候选人的培训和发展计划一段时间后,由相关负责人对继任者候选人的绩效以及培训效果等进行跟踪和评估,并及时与继任者候选人进

---

① 万弘. Y 公司人才管理与继任者计划案例研究[D].中国海洋大学,2012.

行沟通。定期召开由高层管理者参与的继任者评估会议,提供各岗位管理者的继任者候选人的详细资料与调查评估报告,全面考察继任者候选人的发展状况。同时,通过各种非正式沟通以及员工的反馈,全面了解继任者候选人的性格、价值观以及解决问题的能力等。

2. 可视化分析

以云平台部人员接替计划为例,进行可视化分析的步骤如下:

步骤一:绘制云平台部具体人员潜力绩效九宫格。

(1)单击"开始任务",进入用友分析云界面。

(2)单击"分析设计",单击"我的故事板",进入画布界面。

(3)单击"可视化—新建",单击"选择数据集—人才盘点—潜力绩效评估表—2022年人员潜力绩效评估表"。

(4)阅读"2022年人员潜力绩效评估表",观察字段、数据特征。

(5)进入数据可视化界面,将维度字段"二级部门""姓名""绩效得分区间""潜力得分区间"拖拽至维度栏,将维度字段"序号"拖拽至指标栏。

(6)选择图形:表格。

(7)维度栏"二级部门""绩效得分区间""潜力得分区间"创建过滤。

(8)过滤条件:二级部门—包含—云平台部;绩效得分区间—包含—4(含)—5分;潜力得分区间—包含—4(含)—5分。

(9)指标栏"序号"汇总方式为计数。

(10)指标栏"序号"指标设置显示名为人数。

(11)修改可视化图形名称。

(12)单击"保存",分析可视化图形。

步骤二:绘制云平台部接替计划:云平台部高级技术总监的接替人员名单和层级。

(1)在步骤一表格的基础上,维度栏增加"绩效得分""潜力得分""职级"。

(2)维度栏"职级"按照职级进行降序排序。

(3)分析可视化图形。

步骤三:绘制云平台部接替计划:云平台部技术经理邵绍辉的接替人员名单和层级。

(1)在步骤二表格的基础上,取消"绩效得分区间""潜力得分区间"的过滤(分析所有绩效区间)。

(2)维度栏"岗位"创建过滤。

(3)过滤条件:岗位—等于—技术经理。

(4)维度栏绩效"得分"和"潜力得分"按照降序排序。

(5)分析可视化图形。

步骤四:绘制云平台部接替计划:云平台部高级技术开发专家的接替人员名单和层级。

(1)在步骤三表格的基础上,将维度栏"岗位"的过滤调整为高级技术开发专家。

(2)过滤条件:岗位—等于—高级技术开发专家。

(3)分析可视化图形。

步骤五：绘制云平台部接替计划：云平台部技术开发专家的接替人员名单和层级。
(1)在步骤四表格的基础上,将维度栏"岗位"的过滤调整为技术开发专家。
(2)过滤条件：岗位—等于—技术开发专家。
(3)分析可视化图形。
步骤六：绘制云平台部接替计划：云平台部技术开发专家的后备人员。
(1)在步骤五表格的基础上,将指标栏"岗位"的过滤调整为高级开发工程师。
(2)过滤条件：岗位—等于—高级开发工程师。
(3)分析可视化图形。
步骤七：分析云平台部接替计划。
(1)在步骤六表格的基础上,将维度栏"岗位"的过滤调整所有骨干人员岗位。
(2)将指标栏"年龄""司龄""工龄"拖拽至指标栏,汇总方式为平均值。
(3)分析可视化图形。

第五节　项目分析报告

当前,人才盘点越来越成为企业"选、育、用、留"的重要工具,它通过对战略及组织发展的审视,从多角度对内部人才做出评价,帮助企业管理者了解组织人才现状及与未来业务发展要求之间的差距,进而帮助企业采取针对性措施缩小差距,以满足战略发展的需要。盘点报告作为盘点结果反馈的直接载体,发挥着"承上启下"的重要作用。"承上"意指人才盘点报告是对上一阶段盘点工作的总结；"启下"则指盘点报告是人才盘点过后人才招聘、人才激励、人才培养等一系列人才管理措施的指南针。既然人才盘点报告如此重要,那么具体实操过程中应如何撰写？报告中应重点呈现哪些内容？如何通过一份报告让领导清楚知道人才盘点的"来龙去脉"？

依据人才盘点"目标－现状－差距－措施"的闭环逻辑,可以演绎出人才盘点报告的逻辑框架。

一、战略目标"看未来"

基于企业的战略目标,进行能够支撑企业战略目标实现的人才需求分析,主要包括数量需求分析和质量需求分析两个维度,同时可依据企业实际情况进行人才梯队建设目标等方面的分析。

1、数量需求分析

数量需求分析包括对公司全员的数量需求、核心岗位人员的数量需求、不同梯队人员的数量需求等进行分析,是从公司的战略出发,对人员数量进行的整体性规划。

2、质量需求分析

质量需求分析一般以素质和业绩现状为参考,制定具有实现可能性的各素质项及业绩提升目标,为人才质量的进一步提升"加足火力"。

3、人才梯队建设目标

人才梯队建设目标即企业对内部人才梯队搭建的规划,包括管理岗位及核心岗位的人才储备及培养等。

二、人才盘点"看现状"

人才盘点现状分析是盘点报告的主体部分,整体遵循"总-分"结构或"分-总"结构(下文以"总-分"结构为例进行分析),主要包括盘点回顾与发现、人才数量现状盘点、人才质量现状盘点、离职风险与继任者分析四个部分。

1、盘点回顾与发现

"盘点回顾"是盘点报告撰写之初的"前情回顾",是对从素质模型标准建立、线上测评至线下校准等一系列盘点动作的回顾梳理。通过盘点回顾,可以对盘点的全流程有整体上的概念。

"盘点发现"是对盘点结果的总结性提炼,即"总-分"结构中的"总"。这部分是对人才数量盘点结果、人才质量盘点结果、离职风险与继任者等维度核心结论的呈现,可以言简意赅地总结出企业当下人才方面的优势与不足,为后续各维度的详细分析起到提纲挈领的作用。

2、人才数量现状盘点

人才数量盘点主要从层级、学历、年龄、司龄、序列等多维度进行人员梳理,由此可以对企业当下层级结构、人员学历素质结构、年龄结构、人员稳定性、序列人员分布等信息有全面的了解,进而从数量维度诊断企业当下人员现状、发现优势与可能存在的问题。

3、人才质量现状盘点

(1)质量盘点

人才质量盘点包括"素质"和"业绩"两个维度。借助"人才盘点九宫格"工具,可以从公司层面梳理出企业当下"价值创造者""不胜任员工"的名单及所占比例,同时结合企业所处的发展时期与特征,可以对人员质量现状有一个整体判断。除从公司层面的整体性质量判断外,还可以通过部门挂图的方式,从部门视角对人员质量进行梳理,进而可以判断出不同部门内的人才现状。

(2)素质盘点

素质盘点以各素质项均分为分析基础,均分的高低代表着素质项的强弱。通过这种将素质项量化的方式,可以较为清晰直观地反映出各序列人员较为优势的素质项与较为薄弱的素质项,从而采取针对性措施提升薄弱素质项,进而全面提升人员素质。

(3)业绩盘点

业绩盘点主要从"工作贡献度""工作及时性""工作质量"三个维度对不同层级人员的业绩表现进行分析。基于这种分层分类的分析,一方面可以看出同一层级人员在不同业绩维度表现的差异性,另一方面可以分析出不同层级人员在同一业绩维度表现的差异性,进而判断出业绩维度的关注点与待提升点。

4、离职风险与继任者

根据"离职风险-离职影响"矩阵,需重点关注"离职风险中高、离职影响中高"的4类群体,并对相应群体及管理者分"立刻""1年内""1-3年内"三个时间段进行继任者分析,借此对企业内人才梯队搭建情况进行盘点梳理。

三、差距分析"找差距"

基于上述人才盘点分析现状,已经对企业内部人才数量、质量及人才梯队搭建等情况有了较为清晰的认识。基于此,可对照企业战略目标进行差距分析,为后续人才发展建议提供依据。

四、应对措施"补差距"

梳理出目标与现状之间的差距后,接下来就需要针对差距提出针对性的人才规划建议,使得解决方案能够直击痛点,差距得以有针对性地弥补,保证人才盘点的"最后一公里"得以有效落地,并最终助力战略目标的实现。

本章小结

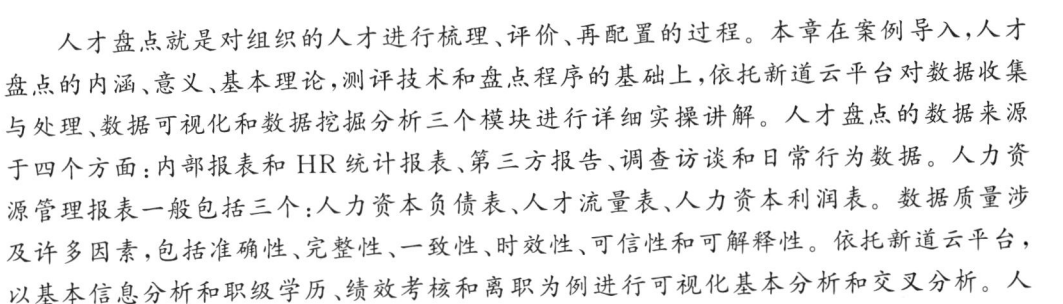

人才盘点就是对组织的人才进行梳理、评价、再配置的过程。本章在案例导入,人才盘点的内涵、意义、基本理论,测评技术和盘点程序的基础上,依托新道云平台对数据收集与处理、数据可视化和数据挖掘分析三个模块进行详细实操讲解。人才盘点的数据来源于四个方面:内部报表和HR统计报表、第三方报告、调查访谈和日常行为数据。人力资源管理报表一般包括三个:人力资本负债表、人才流量表、人力资本利润表。数据质量涉及许多因素,包括准确性、完整性、一致性、时效性、可信性和可解释性。依托新道云平台,以基本信息分析和职级学历、绩效考核和离职为例进行可视化基本分析和交叉分析。人才盘点的数据挖掘内容主要包括公司人员现状描述(数量、质量、业绩情况、绩效、流动率等)、数据分析结论、核心人才储备分析及结论。数据挖掘分析包括五个步骤:选择数据源、配置模型、开始建模、选择预测数据、开始预测。

课后思考题

1. 简述人才盘点的内容。
2. 实施人才盘点数据挖掘的数据来源有哪些?
3. 人才盘点数据挖掘的基本步骤有哪些?

实训作业

1. 对公司员工绩效考核结果、云平台部和华北区绩效考核结果进行聚类分析。
2. 阅读《人员潜力评估》《胜任力素质模型示例》《任职资格标准说明书示例》,掌握人员潜力评估要素;进行人员潜力评估,对云平台部和华北区业务部人员进行九宫格分布。

延伸阅读

基于人才盘点的国有企业职业经理人选聘管理[①]

一、Y集团职业经理人选聘管理背景

以房地产、金融、交通基建三大现代服务业为核心产业的Y集团,是一家大型综合性"3+X"国有企业集团公司,从2012年起进入"全面提升发展阶段",重心转向核心能力建设,力争通过核心能力的构建、产融结合双轮驱动及更大范围内的资源整合,推动核心产业的规模发展、布局优化和绩效提升。与我国产业结构深度调整相一致的企业战略和业务变革,对企业现有的人才结构提出了严峻考验,这一考验在国有企业中具有鲜明的时代特征。Y集团为此而实施的职业经理人选聘管理实践,在国有企业中也极具突破性和代表性。

Y集团面对高级经理人匮乏的困境,和大多数企业对外高薪挖角的做法不同,将眼光转向了企业内部。以快速提升集团内职业经理人的领导力、执行力,做强做大现代服务业,改造提升传统产业,谋划战略性新兴产业,打造既有强大投融资能力又有持续发展后劲的现代国际化企业集团为使命,在职业经理人选聘工作中进行了一系列实践:从战略和组织发展需求出发,围绕人才队伍建设,进行人才盘点工作,打造人才标准、规划、选拔、培养、使用和保留的管理闭环,使集团职业经理人选聘管理与企业的发展趋势相匹配,更好地适应世界经济深度调整及我国经济结构优化的新常态。这是国有企业打破任命制,革除官本位思想的积极尝试,也为推进职业经理人市场化选聘建立了清晰的标准。同时通过人才盘点工作推行人才继任规划,为国有企业建立起内部人才选拔培养机制,内外并举拓宽经理人培养渠道,确保组织领导力的延续,解决高级职业经理人市场紧缺状况。

二、基于人才盘点的职业经理人选聘管理

(一)人才盘点工作的组织

Y集团在人才盘点工作中,专门组建一个由集团主要领导及各相关部门一把手组成的人才盘点委员会领导小组,集团一把手担任人才盘点第一负责人,对人才盘点进行总体领导和全盘统筹,加强对该项工作的组织领导和工作指导。各部门经理是人才盘点的主导者和实施者,让各部门准确定位,明确职责,主动配合,积极工作,确保该项工作顺利推进、取得实效;在领导小组下设由集团人力资源部门人员组成的工作小组,担任人才盘点工作的流程推动者,对人才盘点进行具体实施,确保领导小组意图与部门意见沟通顺畅,信息及时有效传达,盘点工作有序推进,盘点结果切实应用,使人才盘点工作各项职能得以充分发挥。

(二)人才盘点工作的任务

在Y集团的具体实施中包含三项任务:第一,盘点战略。在人才盘点工作启动时,对集团战略进行盘点,分析集团战略要求、核心能力变化,以及由此带来的高级职业经理人

[①] 卢妮妮.基于人才盘点的国有企业职业经理人选聘管理——以Y集团为例[J].中国人力资源开发,2016,(14):36-43.

架构与职责的变化。第二,盘点组织。在充分理解和分解集团战略目标的基础上,对集团管理制度、组织架构、组织氛围及人力资源存量等要素进行盘点,寻找与战略完成之间的差距。第三,盘点人才。对集团职业经理人团队及后备人才建设情况进行业绩与能力的盘点。通过这三项任务的完成,准确把握集团职业经理人全貌,为管理实践的开展奠定基础。

(三)人才盘点的对象

Y集团的人才盘点工作实行集团总部与下属板块分层次的方式进行,明确划分各自的盘点范围。集团总部盘点对象为总部各部门中层及以上人员,下属板块盘点对象为业务板块经营班子成员。盘点中引入第三方专业评估机构,对职业经理人队伍进行体系化评估,发现职业经理人团队人员空缺,确定选聘、培养需求;对团队职责变化进行分析,进行职业经理人团队分工调整;对标组织战略与行业典范,明确职业经理人团队岗位职责变化内容,进行经营管理班子组织架构调整,提升管理团队战斗力;进行职业经理人团队班子建设,对人员进行优化配置。

Y集团通过体系化的人才盘点工作,建立动态、科学的职业经理人选聘机制,形成规范的制度;不同类别层次职位实行定期的公开竞聘,使"能上能下能进能出"具有制度保证;开放机会、激发人才,充分调动人力资源主体本人的能动性;面向未来战略需要,分析职位阶段性任务,推动实现"基于任务而非职位说明书"的职业经理人选聘理念,使职业经理人过往经验、履历在集团内得以成功转换,帮助职业经理人达成业务目标;促使任职者不断创新,思考战略所赋予的新环境和新任务,消除惯性和沉淀,营造持续的激情文化,支撑组织变革。通过体系化的人才盘点工作,确认集团内部现存的人员空缺、职能交叉、后备梯队不健全等不足,正式启动职业经理人选聘工作。

第九章 人才需求画像

在招聘市场上,我们会发现这样一种现象:一面是人才市场见不到求职者,一面是求职者找不到工作。HR 招来的人不是用人部门不满意,就是求职者入职后发现这份工作不称心。最终,企业把这种偏差产生的原因都归结到 HR 的身上,HR 也有苦难言,声称是按照用人部门的要求进行招聘的。此时,双方要做的不是推卸责任,而是要坐下来,共同商讨制作出岗位说明书,做好人才需求画像,这样才能实现精准招聘。本章将对人才需求画像的基本概念进行介绍,使学生了解人才需求画像的内涵、分析思路和绘制流程;介绍实施人才需求画像的数据收集和处理程序,使学生理解实施人才需求画像的数据来源,以及进行数据预处理的手段;介绍绘制人才需求画像过程中的可视化分析,使学生通过依托新道云平台掌握人才需求画像的可视化;介绍人才需求画像中的数据挖掘分析内容,使学生通过依托新道云平台掌握人才需求画像核心内容的数据挖掘;最后以人工智能岗位的人才需求画像为例进行具体应用分析,使学生能够全方位把握数据挖掘在人才需求画像中的价值和作用。

学习目标

1. 理解人才需求画像的内涵、分析思路和绘制流程
2. 了解人才需求画像的数据来源和预处理
3. 掌握人才需求画像的可视化
4. 掌握人才需求画像的数据挖掘分析
5. 了解人才需求画像的分析过程

知识结构图

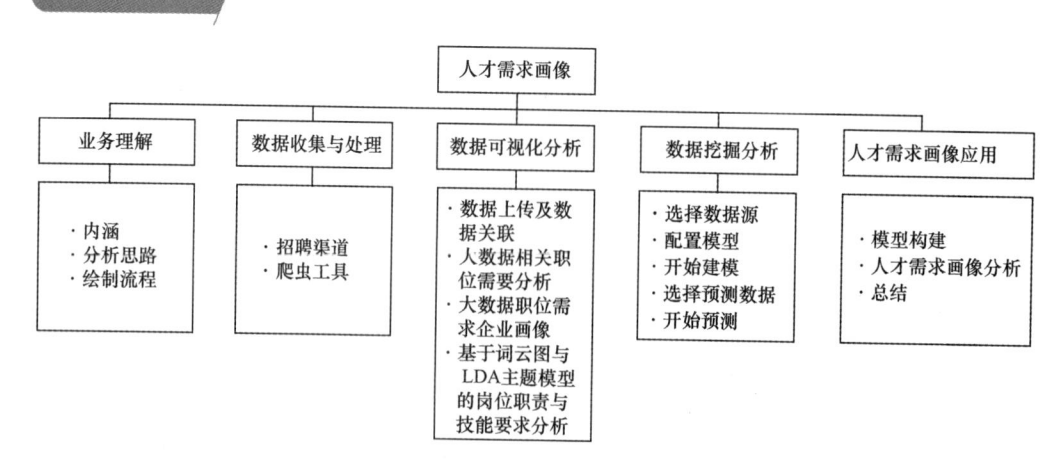

```
                            人才需求画像
    ┌──────────┬──────────────┬──────────────┬──────────────┬──────────────┐
    业务理解    数据收集与处理   数据可视化分析   数据挖掘分析    人才需求画像应用

    ·内涵       ·招聘渠道       ·数据上传及      ·选择数据源      ·模型构建
    ·分析思路    ·爬虫工具        数据关联        ·配置模型       ·人才需求画像分析
    ·绘制流程                   ·人数据相关职     ·开始建模       ·总结
                                位需要分析       ·选择预测数据
                               ·大数据职位需     ·开始预测
                                求企业画像
                               ·基于词云图与
                                LDA主题模型
                                的岗位职责与
                                技能要求分析
```

引 例

人才画像:从"量化"到"生动化"地看待人才[①]

《论语·里仁》曰:"见贤思齐焉,见不贤而内自省也。"意思是说,见到德才兼备的人就要向他看齐。通用素质、岗位胜任力的标准,分析了"需要什么人"这一基本问题,企业可以从"软性+硬性"角度清楚地知道相对量化的人才标准。但从实践角度来说,我们总想看到"具体的人",除了一些量化标准,还需要一些更生动的具体行为,某一典型行为就可以为某个人进行准确的特质和特征勾画,做到"既闻其声,又见其人"。这种方法,就是人才需求画像。

5年前,A君去某公司应聘职能总监的职位,也许是为了表达对这个岗位的重视,公司董事长亲自面试了A君。交流了半个小时之后,人力资源副总裁当场通知A君,董事长确认了他。他本以为只是自己的专业能力得到了老板的认可,没想到副总裁走出办公室跟他说了这么一段话:

"在我们面试你之前,我们也面试了好几位总监候选人,专业能力都不错,但他们和董事长交流完起身之后我们发现,他们坐的那张椅子的椅背都被汗打湿了,过于紧张;只有你,起身之后,我看了一下,你的椅背没有湿。我们觉得你可以,我们企业需要一个内心强大的人。"

这家公司的做法谈不上多么专业,但它给自己理想中的人才"画了像"。我们不仅要看人才的岗位胜任力,同时还要通过他的言谈举止来判断他的内在,判断眼前这个人和我们理想中的那个人的形象是否相吻合。

第一节 业务理解

一、人才需求画像概述

人才需求画像来源于艾伦.库伯提出的用户画像的概念。用户画像是建立在一系列真实数据之上的目标用户模型,根据用户个人信息、兴趣偏好以及搜索行为等关键数据信息区分不同类型,并用一些生动的名字、要素、场景进行描述,就形成了一个生动的人物原型。所以,人才需求画像的特点之一就是数据化,它更强调从大数据的角度去深度、生动地描绘人才的样子。

人才需求画像是通过汇集人才的全面数据(包括以年龄、专业经验、生活经历为代表的显性数据以及以价值观、动机、个性特征为代表的隐性数据),从而提炼出能力、行为、性格等特征标签,将人员信息立体地呈现为一份画像,并在员工的全职业生涯周期中,对其

[①] 何欣.从通用素质、岗位胜任力到人才画像[J].人力资源,2020(15):38-42.

行为信息进行不断收集和更迭,持续地对人才需求画像进行动态调整。人才需求画像为何受到青睐?表现在以下五个方面:

第一,优化招聘策略。清晰的人才需求画像可以在宽泛的职能描述之上,给出更精细的人才评价标准(如价值趋向、性格特征),提升招聘的精准度和效率。企业还可基于现有员工的人才需求画像,提供该岗位的人才标准和绩优人才的画像参考,做到选人有依。

第二,改善人才配置。人才需求画像可以通过收集员工的行为信息对其拥有更全面的了解,"他是否适合目前的岗位?""有无更适合他的部门或岗位?"通过岗位和人才需求画像的匹配度分析,可以为员工的内部调整提供依据,让人才和岗位实现最优配置,形成内部人才市场,从而实现企业效益的最大化。当员工有意愿进行内部流动时,能快速找到最适合自己的岗位,并在投递简历前,清晰了解自己与该岗位的匹配度和差距,从而迅速找到进步的方向。

第三,提供个性化的员工生命周期体验旅程。如今,"个性化""定制"等字眼已经充斥整个消费场所,不难想象,企业的员工在生活中已经深受各类品牌和社交媒体定制化的"宠爱"。同样,在职场中,他们也希望被重视,被倾听和被关注。而人才需求画像能够贯穿整个员工体验旅程,为员工选拔、培训、发展、薪酬、绩效等多个环节提供决策依据。此外,人才需求画像也可以帮助HR在员工关怀层面拥有更广阔的发挥空间。

第四,提高领导力。通过人才需求画像既可深入了解员工,也有助于培养领导团队"看清人""管对人"的能力。看清人:在招聘阶段,人才需求画像可以帮助管理者明确招聘标准,做到招人有参考;员工入职后,可将其画像与"新人画像"进行比对,做到转正有依据。管对人:适用一类人才的管理模式可能并不适用于另一类人才,人才需求画像可以让管理人员立体地得知团队成员的性格特质及群体偏向,从而制定适合的管理策略。

第五,诊断组织。了解人才需求画像,对于整个企业组织的诊断和调整也大有裨益。当员工行为信息库足够庞大时,企业可以得知"哪种类型的人才将在工作场所中茁壮成长""哪种画像的人才成长易遭遇瓶颈""企业组织缺少具备哪种特质的人才"等信息,从而识别组织的优势劣势,及时对组织结构进行调整。

人才需求画像与职位描述的区别与联系表现在以下四个方面:

首先,职位描述不能完全代替人才需求画像。职位描述是对岗位所需的胜任能力和任职资格的总体要求,而人才需求画像是对招聘对象的直观描述。在招聘活动中,职位描述好比闻声打鸟,人才需求画像更像精准狙击。其次,人才需求画像不能代替职位描述。企业所有岗位都必须有职位描述,而人才需求画像只针对在招聘活动中某些为了提高招聘精准度和效率的岗位,绝不是企业的全部岗位。再次,人才需求画像只能提高录用人才合格率、招聘准确率和招聘效率,并协助梳理、确定、挖掘招聘渠道,但绝对不可能帮助企业彻底解决招聘难的问题。最后,职位描述和胜任能力模型是人才需求画像的基础,随着企业内外部环境、业务方向、策略产生的变化,招聘需求与目标也会随之变化,人才需求画像必须随着职位描述和胜任能力模型的调整而调整,不可一成不变。

二、人才需求画像分析

企业进行人才需求画像分析,需要从四个方面着手,如图 9-1 所示。

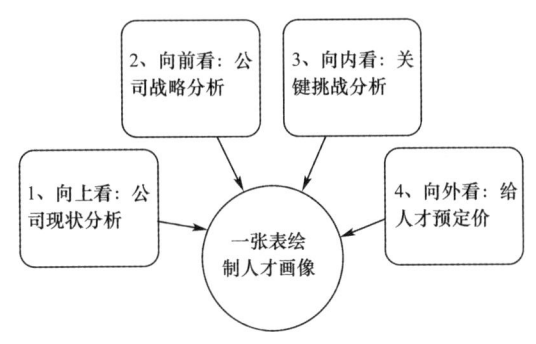

图 9-1 人才需求画像绘制速路

1. 向上看

分析公司现状主要基于以下三个方面。第一是公司经营现状,包括财务效益、资产营运、偿债能力、发展能力。关键指标有营业额、毛利率、现金流、资产周转率、资产负债率、增长率、市场占有率等。

第二是公司发展历程。每家企业都有一个生命周期,面试官要了解公司目前正处于哪个发展阶段。不同发展阶段对人才的要求是不同的:从 0 到 1,需要的是创业型人才,善于建立新的模式;从 1 到 N,需要的是开拓型人才,善于建章立制;从 N 到 N+,需要的是运营型人才,注重细节管理和规范化运营;从 N+ 到 N++,需要的是变革型人才,帮助企业打破原有边界进行转型升级。

第三是公司人才现状,主要指公司目前的人才存量,是否存在青黄不接、人才断层的现象?在关键岗位是否建立了继任者计划?人才的能力是否跟得上公司的发展速度?各层级、前中后台、各事业板块之间、各区域之间的人才密度是否与公司战略相匹配?

2. 向前看

面试官在开展公司战略分析时应重点把握以下两点。第一是公司外部环境,包括产业链、竞争对手、目标客户、主要产品及服务、行业发展趋势等。第二是公司战略规划。每家企业都有自己的经营战略,不同的战略对人才的数量和质量要求不同:实施发展型战略的公司需要的是开拓型人才;实施稳定型战略、成本领先型战略的公司需要的是运营型人才;实施多元化战略的公司需要的是复合型人才;实施差异化战略的公司需要的是创新型人才。针对以上这两点,面试官需要有一个基本的定性分析,即招聘一个员工不能只从岗位需求出发,而是要站在企业和行业的更高层面考虑。换个角度看,如果面试官不做这些分析,就没有办法向目标候选人介绍企业或者展示企业的优势。例如,面试官想用"事业留人"这点来吸引优秀人才加盟,就必须了解公司的后续业务规划,以及对应业务的经营策略。

---

① 曾双喜.超级面试官:快速提升识人技能的面试实战手册[M].北京:人民邮电出版社,2020.

3. 向内看

分析关键挑战主要从以下三个方面入手。第一是岗位工作重点。要分析一个岗位，首先要分析该岗位的职责。在这些岗位职责中，有的职责是工作重点，有的则不是。最简单的区分办法就是梳理出这个岗位的关键绩效指标，选取3~5个即可。第二是岗位关键挑战。所谓关键挑战，就是这项工作的难点。不同的工作挑战对人才的能力提出了不同的要求，关键挑战也是面试官提问的出发点，所以它是人才需求画像梳理的重中之重。关键挑战可以与关键绩效指标对应起来思考。一个关键绩效指标可能对应多个关键挑战，但两个绩效指标也可能对应同一个关键挑战。面试官针对一个工作岗位梳理3~5个关键挑战即可。需要注意的是，关键挑战不是谈表面现象，而是要找到现象背后难以解决的问题，如某公司员工流失率高是一种表面现象，而这一现象是利益分配不公平、不合理造成的，那么工作的难点就是建立公平合理的薪酬体系。第三是核心能力分析。基于岗位工作重点和岗位关键挑战，可以推导出该岗位人员需要具备的核心能力，选取3~5个核心能力指标即可。

4. 向外看

面试官在绘制人才需求画像时会向应聘者提出一系列要求，但有些时候却没有提供与之相匹配的薪酬待遇。招聘是一个双向选择的过程，企业给出的价位决定了招聘人才的水平。如果候选人提出的薪酬要求高于面试官的心理价位，那么面试官可以有三种选择：一是放弃候选人，二是降低招聘标准（即非核心招聘条件），三是提高薪酬水平。面试官给人才预定价，可以优化调整人才需求画像，使其更加符合市场行情，更有竞争力。

三、绘制人才需求画像

绘制人才需求画像分成三步，分别是采集画像数据、构建画像并修正和验证测试。

1. 采集画像数据

第一，数据维度。采集的数据宽度、广度、深度，取决于人才需求画像具有的重要核心要素。人才需求画像的维度主要包括硬件、核心能力与性格系统。硬件部分包括生源地域、毕业院校、所学专业、家庭背景等。核心能力包括专业能力、岗位核心能力、通用能力三个方面。专业能力指专业知识的掌握程度和专业技能的熟练情况；岗位核心能力即胜任力，用来区分绩优员工和绩劣员工的关键能力；通用能力一般是指企业文化对所有员工提出的要求。性格系统是评价候选人是否适合某类岗位的关键要素，性格系统包括个性、动机、价值观。

第二，数据来源与采集渠道。最好的人才样本是从事这个岗位的高绩效员工。人力资源部需提前做好规划，寻求业务线负责人的协助，对各业务板块、业务流程进行访谈调研，整理出关键业务节点和绩效贡献点。对核心人员本人及上级进行抽样访谈，围绕核心人员的工作态度、方法、手段，及其在知识技能、能力、关键历练等方面与普通人员的差异展开，同时通过测评数据分析、研究和比对，有效识别个体过往获得高绩效的关键因子，梳理出本企业绩优员工所需要具备的能力要点。除了人才样本外，还可以从人才档案、岗位说明书、岗位分析、管理者访谈等这些层面来采集需要的数据。

2. 构建画像并修正

对于采集后的数据,在进行整理归纳、分类汇总和关键信息提炼之后,就能够初步得到人才需求画像。这里的人才需求画像可以加入一些场景的描述,让人才需求画像更加真实和立体。人力资源部组织召开由公司高管、中层管理、岗位专家能手等人员参加的能力建模研讨会,对公司关键岗位的知识、技能、性格和能力特征等指标进行提炼、归纳和总结,最终确定关键岗位的能力素质,建立起相应的人才需求画像模型。

3. 验证测试

人才需求画像是需要持续迭代的,永远也无法做到100%的精确,只能做到不断逼近。做完人才需求画像后,需要通过逐年数据累积,在新增数据基础上进一步优化标准,才能保证保持岗位标准与人才要求的一致性。为了更好地在实际应用中验证人才需求画像的准确性,还需要在真实招聘中去测试,就是在面试一定量的候选人后,与用人部门讨论,看人才需求画像的要素是否符合实际,以及人才需求画像对招聘成功率的影响。

表9-1是某公司销售总监人才需求画像样例。

表9-1 某公司销售总监人才需求画像样例

岗位名称		销售总监
岗位工作重点		1. 完成年度经营目标 2. 提高人均销售额 3. 降低人员流失率
岗位关键挑战		1. 产品竞争力不足,缺少爆款产品 2. 销售人员素质参差不齐 3. 销售人员薪酬激励机制不科学
任职资格	年龄	28~40岁
	学历	本科以上
	工作经历	5年以上
	专业资格	无
能力素质	知识	1. 熟悉本行业的外部环境和发展趋势 2. 了解竞争对手的产品特点与营销方法
	技能	掌握销售管理的基本技能
	关键历练	1. 做过一线销售员并取得过优秀的业绩 2. 从零开始组建团队并带领团队实现业绩增长
	胜任力	经营意识、团队发展、创新变革、追求卓越
	个性特征	开放包容,抗压能力强,追求高目标
	职业兴趣	喜欢与人打交道
什么样的人一定不会要		缺乏目标感的人,不会带队伍的超级业务员
什么样的人会优先考虑		1. 曾经将业绩较差的销售员培养成为销售高手 2. 有本行业的工作经验
预定薪		年薪50万~80万元(税前)

第二节　数据收集

一、招聘信息的来源[①]

1. 现场招聘

现场招聘是企业和人才通过第三方提供的场地，进行直接面对面对话，现场完成招聘面试的一种方式。现场招聘一般包括招聘会及人才市场两种方式。

2. 网络招聘

网络招聘一般指企业在网络上发布招聘信息甚至进行简历筛选、笔试、面试的方式。企业通常可以采用两种方式进行网络招聘，一是在企业自己的网站上发布招聘信息，搭建招聘系统；二是与专业招聘网站合作，如中华英才网、前程无忧、智联招聘等，通过这些网站发布招聘信息，利用专业网站已有的系统进行招聘活动。

3. 校园招聘

校园招聘是许多企业采用的一种招聘渠道，企业到学校张贴海报，举行宣讲会，吸引即将毕业的学生前来应聘，对于部分优秀学生，可以由学校推荐，对于一些较为特殊的职位也可通过学校委托培养后，企业直接录用。

4. 传统媒体广告

在报纸杂志、电视和电台等载体上刊登、播放招聘信息受众面广，收效快，过程简单，一般会收到较多的应聘资料，同时也为企业起到一定的宣传作用。通过这一渠道应聘的人员分布广泛，但高级人才很少采用这种求职方式，所以招聘公司中基层和技术职位的员工时比较适用。同时该渠道的效果同样会受到广告载体的影响力、覆盖面、时效性的影响。

5. 人才介绍机构

一般包括针对中低端人才的职业介绍机构以及针对高端人才的猎头公司。企业通过这种方式招聘是最为便捷的，因为企业只需把招聘需求提交给人才介绍机构，人才介绍机构就会根据自身掌握的资源和信息寻找和考核人才，并将合适的人员推荐给企业。但是这种方式所需的费用也相对较高，猎头公司一般会收取人才年薪的30%作为猎头费用。

6. 内部招聘

内部招聘是指公司将职位空缺向员工公布并鼓励员工竞争上岗。对于大型企业来说，进行内部招聘有助于提高员工的流动性，同时由于员工可以通过竞聘得到晋升或者换岗的机会，因此这也是一种有效的激励手段，可以提高员工的满意度，留住人才。

7. 员工推荐

企业可以通过员工推荐其亲戚朋友来应聘公司的职位，这种招聘方式最大的优点是企业和应聘者双方掌握的信息较为对称。介绍人会将应聘者的真实情况向企业介绍，省

[①] 蔡岳德.试析招聘渠道及其效果[J].商场现代化,2008(06):304-305.

去了企业对应聘者进行真实性考察的工作,同时应聘者也可以通过介绍人了解企业各方面的内部情况,从而做出理性选择。但采用该渠道时也应注意一些负面影响:一些公司内部员工或中高层领导为了壮大个人在公司的势力,在公司重要岗位安排自己的亲信,形成小团体,这会影响公司正常的组织架构和运作。

二、招聘信息收集方法

1. 爬虫工具

推荐一:神箭手云爬虫

简介:神箭手云是一个大数据应用开发平台,为开发者提供成套的数据采集、数据分析和机器学习开发工具,为企业提供专业化的数据抓取、数据实时监控和数据分析服务。功能强大,涉及云爬虫、API、机器学习、数据清洗、数据出售、数据订制和私有化部署等。

优点:纯云端运行,跨系统操作无压力,隐私保护,可隐藏用户IP;提供云爬虫市场,零基础使用者可直接调用开发好的爬虫,开发者基于官方的云端开发环境开发并上传出售自己的爬虫程序;领先的反爬技术,如直接接入代理IP和自动登录验证码识别等,全程自动化无须人工参与;丰富的发布接口,采集结果以丰富的表格化形式展现。

推荐二:八爪鱼

简介:八爪鱼数据采集系统以完全自主研发的分布式云计算平台为核心,可以在很短的时间内,轻松从各种不同的网站或者网页获取大量的规范化数据,帮助任何需要从网页获取信息的客户实现数据自动化采集、编辑,摆脱了对人工搜索及收集数据的依赖,从而降低获取信息的成本,提高效率。

优点:操作简单,完全可视化图形操作,不需要专业IT人员,任何会使用电脑上网的人都可以轻松掌握;采集任务自动分配到云端多台服务器同时执行,提高采集效率,可以在很短的时间内获取成千上万条信息;模拟人的操作思维模式,可以登录、输入数据、单击链接、按钮等,还能对不同情况采取不同的采集流程;内置可扩展的OCR接口,支持解析图片中的文字,可将图片上的文字提取出来;采集任务自动运行,可以按照指定的周期自动采集,并且还支持最快一分钟一次的实时采集。

推荐三:集搜客(GooSeeker)

简介:集搜客(GooSeeker)是一款在网页语义标注和结构化转换的基础上,进行网页信息和数据爬取的采集软件。通用于国内外网站,免编程,大批量抓取,可作为微博采集工具箱,采集数据一键输出至Excel表格;爬虫代码几乎不需要修改,可结合scrapy使用,提高爬取速度。

优点:用鼠标点选就能采集海量数据,不需要技术基础;爬虫群并行抓取网页内容,适合大数据场景;无论动态或静态网页,文本和图片一站采集;自动分词,建设特征词库,文本标签化形成特征词对应表,用于多维度量化计算和分析。

2. 软件编程(python)

Python爬虫架构主要由五个部分组成,分别是调度器、URL管理器、网页下载器、网页解析器、应用程序(爬取的有价值数据)。

调度器：相当于一台电脑的CPU，主要负责调度URL管理器、下载器、解析器之间的协调工作。

URL管理器：包括待爬取的URL地址和已爬取的URL地址，防止重复抓取URL和循环抓取URL，实现URL管理器主要有三种方式：内存、数据库、缓存数据库。

网页下载器：将URL对应的网页以html形式下载到本地储存成一个本地文件或字符串。在Python中实现HTTP请求有三种方式：urllib2/urllib、httplib/urllib以及Requests。urllib2和urllib是Python中的两个内置模块，实现HTTP功能的方式以urllib2为主，以urllib为辅。首先实现一个完整的请求与响应模型，然后请求headers处理、Cookie处理和Timeout设置超时，接着获取HTTP响应码，最后重定向和设置Proxy。Requests实现HTTP请求非常简单，操作更加人性化，但它是第三方模块，需要额外进行安装。

网页解析器：将一个网页字符串进行解析，可以按照要求来提取出有用的信息，也可以根据DOM树的解析方式来解析。网页解析器有正则表达式（直观，将网页转成字符串通过模糊匹配的方式来提取有价值的信息，当文档比较复杂的时候，该方法提取数据的时候就会非常的困难）、html.parser（Python自带的）、beautifulsoup（第三方插件，可以使用Python自带的html.parser进行解析，也可以使用lxml进行解析，相对于其他几种来说要强大一些）、lxml（第三方插件，可以解析xml和HTML），html.parser和beautifulsoup以及lxml都是以DOM树的方式进行解析的。

应用程序：就是从网页中提取的有用数据组成的一个应用。

示例：应用Python语言程序爬取外部招聘网站新道人才网信息。

操作步骤：

(1)双击左侧栏人才需求画像——python爬取外部数据代码.py；

(2)代码模式中，找到城市、职位、月薪范围、工作年限、学历、起始页、查询总条数的代码行；

(3)在相应代码行的单引号里输入具体内容；

(4)单击运行；

(5)运行结束后，在左侧栏下载爬取到的数据。

第三节　数据预处理

一、数据筛选、去重与清理

(1)下载作业中提供的"大数据相关职位招聘信息原始表"，并用Excel打开该文件。

(2)去除重复值（信息相同，但发布时间可能不同）、含有较多空值的行（图9-2）。

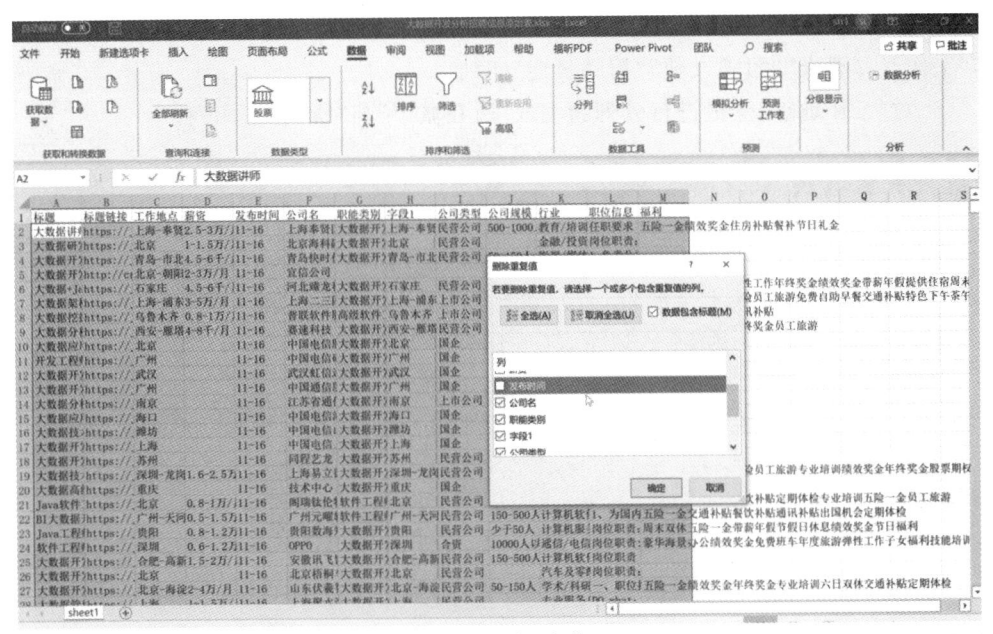

图 9-2　删除重复值

(3) 去除非大数据开发/分析职能类别的职位信息（图 9-3）。

图 9-3　去除职位信息

二、数据分列

(1) 将含有薪酬数据分为"薪酬下限"与"薪酬上限"，并取上下限的平均值作为新增计算列"薪酬均值"。

(2)将含有"地区""工作经验""招聘人数""招聘日期"的列进行分列操作,新生成"地区""工作经验要求""招聘人数""招聘日期"四列。

(3)对"工作地点"变量进行分列新生成"所在城市"与"所在区"两列。

三、数据转换

(1)根据薪酬均值划分月薪 0 K～5 K、5 K～10 K、10 K～15 K、15 K～20 K、20 K～25 K、25 K～30 K、30 K～100 K 七个水平。注意薪酬水平单位(有千元与万元两类,年与月之分)。

(2)将公司规模统一为 50 人以下、50～100 人、150～500 人、500～1 000 人、1 000～5 000 人、5 000～10 000 人、10 000 人以上七个标准。

(3)将学历统一为高中及以下、大专、本科、硕士、博士、不限六个学历类别。

第四节 数据分析及挖掘

一、数据上传及数据关联

1. 数据选择

将清洗后的大数据相关职位招聘信息表(csv 文件)上传至分析云或在分析云内直接选取数据集内的"大数据相关职位招聘信息表"进行分析。

步骤一:

单击"开始任务"进入用友分析云界面;单击"数据准备",单击"上传";选择上一任务中清洗后的数据上传,并将上传数据保存在"我的数据"文件夹中;单击"确定"。

步骤二:

直接选择数据;单击"数据准备-数据集-人才需求画像-大数据相关职位招聘信息表-数据预览";观察数据内容、字段等信息,如图 9-4 所示。

图 9-4 数据预览

2. 数据关联

在数据集内人才需求画像中,将"1-大数据相关职位招聘信息表"和"2-2022 年行政区划代码表"通过"所在城市"关键字段建立关联,生成新的数据表,保存在"我的数据"里用于后续分析。

第九章 人才需求画像

步骤一：

在数据准备界面中，单击"新建—创建数据集"，如图9-5所示。

图9-5 创建数据集

选择数据集类型：关联数据集。名称：自我建立，建议：大数据招聘信息关联数据。文件夹：我的数据（一定要放在我的数据里）。

步骤二：

单击"数据集-人才需求画像"，将"1-大数据相关职位招聘信息表"拖拽至创建的数据集画布中。

将人才需求画像中"2-2022年行政区划代码表"拖拽至创建的数据集画布中；单击画布中"大数据相关职位招聘信息表"，单击画布中"2-2022年行政区划代码表"，连接数据表。

连接选择：左连接（连接类型取决于表格连接的内容选择）；"1-大数据相关职位招聘信息表"的连接字段选择所在城市；"2-行政区划数据集"的连接字段选择所在城市；单击确定，如图9-6所示。

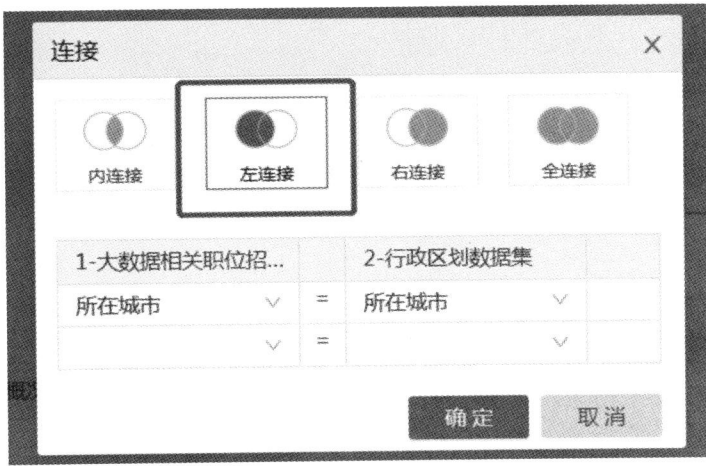

图9-6 数据集关联（1）

步骤三：

单击"执行"，单击"保存"。在数据预览中观察连接好的数据（图 9-7）。

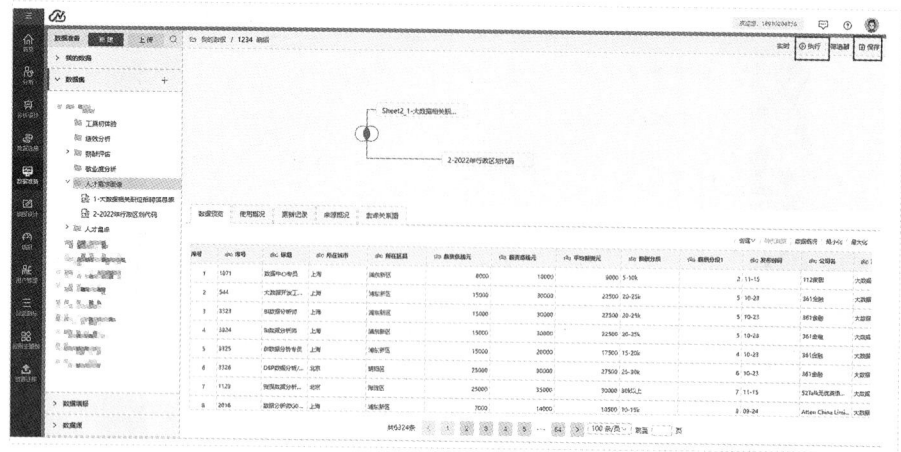

图 9-7　保存关联数据集

在"我的数据"中查看关联好的数据表。

二、大数据相关职位需求分析

1. 选择任务数据，绘制图形

步骤一：

单击"开始任务"进入用友分析云界面；单击"分析设计"，单击"新建"，单击"新建故事版"；故事板名称：自己建立，建议：大数据人才需求分析；单击全部目录，选择"我的故事板"。故事板类型：普通故事板；单击"确认"。

步骤二：

进入画布界面，右侧工具栏可以自由调节画布大小、颜色、主题；画布界面，单击"可视化"按钮，单击"新建—选择数据集"，如图 9-8 所示。

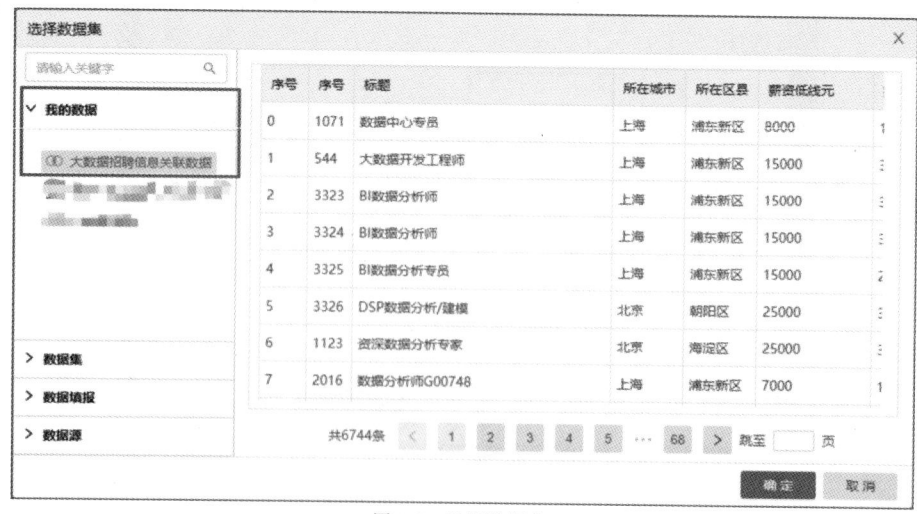

图 9-8　选择数据集

单击"我的数据";单击"大数据相关职位招聘信息关联数据"(上个任务完成的关联数据);单击"确定"。

步骤三:

进入可视化绘制界面;单击"维度"下拉出字段,单击"指标"下拉出字段;拖拽"维度"和"指标"字段到右侧维度指标栏,如图9-9所示。

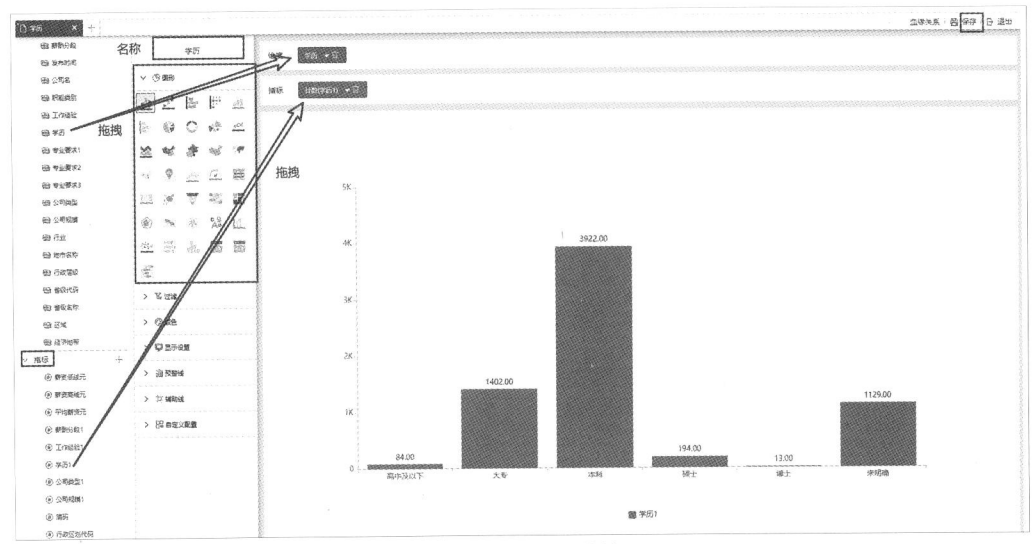

图9-9 指标维度拖拽

选择合适的图形;标注图形名称;单击"保存"。

步骤四:

单击"退出"返回。画布上的图形可以调节大小;单击"画笔"符号可以返回到制图界面修改图形;画布的图形单击右键将图片返回保存到本地;单击"保存",保存画布上的图形(图9-10)。

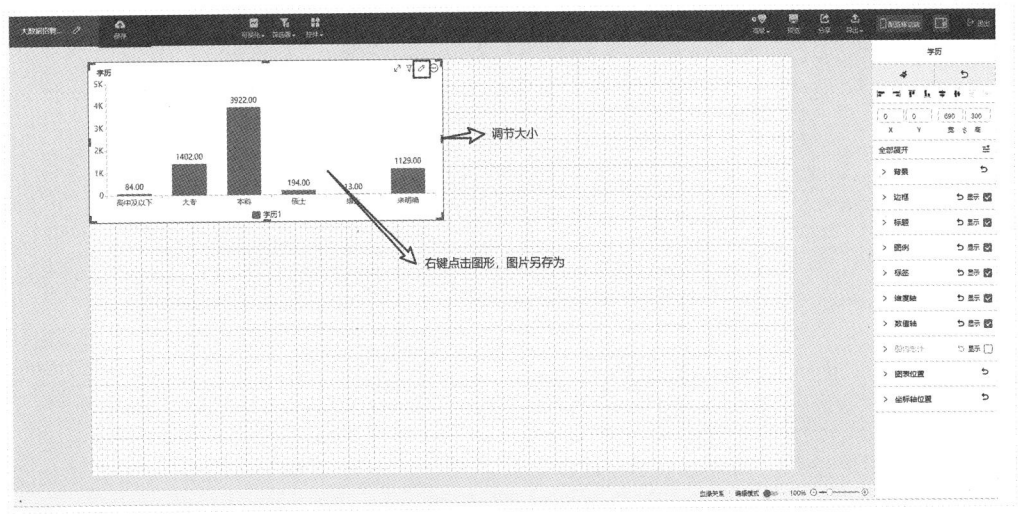

图9-10 调节大小保存

2. 在分析云中选择合适的可视化图表

依据对案例业务问题的深入理解,对大数据人才需求基本特征,如区域、城市、学历、工作经验、薪酬水平、公司规模、公司类型等方面进行单项描述性分析;以大数据人才需求的学历为例进行分析,选择维度指标图形,调整汇总方式,高级计算,进行排序过滤。

步骤一:

拖拽"维度"字段"学历"到维度栏,拖拽"指标"字段"学历1"到指标栏;选择柱状图;单击指标栏"学历1"下拉三角,选择汇总方式为计数,如图9-11所示。

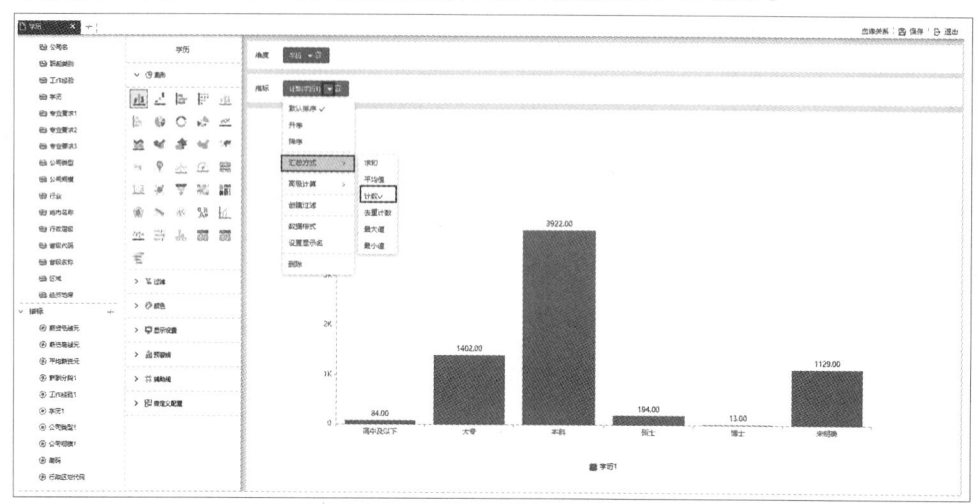

图9-11 选择计算汇总方式

单击维度栏"学历"下拉三角,选择"自定义排序",上下移动箭头实现排序,单击"确定";单击"保存";或者更换图形为矩形树图,可以显示数量和占比,如图9-12所示。

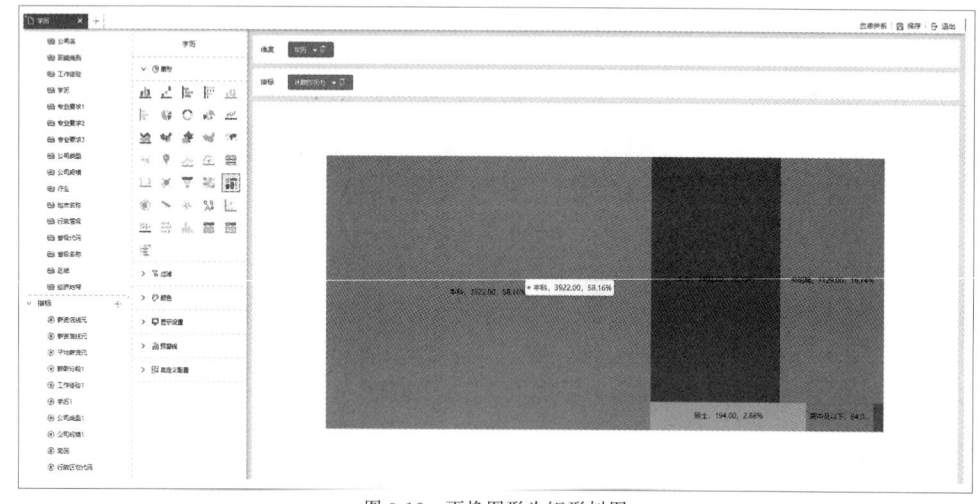

图9-12 更换图形为矩形树图

步骤二:

对学历图形进行分析可以看到,大数据人才需求的学历要求为,58.16%要求学历为本科,其次是大专学历为20.79%。

按照小组对案例业务问题的了解程度和解决问题的思路,确定要分析哪些大数据人才基本特征,通过拖拽维度与指标,绘制图形,分析可视化图表的数据内涵。

3. 选取两类大数据基本特征变量进行交叉分析

这里以大数据人才不同学历的薪酬情况为例进行分析:

步骤一:

拖拽"维度"字段学历至维度栏,拖拽"指标"字段"薪资低线""薪资高线""平均薪资"至指标栏;选择图形:气泡图;对指标栏"薪资低线""薪资高线""平均薪资"的汇总方式选择"平均值";对维度栏"学历"进行自定义排序:高中及以下、大专、本科、硕士博士、未明确,如图9-13所示。观察气泡图9-13,博士的薪资占比非常大,其他学历的薪资特征不突出,我们尝试把博士的薪资过滤掉,来观察其他学历的薪资情况。

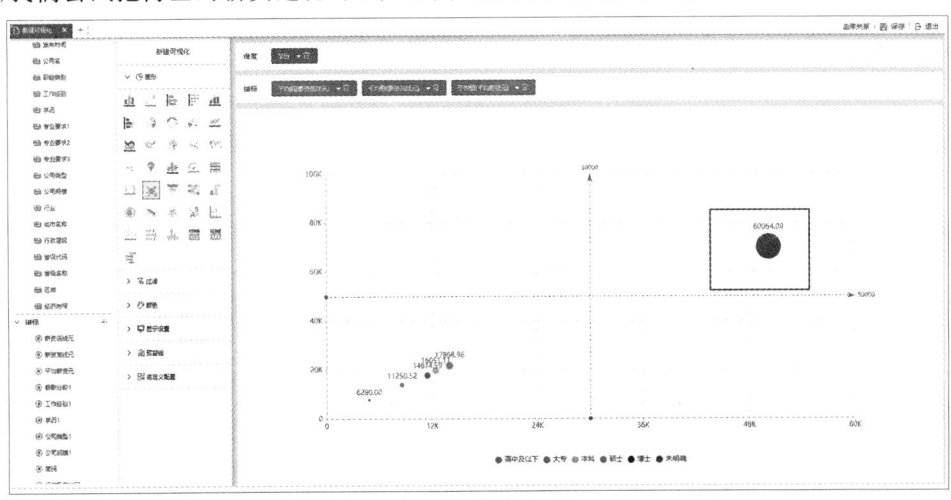

图9-13 薪酬气泡图

单击维度栏"学历"下拉三角,选择"创建过滤";过滤条件:学历—不包含—博士,(博士也通过输入来选择);对维度轴、数值轴的数值进行设置,去掉自动;选取合适的数值,如图9-14所示。

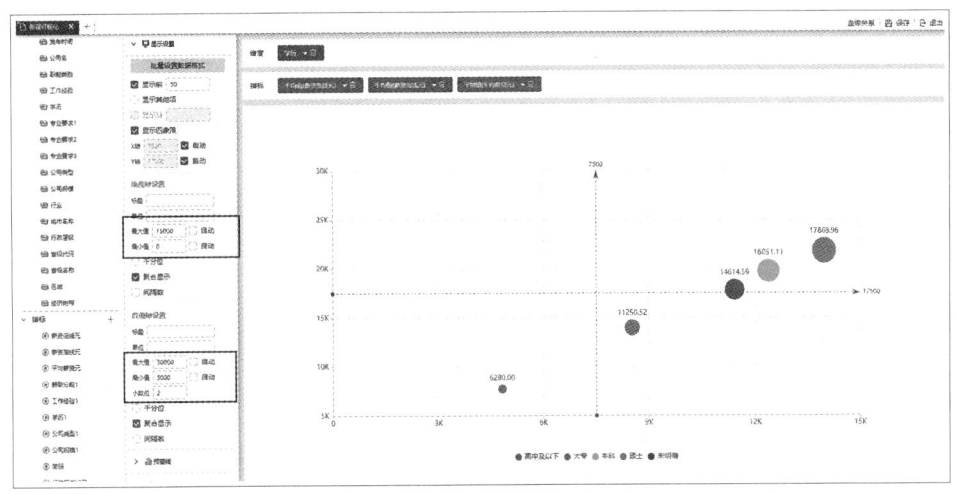

图9-14 信息过滤

标注名称:学历与薪酬,单击"保存"。

步骤二：

对学历与薪酬图形进行分析。

可以从图形中看到，随着学历要求的提高，企业愿意提供的薪酬水平，无论是最低还是最高线的薪酬水平均在上升。本科学历提供的平均薪酬达到 16 051.11 元/月。不过，硕士与本科之间的差异较本科与大专之间的差异小一些。

按照小组对案例业务问题的了解程度解决问题的思路，根据上一步骤分析的大数据人才基本特征变量，进行交叉分析，通过拖拽不同变量的维度与指标，绘制图形，分析可视化图表的数据内涵，如图 9-15 所示。

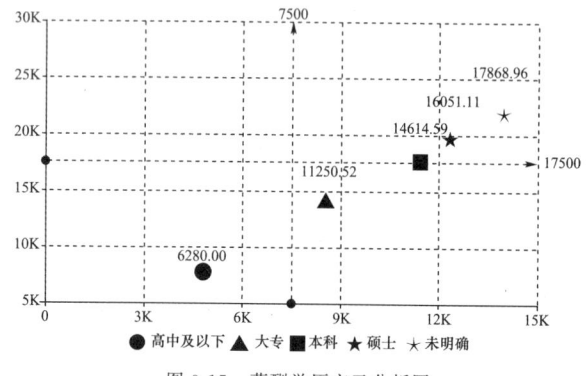

图 9-15　薪酬学历交叉分析图

三、大数据职位需求企业画像

1. 打开数据挖掘工具

将清理后的大数据职位需求数据（excel 文件）作为数据源上传或选择内置的"大数据开发分析招聘职信息 1204.xlsx"。

单击"开始任务"，进入数据挖掘界面；单击"选择数据源"，单击"上传数据"或单击下拉菜单，选择"大数据开发分析招聘信息 1204.xlsx"；单击"保存"；单击"查看数据源"，观察数据字段有哪些特征，如图 9-16 所示。

图 9-16　查看数据源

2. 建立与优化模型

步骤一：

单击"配置模型"，单击"聚类分析"，选择"k-Means"。

步骤二：

针对聚类算法（k-Means）选取适宜的变量、合适的参数进行聚类分析，要求聚类变量均为数值型变量。这里以变量序号、学历和薪资为例，建立变量"学历"和"薪资"的 K-Means 算法模型，判断模型是否合适；单击聚类变量的"＋"号，将左侧字段中"序号""薪资低线"和"学历1"勾选入已选数据，如图 9-17 所示。（注：变量必须为数值型变量，学历1为数值型变量。）

图 9-17 选址字段

单击"确定"；"聚类个数范围（1～20）"填入"1""15"；单击"计算"，按照肘部法则，判断最佳聚类个数（图 9-18）。计算结果在横坐标 3 的位置变化趋势最大，判断最佳聚类个数为 3。输入最佳聚类个数 3，单击"保存"。

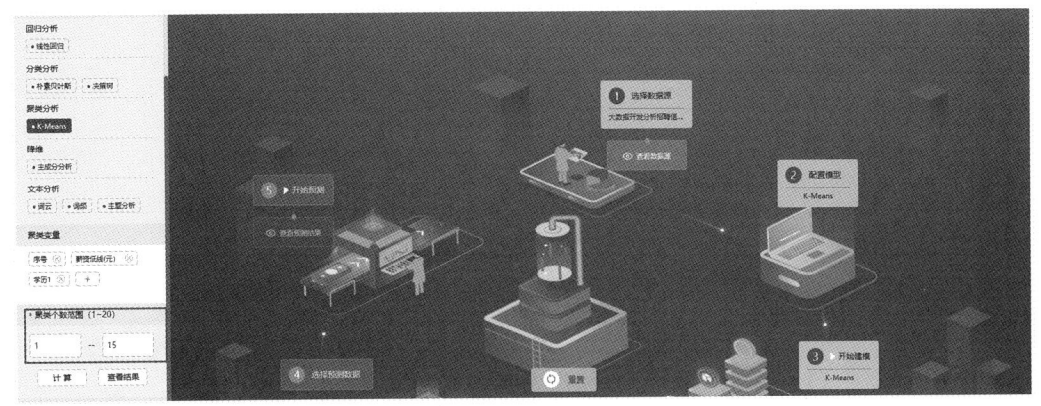

图 9-18 聚类个数范围

步骤三：

单击"开始建模"；建模成功后，单击"查看训练结果"。

步骤四：

分析聚类结果，如图 9-19、图 9-20 所示。

聚类结果

聚类样本数：

聚类1	4175
聚类2	2110
聚类3	459

	序号	薪资低线(元)	学历1	分类
0	0	25000	9	0
1	1	10000	3	2
2	2	4500	3	2
3	3	4500	9	2
4	4	30000	3	0
5	5	4000	2	2
6	6	16000	3	0
7	7	8000	2	2
8	8	6000	3	2
9	9	15000	3	0

数据默认10条，若想查看全部数据，请单击表格右上角"导出"按钮

图 9-19　聚类结果分析

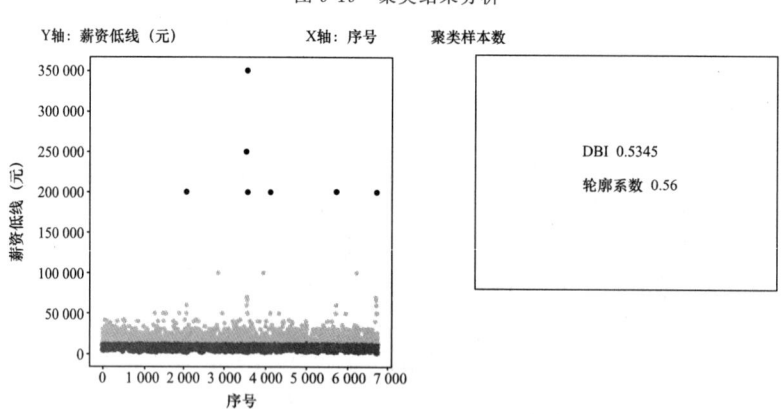

图 9-20　聚类结果散点图

按照聚类 K-Means 算法的判断标准，DBI 系数数值越低聚类效果越具有代表性，轮廓系数越高（接近 1）聚类效果越好，越能代表共同性。

薪酬与学历的模型，DBI 为 0.5345，轮廓系数为 0.56，考虑到真实企业的数据，这样的数据已经证明聚类效果较好，模型可以采用。

3. 将聚类结果导出保存

在聚类结果中单击“导出”；下载导出的 Excel 文件；删除聚类结果 Excel 文件中无序号数字列，“学历 1”与“薪资低线(元)”的数字格式调整为数值，如图 9-21 所示。

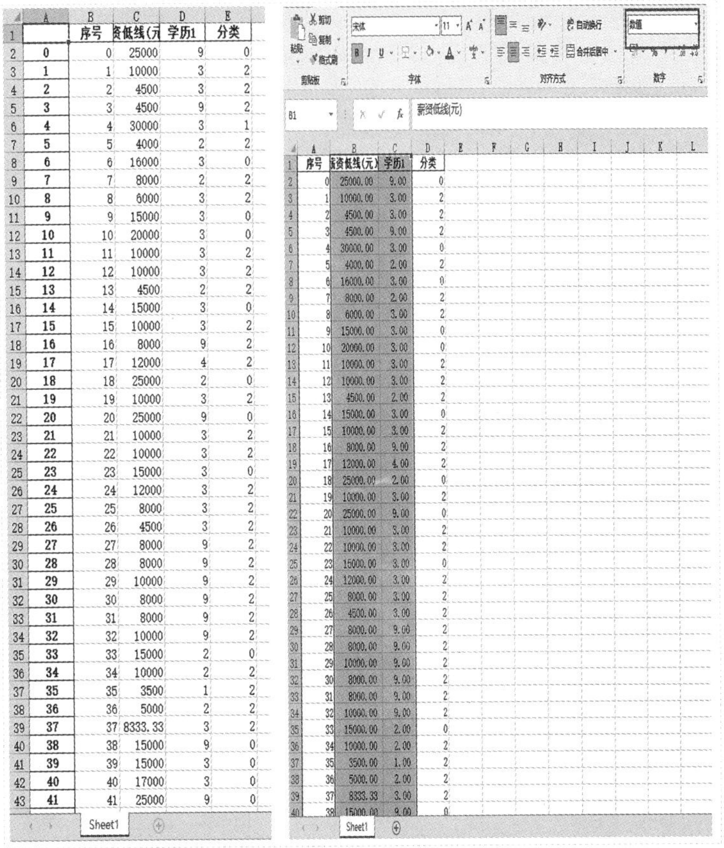

	序号	资低线(元)	学历1	分类
0	0	25000	9	0
1	1	10000	3	2
2	2	4500	3	2
3	3	4500	9	2
4	4	30000	3	1
5	5	4000	2	2
6	6	16000	3	0
7	7	8000	2	2
8	8	6000	3	2
9	9	15000	3	0
10	10	20000	3	0
11	11	10000	3	2
12	12	10000	3	2
13	13	4500	2	2
14	14	15000	3	0
15	15	10000	3	2
16	16	8000	9	2
17	17	12000	4	2
18	18	25000	2	0
19	19	10000	3	2
20	20	25000	9	0
21	21	10000	3	2
22	22	10000	3	2
23	23	15000	3	0
24	24	12000	3	2
25	25	8000	3	2
26	26	4500	3	2
27	27	8000	9	2
28	28	8000	9	2
29	29	10000	9	2
30	30	8000	9	2
31	31	8000	9	2
32	32	10000	9	2
33	33	15000	2	0
34	34	10000	2	2
35	35	3500	1	2
36	36	5000	2	2
37	37	8333.33	3	2
38	38	15000	9	0
39	39	15000	3	0
40	40	17000	3	0
41	41	25000	9	0

图 9-21 调整数字格式

4. 企业人才需求特征聚类后的分析

步骤一：

将导出的聚类结果 Excel 文件上传至分析云；单击“开始任务”，进入分析云；单击“数据准备”；单击“上传”，上传前面任务中完成的聚类后数据；上传文件选择“我的数据”文件夹。

步骤二：

将上传的数据与“大数据相关职位招聘信息表”进行关联；在数据准备界面，单击“新建”，选择关联数据集。

名称：自我确定，本操作手册举例名称：聚类成果。文件夹：我的数据。将数据集人才需求画像中“1-大数据相关职位招聘信息表”拖拽至操作区，将我的数据中自己上传的聚类成果数据表拖拽至操作区，如图 9-22 所示。

单击操作区的“1-大数据相关职位招聘信息表”，再单击“shieet1_聚类成果 result”，进行连接；选择左连接，关键连接字段选择“序号”，如图 9-23 所示。

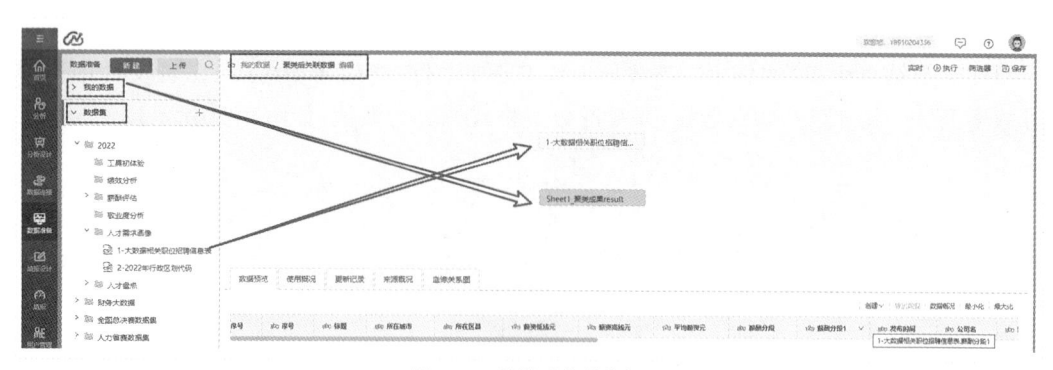

图 9-22　聚类后关联数据

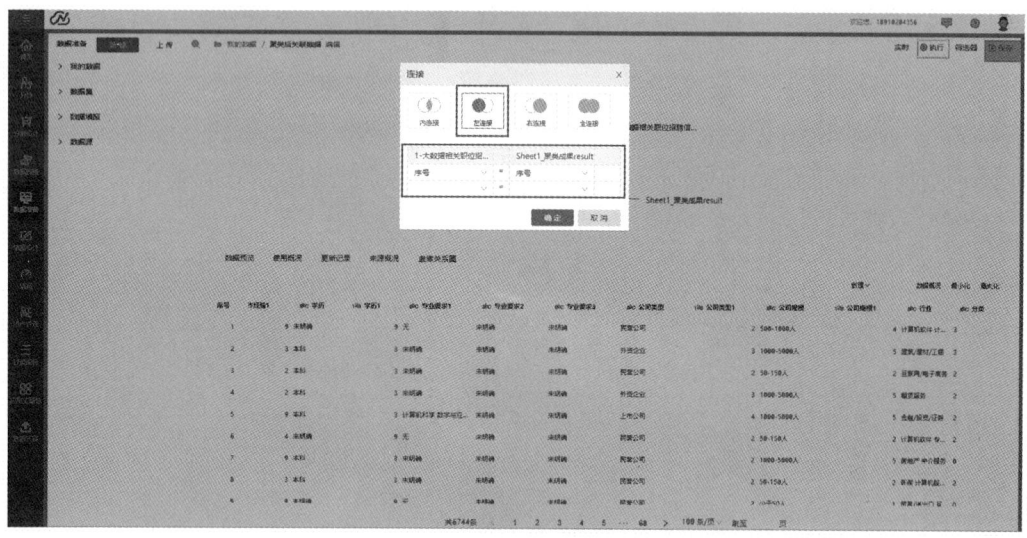

图 9-23　数据集关联(2)

单击"执行",查看连接后的数据变化;单击"保存";在"我的数据"中查看关联后的数据,如图 9-24 所示。

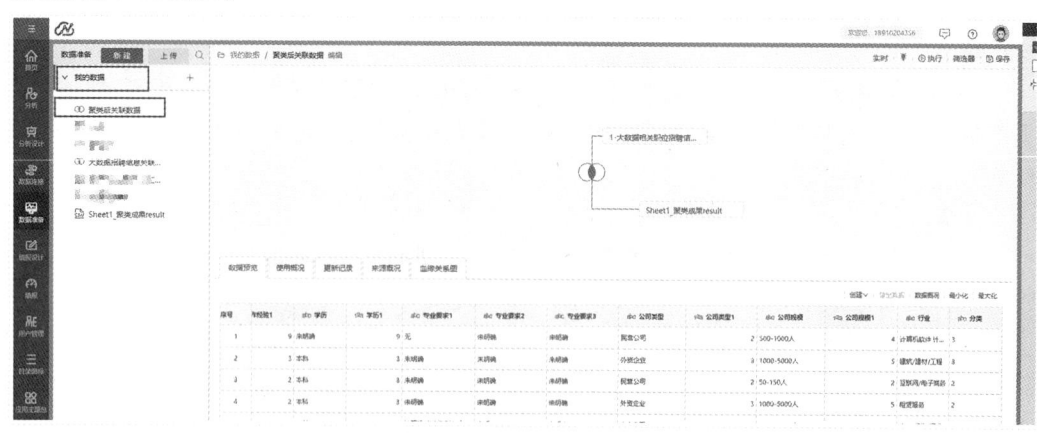

图 9-24　查看数据集关联(2)

步骤三:

将聚类关联后的数据进行可视化分析。

在"分析设计"界面,单击"我的故事板"进入已经设置的故事板,在画布界面单击"可视化—新建",在"我的数据"中选择上个步骤已经关联好的聚类后数据。

在可视化界面,将维度字段"分类"拖拽至维度栏,将指标字段"薪资低线元""学历1"拖拽至指标栏。

选择柱形图,对"学历1"的汇总方式选择平均值,对"薪资低线元"的汇总方式选择平均值;单击"保存",如图9-25所示。

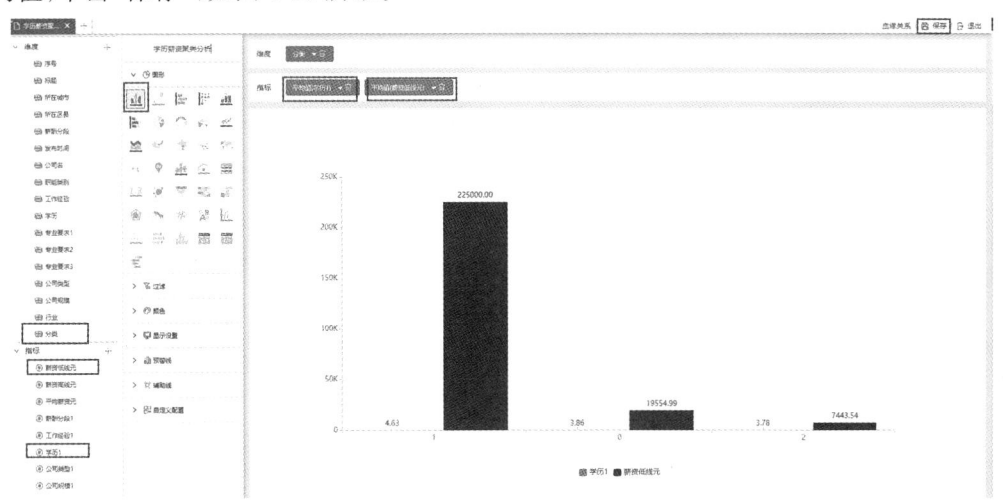

图9-25 指标拖拽

分析结论:学历带来的薪资差异极大,即使是最低薪资,高学历聚集的类别薪资显著高于低学历聚集的类别。

四、基于词云图与LDA主题模型的岗位职责与技能要求分析

岗位职责与技能要求的文本分析。

1. 词频分析

步骤一:

单击"开始任务",进入数据挖掘界面;单击"选择数据源",单击左侧下拉框,选择"职位信息 txt.",单击"保存";单击"查看数据源",观察数据字段和特征;单击"配置模型",单击文本分析中的"词频",单击"保存"。

单击"开始建模",建模成功后,单击"查看训练结果"。

导出训练结果,将导出的Excel表中"词频"的数字格式调整为数值,如图9-26所示。

步骤二:

进入分析云界面;单击"数据准备",单击"上传",导入步骤一中调整好的词频数据。

文件名称:学生自定;文件夹选择:我的数据。

单击"分析设计",单击"我的故事板",选择"已建故事板",在画布中单击"可视化",单击"新建";选择"数据集中",单击"我的数据",选择"上传数据";进入可视化界面,将维度字段"分词"拖拽至维度栏,将指标字段"词频"拖拽至指标栏;图形选择:举例选择条形图(条目较多);图形显示数据条目过多,画面杂乱,单击"显示设置",将"显示前"调整为"10"

（依据数据情况调整数字），如图 9-27 所示。

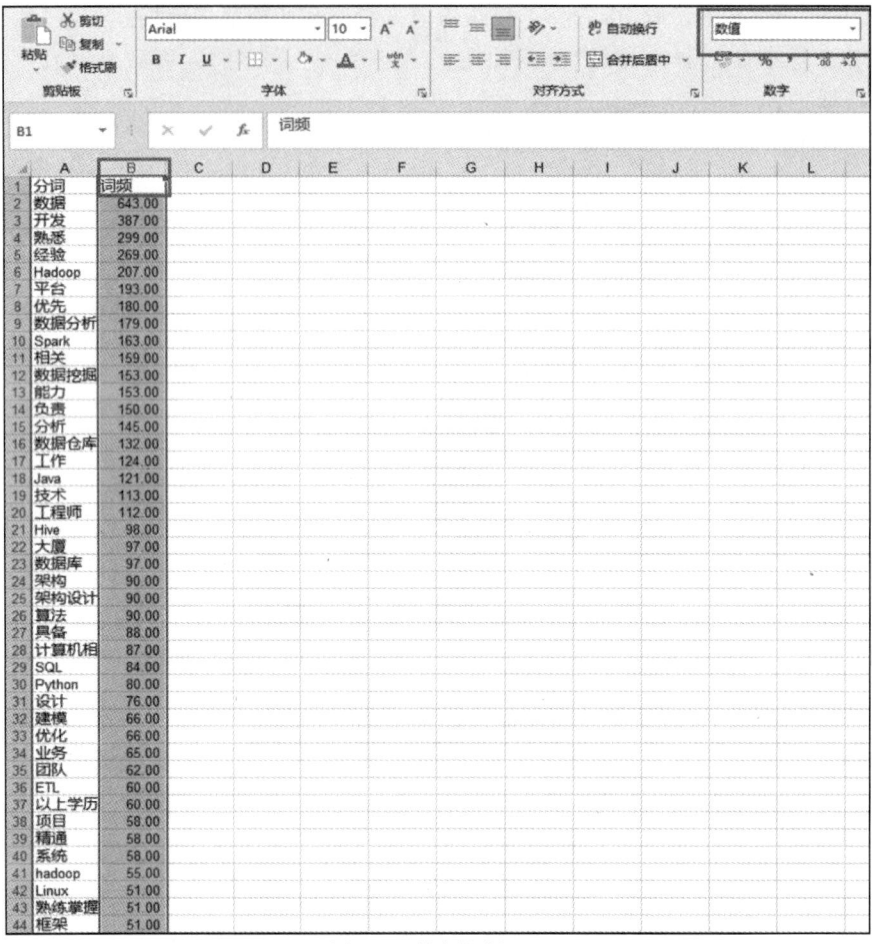

图 9-26　数字格式调整

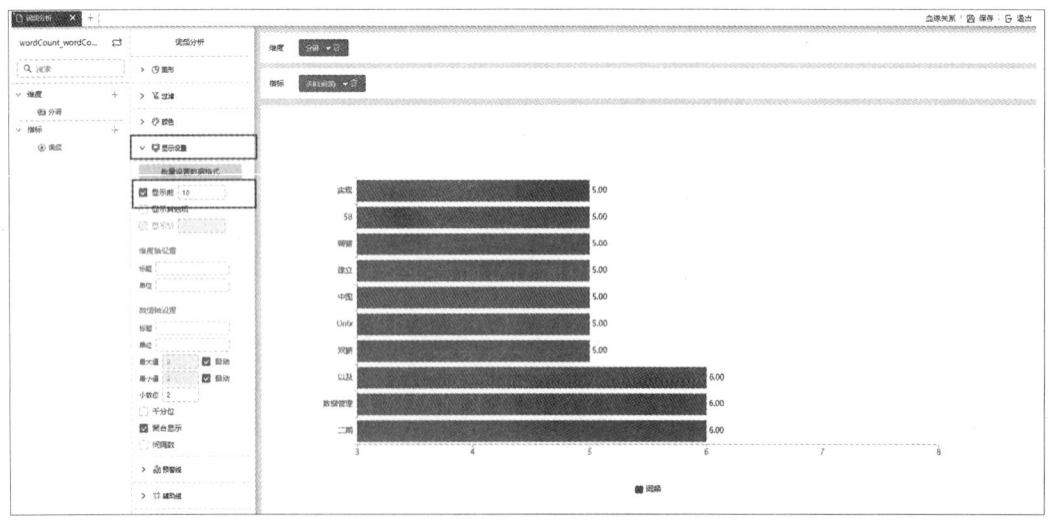

图 9-27　指标显示设置

单击指标栏"词频"的汇总方式为求和;单击维度栏"分词"的排序为降序(词频),如图 9-28 所示,单击"保存"。分析词频的可视化图形:由条形图可知,词频数据出现频次最大,数据、开发、熟悉、经验等出现的频次较高,技术中 Hadoop 的频次排在第五位。

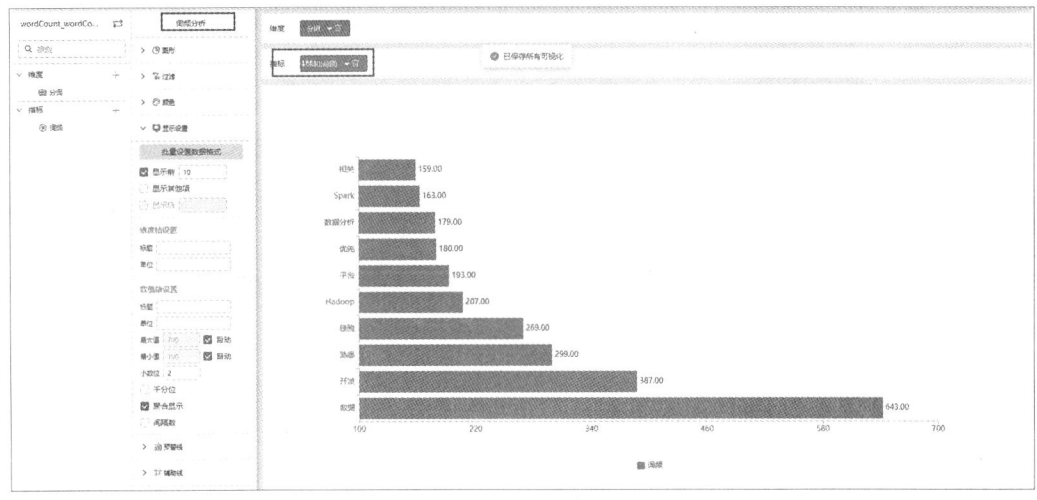

图 9-28　词频分析

2. 词云图分析

步骤一:

在数据挖掘界面,单击"选择数据源",选择"职位信息.txt",单击"保存";单击"配置模型",单击"词云";最大分词数按照数据量选择,举例选择 20,单击"保存"。

步骤二:

单击"开始建模";建模成功后,单击"查看训练结果"。

将词云图另存为保存,如图 9-29 所示。

图 9-29　词云图

词云图分析表明:对负责技术开发、业务优化等职位掌握技术架构、业务分析等技能的人才更符合大数据人才任职资格的画像。

3. 主题分析

步骤一:

在数据挖掘界面,单击"选择数据源",选择"职位信息.txt",单击"保存";单击"配置模型";单击"主题分析",如图 9-30 所示。

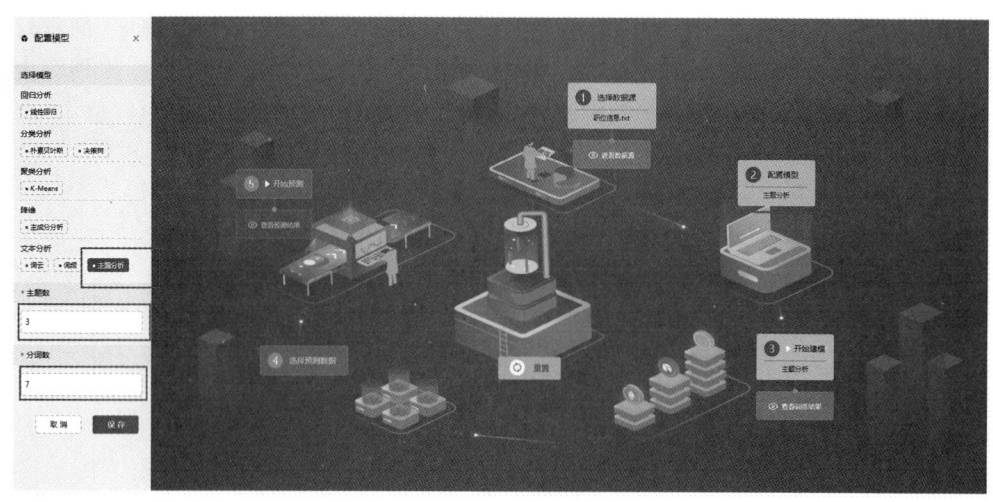

图 9-30 主题分析

举例：主题数选择"3"，分词数选择"7"（依据主题分析理论选择），单击"保存"。

步骤二：

单击"开始建模"；建模成功后，单击"查看训练结果"；将主题分析图截图保存，如图 9-31 所示。

图 9-31 主题分析结果

主题分析表明该职业任职资格画像为：

(1) 负责相关产品设计与优化，做好项目沟通；

(2) 掌握数据挖掘分析、框架的设计和开发；

(3) 熟悉技术平台，了解业务需求。

第五节 人才需求画像的应用

基于我国人工智能人才市场"一将难求"的背景，利用"用户画像"思想，根据基本资历、专业知识、工具技能和能力素质四个维度建立人才需求画像模型，并采集人工智能九个热点领域的招聘数据进行定量分析，从人才分层的角度提炼出不同类型岗位人才群体的特征标签，把握人工智能热点领域人才需求倾向。

基于招聘数据的人才需求画像构建的本质是对人才需求进行数据化—标签化—可视化的过程，人才需求画像模型构建流程大致可分为数据采集与处理、构建人才需求画像模型和人才需求特征挖掘。

一、人才需求画像模型构建的分析思路

步骤一:数据采集与处理。

以影响力较大的招聘平台作为数据来源,借助网页爬虫获取每条招聘信息中的工作经验、学历、岗位职责和任职要求等文本,并进行字符过滤、文本分词和去停用词等操作,形成有效的人才需求画像数据集。

步骤二:细分画像的构成维度,构建人才需求画像模型。

从基本属性和具体属性两方面出发,构建二维多级标签体系的人才需求画像模型。其中基本属性是企业需求的显性职位描述,包含人才的学历、专业和工作经验等;具体属性是人才需求信息的具体深层表现和需要挖掘的隐形内在潜质,包含专业知识、工具技能和能力素质等。

步骤三:人才需求特征挖掘。

重构全面、准确的词典是成功挖掘人才需求特征的关键,但使用常用词典和Jieba库现有的词典提取和识别专业术语难度较大,故随机选择500条招聘信息样本进行关键词抽取、高频词筛选、语义近似词增补等操作,以构建一个相对完整的专业领域招聘词典。

二、数据采集与预处理

以综合招聘、垂直招聘模式中主要的招聘平台作为数据来源,采集智联招聘、前程无忧、BOSS直聘、拉勾网和猎聘五大招聘平台的数据。数据采集过程为:

(1)爬取人工智能9个发展热点领域的招聘数据,在网站的职位搜索页面检索9个关键词:AI芯片、自然语言处理、语音识别、机器学习应用、计算机视觉与图像、AI技术平台、智能无人机、智能机器人和自动驾驶;地点范围设定为"全国",内容发布时间段为"2022年9—10月";采集时间为2022年10月31日。

(2)调用Python中第三方库Scrapy,编写网络爬虫代码,结合Xpath定位招聘信息中"工作经验""学历""岗位职责"和"任职要求"等文本作为构建人才画像模型的数据来源,输入Excel中统一处理,得到58 127条去重数据。

三、人工智能人才需求画像分析

1、基本资历特征

从岗位对学历要求来看,基础研究岗位对本科以上学历的要求达到97.3%;技术研发岗位对学历的要求最高,部分企业甚至要求应聘者为"985"或"211"院校毕业;应用实践岗位对学历要求较低,本科以上学历要求为74.3%。

从岗位对专业领域的要求来看,技术研发岗位主要从事平台层、认知层、感知层的工作,与其他岗位相比所涉及的专业知识面更广。基础研究人才需具备计算能力和芯片、自然语言处理的知识,专业范围较窄,但对应聘者的要求更加专业。应用实践岗位则主要从事场景应用等工作,对于机械、车辆工程和无人机应用等专业要求较高。

从岗位对经验要求来看，人工智能领域极其看重求职者是否有工作经验，3～4年经验要求占比最大，其次是1～2年经验要求，基础研究岗位对经验需求甚至高达96.6%，而其余两类岗位对此要求差别不大，均在87%左右。

2、专业知识特征

按岗位要求相关的专业知识排名，前三位的是算法、机器学习和深度学习、计算机视觉。三类岗位对人才专业知识的要求呈现以下三个特点：

(1)技术研发岗位对数据挖掘和编程的要求远超其他岗位，在自然语言处理、模式识别和算法框架等方面的要求也明显高于其他两类人才。

(2)应用实践类岗位的工作需要进行"人脸识别"和"自动驾驶"等数据标注，主要实现产品设计和可视化，因此应用实践岗位对人才的计算机软硬件、电子和语音识别等方面的专业知识要求更为强烈。

(3)基础研究岗位要求英语、论文写作、编程、框架和自然语言处理等专业知识。

3、工具技能特征

人工智能岗位工具要求主要为C++、Python、Linux和TensorFlow。其中基础研究岗位工具特别要求C语言和Verilog；技术研发岗位最看重Java和OpenCV等工具；应用实践岗位所要求的工具中Java和Matlab等更为重要。

4、能力素质特征

分析发现：(1)人工智能岗位对于能力的要求主要分为两类：一类是企业员工个体需具备的素质，如工作经验、学习能力、沟通能力、责任心、抗压能力和解决问题的能力；另一类是身为团队的一员，与其他员工的合作能力和协调能力。(2)在人工智能岗位对三类人才的能力要求中，最看重的是工作经验，其次是学习能力、团队合作和沟通能力。(3)三类岗位对人才能力需求还存在一定差异，具体表现为：相比其他岗位，基础研究岗位对英语和撰写能力要求较高，这类岗位主要涉及芯片研发等，需要撰写专利申请书或其他材料，对写作能力有较高要求，也更为看重员工对工作的兴趣度。技术研发岗位更关注雇员的逻辑思维，而应用实践岗位则对独立思考的能力有较高要求。

四、总 结

人工智能热点领域人才需求画像特征如下：

(1)岗位对学历要求总体较低而对工作经验要求普遍较高；基础研究和应用实践岗位专业要求主要为计算机、电子工程、自动化和通信工程四类专业，而技术研发岗位专业要求主要为计算机、数学、自动化和模式识别与智能系统，且对专业能力要求较高。

(2)技术研发岗位对人才在数据挖掘、编程、自然语言处理、模式识别和算法框架方面的专业知识要求高于其他两类人才。对应用实践岗位人才更看重计算机软硬件、语音识别及电子等方面的专业知识。基础研究岗位对人才的语音识别、数据挖掘及计算机软硬件专业知识要求较低。

(3)人工智能岗位对编程语言和机器学习两类工具需求居多，该岗位最为关注基础研究人才在芯片和算法的开发、验证和优化等方面的技能，特别要求掌握的工具为C语言和 Verilog；对技术研发人才的要求为掌握算法技术开发、学习算法处理等技能，特别要 Java 和 OpenCV 等工具；对应用实践人才的要求则为技术和算法的应用、技术的开发和设计等技能，工具要求中 Java 和 Matlab 等更为重要。

（4）人工智能岗位最看重的是工作经验，其次是学习能力、沟通能力和团队合作能力。其中，对基础研究人才在撰写论文和英语能力方面要求较高，对技术研发人才更看重逻辑思维能力，对应用实践人才则更看重独立思考的能力。

本章小结

本章在案例导入的基础上，阐述了人才画像的内涵和程序，依托新道云平台对数据收集与处理、数据可视化和数据挖掘分析三个模块进行详细实操讲解。一套完整的人才画像由基本资格和能力素质两部分组成，基本资格包括知识、所学专业、技能、关键历练；能力素质由能力、个性、动机三个层面组成。人才需求画像模型构建主要包括以下三个阶段：人才基础数据采集、行为建模和多维人才需求画像构建。招聘信息的来源包括现场招聘、网络招聘、校园招聘、传统媒体广告、人才介绍机构、内部招聘以及员工推荐。通过数据上传及数据关联、大数据相关职位需求分析、大数据职位需求企业画像、基于词云图与 LDA 主题模型的岗位职责与技能要求分析，实施人才需求画像的数据分析和挖掘。

课后思考题

1. 简述如何绘制人才需求画像。
2. 实施人才需求画像的数据来源有哪些？
3. 人才需求画像数据挖掘的基本步骤有哪些？

实训作业

1. 以某人才网为例，运用数据爬取工具获取绘制人才需求画像的数据并进行预处理，能够熟练演示其操作步骤。
2. 以采购经理为例，运用某人才网数据绘制人才需求画像并撰写项目分析报告。

延伸阅读

为国企人才培训与发展"数据画像"[①]

党的十九大报告指出，要"实行更加积极、更加开放、更加有效的人才政策"，"让各类人才的创造活力竞相迸发、聪明才智充分涌流"。当前，国有企业全面深化改革已进入深水期、攻坚期。探讨如何利用好大数据、云计算等前沿技术，对于助推国企人才培训与发

---

① 李建光. 为国企人才培训与发展"数据画像"[J]. 中国经济周刊，2018(20)：81-82.

展工作迈上新台阶,具有非常重要的现实意义。

有管理学者总结,人才培训与发展及其理念经历了三个阶段。一是零散培训阶段——缺什么、补什么,虽然以管理结果为导向,但客观上未必产生实际效果。二是素质模型阶段——标准化、体系化,尽管科学规范水平有所提高,可是往往落地成为新难题。三是人才发展阶段——个性化、智能化,在汲取前两个阶段经验和教训基础上,着重以大数据为支撑,充分运用互联网技术,竭力避免企业人才发展的"数据之殇"。

如论者言,"没有衡量,就无法管理"。人才的能力与素质非常难以量化,所以对人的管理是最难的。更何况,国有企业人才管理还有其特殊性,公有制经济对人才队伍能力、素质及结构、优化提出了更高的要求。因此,目前很少有国有企业进入3.0人才发展阶段,集中表现在三个"不够":能力标准不够清晰、量化过程不够科学、提升方式不够有效。究其根源在于国有企业HR(人力资源)信息系统只有人才档案等外显数据,却没有素质能力等内隐数据,而相应的管理理念与机制设计同样滞后,亟待全面深化改革攻坚克难。

一旦建立起人才数据中心,必将推动智能化、个性化人才发展成为可能。举个例子,仅就培训项目设计这一核心业务而言,其逻辑是判断组织对人才的需求(需求画像)、分析个体能力现状(个体画像)、找到需求点,进而结合学习者的特点和培训资源"量身定制"学习方案,那么通过数据化就可以设计出人才培训的业务模型。

在完成数据库设计、应用的基础上,还要不断拓展国有企业人才发展的"数据平台",让冰冷的数据活泛起来,在动态生长中实现信息化,打通培训全链条、数据化贯穿培训全周期。这其中,需构建兼具PC端和移动端,覆盖培训管理者、讲师、学习者多方应用的培训信息平台。立体来看,这一平台自下而上包含四个层次结构:一是挖数据,以优秀人才和企业需求为标尺,挖掘历史数据和关键信息,对人才建模,不断完善人才参数,改进优化模型;二是建功能,建立以内容学习、考试考核、测评分析、辅助决策为核心功能;三是搭应用,搭建"招聘、评价、培训、发展"的工作流程;四是筑业务,筑造人才评价、培训者管理、个人网络学习、行业(企业)人才发展体系等。

建立培训信息平台,将会极大提升国有企业培训机构的工作效率。更为重要的是,其以推动培训业务来留存人才数据的创新,所带来的数据价值是不可估量的。当数据达到一定规模,可以通过大数据分析界定组织人才标准,可以按照人才标准量化素质能力,并用于选人、梯队建设、发展人等,可以实现人才发展方案个性化、智能化设计。在党的坚强领导下,"数据画像"定能选出、培养出一大批政治合格、作风过硬、业务精湛的复合型人才,为国有企业改革发展强根固魂。

第十章 敬业度分析

通过鱼骨图等分析工具对敬业度数据做初步的定性分析,描述该企业组织中出现问题的基本情况;然后再通过分析云图与数据分析挖掘工具,完成对敬业度数据的预处理、数据整体分析与可视化以及驱动因素影响力分析。结合业务背景及数据分析挖掘结果,撰写敬业度分析及评估报告。

学习目标

1. 了解组织行为中有关态度、组织、群体、个体等知识
2. 掌握有关敬业度构成维度以及影响因素等知识
3. 熟练掌握数据分析,熟悉因子分析与多重线性回归等分析挖掘技能,分析并挖掘敬业度数据
4. 结合真实业务情况,熟练掌握数据分析与挖掘流程与规范

知识结构图

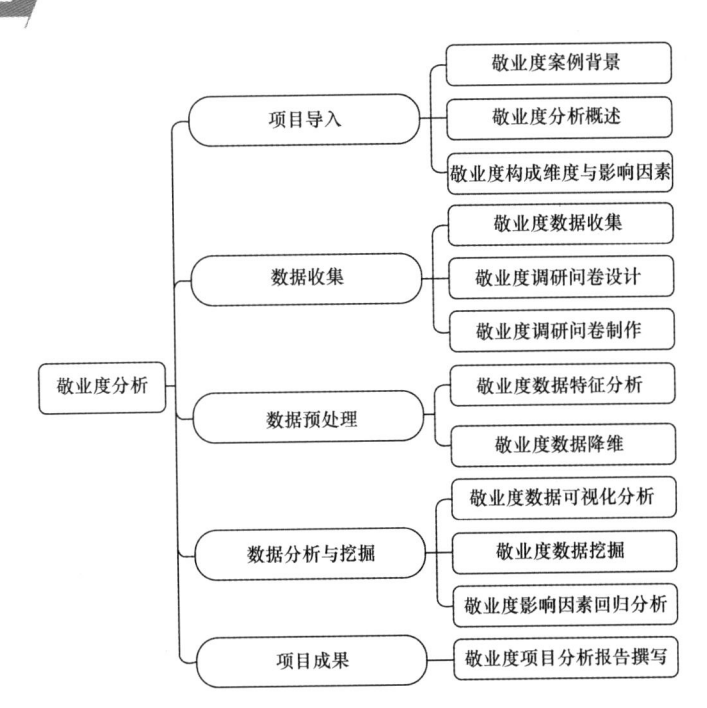

```
                    ┌─ 项目导入 ─┬─ 敬业度案例背景
                    │            ├─ 敬业度分析概述
                    │            └─ 敬业度构成维度与影响因素
                    │
                    ├─ 数据收集 ─┬─ 敬业度数据收集
                    │            ├─ 敬业度调研问卷设计
                    │            └─ 敬业度调研问卷制作
  敬业度分析 ───────┤
                    ├─ 数据预处理 ─┬─ 敬业度数据特征分析
                    │              └─ 敬业度数据降维
                    │
                    ├─ 数据分析与挖掘 ─┬─ 敬业度数据可视化分析
                    │                  ├─ 敬业度数据挖掘
                    │                  └─ 敬业度影响因素回归分析
                    │
                    └─ 项目成果 ─── 敬业度项目分析报告撰写
```

引 例

捷胜信息技术有限公司的员工敬业度分析

1. 公司概况与现状

公司概况:捷胜信息技术有限公司(简称"捷胜信息")是一家致力于交通出行智能终端设备和集软件产品的研发、销售、服务于一体的创业公司,成立五年来,公司以技术发展为第一驱动力,以良好的产品优势获得了市场的认可,度过了困难的初创期。

组织与人员:公司现有人员367名,分为研发、市场推广、职能等7个部门,推行扁平化的管理模式。公司今年持续获得大额订单,业务快速发展,人员规模预计增长100%以上。

人员管理现状:在业务蓬勃发展的同时,公司的人员管理上出现了一些不好的倾向,部分员工对公司的领导、文化、激励、流程等方面提出了很多意见,人力资源部也时常听到员工的抱怨。

2. 现有措施与任务要求

采取的措施:在公司即将加速发展的关键时期,为提供良好的组织和人员保障能力,经管理层批准,人力资源部配合外部著名的人力资源服务公司怡安翰威特对公司进行咨询诊断,并对管理层、员工进行了调研和访谈,以便快速有针对性地解决问题,提高员工凝聚力,为公司下一个五年的飞速发展、成为行业翘楚的知名企业而努力。

收集数据和信息:咨询公司对各部门共计35名员工进行了匿名访谈,形成了访谈记录。在此基础上,人力资源部和咨询公司设计了敬业度调研问卷,以了解员工状态,持续跟踪提升敬业度,达成业务成果。

任务要求:人力资源部拟成立一个四人数据分析小组,根据收集整理的公司员工基本信息、敬业度调研数据等,通过数据分析挖掘人力资源管理中存在的深层次问题,提出改进建议,为今后发展奠定良好的基础。

3. 组织结构图

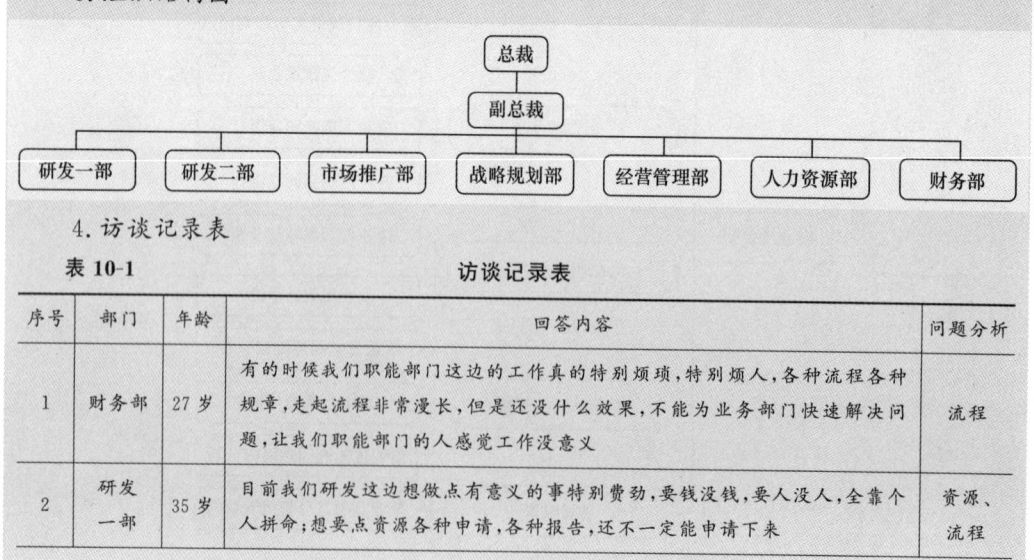

总裁 — 副总裁 — 研发一部、研发二部、市场推广部、战略规划部、经营管理部、人力资源部、财务部

4. 访谈记录表

表10-1 访谈记录表

序号	部门	年龄	回答内容	问题分析
1	财务部	27岁	有的时候我们职能部门这边的工作真的特别烦琐,特别烦人,各种流程各种规章,走起流程非常漫长,但是还没什么效果,不能为业务部门快速解决问题,让我们职能部门的人感觉工作没意义	流程
2	研发一部	35岁	目前我们研发这边想做点有意义的事特别费劲,要钱没钱,要人没人,全靠个人拼命;想要点资源各种申请,各种报告,还不一定能申请下来	资源、流程

(续表)

序号	部门	年龄	回答内容	问题分析
3	财务部	36岁	我们财务部门的绩效考核指标,也就是KPI不对路,不能体现真正的个人能力与绩效;我专业能力突出,总能梳理出更好的工作方法,但是公司却主要考核我的工作量和对外服务态度,完全不考虑工作效率指标;而且领导从来不深入了解一下我的工作成绩和工作方法,我不能有效地反馈我的工作绩效	绩效管理、领导
4	经营管理部	27岁	我总是感觉我身边同事不给力,不能很好地配合我的工作,总是给我的工作拖后腿,但是我也没有任何办法;我需要更多的支持和资源来配合我的工作,走各种流程各种申请,但是还总是得不到,申请点什么都特别费劲,这让我特别泄气	资源、流程
5	经营管理部	28岁	希望公司给年轻人松绑,让我们去创新,去尝试,不要压制我们	创新
6	经营管理部	28岁	我的工作都是事务性的工作,没有太多挑战性,没有提升,每天的工作就是不断重复,感觉不到特别的价值,感觉挺无聊的	工作任务
7	经营管理部	42岁	公司现在的绩效考核过于强调收入和利润指标,不太注重团队合作和服务品质相关的指标,这样很不好,长此以往每个人都为了个人利益最大化而伤害团队和公司长远的利益	绩效管理
8	经营管理部	43岁	公司应该鼓励有责任心、品德好的人,这样才能给公司树立好的榜样,树立有正气的文化	企业文化
9	人力资源部	26岁	希望公司各部门主管领导在很多方面能给下属起模范带头作用,比如严格执行制度,表现出奋斗者文化等,否则当领导的自己都做不好,又怎么要求下属呢	企业文化、领导
10	人力资源部	27岁	加油!我们一起加油把公司建设得更好吧!	/
11	市场推广部	28岁	我最近心情特别郁闷,感觉特别没意思,每天起得比鸡都早,每天都是忙忙碌碌的,但是却不知道这些努力有什么意义,没有目标和方向,也从来没有人和我谈谈我的未来发展和现在工作对公司的价值	工作任务、领导
12	市场推广部	27岁	我觉得我能力很强,值得公司重用,但是缺乏伯乐,领导从来都不关注我们下属的工作表现与未来提升	领导
13	市场推广部	26岁	公司应该调整一下目前的绩效考核体系,公司没有区别对待努力的人和不努力的人,这种感觉很糟糕	绩效管理
14	市场推广部	26岁	我的领导是能力一般,但是特别强势和固执,下面的员工特别有能力的,但是领导却从来不倾听和重用有能力的人的建议	领导
15	市场推广部	38岁	公司不错,就是有点歪风邪气,把这股子风气整治下,就更好了	企业文化
16	市场推广部	36岁	公司的氛围不好,很多人游手好闲不干活,让奋斗的人太失望了;公司的价值观是以奋斗者为主,但是如果公司领导层都不以身作则,又怎么倡导奋斗者文化呢	企业文化、领导

(续表)

序号	部门	年龄	回答内容	问题分析
17	市场推广部	33岁	我们部门的人都特别冷漠,大家彼此之间没什么联系,工作中没有太多配合,我特别不喜欢这种氛围	同事
18	市场推广部	32岁	公司的文化就是利益导向,干就完了,但是我建议公司应该更加倡导些人文的关怀或者一些公益活动	企业文化
19	市场推广部	35岁	公司没有给员工太多的支持,我们出去做项目都是靠自己,公司不给太多资源,有的时候还要我们自己垫钱做事,真是太让人泄气了	资源
20	研发二部	27岁	特别不喜欢我的上级领导,能力一般,还特爱瞎指挥,真不明白这样没能力的人是怎么爬上去的	领导
21	研发二部	28岁	公司制度还是不健全,有的人品质有问题,天天游手好闲不干活,还照样优哉游哉	企业文化、绩效管理
22	研发二部	28岁	公司不鼓励创新,只愿意雇用一帮平庸的人,做些平庸的项目,这点让我感觉特别绝望	创新、同事
23	研发二部	26岁	我有很多特别好的想法和思路,但总是得不到部门的支持,领导也从来不和我们这些下属沟通,关心我们的工作和感受	创新、领导
24	研发二部	28岁	公司的氛围有点老气横秋,年轻人没有年轻人的样子,不思进取,浑浑噩噩,公司没有给年轻人一个值得挑战的空间,这样的工作对于年轻人没有价值和乐趣	创新、同事
25	研发二部	34岁	我在这个公司工作了5年,但我的工作还是现在这样,没有任何轮岗,也没什么新的挑战,越干越没劲	工作任务
26	研发一部	28岁	我身边的同事能力都很普通,公司缺乏技术和管理大咖	同事
27	研发一部	27岁	身边的同事不优秀,身边的人眼界、格局、能力都太一般了	同事
28	研发一部	28岁	公司还可以吧,没什么大的毛病,但是留不住特别突出的人才,因为公司的人能力都一般,容不下特别优秀的人存在	同事
29	研发一部	27岁	我希望与优秀的人共事,这样我的能力才能有提高,但是现状令我失望	同事
30	研发一部	28岁	很久很久了,都没有人和我谈过我的进步,我非常失落,但是我确实进步了,我需要人鼓励	领导
31	研发一部	33岁	身边的人眼界太小了,就知道收入、利润和成本;品德好的人往往不被待见,这样特别不好	企业文化
32	研发一部	38岁	希望公司主管领导在很多事情上都起到模范带头作用,不要总是让员工冲在最前面,自己在大后方指挥	领导

(续表)

序号	部门	年龄	回答内容	问题分析
33	战略规划部	32岁	我希望公司发展得越来越好,但是首先需要公司重视有品德、有能力的人,让他们得到荣誉和奖励,特别是有品德的人,否则光说些空话大话是没用的	企业文化、绩效管理
34	战略规划部	33岁	公司目前没有更前瞻的战略眼光,不敢涉足崭新的领域,遇见创新就打压,这样公司未来会出大问题的	创新
35	战略规划部	41岁	公司目前的研发和销售能力在行业中是数一数二的,但是在市场中缺乏更高的知名度,公司高层没有品牌意识	雇主品牌

第一节 业务理解

一、什么是敬业度

1. 敬业度与态度

员工敬业度本质上是一种工作态度。主要的工作态度包括:工作满意度、工作敬业度、工作卷入、组织承诺与组织支持感。

2. 敬业度的两个层面

员工敬业度反映了员工的行为、情感与认知在工作、组织两个层面上的投入程度。

3. 满意度与敬业度关系

将敬业度作为 x 轴,满意度作为 y 轴,可将员工按照敬业度—满意度划分为以下四类:

(1) 敬业+满意:持续敬业型员工,在人员资产负债表中属于组织的"资产"。

(2) 敬业+不满意:自我驱动型员工,在人员资产负债表中属于组织的"应收账款"。

(3) 不敬业+满意:安逸型员工,在人员资产负债表中属于组织的"坏账"。

(4) 不敬业+不满意:待激发型员工,在人员资产负债表中属于组织的"负债"。

4. 主要咨询公司对敬业度的定义

(1) 盖洛普:在给员工创造良好的环境、发挥他的优势的基础上使每名员工视自己为所在单位的一分子,产生一种归属感,产生"主人翁"责任感。员工敬业度研究源于美国盖洛普咨询有限公司。

(2) 翰威特:员工敬业度是员工在情感和知识方面对组织的承诺和投入的程度,衡量的是员工乐意留在公司和努力为公司服务的程度,员工的敬业度受到多方因素的影响。

(3) 韬睿:员工敬业度是员工帮助企业成功的意愿和能力的强弱程度,从另外一个角度讲,就是员工愿意将能够自主决定的努力应用到工作中的程度,包括理性敬业和感性敬业两类。

（4）合益集团：激发员工工作热情并将其导向组织成功的结果，它包含员工承诺与一个组织的情感纽带，意欲留守在组织中和积极主动性愿意超越工作本身要求，做得更多、更好两个因素。

二、敬业度构成维度与影响因素

1. 敬业度的构成维度

卡恩（1990）将员工敬业度分为生理投入、认知投入和情感投入三个维度。生理投入指员工在执行角色任务时能保持生理上的高度兴奋状态；认知投入指员工能够保持认知上的高度活跃及唤醒状态并能清晰地意识到自己在特定工作情境中的角色和使命；情绪投入指员工保持自己与其他人的联系以及对他人情绪情感的敏感性。

马斯拉奇（Maslach）（1997）等将员工敬业度和工作倦怠视为一个三维连续体的两极，其中员工敬业度以精力充沛、工作投入和高效能感为特征，而这三个方面正好分别是精疲力竭、愤世嫉俗和低效能感工作倦怠维度的直接对立面，敬业度高的员工给人一种精力充沛的感觉，能有效地进入工作状态，并能与他人和谐相处，而且自我感觉能够完全胜任工作。与之相对倦怠高的员工则有一种耗竭感和无效能感并与工作及他人处于一种疏离的状态。

肖费勒（Schaufeli）（2002）等认为员工敬业度包括精力充沛、奉献精神和专心致志三个维度。精力充沛是指员工具有良好的心理韧性，为工作付出努力而不感到疲倦并且在困难面前能够坚持不懈；奉献精神是指员工具有强烈的意义感、自豪感以及饱满的工作热情，能够全身心地投入到工作中并勇于接受工作中的挑战；专心致志是指在工作时注意力高度集中、全神贯注并能乐在其中，感觉时间过得很快而不愿从工作中脱离出来。Schaufeli认为这里不应该用工作投入而应该用奉献精神这个词。虽然工作投入和奉献精神都常常被定义为一种对工作的心理认同看，但后者在质量上和数量上都更进一步。从质量上来看奉献精神是更强烈的投入，比平常水平的认同更深了一层；从数量上来看奉献精神的范围更广，不仅指特定的认知状态还包括情感维度。

2. 敬业度的影响因素

（1）个体特征方面

敬业度是员工个体对待组织和工作的态度，因而很大程度上受到自身特征的影响。员工个体对工作意义、工作安全、工作满足需要程度的认识影响着其敬业度。员工敬业度与员工的职业发展阶段、年龄、受教育程度、工作类型等人口统计学变量都有很大的关系。此外员工自身的工作态度是否端正，工作动机是否成熟，是否具有责任感、自律性都对员工敬业度的高低有很大的影响。

（2）工作特征方面

依据自我决定理论，员工有各种各样的心理需求，他们希望从组织或者工作中得到心理上的满足。个体与工作之间存在一种契约关系，这种契约关系取决于个体在与工作角色结合过程中的心理状态。在工作中，员工首先对客观存在的工作任务、工作环境、工作资源等因素进行感知,然后产生心理上的意义感、安全感以及可用感,进而调整自身的敬业程度。所以工作本身能够满足员工内心需要的程度是影响其敬业度的一个重要因素。赫克曼提出,工作特征由工作内容的丰富性、工作的重要性、任务的完整性、工作的自主性和工作的反馈性五个核心方面构成。

(3) 组织环境方面

国内外的许多研究显示,组织的规模、发展前景、管理制度、企业文化、工作环境以及组织和上司对员工的支持等都影响着员工敬业度。在影响员工敬业度的组织因素中,与员工生存和发展需要密切相关的因素起着首要的作用。首先,薪酬对员工敬业度具有不可替代的作用。当员工的能力及所产生的绩效得不到相应的回报时,员工敬业度低则难以避免。其次,企业能否为员工制订有效的职业生涯规划,员工能否在企业中得到成长与员工敬业度的高低密切相关。最后,组织支持程度,包括工作资源中的上级支持、同事间的鼓励、组织对其能力的认可程度等,对员工敬业度也有显著影响。

第二节 数据收集

一、敬业度数据收集

1. 敬业度调研问卷设计步骤

确定敬业度构成维度与影响因素测量指标→确定测量指标的数据特性与来源→确定各指标数据采集方法与工具→确定调查问卷格式。

2. 建立敬业度分析模型

确定敬业度构成维度以及影响因素的测量指标,建立敬业度分析模型(图10-1)。

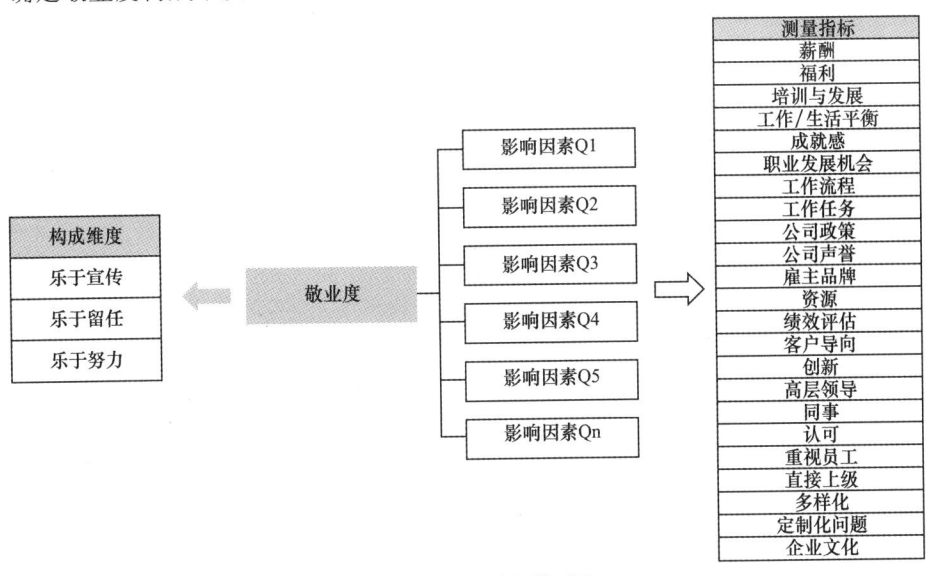

图10-1 敬业度分析模型图

3. 确定测量指标的数据特性与来源

敬业度测量指标的数据特性与来源见表10-2。

表10-2　　　　　　　　　敬业度测量指标的数据特性与来源

调查对象	调查内容	调研问卷问题举例	变量类型	编号	详细说明	取值范围
员工	敬业度(维度1:乐于宣传;维度2:乐于留任;维度3:乐于努力)	1.如果有计划,我将向公司以外的人员介绍在这里工作的好处 2.我不会轻易离开这家公司 3.公司能够激励我每天尽全力工作	因变量	1	有序变量	1~6
	Q1:薪酬满意度	相对我为公司所做出的贡献而言,我的薪酬回报是合理的	自变量	1		
	Q2:福利满意度	总体来说,公司的福利计划能很好地满足我(和我家人)的需要		2		
	Q3:工作任务满意度	我非常喜欢自己的日常工作		3		
	Q4:客户导向满意度	公司在客户中有良好的声誉		4		
	……	……		……		
	Q23:企业文化	企业文化与价值观有效落实到我的日常工作行为中		23		

二、敬业度调研问卷设计

通常情况下,员工敬业度调研分成五个步骤:

1. 设计敬业度问卷

设计问卷有几个注意事项:

(1)敬业度问卷的问题要避免主观评价

在问卷设计时,避免直接让员工自我评价,而是多问组织给予员工支持的问题,这样就能削弱或减少员工自我评价所带来的不真实性。比如想了解员工对薪酬的想法,不能直接问"您对薪酬满意吗?",而是问"我们公司的薪酬调整制度(包括调薪和降薪)是客观、合理的吗?"。

(2)通过设置相关性问题确保问卷的效度

在问卷中,设置一些类似的问题,如果同一答题者其答案前后不一致,则说明回答者并没有真实地填写问卷信息,可以视作问卷作废。这样能有效保证问题回答的真实性。

(3)敬业度问卷的问题要全面

敬业度涵盖了员工对工作的各个方面的感觉和态度,包括对公司的认同、对工作的热情、与同事和领导的关系、对工作环境的满意度、职业发展机会、薪酬与福利等。全面的问题设计能够帮助组织全面了解员工的敬业程度和影响因素。此外,全面的问题设计可以确保收集到的数据更具代表性,从而在数据分析阶段得出更为准确和可靠的结论。

2. 发放与填写敬业度问卷

企业HR在发放问卷时,覆盖面一定要广,否则收集的信息不具备代表性。同时,企业HR还要做好问卷填写的说明工作,防止员工填写不符合规定。有时,为了保证员工填写更加真实,一般采用匿名填写的方式。

3. 敬业度问卷的回收与统计

回收敬业度问卷最好使用电子邮件,让员工直接将填写的问卷发送到 HR 指定的邮箱,这样不至于内容外泄。统计敬业度问卷时,要对一些无效问卷进行处理。比如一些空白问卷,或只填写了几个问题的问卷,可以视作问卷作废。另外对一些经过测谎测出不真实的问卷,也要剔除出去。

4. 敬业度调研结果分析

敬业度调研结果分析主要分析各个因素的得分情况,并对各个驱动因素与敬业度的行为表现结果进行相关性分析。那些对员工敬业度有较强的正面影响和较弱的负面影响的因素,就是企业需要提升和关注的。

5. 敬业度改进方案

根据敬业度调研结果以及分析结论,有针对性地关注那些能提升员工敬业度的因素,并制定相应的改进措施,形成一套行之有效的具体方案。

三、敬业度调研问卷制作

1. 任务描述

利用分析云"填报设计"功能进行敬业度问卷调研制作。

2. 操作步骤

(1)单击"开始任务",进入分析云。

(2)在左侧选择"数据填报",单击"＋创建表单",填写"表单名称",选择表单类型"自由表单",选择"公开"(图 10-2)。

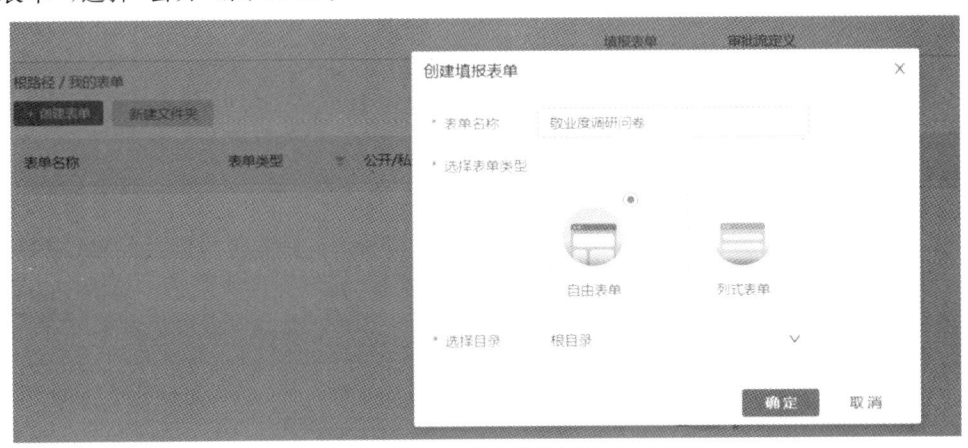

图 10-2 创建填报表单

(3)进入"表单样式",在"全局样式"中"表单标题"内容中输入标题"敬业度调查问卷"。

(4)进入"控件",根据问卷题目类型从"控件仓库"中选择合适的控件,并在"控件属性"中完善该表单格式。

①描述框设置:从"控件仓库"中选择"描述控件";选择"控件属性",在"描述设置"里录入该调研问卷的描述性内容"感谢您参与公司员工敬业度调研,完成本调查大约需要

15分钟。您的回答是匿名的"类似内容。

②单选题设置：从"控件仓库"中选择"单选下拉"；在"标题设置"的"标题"栏中输入该调研问题序号以及问题，在"选项设置"中输入各个选择项，"校验设置"中选择"该项必填"（图10-3）。

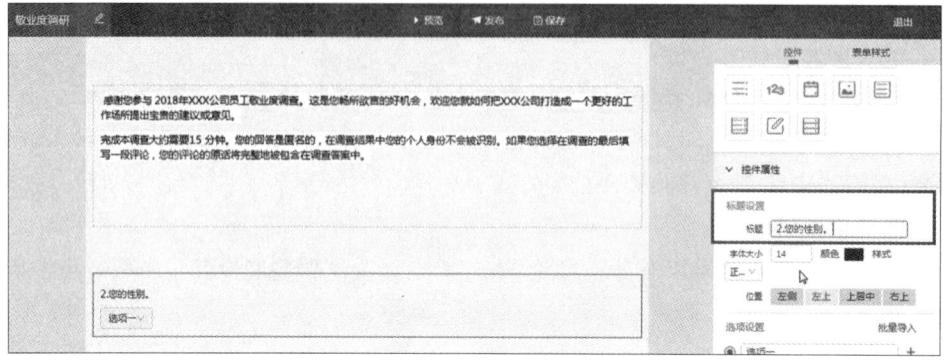

图10-3　单选题设置

③矩形框单选题批量设置：从"控件仓库"中选择"矩形选择"；在"标题设置"的"标题"栏中输入"二、调研问卷"，提示输入"下列问题中选择你认为合适的选项"（图10-4）。

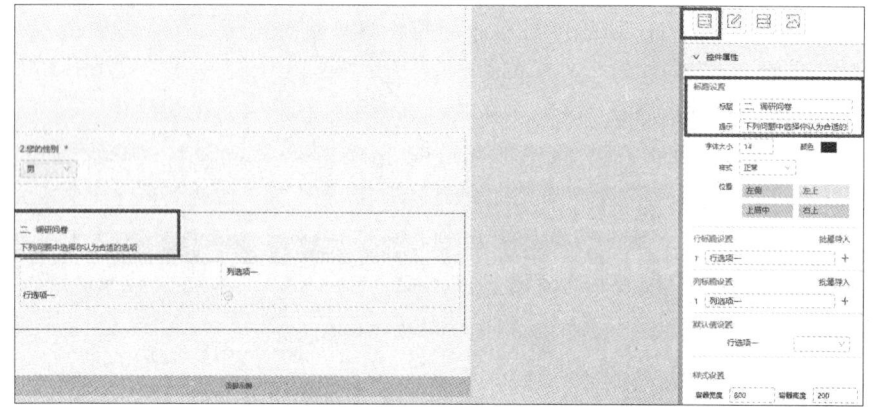

图10-4　矩形框单选题批量设置

④在"行标题设置"中批量导入各个调研问题（将word中调研问题批量粘贴即可），在"列标题设置"中输入各个选择项，"校验设置"中选择"该项必填"（图10-5和图10-6）。

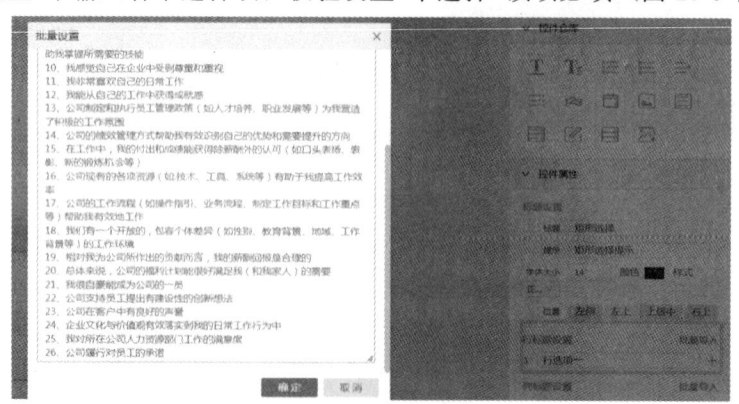

图10-5　行标题设置

图 10-6　列标题设置

⑤将容器高度设置为1 200,表单样式—全局样式高度设置为1 900,页眉页脚设置为"不可见"。

(5)填报完毕所有调研问题后,先"预览",完善后单击"保存",并"发布"。

第三节　数据预处理

一、数据特征分析

1. 数据线性趋势

分析每个自变量 x 与因变量 y 的线性趋势,即散点图,发现并剔除强影响点。

分析步骤:

(1)有多少个自变量就需要观察多少张散点图,通过散点图观察变量间的趋势是否存在线性相关关系。

(2)记录每张散点图中的离群值,以备最后判断回归方程中是否存在"强影响点"。

离群值,也称逸出值,是指在数据中有一个或几个数值与其他数值相比差异较大。离群值产生的原因大致有两点:

(1)总体固有变异的极端表现,这是真实而正常的数据,只是在这次实验中表现得有些极端,这类离群值与其余观测值属于同一总体。

(2)由于试验条件和实验方法的偶然性,或观测、记录、计算时的失误所产生的结果,是一种非正常的、错误的数据,这些数据与其余观测值不属于同一总体。

通常检测离群点的方法有:用 QQ 图检测,落在置信区间外的点通常被认为是离群点;另外,对于服从正态分布的数据,需要计算出数据的均值(μ)和标准差(σ),大于 $\mu+3\sigma$ 或小于 $\mu-3\sigma$ 的数值通常为离群值。对离群点,我们一般会选择删除。

(3)发现并剔除强影响点。绘制散点图,观察是否存在离群值,他们常常就是强影响点。如果出现离群值,首先判断是否是数据录入错误所导致的。若数据录入正确,那么需要进一步判断这些离群点是否反映了总体特征。如果这些离群点不反映总体特征,则删除这些数据;若反映了总体特征,那么需要比较删除与不删除这些点对数据的影响。如果删除该点导致拟合模型的实质性变化,改变了总体趋势,说明这些点是对模型拟合有较大影响的点,此时应该改变统计方法;若拟合模型没有发生实质性变化,不改变总体趋势,说明这些点不是强影响点,删除即可。

2. 数据独立性

之所以要求数据是独立的,这与各统计分析方法的前提假设条件有关。数据独立性是在收集数据时尽力保证的。

二、数据降维

1. 因子分析概述

(1)因子分析定义

因子分析是一种多变量化简技术。目的是分解原始变量,从中归纳出潜在的"类别",相关性较强的指标归为一类,不同类间变量的相关性较低。每一类变量代表了一个"共同因子",即一种内在结构,因子分析就是要寻找该结构。

(2)因子分析目的

①探索结构:在变量之间存在高度相关性的时候我们希望用较少的因子来概括其信息;②简化数据:把原始变量转化为因子得分后,使用因子得分进行其他分析,比如聚类分析、回归分析等;③综合评价:通过每个因子得分计算出综合得分,对分析对象进行综合评价。

2. 因子分析步骤

(1)因子分析适用条件

样本条件:样本量与变量数的比例应在 5:1 以上;总样本量不得少于 100,而且原则上越大越好。

判断条件:KMO 检验结构,0.9 以上非常适合因子分析,0.5 以下不适合因子分析。Bartlett's 球形检验,P 值小于等于 0.05 适合因子分析,否则不适合进行因子分析。

(2)因子分析操作步骤

①单击"开始任务",进入"数据挖掘工具"界面。

②数据源选择"敬业度影响因素降维分析数据集",配置模型选择"降维—主成分分析",选择需降维的变量 23 个,选择"正交旋转"因子旋转方法,单击"保存",并"开始建模",单击"查看训练结果"。

③查看 KMO 结果"总分"以及"显著性"。若 KMO 检验结果小于 0.5 且切比雪夫关联卡方的显著性(即 P 值)大于 0.05,重新选择"因子个数"。若 KMO 检验结果大于 0.6 且契比雪夫关联卡方的显著性(即 P 值)小于等于 0.05,说明适合因子分析,导出"解释的总方差"表。

④依次选择不同的"因子个数"(从 2 到 N),重复上述步骤,查看每次计算的"因子个数 N"的"解释的总方差"中最高"Cumulative Var"值,导出到 Excel 表中。当因子 N 减去因子($N-1$)个的"Cumulative Var"值边际增量最高时,N 就是最合适因子个数。

"Cumulative Var"成为"累计方差贡献率",当因子 N 减去因子($N-1$)的"Cumulative Var"值边际增量最高时,N 就是最合适因子个数,通常情况下累计解释的百分比值至少达到 60%。

“SSloadings”特征根大于 1,该数值越大,说明该公因子重要性越高。

⑤导出“最终结果”的 Excel 表格,在公因子中选出最大因子负荷项,汇总形成公因子名称(图 10-7)。

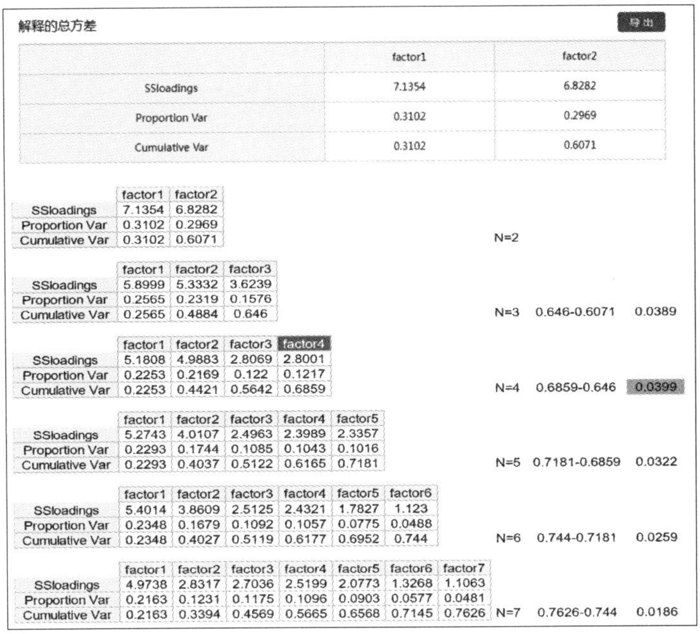

解释的总方差 导出

	factor1	factor2
SSloadings	7.1354	6.8282
Proportion Var	0.3102	0.2969
Cumulative Var	0.3102	0.6071

	factor1	factor2		
SSloadings	7.1354	6.8282		
Proportion Var	0.3102	0.2969		
Cumulative Var	0.3102	0.6071	N=2	

	factor1	factor2	factor3			
SSloadings	5.8999	5.3332	3.6239			
Proportion Var	0.2565	0.2319	0.1576			
Cumulative Var	0.2565	0.4884	0.646	N=3	0.646-0.6071	0.0389

	factor1	factor2	factor3	factor4			
SSloadings	5.1808	4.9883	2.8069	2.8001			
Proportion Var	0.2253	0.2169	0.122	0.1217			
Cumulative Var	0.2253	0.4421	0.5642	0.6859	N=4	0.6859-0.646	0.0399

	factor1	factor2	factor3	factor4	factor5			
SSloadings	5.2743	4.0107	2.4963	2.3989	2.3357			
Proportion Var	0.2293	0.1744	0.1085	0.1043	0.1016			
Cumulative Var	0.2293	0.4037	0.5122	0.6165	0.7181	N=5	0.7181-0.6859	0.0322

	factor1	factor2	factor3	factor4	factor5	factor6			
SSloadings	5.4014	3.8609	2.5125	2.4321	1.7827	1.123			
Proportion Var	0.2348	0.1679	0.1092	0.1057	0.0775	0.0488			
Cumulative Var	0.2348	0.4027	0.5119	0.6177	0.6952	0.744	N=6	0.744-0.7181	0.0259

	factor1	factor2	factor3	factor4	factor5	factor6	factor7			
SSloadings	4.9738	2.8317	2.7036	2.5199	2.0773	1.3268	1.1063			
Proportion Var	0.2163	0.1231	0.1175	0.1096	0.0903	0.0577	0.0481			
Cumulative Var	0.2163	0.3394	0.4569	0.5665	0.6568	0.7145	0.7626	N=7	0.7626-0.744	0.0186

图 10-7　导出最终结果

对每个自变量(驱动因素)的各个公因子(factorN)负荷值进行排序,选出其中最大的负荷值(负荷值最大的那个公因子是能够解释该驱动因素的最佳公因子);根据各个驱动因素的最佳公因子是否相同,将驱动因素划分为 N 个类别;为各个类别的公因子赋予名称(图 10-8)。

	factor1	factor2	factor3	factor4
工作任务	0.7918	0.3868	0.1873	0.088
资源	0.7408	0.4074	0.29	0.104
工作流程	0.7176	0.2934	0.2921	0.3227
绩效评估	0.7133	0.1703	0.273	0.2726
雇主品牌	0.5922	0.454	0.2113	0.3827
创新	0.5919	0.6082	0.1064	0.2135
公司政策	0.5742	0.3142	0.4119	0.1999
公司声誉	0.5601	0.2663	0.3325	0.4319
客户导向	0.4497	0.4706	0.3287	0.4474
企业文化	0.4436	0.5108	0.135	0.4425
成就感	0.4414	0.4655	0.5481	0.1651
福利	0.4088	0.3923	0.1762	0.6999
工作/生活平衡	0.4064	-0.0479	0.4609	0.4383
多样化	0.3911	0.5229	0.1661	0.3244
直接上级	0.3441	0.6181	0.3656	0.1837
高层领导	0.3214	0.7785	0.2322	0.1131
培训与发展	0.2913	0.1465	0.6783	0.2691
重视员工	0.2704	0.6552	0.0404	0.4223
定制化问题	0.2528	0.4681	0.3737	0.35
认可	0.2286	0.6955	0.2212	0.2569
职业发展机会	0.172	0.2848	0.6032	0.0951
同事	0.1544	0.624	0.4909	0.145
薪酬	0.0916	0.2665	0.2263	0.6768

图 10-8　负荷值排序及赋名

第四节　数据分析与挖掘

一、数据可视化分析

1. 员工基本信息可视化分析

(1)单击"开始任务",进入分析云;

(2)进入"分析设计",新建"故事板",选择数据源"员工基本信息数据集",新建"可视化";

(3)对员工人数、性别、部门、学历、年龄、年龄区间、司龄、司龄区间、籍贯、婚姻状况、专业技能等级等进行描述性分析;

(4)将相应的图表截图或在故事板进行保存。

2. 敬业度影响因素可视化分析

(1)单击"开始任务",进入分析云;

(2)进入"分析设计",新建"故事板",选择数据源"敬业度影响因素数据集",新建"可视化";

(3)对23个影响因素进行矩形树图分析;

(4)将相应的图表截图或在故事板进行保存。

3. 敬业度构成维度可视化分析

(1)单击"开始任务",进入分析云;

(2)进入"分析设计",新建"故事板",选择数据源"敬业度构成维度数据集",新建"可视化";

(3)对S1宣传、S2留任、S3努力、敬业度平均分等进行可视化图表分析;

(4)将相应的图表截图或在故事板进行保存。

4. 敬业度关联数据集可视化分析

(1)单击"开始任务",进入分析云;

(2)进入"分析设计",新建"故事板",选择数据源"敬业度分析关联数据集",新建"可视化";

(3)对员工性别、部门、学历、年龄、年龄区间、司龄、司龄区间、专业技能等级等与敬业度三个构成维度、敬业度平均分等种交叉分析;

(4)将相应的图表截图或在故事板中保存。

二、数据挖掘

数据挖掘模型有以下五种。

(1)线性回归

在统计学中,线性回归(Linear Regression)是利用称为线性回归方程的最小平方函数对一个或多个自变量和因变量之间关系进行建模的一种回归分析。这种函数是一个或多个称为回归系数的模型参数的线性组合。只有一个自变量的情况称为简单回归,大于一个自变量的情况叫作多元回归。

在线性回归中,数据使用线性预测函数来建模,并且未知的模型参数也是通过数据来估计,这种模型被叫作线性模型。

线性回归是回归分析中第一种经过严格研究并在实际应用中广泛使用的类型。这是因为线性依赖于其未知参数的模型比非线性依赖于其未知参数的模型更容易拟合,而且产生的估计的统计特性也更容易确定。

线性回归模型经常用最小二乘逼近来拟合。

(2)贝叶斯与朴素贝叶斯模型

贝叶斯算法是以贝叶斯原理为基础,使用概率统计的知识对样本数据集进行分类。贝叶斯算法有着坚实的数学基础,因此其误判率是很低的。

朴素贝叶斯算法(Naive Bayesian algorithm)是应用最为广泛的分类算法之一。朴素贝叶斯算法是在贝叶斯算法的基础上进行了相应的简化,即假定给定目标值时属性之间相互条件独立。

(3)决策树模型

在复杂的决策情况中,往往需要多层次或多阶段的决策。当一个阶段决策完成后,可能有 m 种新的不同自然状态发生;每种自然状态下,都有 m 个新的策略可选择,选择后产生不同的结果并再次面临新的自然状态,继续产生一系列的决策过程,这种决策被称为序列决策或多级决策。

决策树模型就是由决策点、策略点(事件点)及结果构成的树形图,一般应用于序列决策中,通常以最大收益期望值或最低期望成本作为决策准则,通过图解方式求解在不同条件下各类方案的效益值,然后通过比较,做出决策。

(4)聚类分析

聚类分析(Cluster Analysis)又称群分析,是根据"物以类聚"的道理,对样品或指标进行分类的一种多元统计分析方法,它们讨论的对象是大量的样品,要求能合理地按各自的特性来进行合理分类,没有任何模式可供参考或依循,即在没有先验知识的情况下进行的。聚类分析被应用于很多方面,在商业上,聚类分析被用来发现不同的客户群,并且通过购买模式刻画不同的客户群特征;在生物上,聚类分析被用来对动植物和基因进行分类,获取对种群固有结构的认识;在地理上,聚类分析可以揭示空间数据的分布模式和趋势,这对于识别不同地区的相似性和差异性至关重要;在保险行业上,聚类分析通过一个高的平均消费来鉴定汽车保险单持有者的分组,同时根据住宅类型、价值、地理位置来鉴定一个城市的房产分组。

(5)文本分析

文本分析是指对文本的表示及其特征项的选取;文本分析是文本挖掘、信息检索的一个基本问题,它把从文本中抽取出的特征词进行量化来表示文本信息。文本,与信息的意义大致相同,指的是由一定的符号或符码组成的信息结构体,这种结构体可采用不同的表现形态,如语言的、文字的、影像的等等。文本是由特定的人制作的,文本的语义不可避免地会反映人的特定立场、观点、价值和利益。因此,由文本内容分析,可以推断文本提供者的意图和目的。

三、敬业度影响因素回归

1. 回归分析

(1)回归分析作用与目的

研究一个连续变量(因变量)的取值随着其他变量(自变量)的数值变化而变化的趋势;通过回归方程解释两变量之间的关系更为精确,可以计算出自变量改变一个单位时,因变量平均改变的单位;除了描述两个变量之间的关系以外,通过回归方程还可以进行预测和控制,这在实际工作中尤为重要。

(2)模型概述

回归分析假定自变量对因变量的影响强度是始终保持不变的,如式(10-1)所示:

$$\hat{y} = a + b_1 x_1 + b_2 x_2 \qquad (10\text{-}1)$$

对于因变量的预测值可以被分解成三个部分:

$\hat{y}$:y 的估计值(所估计的平均水平),表示给定自变量的取值时,根据公式算得的 y 的估计值;

a:常数项,表示自变量取值均为 0 时,因变量的平均水平,即回归直线在 y 轴上的截距;多数情况下没有实际意义;

b:回归系数,在多变量回归中也称偏回归系数,自变量 x 改变一个单位,y 估计值的改变量,即回归直线的斜率。

(3)敬业度回归模型

因变量敬业度:用 J 表示,并且用 S1"乐于宣传"、S2"乐于留任"及 S3"乐于努力"三个维度构成。

构成维度:$J=(S1+S2+S3)/3$(取均值)

自变量:用 Q 表示,$Q1$ 表示"薪酬福利"(包含两个题项),$Q2$ 表示"全面回报"(包含四个题项),$Q3$ 表示"组织支持"(包含九个题项),$Q4$ 表示"组织氛围"(包含八个题项)。

建立敬业度模型:$J \sim (Q1, Q2, Q3, Q4)$

(4)回归结果分析

指标1:决定系数 R^2,指的是自变量 x 可以解释因变量 y 变化的程度,一般该值越大越好。

指标2:显著性 P,$P < 0.05$ 说明 x 对 y 的影响较为显著,且 P 值越小越显著。

2、敬业度影响因素多元回归分析操作步骤

(1)单击"开始任务",进入"数据挖掘工具"界面。

(2)数据源选择"敬业度降维数据",配置模型选择"线性回归",选择合适的自变量与因变量,选择"标准化",单击保存,并开始建模。

(3)查看决定系数($R2$)分值,判断模型的适用性。

(4)查看"线性回归系数结果",其中的分值是各个自变量的标准化系数,通过比较可以看出各个自变量(影响因素)的重要性大小。

(5)保存分析结果。

四、形成项目分析报告

要求:报告前言部分需要包括项目背景简介、项目分析目标及项目分析思路与方法。

报告正文需要包括敬业度员工基本信息分析、敬业度影响因素分析以及敬业度构成维度分析。

报告需要给出总体结论及建议。

本章小结

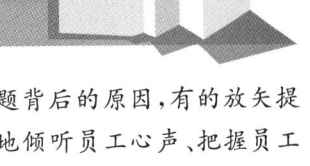

对敬业度分析具有一定目的与意义,首先帮助企业分析问题背后的原因,有的放矢提升人力资源管理水平;其次,帮助企业与员工有效沟通,更真实地倾听员工心声、把握员工状态;再次,追踪员工敬业度变化,帮助企业预测员工敬业度对发展的影响;最后,提供综合评价管理水平的一个视角,帮助一线管理者有效制订改善计划。尽管人们对于员工敬业度的结构维度还没有形成统一看法,但一个比较一致的观点是员工敬业度的结构是多维的。由敬业度决定机制可知,员工敬业度取决于个体与组织/工作的相互交换过程。工作要求和工作资源首先影响个体的心理需要,当个体的需要能在与组织进行交换的过程中得到满足时,员工就会选择敬业。而这一互动过程受到个体特征、工作特征、组织环境等因素的影响。

课后思考题

1. 什么是敬业度?
2. 敬业度构成维度有哪些?
3. 影响敬业度的因素有哪些?
4. 如何设计敬业度调研问卷?
5. 如何进行敬业度数据收集?

实训作业

1. 建立敬业度影响因素模型。
2. 完成敬业度调研问卷制作。

延伸阅读

员工满意度与敬业度调查的应用:聚焦 KMF 与 KMO

员工满意度与敬业度是企业管理的晴雨表,透过相关调查数据能对企业的管理现状进行分析、诊断,并预测管理中即将出现的问题,避免管理中的重大失误。近年来,员工满意度与敬业度调查在各行业得到广泛应用,但大部分调查局限于调查本身,仅在于帮助企业了解员工满意度与敬业度的现状,调查的结果常常被束之高阁,难以为企业的管理提供建设性的改进建议。

针对这种情况,四川胜任力人力资源测评咨询有限公司在员工满意度与敬业度调查中提出了"关键管理领域(Key Management Field,KMF)"与"关键管理对象(Key Management Object,KMO)"的概念,并指出:"调查不仅要关注员工满意度或敬业度的得分情况,还要从深层次分析导致低满意度或低敬业度的原因;不仅分析各类员工群体的满意度或敬业度高低情况,还需重点关注低满意度、低敬业度员工群体的具体特征"。

一、聚焦KMF

为制定具体改进和完善措施,需结合满意度与敬业度的调查数据,找出影响员工满意度与敬业度的关键影响因素(即 KMF)。KMF 的探索方法主要包括分段聚焦法和整体聚焦法两种。

方法1:分段聚焦法

CAC 将双因素理论(Two Factor Theory)引入满意度和敬业度分析中,分别将满意度与敬业度划分为三个水平:满意或高敬业、平衡或中等敬业、不满意或低敬业,并进一步进行数据分析,探索出两类影响满意度或敬业度的关键因素:①保健因素,指促使员工从不满意达到平衡,或从低敬业达到中等敬业的因素,但并不能使员工更加满意或敬业;②激励因素,指促使员工从平衡达到满意,或从中等敬业达到高敬业的因素。通过对满意度与敬业度的保健因素和激励因素的分析,可制定具体的、有针对性的满意度与敬业度提升方案。

方法2:整体聚焦法

充分利用满意度与敬业度的调查数据,进行统计分析,结合各指标得分情况以及对满意度或敬业度的影响力,聚焦企业管理的重点保持区域、重点改进区域和关注区域等关键管理领域:①重点保持区域,落在该区域指标的满意度得分较高,对满意度或敬业度的影响也较大,企业应采取一定的措施保持员工对这些指标的满意度,防止这些指标向重点改进区域转移,可以在一定程度上保持员工的整体满意度与敬业度水平。②重点改进区域,落在该区域的指标满意度得分较低,但对满意度或敬业度的影响却较大,企业应采取一定的措施进行有针对性改善,以进一步提高员工的整体满意度和敬业度水平。③重点关注区域,落在该区域的指标对满意度或敬业度的影响不大,由于员工需求是动态变化的过程,虽然该区域指标对总体满意和敬业度的影响力较低,但随着员工需求变化,这些指标有可能转移到重点保持或改进区域,需适时关注这类指标对满意度或敬业度的影响力变化。

二、聚焦KMO

为提高企业员工的满意度和敬业度水平,不仅需要探索 KMF,还需找出 KMO(指满意度或敬业度较低的员工群体),对不同员工制定有针对性的管理措施。因此,需找出不同满意度、敬业度水平员工群体的特征,即"S-E"关键管理对象。将企业员工的满意度划分为三级水平,即低满意度、中等满意度、高满意度;将敬业度划分为三级水平,即低敬业

度、中等敬业度、高敬业度;再对满意度与敬业度进行交叉分析,得到四大类员工群体(图10-9):

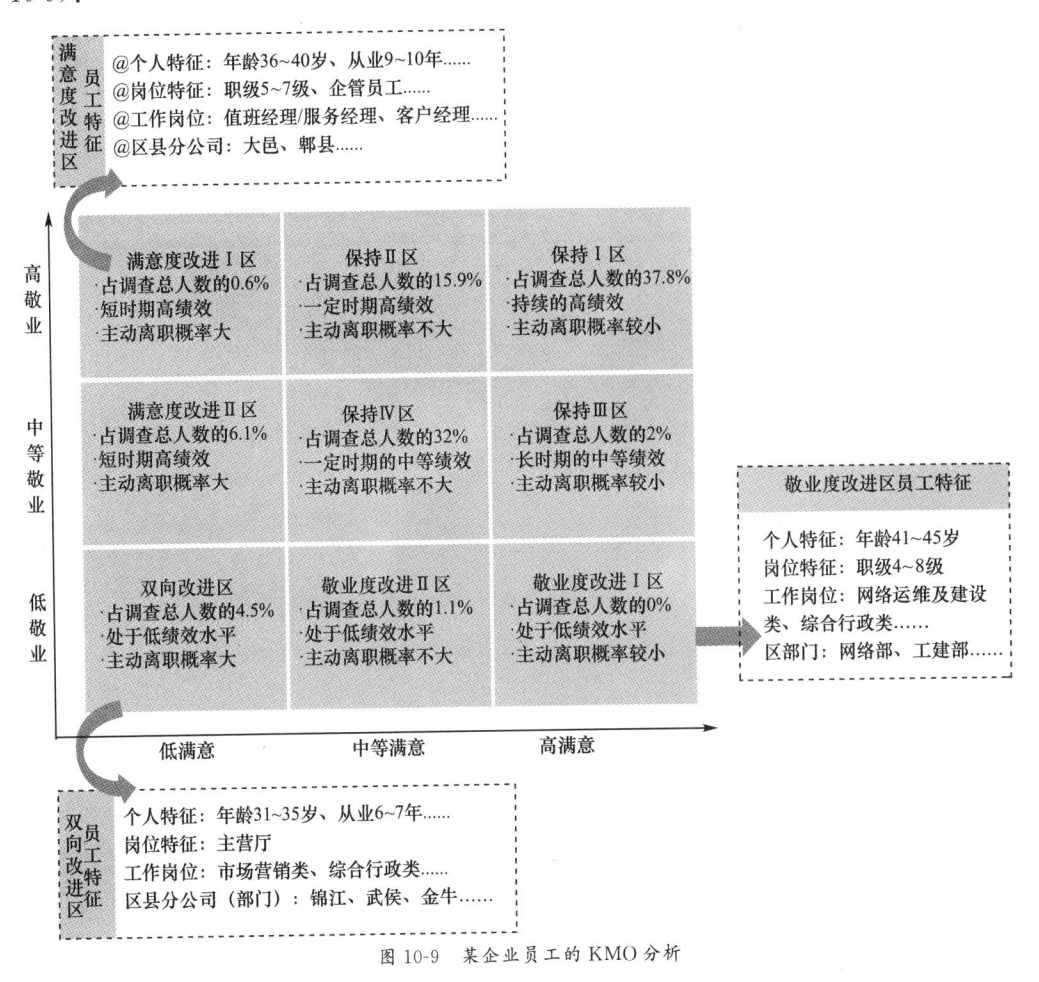

满意度改进区员工特征
@个人特征:年龄36~40岁、从业9~10年……
@岗位特征:职级5~7级、企管员工……
@工作岗位:值班经理/服务经理、客户经理……
@区县分公司:大邑、郫县……

高敬业
- 满意度改进Ⅰ区
  ·占调查总人数的0.6%
  ·短时期高绩效
  ·主动离职概率大
- 保持Ⅱ区
  ·占调查总人数的15.9%
  ·一定时期高绩效
  ·主动离职概率不大
- 保持Ⅰ区
  ·占调查总人数的37.8%
  ·持续的高绩效
  ·主动离职概率较小

中等敬业
- 满意度改进Ⅱ区
  ·占调查总人数的6.1%
  ·短时期高绩效
  ·主动离职概率大
- 保持Ⅳ区
  ·占调查总人数的32%
  ·一定时期的中等绩效
  ·主动离职概率不大
- 保持Ⅲ区
  ·占调查总人数的2%
  ·长时期的中等绩效
  ·主动离职概率较小

低敬业
- 双向改进区
  ·占调查总人数的4.5%
  ·处于低绩效水平
  ·主动离职概率大
- 敬业度改进Ⅱ区
  ·占调查总人数的1.1%
  ·处于低绩效水平
  ·主动离职概率不大
- 敬业度改进Ⅰ区
  ·占调查总人数的0%
  ·处于低绩效水平
  ·主动离职概率较小

低满意　中等满意　高满意

敬业度改进区员工特征
个人特征:年龄41~45岁
岗位特征:职级4~8级
工作岗位:网络运维及建设类、综合行政类……
区部门:网络部、工建部……

双向改进区员工特征
个人特征:年龄31~35岁、从业6~7年……
岗位特征:主营厅
工作岗位:市场营销类、综合行政类……
区县分公司(部门):锦江、武侯、金牛……

图10-9　某企业员工的KMO分析

1.保持区,包括图中保持Ⅰ、Ⅱ、Ⅲ、Ⅳ四个区,该类员工的满意度与敬业度均处于中等及以上水平,一般占比较大,这些员工对工作本身有着较浓厚的兴趣和热情,工作产生的高绩效和由此带来的回报满足会增加其工作成就感和工作意愿,在工作中,他们会在体力、智力和情感三个层面上进行投入,并从中获得工作的意义感和价值感。这部分员工对企业有着较高的认同感、归属感和忠诚度,即使面临更好的工作机遇,也不会轻易跳槽。

2.满意度改进区,也可称为"离职高危区",包括图中满意度改进Ⅰ区和Ⅱ区两个区域,该部分员工具有较低的满意度和中等及以上水平的敬业度,这类员工工作努力,充满热情,能保持中等水平以上的绩效,但可能对公司提供的岗位工作、薪酬待遇、职业通道等方面并不满意,存在一定的离职或个人绩效下降的风险。该区域属于重点改进区域,应针对性地采取管理改进措施。

3.敬业度改进区,也可称为"绩效高危区",包括敬业度改进Ⅰ区和Ⅱ区两个区域,该部分员工具有中等及以上水平的满意度和较低的敬业度,他们对工作的意义感减少,虽不会轻易离职,但工作绩效水平较低,亟须提高对工作的认同感和工作的投入程度。

4.双向改进区,该区域员工的敬业度与满意度均较低,他们对企业提供的岗位工作、薪酬待遇、职业通道、管理制度等方面感到不满意,对工作的投入程度也较有限,个人绩效水平偏低,并存在较高的离职风险。

通过进一步统计分析,寻找满意度改进区、敬业度改进区和双向改进区的员工特征(包括个人特征、岗位特征等),结合关键管理领域,对三个改进区的员工实施针对性的管理改进措施,有的放矢,不断提高企业的整体满意度和敬业度水平。

第十一章　薪酬评估

通过市场薪酬报告收集、外部薪酬数据爬取、薪酬满意度调查等方式收集相关数据，结合员工基本情况及薪资信息，对薪酬内部公平性指标、外部竞争性指标及员工薪酬满意度等指标进行可视化分析与呈现。结合业务背景、各部门主管反馈的问题及数据分析的研讨，评估薪酬现状，提出薪酬制度优化建议，并撰写薪酬评估及优化方案。

学习目标

1. 了解薪酬评估的基本理论、方法和指标
2. 能够根据业务背景确定薪酬评估分析项目的具体目标
3. 掌握薪酬数据收集的常用途径和方法
4. 掌握薪酬评估常见的数据预处理方法
5. 掌握薪酬评估常见的五个维度的分析方法：人工成本分析、内部公平性分析、外部竞争性分析、薪酬结构分析与薪酬满意度分析
6. 能够根据数据分析的结论提出薪酬体系优化建议

知识结构图

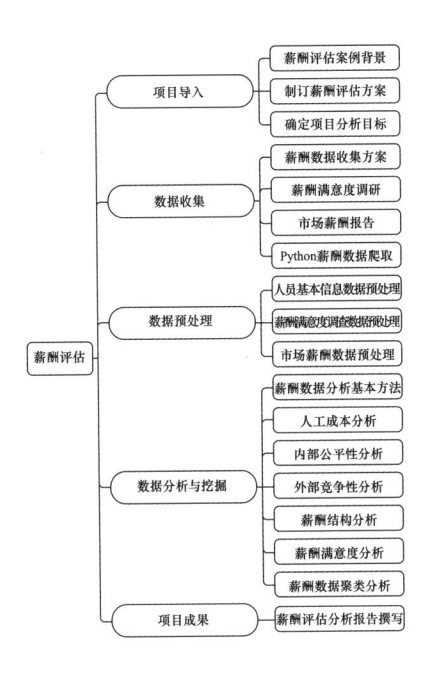

```
                            ┌── 薪酬评估案例背景
                ┌─ 项目导入 ─┼── 制订薪酬评估方案
                │           └── 确定项目分析目标
                │
                │           ┌── 薪酬数据收集方案
                │           ├── 薪酬满意度调研
                ├─ 数据收集 ─┤
                │           ├── 市场薪酬报告
                │           └── Python薪酬数据爬取
                │
                │               ┌── 人员基本信息数据预处理
    薪酬评估 ───┼─ 数据预处理 ───┼── 薪酬满意度调查数据预处理
                │               └── 市场薪酬数据预处理
                │
                │                   ┌── 薪酬数据分析基本方法
                │                   ├── 人工成本分析
                │                   ├── 内部公平性分析
                ├─ 数据分析与挖掘 ──┼── 外部竞争性分析
                │                   ├── 薪酬结构分析
                │                   ├── 薪酬满意度分析
                │                   └── 薪酬数据聚类分析
                │
                └─ 项目成果 ──────── 薪酬评估分析报告撰写
```

引 例

1. 公司概况与现状

公司概况：北京阿尔法科技股份有限公司成立于2000年，属于软件和信息技术服务业，长期专注于人力资源与人才管理软件领域，为各企事业单位提供专业的人力资源管理解决方案，经过多年发展，已经成为国内人力资源管理软件专业厂商中的领导者。

公司的主要收入来源包括为客户提供人力资源信息化产品及解决方案，收取软件销售费用；以云服务（SaaS）模式提供服务，收取年度服务费。

近几年，公司积极推进云服务的开发和应用，增长势头强劲。SaaS模式的云服务具有较高黏性，相对于传统软件具有更加稳定的现金流量和长期客户价值。

行业发展："十四五"规划将人才作为优先发展战略，这充分说明了国家对人才管理的重视。随着我国人口红利的削减，人力成本持续走高，企业对于人才管理的需求日益紧迫，如何选对人才、用好人才、留住人才、发展人才成为中国企业发展的决定性因素。

自2016年以来我国云计算产业规模保持高速增长，国家发布《关于促进云计算创新发展培育信息产业新业态的意见》等利好政策进一步推动云计算快速发展。根据IDC（国际数据公司）发布的《中国公有云服务市场半年度跟踪报告》，中国SaaS市场规模达到5.4亿美元，同比增长34.5%。中国SaaS市场正处于高速发展的初级阶段，其发展速度是传统套装软件的10倍。中国SaaS市场主要分布于HR（人力资源管理）、财务管理、协同应用、CRM（客户关系管理）等领域，其中人力资源管理发展相对领先。

人员与组织结构：以北京公司为总部，在全国各地设立了分公司。三年前，公司在南昌成立了规模较大的研发及服务中心。

全国30个地区的分公司主要负责开拓当地区域的业务。分公司的主要岗位包括分公司总经理、客户经理、服务人员和运营人员，规模较大的分公司设置了销售经理和服务经理（如图11-1）。

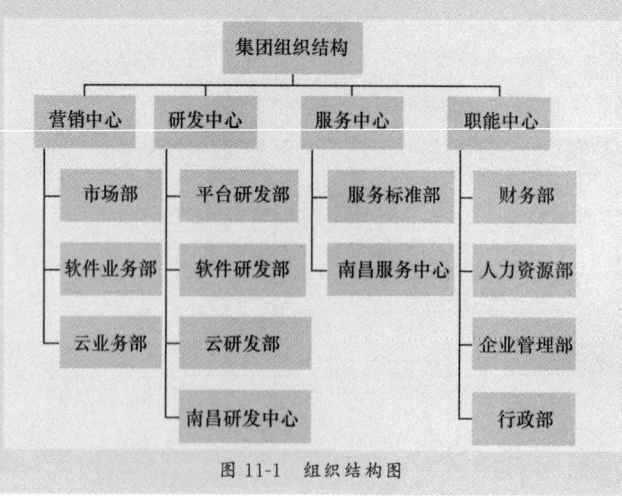

图 11-1 组织结构图

财务状况：公司连续两个会计年度亏损，主要原因为

(1)软件销售是向客户一次性收取使用费，SaaS软件按年收取费用。公司会在新客户签约的当期投入较大的市场营销成本、产品实施成本等，导致每获得一个新客户较难在当期收回成本。

(2)公司现处于业务拓展期，对研发、营销和服务体系建设的投入持续加大，进而导致亏损加剧。但如果客户成功应用SaaS产品，将会在未来年度持续付费，并会在更大范围使用更多数量及种类的SaaS产品，而公司为此客户续购及增购而支付的营销及实施成本较低。因此，当公司积累了一定数量的老客户并保持较好的续约率时，会进入良性循环，实现持续盈利。

薪酬体系：(1)公司根据岗位分类、工作性质、职务条件等要素综合评估和建立职务薪资级别系统；(2)根据员工的实践经验、知识技能等条件因素确定具体的薪资；(3)薪酬支付结构包括：基本工资、奖金、特别奖励、社会保险及福利、住房公积金等；(4)薪酬制度见《北京阿尔法科技股份有限公司薪酬制度》。

2.都是薪酬惹的祸吗？

(1)烦恼的研发经理

刚刚送走了郁闷的研发经理陈世，软件研发部总经理贾明感到事情确实有点棘手。陈世带领的研发组负责开发公司的测评软件，这是公司的经典产品，也是公司主要的业绩来源。最近，研发组的几个骨干突然提出离职，这让陈世措手不及。他与几位骨干做了交流，多数人都说是因为家庭原因。但是陈世从与其他员工的交流中了解到，薪资是主要的原因。公司近年转型做SaaS产品，新成立了云研发部。公司对内对外的宣传上重点突出SaaS产品，资源投入也明显倾斜，所以软件研发部的开发人员感觉不受重视。同时，老员工们觉得，都是一样的岗位，云研发部招来的新人薪资不仅比其他部门的新员工高，比老员工也高多了；新员工来公司后还需要老员工进行辅导，能力和效率都不如老员工。而且，SaaS产品还没有形成规模，公司的效益下降，导致今年整体的调薪幅度相比去年少了许多。因此，大家感到心里很不平衡。

雪上加霜的是，云研发部总经理李伟彬还总是想调人过去，甚至私下承诺调薪不低于30%，所幸人力资源部没有批准。最近，有一家新成立的互联网公司挖架构师赵元，给出了相当有吸引力的薪资，还许诺了原始股权。赵元不仅接受了Offer，还想带一些开发人员过去。这个消息在部门里不胫而走，很多研发部人员都动了"世界那么大，我想去看看"的心思。因此，陈世向贾明提出了希望能给核心骨干加薪的申请，要不然他也想离职了。

而云研发部李伟彬总经理的日子也不轻松。新的SaaS产品研发需要的大数据开发工程师和产品经理迟迟不能到位，极大地影响了研发进度。人力资源部推荐的简历本来就少，说市场上这样的人才供不应求，难得有几个谈得不错的，都在薪资谈判这一环节折戟沉沙了。有的候选者甚至和他说："这个职位的机会和挑战度都不错，产品也很有前景，和您沟通也很愉快，但你们公司给出的Offer，让我觉得你们根本就不是真想招人。"

李伟彬把情况反馈给人力资源部,希望能突破现有的薪酬体系引进人才。但人力资源部的吴总对他说:"李总,我理解你的感受,但是我也很难办哪。同样的岗位薪资差距太大,会影响到其他部门。虽然薪资是保密的,但传来传去大家早晚都知道。已经有其他部门来反映过这个问题了,还说你高薪挖墙脚,我还帮你做了半天解释工作呢。这样吧,我让招聘的同事再多推荐些简历给你,咱们扩大范围再找找吧。"听吴总这么一说,一个大拳头打到了软棉花上,李伟彬也不好再说什么。

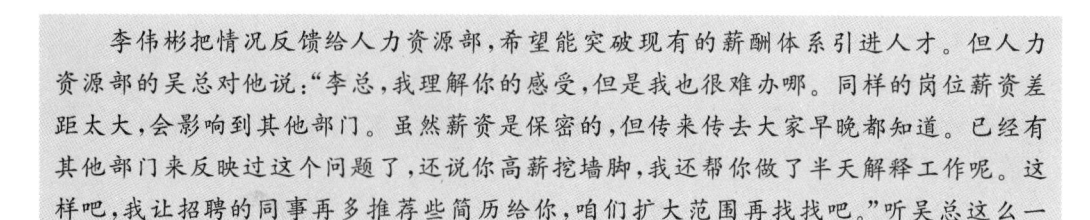

(2) 还不起贷款的客户经理

湖南分公司的金道林总经理刚送走客户,客户不经意的一句话让他心里起了疑。"你们公司的小林是不是去华盛科技了?那天好像看见他来送华盛科技的资料呢。""没有,没有,小林在公司呢,干得可好了,我去年刚提拔他。""哦,哦,那可能是看错了。"

说起小林,那可是金总的铁杆老部下了。小伙子很肯干,虽然只是专科毕业,但很有闯劲,业绩一直不错。前两年连续做了几个大单,奖金收入颇丰。他在岳麓区买了一套两居室作为婚房,用这些奖金付了首付。去年,公司要求加强SaaS业务推广,并给出了按1.2倍计算业绩的激励政策。这种开疆拓土的事很适合小林,而且更高的提成对小林来讲也有机会获得更多收入,所以金总力排众议提拔小林做了SaaS销售小组长。小林也不负所望,新业务做得风生水起。但前一阵有人传小林拜访客户时在帮别的公司做业务,金总没当回事,觉得是有人嫉妒传的谣言。但今天客户也提起了,看来并非空穴来风了。金总心想,这个小林太不像话,实在太辜负自己的信任了!

金总立刻约了小林在公司旁的茶座见面,严肃地问起这件事。小林的一番话却让金总陷入了沉思。

"金总啊,您让我负责新业务,这是看重我,我很感激。我也是没日没夜地琢磨怎么能干好。干了这大半年,我发现,让客户从买软件到买SaaS,需要一个过程,这中间付出的心血可大了去了。"

"这我理解,但是提成也高啊,付出和回报是相等的!"

"但是金总,您不知道,SaaS收年服务费,回款周期得等到年底。咱们公司的提成是按季度发的,连着两个季度我都没拿到钱。我那个房贷可是每月要还的!咱们的基本工资水平您也知道,根本不够还款。媳妇直埋怨我,说我结了婚比以前忙多了,根本没时间陪她,而且赚得还少了,说是嫁错了人!"

"那你也不至于跑私单啊!"

"您说华盛科技那件事?这个您真误会了。华盛科技的小张和我一个小区,那天他车坏了,资料又必须送,我就顺手帮了个忙,没想到弄得大家闲言闲语的。我也懒得解释,正事还忙不过来呢!"说到这里,小林顿了一下,正色看着金总:"不过,如果还是这个状况下去,我还真保不齐会跳槽了,华盛科技的李总通过小张约了我好几次了。"

(3) 苦笑的CHO

CHO涂华在办公室里已经坐了一个小时了,桌面上摆着财务部送来的三季度财务报表和两张待签字的离职表。电脑的屏幕上,仍然只写了一个标题"薪酬评估与优化方案报告"。

第十一章 薪酬评估

昨天的总经理会开到晚上八点，薪酬问题突然变成了众矢之的。先是财务部提出人员费用同比增长33%，这是导致三季度年报同比亏损的重要因素之一。涂华还没开口，就被云研发部的李伟彬总经理抢了话头："钱都花哪去了？我们给出的薪酬根本招不到人！"软件研发部的贾明总经理小声嘟囔着说："外面招不到人，也不建议在内部搞小动作。人力资源部在薪酬这个问题上还得一碗水端平才好。"声音虽小，却引得软件业务部的销售总经理王静杰连连点头，并补充道："是的，干一样的工作，拿的钱不一样，员工心里委屈了，要么干活积极性下降，要么出去找工作了"。云业务部的销售总经理唐阳林却提出，虽然有针对新业务的激励政策，但并没有调动积极性，反倒几个分公司总经理反映最近人心有些不稳，尤其是比较资深的客户经理。

听到大家议论纷纷，总经理郝斯彬把征询的目光投向了涂华。涂华觉得大家说的情况都比较片面，本想解释几句，但感觉一两句话也没法说清楚，只好苦笑着说："大家说的情况我了解了。公司近两年的业务发展有一些变化，外部的竞争情况也发生了变化，咱们的薪酬体系确实需要升级。近期这将成为我的重点工作，我争取在下一次会议上给出解决方案。"

郝总点了点头，说："涂总说得对，公司业务变化了，我们的管理体系也要升级。公司的新三年规划即将启动，薪酬是大事，需要重视。这项工作请大家多支持配合涂总，也请涂总尽快拿出专业、务实、落地的方案。"

"咚、咚、咚"的敲门声将涂华从回忆中拉回现实。"请进！"进门的是人力资源部的总经理吴丹平和薪酬经理阮博鹏。

"你们来得正好，我们一起商量下薪酬体系优化方案的事。"涂华把会议的情况做了介绍，然后说："老吴，小阮，这是咱们部门这阶段的一号工程。从今天起正式启动项目，老吴担任项目经理。先做个薪酬评估，拿事实和数据说话，找出问题究竟在哪，然后协同各部门找到切实可行的解决方案，你先出个项目计划吧。"

资料来源：作者根据北京阿尔法科技股份有限公司的案例进行改编。

第一节 业务理解

一、什么是薪酬评估

薪酬评估是通过科学的方法获取一系列与企业薪酬、成本、销售相关的数据，对数据进行分析、汇总，发现薪酬管理中存在的问题的一系列做法。薪酬评估的实质是一种顾问服务活动，通过评估者的专业评估和意见，明确企业和员工的切实需求，确定薪酬设计的方向，促成企业员工之间、职位之间以及员工和职位之间动态地适应，提高企业薪酬管理的质量。薪酬评估工作是企业对新的薪酬制度进行设计的前提步骤，其关键在于判断现行的薪酬制度是否适合企业自身特点。

二、薪酬评估的原则

薪酬管理体系作为人力资源管理体系的六大模块之一,是人力资源管理非常重要的组成部门,是企业经营战略、企业文化和人力资源管理战略的延伸。薪酬评估需要遵循战略支持性、目标一致性、均衡、短期激励和长期激励的原则。

三、薪酬评估的五个维度

(1)竞争维度:薪酬外部竞争力精准定位。
(2)战略维度:传递战略思维,薪酬杠杆作用凸显。
(3)财务维度:健全风险管理机制,薪酬管理量本利博弈统一。
(4)员工维度:直面员工心理。
(5)平衡维度:内部比较是产生内部公平的重要途径。

四、薪酬体系评估的内容

1. 组织战略

薪酬结构应从组织全局和长远战略的视角来进行综合考虑,与企业战略紧密相连,并根据组织核心岗位的工作性质特点,制定合理的绩效激励方式。

薪酬结构评估指的是企业经营者对薪酬结构持什么态度、有无改善薪酬管理的愿望,现行薪酬结构存在什么问题。薪酬支付结构评估重点为奖金的评估,包括以下四点:奖金设计与发放是否与企业经营方针、人才方针紧密相连;奖金发放目的和发放方法是否考虑到企业经营性质特点;奖金的浮动是否与企业的经营特点相关联;奖金总额的决定方式和分配方式是否妥当。

2. 组织员工

员工对薪酬的满意度来源于获得的薪酬值与其期望之间的关系以及员工对自己和他人薪酬值的比较。

3. 对外竞争性

企业在进行薪酬水平确定前可采取对市场的薪酬水平调查和招聘的手段了解人才市场薪资水平。

4. 财务成本层面

财务成本层面是企业愿意为员工付酬的意愿度体现,也是企业分析人工成本投入产出效率的一个角度。

人工成本总额评估是指对工资、津贴、奖金、各项福利费等伴随劳动力的使用支付的全部费用的管理。根据企业支付能力判断工资总额是否合适。其主要内容包括:参照同行业平均水平确定的,或根据本企业平均水平决定的企业的支付能力。

五、薪酬评估的方式

1. 内部薪酬评估

内部薪酬评估即企业选派内部员工进行自我薪酬评估。内部评估可以避免企业商业机密外泄的问题,而且费用比较低。但内部评估也存在诸多问题,如薪酬确定可能很随意,缺乏明确的标准和章法;薪酬市场竞争力不足,降低公司在人才市场的吸引力;员工可能会对公司的分配机制产生疑虑,认为其运行不够公平公正。

2. 外部薪酬评估

外部薪酬评估即企业聘请外部人员或组织机构进行薪酬评估,他们通常是具有丰富人力资源管理知识和评估实践经验的专业人士或组织机构。外部薪酬评估机构出具的薪酬评估报告能公正客观地反映企业薪酬管理的现状,但是外部薪酬评估的最大问题在于评估者获得的企业薪酬信息不够全面,可能导致评估者对企业实际薪酬现状的判断产生偏差。

六、薪酬评估的流程

1. 评估预备阶段

评估预备阶段最重要的工作就是建立评估机构。薪酬评估是一项高层次、专业化、技术性很强的工作,无论自行评估或外聘评估,都应组成专门的领导机构或组织来实施。

2. 评估实施过程阶段

(1)薪酬数据调查。薪酬数据调查是通过一系列标准、规范和专业的方法,对市场上各职位进行分类、汇总和统计分析,形成能够客观反映市场薪酬现状的调查报告,为企业提供薪酬设计方面的决策依据及参考。①员工深入访谈。深入访谈主要指针对关键员工进行的问卷调查以及薪酬面谈。②数据整理与分析评估。包括数据清洗,数据分类,对分类后的薪酬数据进行描述性统计分析、相关性分析、回归分析、对比分析、可视化分析等。

(2)提出评估报告。评估小组在完成工作后,应向被评估企业提交评估报告。企业编制评估报告时应该包括以下九项基本内容。

①报告编写的目的;②报告期企业的实际状况分析;③薪酬结构评估的观点与原则;④薪酬结构的现状分析;⑤目前薪酬结构的作用和地位;⑥目前企业绩效奖金机制分析;⑦企业的沟通机制分析;⑧薪酬结构分析的结论;⑨薪酬结构优化设计的构想。

3. 评估完善与落实阶段

(1)进行评估工作总结。评估工作在薪酬数据调查后进行,是一项重要的任务,它涉及对收集到的数据进行深入的分析和解读,同时根据数据分析的结果,提出关于薪酬管理的结论和建议,如调整薪酬结构、提高薪酬竞争力等。

(2)实施和评估。企业根据薪酬评估的结果和后期协商得到的改革方案来调整薪酬,并不定期地评估方案的实施效果。

七、编写薪酬评估报告

(1)阐述薪酬评估报告编写的目的。

(2)汇报报告期内企业的实际薪酬状况。薪酬现状分析内容包括薪酬整体概况、人工成本分析、内部公平性分析、外部竞争性分析、薪酬结构分析、薪酬满意度分析。

(3)给出薪酬分析的结论。

(4)提出薪酬体系优化设计建议。

第二节 数据收集

一、薪酬评估数据收集概述

1. 薪酬评估的内容

(1)组织战略。从组织全局和长远战略的视角来进行综合考虑,根据组织核心岗位的工作性质特点确定薪酬。

(2)内部满意度。员工对薪酬的满意度来源于获得的薪酬值与其期望之间的关系以及员工对自己和他人薪酬值的比较。

(3)外部竞争性。全面、系统、合理地掌握人才市场薪酬水平,确保本企业薪酬水平具有竞争力。

(4)人员成本。总体人工成本、人工成本变化趋势、人工成本回报分析。

2. 数据清单

(1)员工基础信息,包括姓名、年龄、学历、毕业学校、工作地点、绩效等。

(2)员工薪酬,包括基本工资、年薪、奖金表、提成表、调薪记录、薪酬制度。

(3)薪酬满意度,包括薪酬水平满意度、薪酬提升满意度、薪酬结构满意度、福利满意度、薪酬管理满意度。

(4)行业市场信息,包括对标公司人均单产、人均薪酬、竞争态势。

(5)市场薪资信息,包括相同岗位的薪资水平。

3. 获得外部薪酬信息的方法

(1)招聘面试。利用招聘面试,了解行业及地区信息。

(2)岗位指导工资标准。当地劳动部门、人事部门定期发布的岗位指导工资标准;需要与相关工作岗位人员进行关系管理,该标准受到了不同地方保险上缴基数的影响。通过岗位指导工资标准获得外部薪酬信息,比较适合国企及事业单位,涉外工作岗位及高级管理者岗位不适合此方法。

(3)市场薪酬报告。专业顾问公司发布的薪酬报告需付费购买,费用昂贵,内容详细但可能优劣不齐,掌控度差,需筛选有用信息。

(4)自我调查法。多适用于人力资源从业人员,通过聚会、交友、QQ、沙龙等多种方式汇总搜集数据。

(5)薪酬数据爬取。该过程可能涉及从多个招聘网站、公司网站或者其他相关网站上抓取相关的薪酬信息,能够帮助我们获取大量的薪酬数据,为后续的薪酬数据分析提供基础。

二、薪酬满意度调研

1. 薪酬满意度定义

薪酬满意度是指员工对获得企业的经济性报酬和非经济性报酬与他们的期望值相比较后形成的心理状态。

2. 薪酬满意度的五个维度

对薪酬水平是否满意;对薪酬提升是否满意;对薪酬结构是否满意;对福利是否满意;对薪酬管理是否满意。

3. 薪酬满意度调查步骤

(1)明确调查目的。

(2)制订调查计划。

(3)设计调查问卷。

(4)调查实施。

(5)资料分析。

(6)结果运用。

4. 调查问卷的结构

调查问卷的结构一般包括三个部分:前言、正文和结束语。

(1)前言(说明语)。例如,您好,谢谢您参加我们的调查!本次调查只需要占用您两分钟的时间。对于您能在百忙之中填写此问卷再次表示感谢!

(2)正文。该部分是问卷的主体部分,主要包括被调查者信息、调查项目、调查者信息三个部分。

被调查者信息主要是了解被调查者的相关资料,以便对被调查者进行分类。一般包括被调查者的姓名、性别、年龄、职业、受教育程度等。

调查项目是调查问卷的核心内容,是组织单位将所要调查了解的内容,具体化为一些问题和备选答案。

调查者信息一般包括调查者姓名、电话,调查时间、地点,被调查者当时合作情况等。

(3)结束语。例如,为了保证调查结果的准确性,请您如实回答所有问题。您的回答对于我们得出正确的结论很重要,希望能得到您的配合和支持,谢谢!

5. 调查问卷设计的基本要点

(1)问卷不宜过长,问题不能过多,一般控制在20分钟左右回答完毕。

(2)能够得到被调查者的密切合作,充分考虑被调查者的身份背景,不要提出对方不感兴趣的问题。

(3)要有利于使被调查者做出真实的选择,因此答案切忌模棱两可,使对方难以选择。

(4)不能使用专业术语,也不能将两个问题合并为一个,以至于得不到明确的答案。

(5)问题的排列顺序要合理,一般先提出概括性的问题,逐步启发被调查者,做到循序渐进。

(6)将比较难回答的问题和涉及被调查者个人隐私的问题放在最后。提问不能有任何暗示,措辞要恰当。

(7)为了有利于数据统计和处理,调查问卷最好能直接被计算机录入,以节省时间,提高统计的准确性。

三、市场薪酬报告解读

1. 市场薪酬报告价值与获得

市场薪酬报告的价值在于能够帮助企业获得及时的行业薪酬信息;通用的行业薪酬结构;明确的部门定位分析;可靠的岗位定薪依据;合理的人力成本规划;丰富的福利给付标准。

通常通过参与薪酬调研、购买或者通过网络获得市场薪酬报告。

2. 市场薪酬报告解读的四个要点

(1)明确薪酬报告来源,确保数据准确性。从数据的效度、准确性来说,肯定是专业薪酬调研公司出具的报告最为严谨,数据纬度也最细致、全面。它的唯一缺陷就是需要付出的费用不少,有很多公司并不太愿意直接投入这个看上去不能直接产生效益的费用。

严谨的薪酬报告都会有一个专门章节来讲解本次报告的数据来源与处理方法,以帮助报告使用者明确报告数据的可用性。我们需要注意,任何一个企业在做市场竞争性分析时,一定要按照自己企业的经营发展需要去找比对对象,至少要考虑到所在城市、所处行业、企业性质和企业所处阶段这四方面要素。

(2)薪酬数据口径。在美世咨询公司的薪酬报告中会把我们日常统称的薪酬细化为基本工资、固定薪酬、总现金、总薪酬等不同概念,而不同部分的组合形成了薪酬报告中COMP1到COMP5不同的称谓[①]。对于不同概念我们是全部对标,还是有选择性对标,这是我们在使用报告数据分析时要根据自己的使用目的想清楚的。

如果我们是设计自己的内部宽带薪酬体系,那么一般来说应该以与职级密切挂钩的基本薪酬即COMP1为核心比较基准,这样的数据剔除了不同企业间奖金政策和业绩实现差异性的影响,更有意义。

如果想比较的是公司支付的薪酬水平在市场上的竞争力,那么从员工感受角度,他们主要看的就是一年当中拿到手的总现金情况如何,这个时候比较好的比较口径可能就是COMP3。因此,选用哪个口径比较应根据我们比较的最终目的来确定,准确掌握各项基本薪酬术语的概念和内涵是基本功。

(3)识别岗位内涵。不同企业对于岗位名称称谓并没有统一的定义,因此如果光看岗位名称去比较就会造成很大的对比偏差。例如,一个小企业的HRD可能下面就带着两

---

① 在薪酬报告中,COMP1通常代表基本薪资,COMP2指的是基本薪资与津贴之和,COMP3是浮动奖金+COMP2,COMP4是长期激励+COMP3,COMP5是包括福利在内的总体薪酬发生额。

个专员,比一个大型企业的专项 HR 模块经理的职权范围都要小很多,如果用 HRD 的数据值去对比,两个岗位要承担的职责、价值都不可同日而语。

(4)考虑公司的薪酬策略。企业需要根据自己的经营战略确定人才策略。所谓分位值是统计学概念,举个通俗的数列例子,可以这样粗浅理解:如果有 100 个数,按从小到大排列,排在第 10 个的即 10 分位值,排在第 50 个的即 50 分位值,也叫中位值。薪酬报告中常常使用的分位值有 90、75、50、25 这四个,如果企业选择 90 分位值就可以被称为领先性薪酬策略,如果企业选择保持 50 分位值为追随型薪酬策略,而企业如果选择低于 50 分位值就可以被称为滞后性薪酬策略。

四、Python 薪酬数据爬取

1. 市场薪酬信息爬取方法

(1)爬虫软件。爬虫软件一般分为云爬虫和采集器。所谓云爬虫就是无须安装软件,直接在网页上创建爬虫并在网站服务器上运行,享用网站提供的带宽和 24 小时服务(如神箭手云爬虫)。采集器一般要下载安装在本机,然后在本机创建爬虫,使用的是自己的带宽,受限于自己的电脑是否关机(如八爪鱼采集器、后羿采集器)。

(2)软件编程(Python)。软件编程的优点是可爬取数据灵活;缺点是专业技术要求较高,对计算机性能有要求,可能会遇到反爬虫的限制。

2. 人才网站提供的薪酬信息

在人才网站上,可供爬取的内容数据有工作岗位、公司、薪资、发布日期、招聘信息地址等。

3. 网络招聘信息的采集方法(Python 脚本)

采集网络招聘信息的步骤为:(1)导入爬取的招聘信息,预置脚本;(2)修改需要爬取的职位类别;(3)查看爬取的数据;(4)保存脚本与数据。

第三节 数据预处理

一、人员基本信息预处理

1. 姓名重复项

选中姓名所在列,切换到"开始"选项卡,在"样式"组中,单击"条件格式"的下三角按钮,在弹出的下拉列表中,单击"突出显示单元格规则"按钮,弹出的对话框,选择"重复值"按钮,弹出"重复值"对话框,可编辑背景填充颜色等格式设置,完成后单击"确定"即可,重复信息的单元格就被突出显示出来。

2. 通过身份证信息核对性别

步骤一:从身份证信息中提取性别信息。

方法:在目标单元格中输入公式=IF(MOD(MID(D2,17,1),2),"男","女")(图 11-2)。

解读:(1)用 Mid 函数提取第 17 位,用 Mod 函数对第 17 位的值求余。

(2)用 IF 函数判断余数,如果余数为 1,即第 17 位为奇数,则返回"男",如果余数为 0,即第 17 位为偶数,则返回"女"。

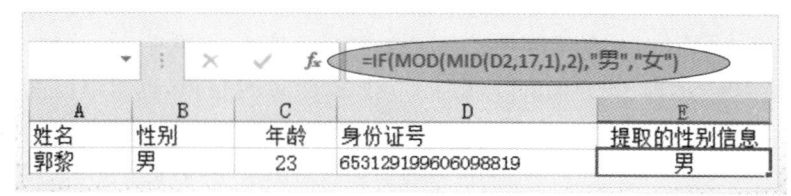

图 11-2 提取性别信息

步骤二:核对性别信息。

方法:在目标单元格中输入公式=EXACT(B2,E2)。

解读:(1)用 EXACT 函数比较两个字符串是否相同。

(2)相同为 TRUE,不同为 FALSE。

3. 通过身份证信息核对年龄

步骤一:从身份证信息中提取出生年月日信息。

方法:在目标单元格中输入公式:=TEXT(MID(D2,7,8),"00-00-00")。

解读:(1)用 Mid 提取 C3 单元格中从第 7 位开始,长度为 8 的字符。

(2)用 TEXT 函数设置成"00-00-00"的格式

步骤二:通过出生年月日信息,计算年龄。

方法:在目标单元格中输入公式=DATEDIF(G2,"2019-12-31","y")。(注:本例中以 2019 年 12 月 31 日为数据计算时间。)

解读:(1)DATEDIF 函数为系统隐藏函数,其作用为根据指定的统计方式统计两个日期之间的差值。

(2)"y"的意思为按年统计。

4. 对比两列是否相同

方法一:利用"Ctrl+\"组合键对比。

先选中两列数据,然后使用快捷键 Ctrl+\,最后标记颜色。

方法二:用 IF 函数对比。

公式=IF(B2=C2,"相同","不相同")

方法三:用 DELTA 函数对比。

公式=DELTA(B2,C2)。

DELTA 函数:测试两个数字是否相等,如显示"1"则相等,显示"0",则不相等。

方法四:用 EXACT 函数对比。

公式=EXACT(B2,C2)

EXACT 函数:比较两个字符串是否相同。

5. 薪资数据预处理要点

(1)薪资项目一致性,同口径进行比较。例如,基本工资、工资占比、目标/实际奖金、年薪、实际年收入。

(2)文本转化为数值。从不同系统或平台导出来的数据格式不同,有时候会是文本型的数值。例如,在一些工资表中,员工的工资可能会以文本的形式储存在 Excel 表格中。然而,这种文本型的数据格式对于后续的数据处理和分析会造成不便,比如无法进行有效的数值计算。因此,我们需要将这部分文本型的数据转换为数值型,以便进行进一步处理和分析。

(3)异常值处理。一般可以采取删除异常值、将异常值视为缺失值来填充、插补法填充、分组等方式处理。

二、薪酬满意度调查数据预处理

1. 薪酬满意度调查数据预处理要点

缺失值处理:如数据量较大,可将缺失值删除;如一条记录知识部分数值缺省,可用平均值填补。

数据转化:如原有选择均为 5 分量表,则观察是否具备分值一致性,例如,1 分表示负性评价,5 分表示正性评价;如不是,则将 5-4-3-2-1 替换为 1-2-3-4-5。

多选题结果转化:可将多选题的每个选项转化为一项,并赋予相应的分值。

关注极端数据:极端数据可能是误填或不认真作答,可手工标注;如对结果影响大,建议删除。

2. 替换法

打开文件,选中需要替换的 F 列数据,将 5、4、2、1 替换为 1、2、4、5。因为 5 和 4 替换为 1 和 2,会导致后期 1 和 2 的替换出现混乱,所以需要将 5 和 4 先替换为第三方数值,然后再进行最终替换。

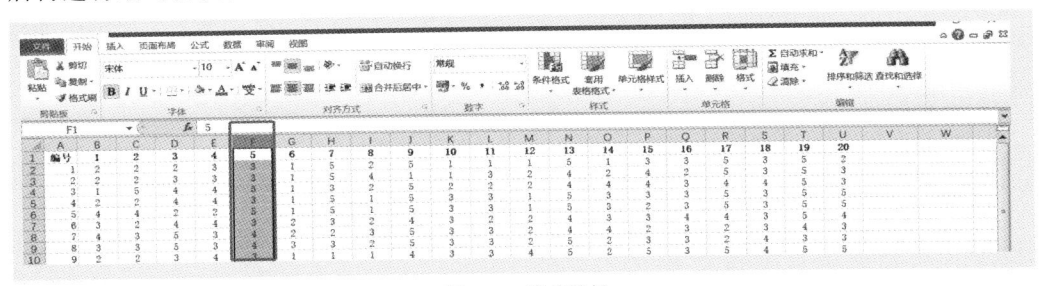

图 11-3 替换数据

打开文件,选中需要替换的 F 列数据(图 11-3),将 5、4、2、1 替换为 1、2、4、5。因为 5 和 4 替换为 1 和 2,会导致后期 1 和 2 的替换出现混乱,所以需要将 5 和 4 先替换为第三方数值,然后再进行最终替换。

单击"查找和选择",单击"替换"进行下一步,弹出查找和替换窗口,查找内容是需要替换的数值,替换为第三方数值,选择全部替换即可。图 11-3 中可将数值 5 替换为数值 7,再将 7 替换为 1,即可完成将 5 替换为 1。

3. 利用 VLOOKUP 函数进行数据转化

缺失值填补文件导出之后,首先在文件中添加 Sheet2,内容第一列为 1、2、3、4、5,第二列为 5、4、3、2、1,添加数值完毕后返回到 Sheet1。题目要求第 5 列和第 9 列进行替换。首先在第 5 列和第 9 列后添加空列,然后再利用 VLOOKUP 函数进行数值替换,填写 G2 为＝VLOOKUP(F2,Sheet2! A:B,2,0)(图 11-4),双击填充完成;同样地第 9 列也是如此,但是要把 F2 换为 K2 即可。

4. 利用公式进行计算并替换

观察原数据 5-4-3-2-1 及替换后的数据 1-2-3-4-5,两项的和为恒定值 6;在空白列中生成数据 V2＝6－F2,然后复制本列数据,并粘贴数值至 F 列(图 11-4)。

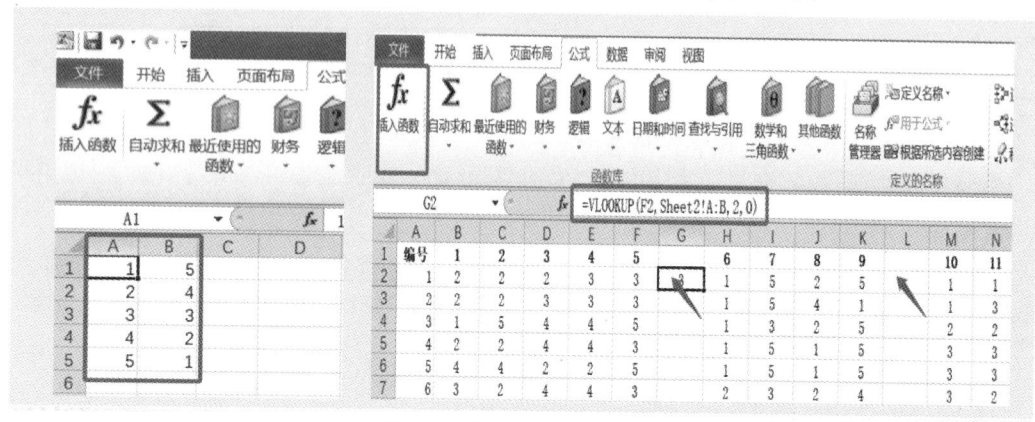

图 11-4 利用公式计算并替换

5. 薪酬满意度问卷清洗步骤

(1)单击"选择数据源",选择已内置的数据表"薪酬满意度调查数据表.xlsx",单击"保存"按钮。

(2)单击"查看数据源",查看数据特征,找到有缺失值的字段。

(3)单击清洗工具界面上的"配置按字段清洗规则",在左侧出现的菜单中单击添加规则中的"缺失值填补"。单击"＋",选择需要填补缺失值的字段,选择填补方法为中位数填补,单击保存。

(4)单击"开始清洗",进行数据清洗工作。

(5)清洗完成,单击查看清洗结果,并下载清洗结果。

三、市场薪酬数据预处理

1. 外部爬取数据预处理要点

重复值:删除;

缺省值处理:平均值填充或不纳入计算范围;

极端值处理:删除;

地区:地区显示为城市名或省名＋城市名,如需按省分类,可通过《省级区域对照表》增加列;

一个单元格含多个数据:通过 Excel 的分列功能,对数据进行分列处理;薪资信息从文本转化为数值。

2. 练习：外部爬取数据薪资信息转化

（1）打开原始文件选定要修改的数列，单击数据——分列，跳出窗口进行下一步（图11-5、图11-6）。

图11-5 薪资信息转化示例

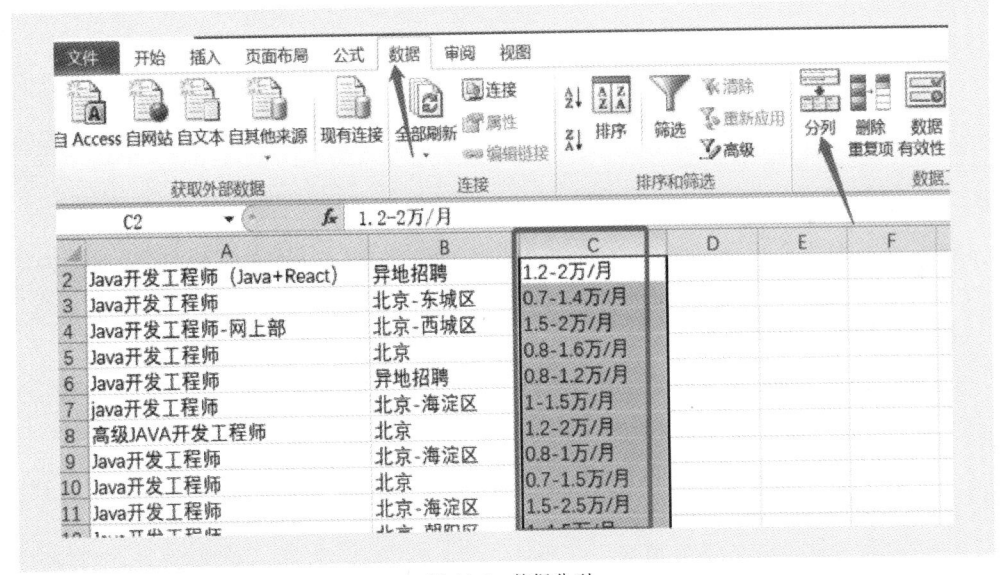

图11-6 数据分列

（2）在窗口中选择"分隔符号"，单击完成即可，数值将会被分隔。

（3）分隔万/元时，选中 C 列数值单击分列，选择分隔符号，进入下一个窗口，将其他填为"万"，单击完成即可完成数字和万/月的分隔，把分隔后文本列删除。

（4）分隔完成后，添加最低薪资、最高薪资和平均值三列，分别在 E2、F2、G2 中插入函数 C2*10000、D2*10000、(C2＋D2)/2，双击完成填充。将初始分隔薪资列删除保存即可。

第四节　数据分析与挖掘

一、薪酬数据分析基本方法

1. 薪酬分析主要内容

（1）人员存量现状和变化分析：岗位结构、部门人员结构、人员分布占比。涉及的图表表现方式：饼图和柱状图。

（2）经济效益情况：利润完成情况、销售量、营业额、人工成本（劳动效率、单位人工效率）。

（3）员工满意度：人员流失率、离职面谈分析、绩效反馈（调研）、部门协作情况（通过部门之间的绩效评价反映）。

（4）招聘情况：反映企业的吸引力。

2. 内部公平性分析常见指标

（1）按岗位类别分析——看企业付薪的重点在哪，薪资倾向性，人工成本的消耗点。

（2）按部门分析——看关键部门在哪，部门间级差是否合理。

（3）按工龄段分析——新老员工待遇对比。

（4）学历段分析——员工的学历对其薪资的影响，哪些岗位（部门）更倚仗学历。

（5）人员类别分析——不同合同体制（劳务派遣、编制人员、编外人员）人员的待遇。

（6）部门之间级差。

（7）部门内部人员级差。

（注：级差指的是两个等级中位值之间的浮动程度，级差＝（本级中位值－上级中位值）/上级中位值×100％。）

3. 外部竞争性分析常见指标

（1）外部薪资竞争力分析（空间上看）。对比数据：当地最低工资、当地社平工资、所在行业的人均收入水平、岗位与市场薪资水平的对比分析。

（2）调整薪资前后对比（时间上看）。对比数据：调前薪资水平、调后薪资水平、上年度薪资水平、下年度薪资水平、历史薪资数据。

4. 薪资体系结构分析常见指标

薪酬区间中值级差是指两个相邻薪酬等级之间的中位值变动百分比。在最高薪酬等级的中值和最低薪酬等级的中值一定的情况下，各薪酬等级中位值之间的级差越大则薪酬结构中的级别数越少。反过来，各薪酬等级中值之间的级差越小，薪酬结构中的等级数量就越多。在制定中位值级差时有两个考虑因素：（1）中位值级差过大：员工晋升的付薪成本较高；（2）中位值级差较小：级别差异过小，使晋升员工不能得到相应激励。

假设最高薪酬等级（或除最低薪酬等级之外的其他任何一个薪酬等级）的区间中值和最低薪酬等级的区间中值以及准备划定的薪酬等级数量都已经确定，就可以运用现值公式计算出一个恒定的中值级差，公式为 $PV=FV/(1+i)^n$

式中,PV 表示现值,在这里是最低薪酬等级的区间中值;FV 表示未来值,在这里可以是最高薪酬等级的区间中值,也可以是最高和最低薪酬等级之间的其他任何一个薪酬等级的区间中值;n 表示未来值和现值之间的等级数量,在这里是所要计算的两个薪酬等级之间的薪酬等级数量;i 表示级差。

我们应确定调整后的中位值级差:(1)不能过低(相邻岗位级差小于10%)。如果许多岗位在一条近似值的线上,则有必要重新评估。(2)不能过高(低等岗位相邻级差大于25%)。一般来说,在设计级差时所需要遵循的原则是职位等级越高级差也就越大,在这里给出市场薪酬级差的一般原则,在设计级差时,可以将其作为参考的标准:一般员工之间级差建议保持在10%~15%,专业技术人员与一般管理人员之间级差建议保持在20%~25%,高级管理层之间级差建议保持在30%~35%。

5. 对薪资支付结构中常见指标的分析要点

(1)了解薪资支付结构的变化,支付项目的变化带来了什么;
(2)哪些薪资项目减少了,调整为其他哪些项目;
(3)增减项目的意义——付酬要素的转换;
(4)项目调整导致各项目占工资总额的权重变化,这一变化的价值是什么;
(5)工资导向性的变化——哪些项目决定了工资总额。

二、人工成本分析

1. 什么是人工成本

企业在生产经营过程中因使用劳动力而发生的全部费用,包括货币或实物直接支付给劳动者的费用及提供便于劳动者生产、生活、交通、文化、教育卫生、娱乐等设施和服务所发生的费用。

2. 人工成本分析的指标体系

人工成本分析涉及多个指标,这些指标可以帮助企业深入了解其人力资源投入与产出的关系,以及评估薪酬政策和整体劳动力管理的效果。这些指标包括人事费用率、全员劳动生产率、人均人工成本、人工成本产出系数、人工成本占比等。各指标计算公式与意义如图11-7所示。

指标名称	计算公式	指标意义	备注
人事费用率	人工成本÷营业收入	人工成本在企业总收入中的份额	
全员劳动生产率(人均单产)	营业收入÷人数 利润÷人数	劳动投入的经济效益指标	
人均人工成本	人工成本÷人数	人工成本水平	反映某一时点的人工成本水平,为了反映其增长变动情况,还要让其纵向环比计算平均人工成本指数
人工成本产出系数	营业收入÷人工成本 利润÷人工成本	人工成本投入产出效益状况	人工成本水平的综合标志,可作为不同企业、行业或地区的社会人工成本比较的主要参考指标
人工成本占比	人工成本÷总成本/费用	人工成本占总成本(费用)的比重	它是行业、企业间商业竞争的重要指标,在同行业企业中,它表示企业的竞争潜力,人工成本含量低的企业竞争潜力大,反之,则竞争潜力小。但不同行业企业的人工成本含量不具有可比性

图11-7 人工成本分析指标

3. 人工成本分析示例

如图 11-8 所示,某公司总营业收入为 380 000 000 元,共有员工 1 146 人,人工成本总计为 286 469 973 元,人事费用率为人工成本与营业收入之比,计算结果为 75%;全员劳动生产率为营业收入与人数之比,计算结果为 331 588 元/人。

总营业收入	380000000
费用（营业费用、成本、税金）	450000000
净利润	(70000000)
人数	1146
人员固定费用	210548621
基本工资总额	150391872
社会保险费	45117562
住房公积金	15039187
人员浮动费用	72049352
人员薪酬总额	222441224
公共福利费	2292000
HR专项费用	1580000
人工成本总计	286469973

指标名称	计算公式	计算结果
人事费用率	人工成本÷营业收入	75%
全员劳动生产率（人均单产）	营业收入÷人数	331588
	利润÷人数	-61082
人均人工成本	人工成本÷人数	249974
人工成本产出系数	营业收入÷人工成本	1.33
	利润÷人工成本	-0.24
人工成本占比	人工成本÷总成本	64%

图 11-8　人工成本分析示例

4. 人工成本分析维度

业务发展分析:营业收入、利润增长情况;

人工成本总量:人工成本增长、与营业收入/利润增长对应的变动趋势;

人均单产:人均单产增长情况;人均单产与人工成本增长变动;

人工成本产出:营业收入/人工成本;利润/人工成本。

5. 人工成本分析操作步骤

(1) 以不同年度总营业收入、软件收入、云业务收入、净利润可视化分析为例。

①单击"开始任务"进入分析云界面;

序号	年份	人数	总营业收入	软件业务	云业务	总费用	净利润	基本工资总
0	2019-12-31 00:00:00	678	25000	25000	0	20000	5000	8027.3592
1	2020-12-31 00:00:00	786	28000	28000	0	25000	3000	9811.2168
2	2021-12-31 00:00:00	964	31000	28880	2120	34000	-3000	13043.5164
3	2022-12-31 00:00:00	1146	38000	29400	8600	40000	-2000	15039.1872

图 11-9　加载人工成本数据

②单击"分析设计",单击"我的故事版",进入画布界面,单击"可视化"按钮,单击"新建"按钮;

③选择数据集:数据集—薪酬评估—1-人工成本表(图 11-9);

④阅读"1-人工成本表",观察字段、数据特征;

⑤进入数据可视化界面,将维度字段"年份"拖拽至维度栏,将指标字段"总营业收入""软件业务""云业务"净利润拖拽至指标栏;

⑥选择图形:条形图;

⑦维度栏"年份"按照年份进行升序排序(图11-10);

图11-10 年份按照升序排序

⑧指标栏"总营业收入""软件业务""云业务"净利润的汇总方式选择求和;

⑨修改可视化图形名称;

⑩保存,分析可视化图形。

(2)依据本章引例分析不同年份的人均营业收入、人均净利润、人均人工成本等;分析营业收入与人工成本增长情况;分析人均单产与人均人工成本;分析不同年度人工成本产出等。

例如,分析可视化图形:总营业收入逐年增加,但2021年与2022年的净利润都出现了下降,软件收入逐年停滞,云业务收入突飞猛进的增长。

三、内部公平性分析

1. 内部公平性是什么

内部公平性,即内部一致性,强调薪酬结构设计要对所有员工公平,有利于使员工行为与组织行为目标相符。

(1)横向公平:企业所有员工之间的薪酬标准、尺度应该是一致的。

(2)纵向公平:企业设计薪酬时必须考虑到历史的延续性,一个员工过去的投入产出比和现在乃至将来都应该基本上是一致的,而且还应该是有所增长的。

2. 薪酬内部公平性是员工的主观感受

(1)个体的差异性决定了员工的公平观念具有差异。

(2)个体的多变性决定了员工的公平观念具有发展性。

3. 内部比较是产生内部公平性的途径

公平作为一种相对平衡的心理感受是通过衡量、比较产生的。员工对薪酬的内部公平感是通过与其他员工的对比或者与不同时期的自己的对比获得的。

4. 实现薪酬内部公平性的方法

(1)建立并宣传合理的公平观。通过培训、沟通等建设企业的公平观;通过规章制度、薪酬手册制定明确的薪酬标准,以此强化内部一致的薪酬公平观。

(2)职位评价。根据各职位对企业经营目标的贡献,对其价值进行综合评价,并确立工作价值的等级,在此基础上确定各职位的薪酬级别和职位待遇。

(3)基于绩效的薪酬。员工的薪酬分为基本工资和绩效工资。绩效工资可以有效衡量员工的有效付出,将个人回报和个人对企业的有效付出挂钩,强调个体劳动的能动性,避免"吃大锅饭"的不公平现象。

(4)秘密薪酬。公平感是通过比较获得的,反之,内部不公平也是通过比较获得的。实行秘密薪酬制度,斩断比较是实现薪酬内部公平的一个方法,但秘密薪酬不能作为企业实现薪酬内部公平的核心方法。

(5)有效的监督制度和沟通机制。例如,核定员工绩效薪酬时,可以上级建议、隔级核定。

5. 内部公平性分析维度

不同维度薪酬分布状况:性别、年龄、学历、部门、岗位类别。

薪酬交叉分析:不同部门间相同岗位薪酬分析;不同部门间相同职级薪酬分析;不同性别相同岗位相同职级薪酬分析。

6. 内部公平性分析操作步骤

(1)以不同性别的年度薪酬可视化分析为例。

①单击"开始任务",单击"分析设计",单击"我的故事板",进入画布界面;

②单击"可视化—新建";

③选择数据集:数据集—薪酬评估—员工薪酬表;

④阅读"2-员工薪酬表",观察字段、数据特征;

⑤进入数据可视化界面,将维度字段"性别"拖拽至维度栏,将指标字段"年度薪酬"拖拽至指标栏(图11-11);

⑥选择图形:柱形图;

⑦指标栏"年度薪酬"的汇总方式选择平均值;

⑧修改可视化图形名称;

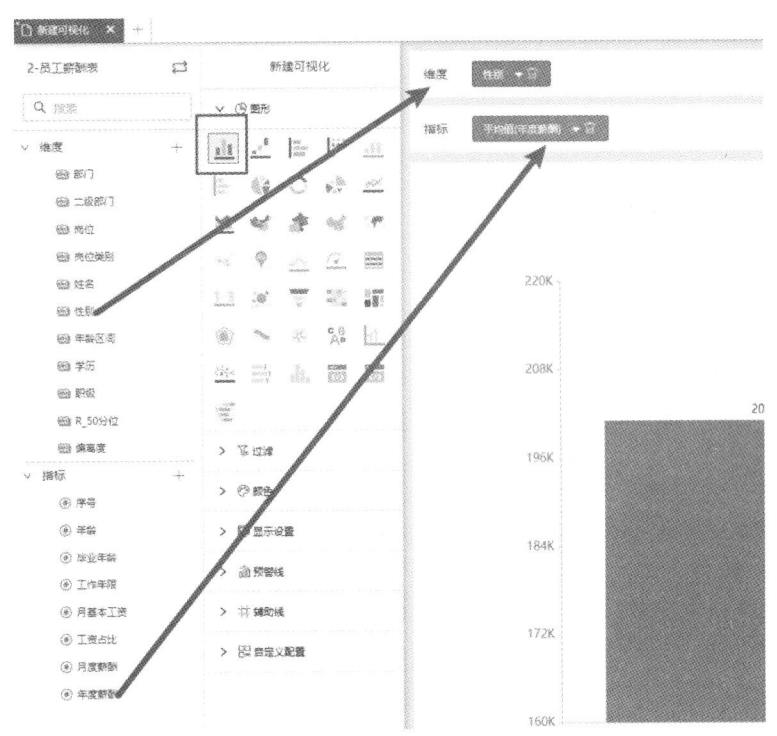

图 11-11　加载维度及对应指标

⑨保存,分析可视化图形。

(2)依据本章引例分析不同学历的薪酬分布、不同年龄的薪酬分布、不同部门的薪酬分布、不同岗位类别的薪酬分布等(图 11-12)。

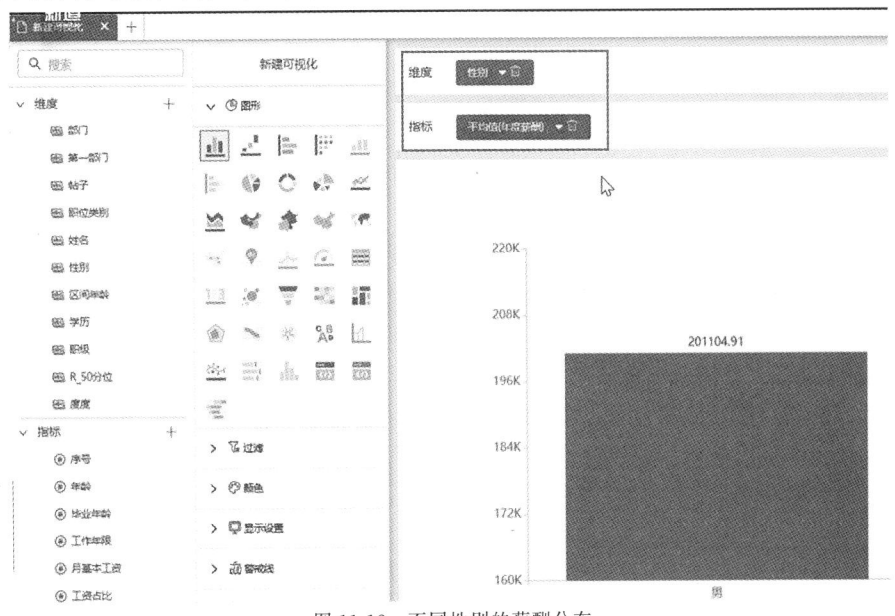

图 11-12　不同性别的薪酬分布

例如,分析可视化图形:男性年度薪酬明显高于女性年度薪酬,符合社会通常认知,可以进一步分析原因。

四、外部竞争性分析

1. 什么是外部竞争性

组织薪酬水平在劳动力市场中的相对位置高低以及由此产生的组织在劳动力市场上人才竞争能力的强弱,是由不同组织中类似职位或职位族间的薪酬水平相比较得出的。

薪酬水平保持一定的外部竞争性,有利于吸引、保留和激励员工;有效控制劳动成本;塑造企业形象;防止员工产生机会主义行为,减少组织监督管理成本。

2. 薪酬外部竞争性的决策类型

(1)薪酬领先型策略:指组织采用一个它愿意支付高于市场平均水平薪酬战略的组织。

采用薪酬领先型的组织通常具有的特征:规模较大、投资回报率较高、薪酬成本在组织经营总成本中所占的比率较低、产品市场上的竞争者少。

(2)薪酬跟随型策略:指根据市场平均水平来确定本组织的薪酬水平。

(3)薪酬滞后型策略:指将薪酬水平更新到当前的市场薪酬水平,然后按照低于市场的调整速度予以实施。

(4)薪酬竞争型策略:指组织为了保持薪酬水平的竞争力,将薪酬领先型与薪酬滞后型结合起来选择的一种薪酬水平决策类型。

(5)薪酬混合型策略:指组织在确定薪酬水平时,根据职位的类型或者员工的类型分别制定不同的薪酬水平决策,而不是对所有的职位和员工均采用相同的薪酬水平定位。

3. 薪酬外部竞争策略判断

利用趋势回归分析,选择折线图,对比分析目前公司不同层级薪酬数据与市场薪酬数据所处的分位值,如果高于50分位,说明市场竞争力相对较好,低于则反之。薪酬水平分析应关注不同层级所处的分位段,例如,基层与高层不能一起比较,可能某一条曲线显示基层处于50分位以上,高层处于10分位以下。

4. 薪酬外部竞争性分析维度与指标

外部薪酬对标:分岗位序列对标;各岗位的市场对标;

各岗位内部薪资的市场分位值分布(薪酬竞争性):25分位以下;25~50分位;50~75分位;75分位以上。

5. 薪酬外部竞争性分析操作步骤

(1)以不同岗位市场薪资特征可视化分析为例。

①单击"开始任务",单击"分析设计",单击"我的故事板",进入画布界面;

②单击"可视化—新建";

③选择数据集:数据集—薪酬评估—市场薪酬表;

④阅读"人工成本表",观察字段、数据特征;

⑤进入数据可视化界面,将维度字段"岗位序列"拖拽至维度栏,将指标字段"内部薪酬"、P25、P50、P75拖拽至指标栏;

⑥选择图形:双轴图;

⑦指标栏的内部薪酬、P25、P50、P75汇总方式选择平均值;

⑧因为是双轴图,指标栏的指标需要确定主轴和次轴;

⑨内部薪资设置为主轴,柱状图;

⑩P25、P50、P75设置为次轴,折线图;
⑪单击左侧显示设置进行调整,按照数值大小将数值轴自动取消,调整为800 000;设置Y轴,取消与主坐标轴相同的按钮;将Y轴最大值、最小值自动取消,数值与数值轴保持一致(图11-13)。

图11-13 设置数值轴

⑫修改可视化图形名称;
⑬保存,分析可视化图形
(2)依据本章引例分析某一个岗位序列内,不同岗位的外部薪酬竞争性等。
分析可视化图形:岗位序列为25～50分位:综合管理、研发;50～75分位:营销、市场、职能;75分位以上:服务。

五、薪酬结构分析

1.什么是薪酬结构

薪酬结构需要综合考虑企业经营战略、人力资源管理战略、企业实际支付水平、市场薪酬水平及员工的业绩贡献等因素。薪酬结构在薪酬体系设计中占有重要的地位,它不仅决定了薪酬数额的大小,还直接反映了企业的薪酬策略和薪酬的倾向性。

薪酬结构包括薪酬体系结构与薪酬支付结构。

(1)薪酬体系结构设计

划分薪酬等级;确定薪酬等级的浮动范围,即确定最大值、最小值和中间值;确定两个相邻等级之间的交叉和重叠。薪酬带宽,关注最大值、中位值、最小值的递进性,等级越高带宽越宽。

(2)薪酬支付结构设计

一般来说,薪酬支付结构策略包括固定/浮动薪酬结构、短期/中长期薪酬结构、非经济/经济薪酬结构等。

薪酬结构设计的主要内容包括薪酬类型设计、薪酬比例设计等。在进行设计前,需要对职位序列进行科学划分,根据不同的职位序列设计相应的薪酬结构。

2. 薪酬结构策略

(1)固定/变动薪酬结构策略。固定/变动薪酬结构策略是指企业支付给员工的薪酬中固定薪酬与变动薪酬的比例,它体现了企业薪酬对员工激励性与稳定性的选择策略。一般来说,可以分为高激励性薪酬结构策略、高稳定性薪酬结构策略和平衡性薪酬结构策略三种。

(2)短期/长期薪酬结构策略。随着经济的发展和企业管理水平的提高,长期激励措施正在为更多的企业所使用。

(3)非经济/经济薪酬结构策略。多数企业会把薪酬的关注点主要放在经济性薪酬上。更多的大型企业会加大对成就感、授权、培训机会、发展前景、工作环境等非经济性薪酬的重视。

3. 薪酬结构分析维度

薪酬体系结构:极差分析(员工薪酬表:不同职级的上限、下限分布);

薪酬支付结构——总体:人工成本各部分变动趋势分析(人工成本表);

薪酬支付结构——浮动薪资:浮动薪资变动分析(客户经理提成表)。

4. 薪酬结构分析操作步骤

(1)以人工成本表中不同年份、人工成本总计、人员固定费用、人员浮动费用、公共福利费、HR专项费用可视化分析为例。

①单击"开始任务",单击"分析设计",单击"我的故事板",进入画布界面;

②单击"可视化—新建";

③选择数据集:数据集—薪酬评估—人工成本表;

④阅读"人工成本表",观察字段、数据特征;

⑤进入数据可视化界面,将维度字段"年份"拖拽至维度栏,将指标字段"人工成本总计""人员固定费用""人员浮动费用""公共福利费""HR专项费"拖拽至指标栏;

⑥选择图形:条形图;

⑦指标栏的"人工成本总计""人员固定费用""人员浮动费用""公共福利费""HR专项费"汇总方式选择求和;

⑧维度栏"年份"按照年份进行升序排序;

⑨修改可视化图形名称;

⑩保存,分析可视化图形。

(2)依据案例分析各个支付项目的增长率;不同年度的人均基本工资的变化趋势等等。例如,分析可视化图形:薪酬支付各项目均逐年上升(图11-14)。

图 11-14　人工成本构成及年份对比

六、薪酬满意度分析

1. 薪酬满意度分析要点

把握员工对薪酬的整体认知,通过分维度的汇总分析挖掘薪酬不满意的原因;关注薪酬满意度在各部门间的分布;关注核心员工的薪酬满意度;正确看待薪酬满意度的分值,不仅关注绝对得分,更关注相对得分。

2. 薪酬满意度影响因素

(1)薪酬水平。员工会将自己的薪酬水平与市场平均薪酬水平、个人薪酬期望、所在地生活成本等进行比较,因此薪酬水平是影响员工薪酬满意度的重要因素之一。

(2)个人特征与工作特征。包括员工年龄、员工资历及员工职级等。

(3)薪酬提升的时间跨度。一般而言薪酬提升的时间跨度越大薪酬提升满意度越低。

(4)公平性。公平性对薪酬满意度的影响是直接的,相关性更大些,而过程公平性对其影响是间接的,所以相关性要小一些。

(5)薪酬结构。薪酬结构对薪酬满意度的影响是综合性的,通过员工对薪酬体系的理解、薪酬执行的合理性、管理者以及薪酬等级的划分、组织结构等因素影响满意度。

3. 薪酬满意度分析维度

薪酬满意度各维度分析:薪酬水平、薪酬提升、薪酬结构、福利、薪酬管理。

分部门薪酬满意度分析:各部门各维度满意度分析。

核心员工薪酬满意度分析:研发中心各部门、各岗位薪酬满意度分析。

4. 薪酬满意度分析操作步骤

(1)以不同部门薪酬满意度可视化分析为例。

步骤一:分析薪酬满意度平均分。

①单击"开始任务"单击"分析设计",单击"我的故事板",进入画布界面;

②单击"可视化—新建";

③选择数据集:数据集—薪酬评估—薪酬满意度调查汇总;
④阅读"薪酬满意度调查汇总",观察字段、数据特征;
⑤进入数据可视化界面,将指标字段"薪酬满意度平均分"拖拽至指标栏;
⑥选择图形:指标卡;
⑦指标栏的"薪酬满意度平均分"汇总方式选择平均值;
⑧修改可视化图形名称;
⑨保存,分析可视化图形。

步骤二:分析不同部门薪酬满意度。
①在步骤一的基础上,将维度字段"部门"拖拽至维度栏;
②选择图形:柱形图;
③指标栏的"薪酬满意度平均分"汇总方式选择平均值,按照薪酬满意度平均分进行升序排序(图11-15)。

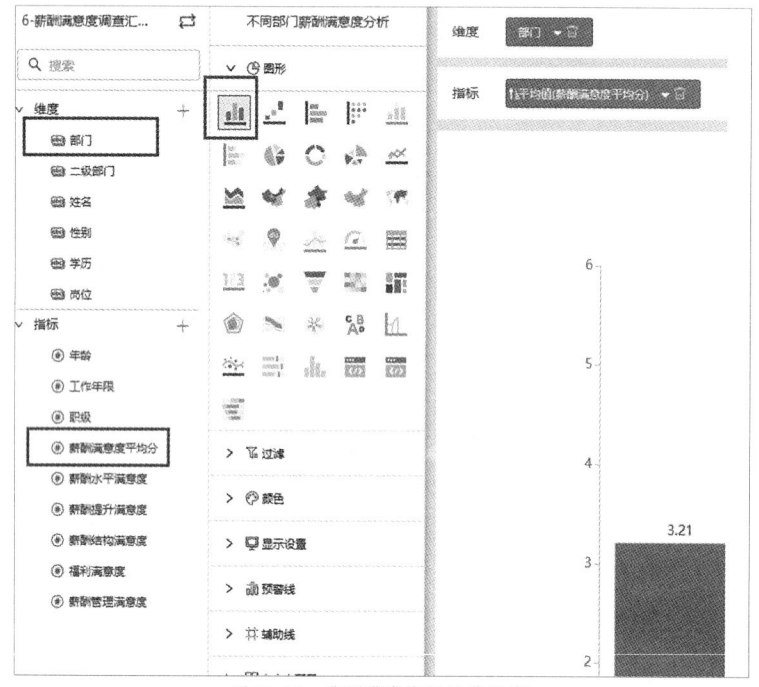

图11-15 薪酬满意度平均分排序

④修改可视化图形名称;
⑤保存,分析可视化图形。

(2)依据案例对构成薪酬满意度的5个维度(薪酬水平、薪酬提升、薪酬结构、福利与薪酬管理)进行分析;薪酬满意度5项的排行;各部门薪酬满意度分项的分析;研发中心各部门各岗位薪酬满意度分析。

例如,分析可视化图形:结合步骤一的指标卡结论,可以发现职能中心、服务中心、营销中心三个部门薪酬满意度低于公司薪酬满意度平均分,总裁办公室的薪酬满意度最高(图11-16)。

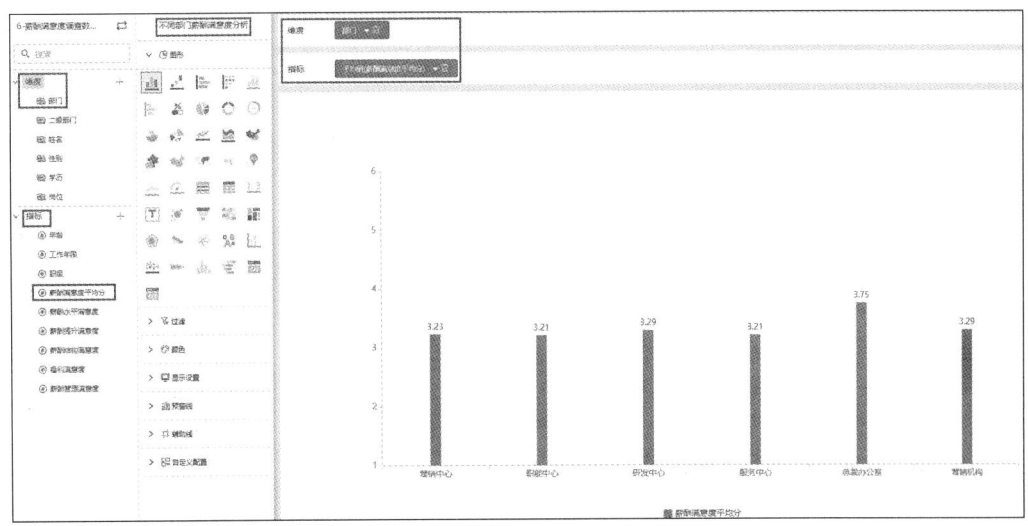

图 11-16　不同部门薪酬满意度分析结果

七、薪酬数据聚类分析操作步骤

薪酬偏离度：以变量工作年限、市场薪酬 50 分位值、年度薪酬和与市场薪酬 P50 的偏离度为例，进行聚类分析。

1. 选择数据源

(1) 单击"开始任务"，进入数据挖掘界面。

(2) 单击"选择数据源"。

(3) 单击"上传数据"或单击下拉菜单，选择"薪酬偏离度分析表.xlsx"。

(4) 单击"保存"。

(5) 单击"查看数据源"，观察数据字段有哪些特征。

2. 建立与优化模型

根据对案例业务问题的分析，应用聚类算法建立模型，优化模型

(1) 单击"配置模型"。

(2) 单击"聚类分析—k-Means"。

3. 选取适宜变量和参数

针对聚类算法（k-Means）选取适宜的变量、合适的参数进行聚类分析，要求聚类变量均为数值型变量。

这里以变量工作年限、市场薪酬 50 分位值、年度薪酬和与市场薪酬 P50 的偏离度为例，建立变量工作年限、市场薪酬 50 分位值、年度薪酬和与市场薪酬 P50 的偏离度的 K-means 算法模型，判断模型是否合适。

(1) 单击聚类变量的"＋"号，将左侧字段中"工作年限""市场薪酬 50 分位值""年度薪酬"和"与市场薪酬 P50 的偏离度"勾选入已选数据（图 11-17）。（注：变量必须为数值型变量）。

(2) 单击"确定"。

图 11-17　选择字段

(3) 聚类个数范围,填入"1""8"。

(4) 单击"计算",按照肘部法则,判断最佳聚类个数。计算结果在横坐标 3 的位置变化趋势最大,判断最佳聚类个数为 3(图 11-18)。

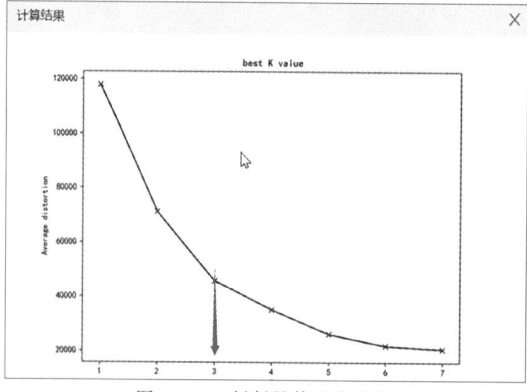

图 11-18　判断最佳聚类个数

(5) 输入最佳聚类个数 3,单击"保存"(图 11-19)。

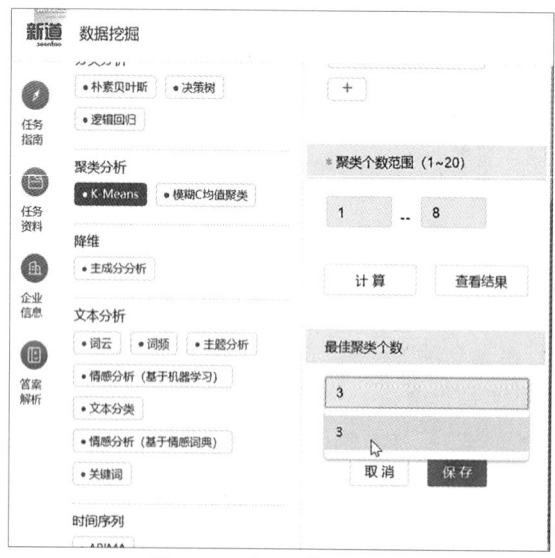

图 11-19　输入最佳聚类个数

4. 建立模型、判断聚类结果、优化模型

(1)单击"开始建模"。

(2)建模成功后,单击"查看训练结果"(图11-20)。

(3)分析聚类结果。

	聚类1	776
	聚类2	286
	聚类3	84

	工作年限	市场薪酬50分位值	与市场薪酬P50的偏离度	分类
0	25	1305418	-0.3105656579	0
1	28	1049968	-0.3142648157	0
2	16	1049968	-0.1999756183	0
3	25	844505	-0.2184770961	0

图 11-20　开始建模

(4)按照聚类 K-Means 算法的判断标准,DBI 系数数值越低聚类效果越具有代表性,轮廓系数越高(接近 1)聚类效果越好,越能代表共同性。

(5)工作年限、市场薪酬 50 分位值、年度薪酬和与市场薪酬 P50 的偏离度的模型,DBI 为 0.5593,轮廓系数为 0.6485,模型较优(图 11-21)。

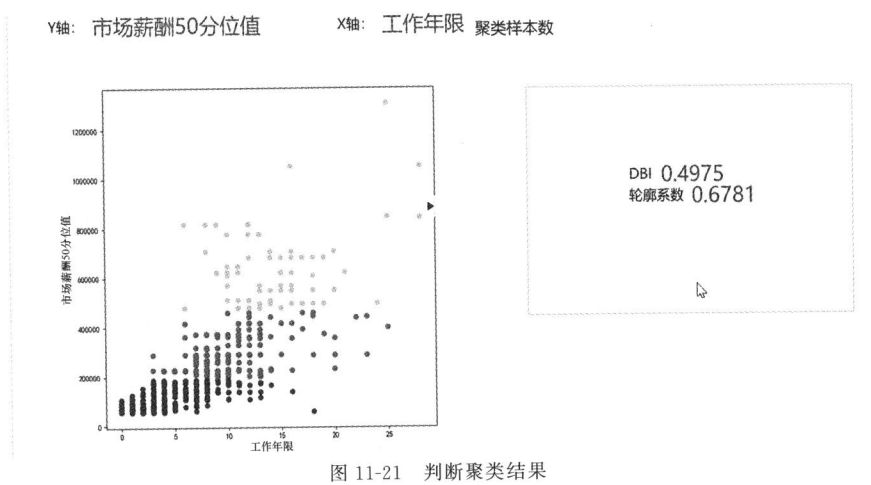

图 11-21　判断聚类结果

(6)将聚类结果导出。

八、形成项目分析报告

要求:项目分析报告前言部分需要包括项目背景简介、项目分析目标及项目分析思路与方法。

项目分析报告正文需要包括人工成本分析、内部公平性分析、外部竞争性分析、薪酬结构分析、薪酬满意度分析、数据挖掘-薪酬偏离度分析。

项目分析报告需要给出总体结论及建议。

本章小结

薪酬评估是一个系统性的过程,旨在确保公司的薪酬制度与市场标准保持一致,同时也要满足员工的期望和需求。通过本章学习,可以明确薪酬评估包括以下主要步骤:首先,明确薪酬调研的目的和意义,包括了解行业内的薪酬水平、评估公司薪酬竞争力以及优化公司薪酬结构。其次,通过对组织内各个岗位的职责、工作内容、工作环境等因素进行综合评价,确定各个岗位的价值和相对重要性。再次,收集并分析同行业或同地区的其他企业的薪酬数据,了解市场上的平均薪酬水平和薪酬结构。从次,结合公司的经营状况、财务预算以及市场调研结果,对收集到的数据进行整合和分析。最后,基于上述分析和评估,制定相应的薪酬策略,如调整薪酬结构、设定奖金制度等。同时,将制定的薪酬策略付诸实践,并定期收集员工的反馈,以便根据实际情况进行调整和完善。

课后思考题

1. 什么是薪酬评估?
2. 如何设计薪酬满意度调查问卷?
3. 如何解读市场薪酬报告?
4. 薪酬体系结构分析常见指标有哪些?
5. 如何设计薪酬体系结构?

实训作业

1. 利用 Python 爬取薪酬数据。
2. 完成薪酬外部竞争性分析。

延伸阅读

数智化自动应用,破除企业薪酬管理之痛

据《2021年企业人力资源数字化转型趋势专项调研报告》结果显示,有高达 78.16% 的企业计划在薪酬模块引进数字化工具。

薪酬模块作为人力资源管理的难点,数字化转型也成为企业关注的重点。可见,薪酬管理是企业不可或缺的事务性模块。的确,当前企业对人力资源数字化的需求主要集中于降本增效、便捷协同、数据分析、员工自助及人才招聘,核心需求还是组织人事、薪酬和招聘等偏事务性的模块。数字化转型趋势也表明传统的薪酬管理已经无法适应企业的发展,需要借助更加专业的工具来协助人力资源部门。

企业在薪酬领域存在如下痛点:计算规则和结算周期复杂,核算困难,人力资源部门工作量大且低效;组织架构庞杂,部门间协同流程烦琐,沟通成本高;经营主体和成员公司

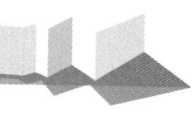

众多，薪酬成本分摊逻辑复杂；税保扣缴的属地化操作带来繁重的事务性工作，且误差率高；税收政策变化和区域性差异加剧计算申报工作量和合规风险。

这些通病大多集中在流程层面，这是由薪酬工作本身的复杂性和外部政策环境共同决定的，很难从根本上降低问题的复杂程度。企业要想解决这些痛点，可以从流程改进、工具优化等切入点入手。比如，薪酬外包专业和数字化工具的应用在一定程度上能解决企业在薪酬运营方面的这些痛点，企业可以选择将专业的事交给专业的人，保证企业薪税管理的及时、准确与合规，或者运用数字化工具加强企业数据治理工作，打通员工入离职、考勤、薪资等相关数据，通过工具、效率、流程、合规等方面的支持，实现降本增效。

而对于薪酬核算，则存在以下问题：体系复杂度高，不同部门、不同职级的计算规则均存在差异，长期需要耗费大量沟通成本以及计算成本。企业在薪酬领域所面临的各项痛点归根结底都是因为薪酬计算相关工作数字化渗透低，过于依赖人力，导致能效低下、沟通成本高和计算难度大等问题频出。

另外，税收政策调整时常发生，每次发生都会为计算工作带来额外的工作量与合规风险，受此影响，直接对接政府个税扣缴业务端系统的接口也成为大量企业的重要需求，对数字化的需求进一步加深。

两大需求要点：数据可视化及核算智能化。

1. 数据可视化

数据时代人力资源的工作已经不能单靠 HR 的直觉来做决定了，日新月异的数字时代，多元化的员工结构，人力资源各模块大量的基础数据，人力资源从业者需要从传统的人力资源工作思维向数字化思维转型，数据驱动业务，提升人力资源工作运营效率。

企业具备构建数据库的需求，将不同岗位、部门、职级的薪酬相关信息汇总到线上。其一可降低跨部门人员沟通成本；其二能够减少重复劳动，便于系统分析数据；其三可减少计算错误率，满足薪税绩效的准确性要求。

不同部门之间的核算规则不同，业绩绩效、补贴福利、结算周期等多有不同。再加上政策法规调整带来巨大的计算量，个税申报改为年度综合所得预扣缴的方式，导致算薪难度增加，对数字化及信息化的需求增强。

薪酬管理的数据可视化可以了解薪酬模块的关键数据指标和指标的计算方式。学会薪酬模块 EXCEL 数据透视、数据图表、数据仪表盘的设计，能对薪酬模块进行信息化的数据仪表盘的设计和数据建模，建立标准化的薪酬数据报表，以此提升人力资源薪酬模块分析效率。通过岗位薪酬数据分布模型、薪酬竞争力的分析，提升公司岗位薪酬的竞争力。通过对内部层级薪酬结构的分析、薪酬结构数据曲线设计，提升公司内部岗位公平性。

2. 核算智能化

薪酬核算是非常烦琐的事情，绝不仅仅是算算工资这么简单，尤其是当发薪日遇上节假日，或者社保调基，就需要做大量的核算工作了，非常耗时耗力，占据 HR 大部分的工作量。

一般员工的工资组成包含三个部分：基础薪资（对应考勤情况）、五险一金及个税、绩效奖金。其中五险一金及个税的计算可谓是个难点。而核算智能化可以借助薪酬管理系统，工作人员可以一键导入员工数据，系统可根据每个员工的信息自动核算生产对应的五险一金和到手工资。

薪酬核算智能化不仅简化工作人员的工作,且流程也更加可控,HR更好地实时掌握各部门薪资情况,有利于人力资源成本控制。数字化在各行各业掀起了一波又一波的改革浪潮,推进人类社会发展更加智能化、高效化。通过数字化转型,企业可以转变传统的工作模式,将人事专员从琐碎的事务中解放出来,提升企业运营管理效能和市场竞争力,激发企业内部运营管理效能,保障企业转型柔性落地。

参考资料:根据艾瑞咨询《中国人力资源数字化研究报告》整理。

第十二章 绩效分析

通过小组讨论确定分析目标,明确数据采集指标与收集途径,制订数据采集方案,完成数据采集任务;采用分析云工具深入分析和研究城市销售团队目前的绩效状况,采用数据挖掘模型探寻城市销售团队绩效的驱动因素并进行预测,提出城市销售团队绩效提升的策略建议。

学习目标

1. 掌握绩效场景下数据分析项目的流程、绩效影响因素等知识
2. 掌握绩效及相关数据收集与处理一般方法
3. 掌握分类模型、回归模型的操作技能
4. 掌握具备绩效分析挖掘模型优化的一般方法
5. 掌握针对绩效问题提出管理优化建议的能力

知识结构图

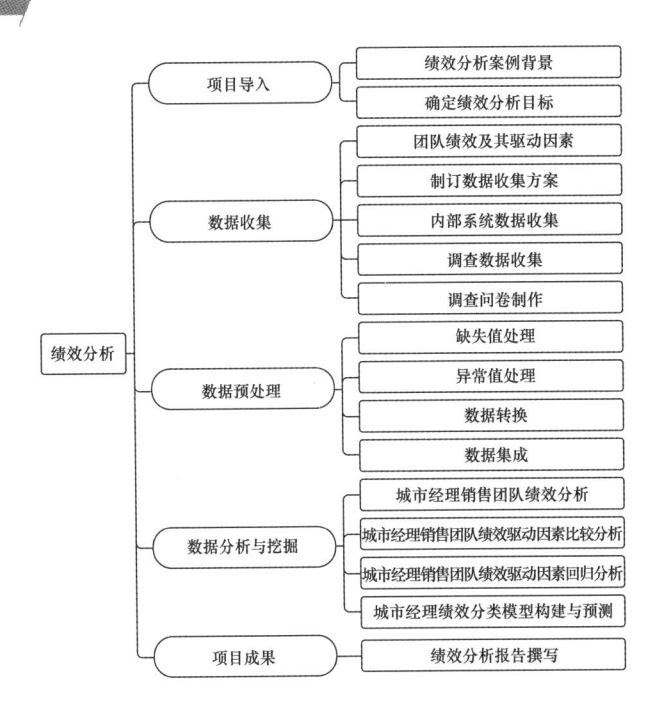

```
                            ┌── 绩效分析案例背景
                项目导入 ───┤
                            └── 确定绩效分析目标

                            ┌── 团队绩效及其驱动因素
                            ├── 制订数据收集方案
                数据收集 ───┼── 内部系统数据收集
                            ├── 调查数据收集
                            └── 调查问卷制作
  绩效分析 ──┤
                            ┌── 缺失值处理
                            ├── 异常值处理
              数据预处理 ───┤
                            ├── 数据转换
                            └── 数据集成

                            ┌── 城市经理销售团队绩效分析
                            ├── 城市经理销售团队绩效驱动因素比较分析
            数据分析与挖掘 ─┤
                            ├── 城市经理销售团队绩效驱动因素回归分析
                            └── 城市经理绩效分类模型构建与预测

                项目成果 ─── 绩效分析报告撰写
```

引 例

1. 公司概况与业务模式

(1) 公司概况。华益消费品公司是华益集团旗下一家专业从事休闲食品销售的企业,产品品类丰富,主要包括膨化食品、糖果巧克力、饼干等,覆盖各种不同类型的超市、零售店铺和批发市场,深受广大消费者的喜爱。

(2) 业务模式。为应对市场需求,公司采取直销与代理两种方式开展销售工作。目前在全国设立了五个大区,设大区经理,大区内设省、直辖市区域经理,根据需要在区域内不同地级市设置城市经理(下设业务代表、理货员等),直接在一线服务客户。

2. 华益公司业务组织结构图(图 12-1)

华益公司总共设立五个大区,分别为东北大区、华北大区、华南大区、中部大区、西北大区,每一个大区都设有大区经理。在大区内,公司又设立了多个区域经理来负责管理该地区的业务。每一个区域会在该区域的多个城市设立城市经理负责管理该地区的业务。

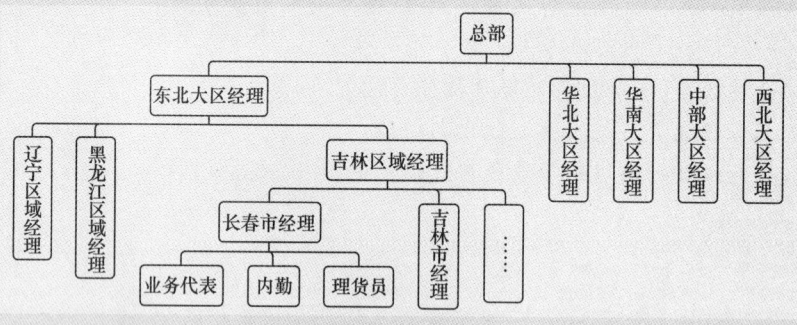

图 12-1 组织结构图

3. 业务现状及人员状况

(1) 公司概况。随着经济增长放缓,消费增速下降,新零售渠道的快速崛起,快速消费品行业竞争加剧,华益公司品牌受到较大冲击和影响,业务调整对销售模式提出了新的要求。不过值得注意的是,旅游消费持续升温,假日经济效应明显,对休闲食品的需求增加明显。公司提出了告别高成长时代,寻求新的增长空间,逐步开始四级乡镇市场的开发销售策略。而且已经改变了过去高奖金的强激励状态,开始注重内部人员管理;告别高费用时代,推动经销商和重点客户的精细化管理和维护更加深入。

(2) 人力资源状况。面对外部环境变化和内部组织建设的要求,公司开始转变原有的人力资源战略与行动策略,以满足未来业务发展对人力资源的需求。从实现公司发展目标的角度来看,各地区以城市经理为核心的一线销售团队是最为坚实的力量,其中城市经理是最为核心的人才。过去两年,不同大区、区域及城市的销售团队绩效出现了分化,有的地区业绩达成与成长情况并不理想。前期公司人力资源部门已经详细梳理了城市经理的岗位职责,主要包括业绩管理、市场管理、经销商管理、重点客户管理、促销活动管理、会议管理、人员管理、日常事务管理等八大职责,在此基础上形成了《华益公司城市经理岗位说明书》。为了更好地推动销售团队的发展,公司还专门邀请了专业咨询公司构建了城市经理的胜任力模型。

4. 绩效问题

(1)年度会议。近期公司召开了年度战略规划会议,由高层管理者、大区经理、区域经理及总部职能部门参加。在会议上详细讨论了公司年度发展战略和目标。高层管理者对各大区、各区域的销售业绩提出了新的要求,不仅如此,还要求各区域加强对各城市销售团队的支持。但在会议上各大区、区域经理们对部分团队绩效较差的原因众说纷纭,莫衷一是,对如何有效采取措施来提升业绩尚未达成共识。另外,人力资源部牵头制订了一份详细的城市经理在区域之间的调配计划,希望可以通过人员轮换和调整扭转部分区域的竞争劣势。

(2)任务要求。为了凝聚共识,出台有力措施提升区域公司和城市的绩效,会议做出一项重要决定,要求销售管理部联合人力资源部详细深入分析城市经理团队业绩状况,特别是绩效优秀与绩效较差人员情况,分析存在的问题,寻找销售业绩的强力驱动因素,针对性地提出改善城市经理团队业绩的行动策略与方案。

李华超作为公司派驻到销售管理部的人力资源管理者,公司要求他整合资源,带领人力资源部门与数据分析团队,充分利用大数据分析与挖掘技术探寻城市经理团队业绩驱动因素,评估此次人力资源部拟订的城市经理区域调配计划的预期效果,提出城市经理团队建设的措施建议。李华超团队接到这个任务以后,开始了激烈的讨论。假如你是项目分析小组成员,应从哪些方面开始工作?

注:《城市经理岗位说明书》《快消品行业发展现状》见系统资料。

第一节 业务理解

一、华益公司目前面临的形势

(1)外部环境变化的挑战。中国经济正在步入一个被称为"新常态"的阶段,经济增长的速度放缓,消费增长呈现下滑趋势。尽管如此,旅游消费市场却持续升温,假日经济效应愈发显著。与此同时,行业竞争日趋激烈,这对公司的市场地位产生了影响。为了应对这一变化,公司业务需要进行相应的调整。这些调整对销售模式提出了新要求和挑战,必须寻求创新和适应性的策略来保持竞争力,并在不断变化的市场环境中立足。

(2)城市运营机构的应对。公司正在告别高速增长的时代,转而探索和开拓新的增长领域。这一过程中,公司已经开始逐步开发四级乡镇市场,以实现更广泛的市场覆盖。同时,激励机制也正在调整,从过度依赖人员高奖金的激励方式转向更加注重内部人员的管理和培养,以提升团队的整体效能和稳定性。此外,公司将更多精力投入经销商和重点客户的精细化管理与维护上,旨在通过深化与关键合作伙伴的关系,实现更为持久和健康的业务发展。

二、需要解决什么问题?

(1)城市销售团队绩效如何?
(2)城市销售团队绩效驱动因素都有哪些?
(3)城市经理区域调配计划的预期效果如何?
(4)城市销售团队绩效提升的措施驱动建议?

三、绩效分析任务清单

任务1:描述城市销售团队绩效及其分布情况
任务2:诊断城市销售团队绩效的驱动因素
任务3:预测城市销售团队绩效
任务4:提出提升城市销售团队绩效的措施建议

第二节 数据收集

一、团队绩效及其驱动因素

1.绩效的一般概念

绩效(Performance):也称为业绩、效绩、成效等,反映的是人们从事某一种活动所产生的成绩和成果。

(1)不同层面的绩效

组织层面:绩效就是利润、销售收入、规模、市值、市场占有率、组织能力、组织目标实现度等。

个体层面:绩效是个人工作中符合组织需要的行为,是个人表现出来的符合组织需要的素质,是符合组织需要的成果等。

内容层面:可分为任务绩效与周边绩效。任务绩效是指工作的直接结果;周边绩效则包括人际、意志动机等因素,一般表现为完成非本职任务、热情对待工作、积极与别人合作、严格遵守公司制度以及维护组织目标等。

(2)绩效的"三纵三横"

"三纵"指的是个人层面绩效、部门与团队层面绩效以及组织整体层面绩效,这三个层次从下到上构成了一个完整的绩效管理体系;"三横"包括素质/能力(潜在绩效)、行为(绩效)和结果(绩效),从这三方面共同评估一个员工的全面表现情况,内容举例如图12-2所示。

组织整体层面	核心技术能力、运营效率、领导力、共享思维、价值观等	反应速度、外界感知、社会责任、创新等	利润、销售收入、规模、市值、市场占有率、客户满意度等
部门与团队层面	运营效率、领导力、团队效能等	反应速度、创新等	利润、销售收入、市场占有率、客户满意度等
个体层面	领导力、影响力、创新性等	组织公民行为、工作态度、组织承诺等	销售收入、市场占有率、客户满意度等
	素质/能力	行为	结果

图 12-2　绩效"三纵三横"示例

2. 城市经理销售团队绩效驱动过程模型

(1) 组织因素的驱动作用

"目标合理性，运营模式、组织支持，激励机制"，代表了影响绩效的组织环境因素。

(2) 城市经理个体特征的驱动作用

团队特征和领导者特征对团队绩效的影响主要通过团队过程来实现。首先，高绩效团队通常拥有较强的凝聚力和效能感，这有助于提高团队目标一致性与协作力。其次，领导者特征如性别、年龄、学历、胜任力等要素，可能会影响其决策风格和对公司发展策略的选择，影响团队的动力和目标设定，从而间接影响团队绩效。同时，外部市场环境与组织因素也会对团队合作、信息交流、共享思维等产生影响。因此，为了提高团队绩效，需要综合考虑这些因素，制定合适的策略和措施。销售团队绩效驱动过程模型如图 12-3 所示。

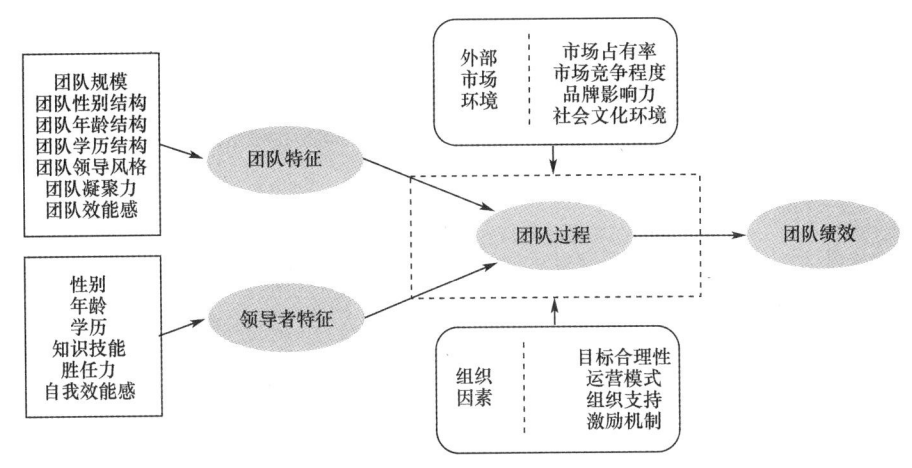

图 12-3　销售团队绩效驱动过程模型

"知识技能，胜任力，自我效能感，领导风格"代表了影响城市经理绩效的个体因素。

(3) 团队的驱动作用

"团队凝聚力，团队效能感、团队规模"，代表了影响绩效的团队特征因素。

3. 城市经理绩效考核与薪酬方案

(1) 城市经理 KPI 评价结果核算方法(图 12-4)

成果指标	评价标准	O (Outstanding)	E (Exceed)	M (Meet)	B (Blow)	N (Need Improvement)
定量指标	销售/营业利润	超过110%	100%~110%	90%~100%	80%~90%	80%以下
	其他	设定目标及标准后的达到程度					
定性指标		目标对比完成日期、数量、质量等方面远远超过预期得到良好的成果	目标对比完成日期、数量、质量等方面比预期待水平稍高，获得令人满意的成果	目标对比完成日期、数量、质量等方面符合一定的	目标对比完成日期、数量、质量等方面结果，需要提高	目标对比完成日期、数量、质量等方面的结果，需要有很大提高

图12-4　城市经理KPI评价结果核算方法

其中，定量指标当中有关销售是总金额的达成率；

其他定量指标是以设定目标及标准后达到的程度确定；

定性标准按照成果标准符合程度来考核等级；

定性指标是通过上级领导根据考核依据确认评价等级。

(2)城市经理KPI评价等级分数及标准(图12-5)

KPI评价等级的分数分配标准通常有五档：绩效考核分数为100分，评为"优秀"；分数低于100分但达到90分，评为"超过目标"；分数在90分以下但达到80分，评为"达成目标"；分数在80分以下但达到70分，评为"未达目标"；分数低于60分，评为"不足"。

KPI评价等级的计算方法是，首先，分别计算KPI每一个成果指标的评价等级分数；其次，将该等级分数与该指标分配的权重相乘；最后，将所有KPI指标评价等级分数进行加总。

KPI评价等级的分数分配标准

等级	O (优秀)	E (超过)	M (达成)	B (未达)	N (不足)
分数	100	90	80	70	60

评价等级=Σ(KPI评价等级的分数×权重)所对应的分数

等级	O (优秀)	E (超过)	M (达成)	B (未达)	N (不足)
分数	95以上	85~95	75~85	65~75	65以下

图12-5　城市经理KPI评价等级分数及标准

(3)城市经理KPI指标计算方法及权重(图12-6)

以本章引例为例，该公司城市经理KPI共包括以下六个指标：结算达成率(权重为50%)、新增客户销售目标达成率(权重为10%)、人均产值目标达成率(权重为10%)、营业利润达成率(权重为5%)、可用预算使用率(权重为20%)、季度离职率差异(权重为5%)。各成果指标计算方法如图12-6所示。

绩效分析 第十二章

成果目标	KPI	计算方法/评价标准	权重
销售达成	结算达成率	结算实际/销售目标×100%	50%
战略执行	新增客户销售目标达成率	新增客户实际销售额/销售目标×100%	10%
战略执行	人均产值目标达成率	人均实际产值/人均目标产值×100%	10%
营业利润	营业利润达成率	实际营业利润率/目标营业利润率×100%	5%
市场费使用	可用预算使用率	可用预算实际使用/可用预算×100%	20%
人员管理	离职率差异（季度）	实际离职率—目标离职率	5%

图 12-6 城市经理 KPI 指标计算法及权重

(4) 城市经理 KPI 指标及评价标准（图 12-7）

假如某城市经理 KPI 各指标评价等级分数如下，结算达成率 100 分、新增客户销售目标达成率 90 分、人均产值目标达成率 90 分、营业利润达成率 90 分、可用预算使用率 80 分、季度离职率差异 80 分。上述分数分别乘以各自权重后再进行加总，最后综合得分为 100 * 50%＋90 * 10%＋90 * 10%＋90 * 5%＋80 * 20%＋80 * 5%＝92.5，综合评级为 E。

成果指标 \ 评价标准	O (Outstanding)	E (Exceed)	M (Meet)	B (Blow)	N (Need Improvement)
结算达成率	110%以上	100%~110%	90%~100%	80%~90%	80%以下
新增客户销售目标达成率	110%以上	100%~110%	90%~100%	80%~90%	80%以下
人均产值目标达成率	110%以上	100%~110%	90%~100%	80%~90%	80%以下
公司营业利润达成率	110%以上	100%~110%	90%~100%	80%~90%	80%以下
可用预算使用率	85%以下	85%~95%	95%~105%	105%~115%	115%以上
离职率差异（季度）	-3%以下	-3%~-1%	-1%~1%	1%~3%	3%以上
等级分数	100	90	80	70	60
综合得分	95~100	85~95	76~85	66~75	60~65

图 12-7 城市经理 KPI 指标及评价标准

(5) 城市经理 KPI 指标数据来源与提供部门（图 12-8）

以结算达成率为例，该指标数据提供部门为企业管理部，数据来源主要是企业内部的商业智能（BI）系统或者组织业绩报表。其他 KPI 指标数据来源与提供部门如图 12-8 所示。

成果目标	KPI	提供部门	数据来源
销售达成	结算达成率	企业管理部	BI/组织业绩报表
战略执行	新增客户销售目标达成率	企业管理部	BI/CRM 系统
战略执行	人均产值目标达成率	企业管理部	CRM 系统
营业利润	公司营业利润达成率	财务部	ERP 系统
市场费使用	可用预算使用率	账务部	预算管理表
人员管理	离职率差异（季度）	人力资源部	离职申请&人员统计表

图 12-8 城市经理 KPI 指标数据来源与提供部门

(6)城市经理薪酬结构及薪酬水平(图12-9)

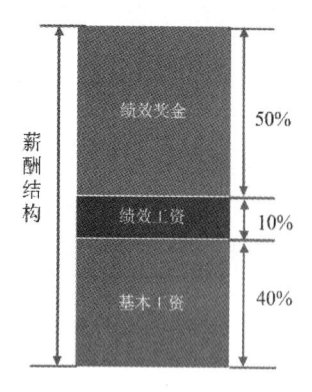

月度/年度绩效等级对应系数表

等级	O（优秀）	E（超过）	M（达成）	B（未达）	N（不足）
系数	1.2	1.1	1	0.8	0.4

薪酬结构：绩效奖金 50%、绩效工资 10%、基本工资 40%

图12-9 城市经理薪酬结构及水平

月标准薪酬总额 = 基本工资 / 基本工资比例

月绩效工资 = 月标准薪酬总额 × 绩效工资比例 × 月度考核系数

年度绩效奖金 = 月标准薪酬总额 × 绩效奖金比例 × 12 × 年度考核系数

(7)城市经理基本工资参考标准(图12-10)

基本工资是根据劳动合同约定或国家及企业规章制度规定的工资标准计算的工资，也称标准工资。在一般情况下，基本工资是职工劳动报酬的主要部分，具体数额根据不同地区、不同行业、不同岗位以及个人的职位等级、工作经验和技能等因素而有所不同。

图12-10是案例公司城市经理基本工资参考标准。

城市经理基本工资参考标准

专业技术等级	基本工资参考标准（元）
高级	8 000
中级	5 500
初级	4 000

注：实际招聘过程薪酬可在基本工资参考标准上下浮动15%。

图12-10 城市经理基本工资参考标准

(8)基本工资地区调整系数表(图12-11)

基本工资地区调整系数是一个用于调整员工基本工资的参数，主要考虑不同地区的物价、生活成本等因素。这个系数通常由企业或政府根据特定地区的经济状况、生活水平等因素来确定。图12-11是案例公司六个地区基本工资调整系数。

地区	省份	系数
东北地区	辽宁省、吉林省、黑龙江省	0.75
西北地区	山西省、内蒙古自治区、陕西省、甘肃省、青海省、宁夏回族自治区、新疆维吾尔自治区	0.75
西南地区	广西壮族自治区、海南省、重庆市、四川省、贵州省、云南省、西藏自治区	0.8
中部地区	安徽省、江西省、河南省、湖北省、湖南省	0.85
环渤海地区	北京市、天津市、河北省、山东省	1
东南地区	上海市、江苏省、浙江省、福建省、广东省	1.2

图12-11 基本工资地区调整系数

注：各地区不同等级城市经理基本工资参考标准乘以该地区调整系数即为该地区该等级城市经理的基本工资。

城市经理薪酬发放示例

四川省城市经理李某,专业技术等级为高级,基本工资遵循基本工资参考标准(未浮动),年度绩效考核等级为E。其薪酬计算如下:

①月基本工资＝高级城市经理基本工资参考标准×地区调整系数＝8 000×0.8＝6 400(元)

②月标准薪酬总额＝月基本工资／月基本工资比例＝6400／40％＝16 000(元)

③月绩效工资＝月标准薪酬总额×月绩效工资比例×月度绩效考核系数＝16 000×10％×1＝1 600(元)

④年度绩效奖金＝月标准薪酬总额×绩效工资比例×12×年度绩效考核系数＝16 000×50％×12×1.1＝105 600(元)

⑤年度薪酬总额＝∑(月基本工资＋月绩效工资)＋年度绩效奖金＝(6 400＋1 600)×12＋105 600＝201 600(元)

4. 城市经理胜任力综合评价方法

(1)城市经理胜任力模型(图12-12)

胜任力模型,也被称为岗位胜任力模型或核心能力模型,该模型组合了驱动员工取得卓越绩效的一系列综合素质,这些素质是员工通过不同方式表现出来的知识、技能/能力、职业素养、自我认知、特质和动机等的素质集合。

图12-12是案例中城市经理胜任力模型,包括四个维度,分别为品德魅力、通用能力、团队管理与业绩管理。

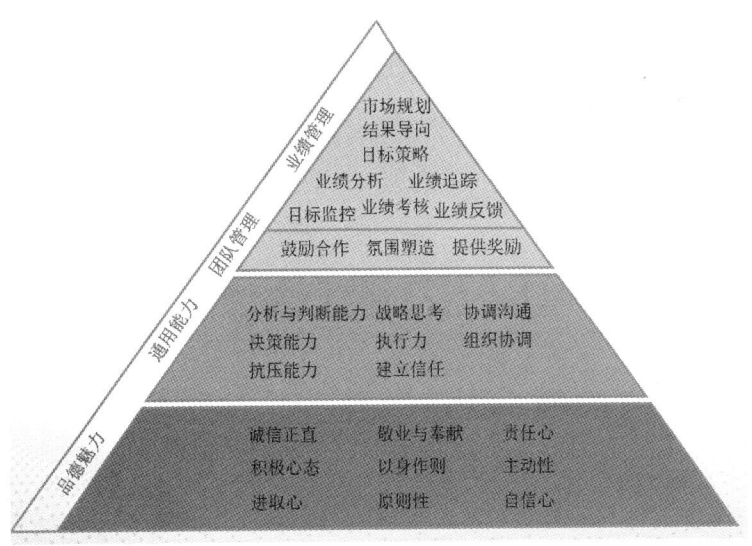

图12-12 城市经理胜任力模型

(2)胜任力评价相关事项说明(图12-13)

胜任力评价是一种基于心理学和管理学的测量和评价方法,旨在评估个体在特定岗位上的胜任素质。这种评价方式主要通过心理测量、问卷调查、360度打分等客观化手段,对人员的知识、技能/能力、职业素养、自我认知、特质和动机等综合素质进行衡量。如图12-13所示,城市经理胜任力评价主体为该经理直接上级与直接下级。直接上级与直接下级评价分数权重各为50%。每年都需要对城市经理胜任力进行评价。

评价事项	说明
评价维度	品德魅力、通用能力、团队管理、业绩管理
评价主体	直接上级、直接下级
评价方式	H公司胜任力评价系统，5点量表评分； 直接下级评分为直接下级的平均分（不少于5人）
评分规则	直接上级权重50%，直接下级权重50% 最后得分×5即为胜任力评价得分 根据胜任力评价分值所对应的等级重新赋分，即为胜任力综合评价最终得分。
评价周期	每年一次

图 12-13　胜任力评价相关事项证明

(3)城市经理胜任力评价示例(图 12-14)

如图 12-14 所示，该城市经理胜任力中四个维度直接上级评分平均分为 4.73，四个维度直接下级评分平均分为 4.86，其综合得分为 4.79。

胜任力维度	胜任力	标准分					直接上级评分	直接下级评分	平均评分
品德魅力(25%)	进取心	1	2	3	4	5	4.75	4.71	4.73
	主动性	1	2	3	4	5	4.75	5.00	4.88
	敬业与奉献	1	2	3	4	5	4.75	5.00	4.88
	积极心态	1	2	3	4	5	4.75	4.71	4.73
	责任心	1	2	3	4	5	4.75	4.86	4.80
	自信心	1	2	3	4	5	4.75	4.86	4.80
	以身作则	1	2	3	4	5	4.75	4.86	4.80
	诚信正直	1	2	3	4	5	4.75	4.71	4.73
	原则性	1	2	3	4	5	4.75	5.00	4.88
	平均分	1	2	3	4	5	4.75	4.86	4.80
通用能力(25%)	抗压能力	1	2	3	4	5	4.75	5.00	4.88
	建立信任	1	2	3	4	5	4.75	4.86	4.80
	战略思考	1	2	3	4	5	4.63	4.86	4.74
	组织协调	1	2	3	4	5	4.75	4.71	4.73
	决策能力	1	2	3	4	5	4.75	4.86	4.80
	分析与判断能力	1	2	3	4	5	4.75	4.86	4.80
	协调沟通	1	2	3	4	5	4.75	4.86	4.80
	执行力	1	2	3	4	5	4.75	4.71	4.73
	平均分	1	2	3	4	5	4.73	4.84	4.79

胜任力维度	胜任力	标准分					直接上级评分	直接下级评分	平均评分
团队管理(25%)	氛围塑造	1	2	3	4	5	4.69	4.86	4.77
	提供奖励	1	2	3	4	5	4.69	4.71	4.70
	鼓励合作	1	2	3	4	5	4.75	5.00	4.88
	平均分	1	2	3	4	5	4.71	4.86	4.78
业绩管理(25%)	市场规划	1	2	3	4	5	4.75	4.86	4.80
	业绩分析	1	2	3	4	5	4.69	4.86	4.77
	结果导向	1	2	3	4	5	4.69	5.00	4.84
	目标监控	1	2	3	4	5	4.75	4.86	4.80
	业绩考核	1	2	3	4	5	4.75	5.00	4.88
	目标策略	1	2	3	4	5	4.75	4.86	4.80
	业绩反馈	1	2	3	4	5	4.69	4.86	4.77
	业绩追踪	1	2	3	4	5	4.69	4.71	4.70
	平均分	1	2	3	4	5	4.72	4.88	4.80
合计							4.73	4.86	4.79

图 12-14　城市经理胜任力评价示例

二、制订绩效及相关数据收集方案

1.明确绩效及驱动因素的测量指标

(1)绩效的测量指标

需要考虑组织对绩效的界定与考核，即绩效管理制度所规定的绩效标准。

(2)驱动因素的测量指标

①团队特征。团队规模如团队人数；团队结构如团队男女比例，团队平均年龄、平均学历等；团队氛围如团队凝聚力、团队自我效能感等。

②外部市场环境特征。市场竞争状况如市场集中度；客户满意度；消费潜力如消费支出水平、市场增长率等；社会文化环境如产品偏好度、渠道偏好度等。

③组织因素特征。目标合理性如目标增长率、目标合理性评价等；运营模式如现代商

超渠道销售比例、先款后货比例等;组织支持如管理服务响应率、组织支持感等;激励机制如晋升比例等。

④领导者特征。个体特征如性别、年龄、学历、技能等级、司龄、晋升时长等;能力如知识技能、胜任力等;自我效能感。

2. 明确测量指标的数据特性与来源

根据前文城市经理销售团队绩效驱动模型,分别提炼该模型中的领导者因素、团队特征、组织因素、外部市场环境所包含的测量指标,以及各测量指标所对应的数据名称。各测量指标的计算公式及含义,以及预期数据来源与提供部门如图 12-15、图 12-16 所示。

序号	因素类别	指标类别	数据名称	计算公式或解释	预期数据来源	提供部门
1	外部市场环境	市场竞争状况	市场占有率		市场分析	市场部
2			市场集中度		市场分析	市场部
3		客户满意	客户满意度		CRM系统	客户服务部
4		消费潜力	消费支出水平		统计局	项目组
5			市场增长率		市场分析	市场部
6		社会文化环境	产品偏好度		第三方评估	项目组
7			渠道偏好度		第三方评估	项目组
8	组织因素	目标合理性	目标增长率		经营系统	销售管理部
9			目标合理性评价	设置的团队目标的合理性	调查数据	项目组
10		运营模式	现代商超渠道销售比例	通过商超渠道而不是传统渠道销售的金额比例	经营系统	销售管理部
11			先款后货比例	在销售中采用先款后货方式支付的金额比例	经营系统	销售管理部
12		组织支持	管理服务响应率	实际响应次数/在经营系统中申请响应次数×100%	经营系统	销售管理部
13			组织支持感	城市经理对公司各方面支持的直接感受	调查数据	项目组
14		激励机制	基本工资		HR系统	人力资源部
15			晋升比例	区域内过去一年内人员晋升的比例	HR系统	人力资源部

图 12-15 测量指标的数据特征与来源(1)

序号	因素类别	指标类别	数据名称	计算公式或解释	预期数据来源	提供部门
16	团队特征	团队规模	团队人数	团队总人数	HR系统	人力资源部
17		团队结构	团队男性比例	团队男性人数/总人数	HR系统	人力资源部
18			团队平均年龄	团队年龄的平均值	HR系统	人力资源部
19			团队平均受教育年限		HR系统	人力资源部
20			团队平均司龄	团队成员进入公司年限的平均值	HR系统	人力资源部
21		团队氛围	团队凝聚力	所有团队成员评价后计算	调查数据	项目组
22			团队自我效能感	所有团队成员评价后计算	调查数据	项目组
23	领导者因素	个体特征	性别		HR系统	人力资源部
24			年龄		HR系统	人力资源部
25			学历		HR系统	人力资源部
26			技能等级	公司评估的技能水平	HR系统	人力资源部
27			司龄	在公司工作年限	HR系统	人力资源部
28			晋升时长	晋升为城市经理后的工作时间	HR系统	人力资源部
29		能力	领导风格		调查数据	项目组
30			胜任力	岗位胜任水平的评估	胜任力评价结果	人力资源部
31		动机	自我效能感	自我感知的对自己行动的控制或主导	调查数据	项目组

图 12-16 测量指标的数据特征与来源(2)

3. 确定各指标数据采集方法与工具

(1)外部数据采集。如第三方评估数据、市场分析数据、国家统计数据。

(2)内部数据库提取。如 HR 系统、经营系统、CRM 系统。

(3)人员调查。如城市经理调查、员工调查。

(4)数据报表提取或填报。如绩效报表、薪酬汇总表、胜任力评价结果表。

4. 数据采集工作的组织与实施

(1)设计《数据提供流转表》,明确数据提供的岗位责任;

(2)内部数据库数据的提取,上报数据分析与挖掘项目组;

(3)由人力资源部拟定绩效调整方案并下发调查通知到大区和城市经理;

(4)城市经理直接进行《城市经理调查问卷》(经理版)的填写;

(5)由城市经理通知团队成员进行《城市经理调查问卷》(员工版)的填写;

(6)做好数据质量控制。

5. 数据描述与数据结果的整理与存储

(1)数据描述。指对数据的数据项、数据结构、数据流、数据存储、处理逻辑等进行定义和描述,其目的是对数据进行详细说明。

(2)数据结果整理与存储。是对获得的原始数据进行整理,选择适宜的存储方式,便于后续的数据分析。

三、调查数据收集

1. 城市经理调查问卷设计——确定需要调查的主要内容(图12-17)

对于领导者特征与团队特征中的指标,一般采用调查问卷的方式进行数据收集。如对城市经理进行问卷调查,搜集其自我效能感、领导风格相关的数据;对员工可以就团队效能感、团队凝聚力和领导风格指标开展问卷调查。

调查对象	调查内容	调查问卷设计	调查方法
城市经理	自我效能感	一般自我效能量表(GSES)	1、根据所需要调查内容的经典量表,开展问卷调查;
	领导风格(自评)	MLQ多因素领导风格量表	
员工	团队效能感 团队凝聚力	团队效能感量表 团队凝聚力量表	2、分别对城市经理与员工调查问卷,采取在线调查方式开展调查,其中员工调查为匿名方式
	领导风格(他评)	MLQ多因素领导风格量表	

图12-17 调查问卷主要内容及题项

2. 城市经理调查问卷设计—问题与量表设计

(1)自我效能感。一般自我效能量表(GSES)采用李克特4点量表形式,各项目均为1~4评分。对每个项目,被试者根据自己的实际情况回答"完全不正确""有点正确""多数正确"或"完全正确"。评分时,"完全不正确"记1分,"有点正确"记2分,"多数正确"记3分,"完全正确"记4分。

(2)领导风格。多因素领导量表(MLQ),是由 Bass 与 Avolio(1995)提出的,包含变革型领导量表与交易型领导量表。

(3)团队凝聚力。团队凝聚力采用亨利等学者在1999年开发的量表来测量,该量表原来共有 12 个项目,目前采用修改后的量表。修改后的量表共 10 个条目,分为情感一致性、行为一致性和任务一致性三个维度。

（4）团队效能。团队效能感量表来自古佐等学者的研究,该测量要求被试者对所在团队执行任务的能力进行评判,共包含 8 个题项。

3. 形成调查问卷（图 12-17）

在设计调查问卷时,通常包括以下四个部分：

（1）标题：简洁明了地说明调查的主题或目的。

（2）指导语：简要介绍调查的背景、目的和填写方法,以帮助受访者了解并正确填写问卷。

（3）题目：根据调查目的设计的问题,可以分为开放式问题和封闭式问题。开放式问题让受访者自由发表意见,而封闭式问题则提供一系列选项供受访者选择。

（4）结束语：感谢受访者参与调查并表示对他们的支持和信任。

图 12-18 是调查问卷示例,可供参考。

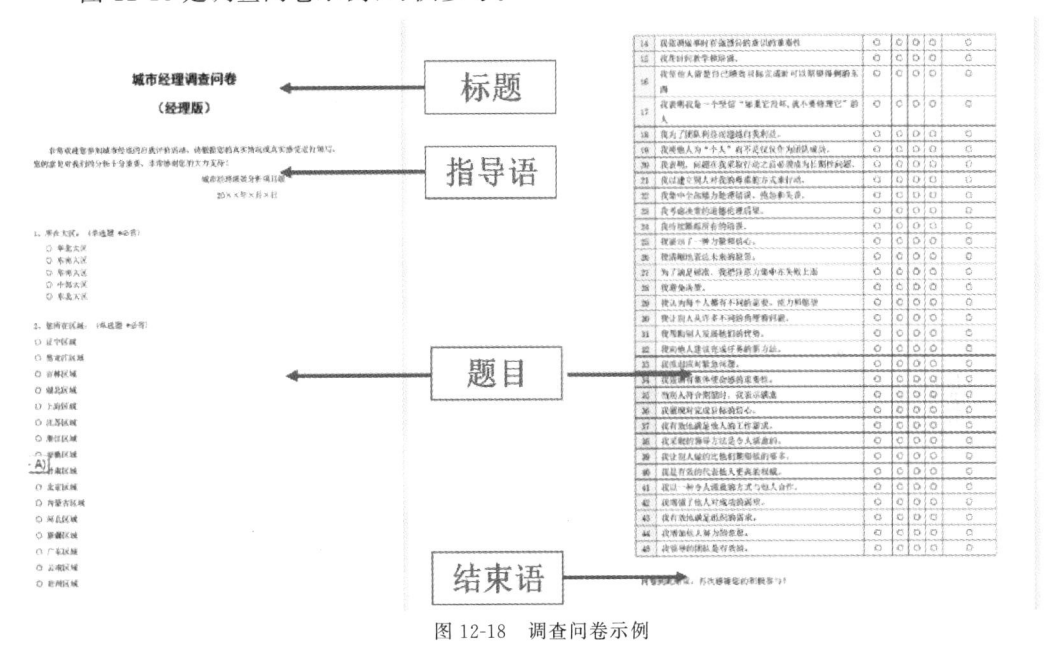

图 12-18 调查问卷示例

四、城市经理调查问卷制作操作步骤

（1）单击"开始任务",进入分析云。

（2）选择"数据填报",单击"＋创建表单",填写"表单名称",选择表单类型"自由表单"并确认。

（3）进入"表单样式",在"全局样式"中"表单标题"内容中输入标题。

（4）进入"控件",根据问卷题目类型从"控件仓库"中选择合适的控件,并在"控件属性"中完善该表单格式。

①描述框设置：从"控件仓库"中选择"描述控件"；选择"控件属性"，在"描述设置"里录入该调研问卷的描述性内容。

②单选题设置：从"控件仓库"中选择"单选下拉"；在"标题设置"的"标题"栏中输入该调研问题序号以及问题，在"选项设置"中输入各个选择项，在"校验设置"中选择"该项必填"。

③矩形框单选题批量设置：从"控件仓库"中选择"矩形选择"；在"标题设置"的"标题"栏中输入"二、调研问卷"，在"行标题设置"中批量导入各个调研问题（将 word 中调研问题批量粘贴即可），在"列标题设置"中输入各个选择项，"校验设置"中选择"该项必填"。

(5) 填报完毕所有调研问题后，先"预览"，完善后单击"保存"，并"发布"。

第三节　数据预处理

一、缺失值处理

1. 什么是缺失值

将数据集中不含缺失值的变量（属性）称为完全变量，数据集中含有缺失值的变量称为不完全变量，李特和鲁宾定义了以下三种不同的数据缺失机制：

(1) 完全随机缺失：数据的缺失与不完全变量以及完全变量都是无关的。

(2) 随机缺失：数据的缺失仅依赖于完全变量。

(3) 非随机、不可忽略缺失：不完全变量中数据的缺失依赖于不完全变量本身，这种缺失是不可忽略的。

2. 对缺失数据进行预处理

(1) 直接丢弃含缺失数据的记录

如果缺失值所占比例比较小，这一方法十分有效。至于具体多大的缺失比例算是"小"比例，专家们意见也存在较大分歧。有学者认为应在 5% 以下，也有学者认为 20% 以下即可。它是以减少样本量来换取信息的完备，会造成资源的大量浪费，丢弃了大量隐藏在这些对象中的信息。当缺失数据所占比例较大，特别是当缺数据非随机分布时，这种方法可能导致数据发生偏离，从而得出错误的结论。

(2) 填补缺失值

①用平均值/中位数/众数来代替所有缺失数据。该方法优点是操作简便，并且可以有效地降低其点估计的偏差，但也有一定缺点。首先，由于同组中的缺失值由同一个值填补，填补结果歪曲了目标属性的分布；其次，低估了均值和总量估计中的对方差。

②随机填补法是采用某种概率抽样的方式，从有完整信息的元组中抽取缺失数据的填补值的方法。

③热卡填补法。最常见的是使用相关系数矩阵来确定某个变量（如变量 Y）与缺失值所在变量（如变量 X）最相关。然后把所有变量按 Y 的取值大小进行排序。那么变量 X 的缺失值就可以用排在缺失值前的个案的数据来代替。

④回归填补法,指在现有观察值基础上,以含有缺失值的目标属性为因变量,以与目标属性相关性高的其他属性为自变量,建立最小二乘回归模型或判别模型以估计缺失值。

⑤多重替代法。首先,用一系列可能的值来替换每一个缺失值,以反映被替换的缺失数据的不确定性。其次,用标准的统计分析过程对多次替换后产生的若干个数据集进行分析。最后,把来自各个数据集的统计结果进行综合,得到总体参数的估计值。

(3)分类对待

如果异常值数目比较多,在数据分析挖掘时应该对它们分别处理,一个处理方法是异常值一组,正常值一组,然后分别建立模型,最后合并结果。

二、异常值处理

1. 什么是异常值

异常值是一个与其他观察结果明显不同的观察结果。出现异常值的原因:测量误差;数据污染;真正的异常值是数据固有的可变性结果。

2. 3σ 原则检测异常值

3σ 原则又称为拉依达准则,该准则具体来说就是先假设一组检测数据只含有随机误差,对原始数据进行计算处理得到标准差,然后按一定的概率确定一个区间,认为误差超过这个区间的就属于异常值(图 2-19)。

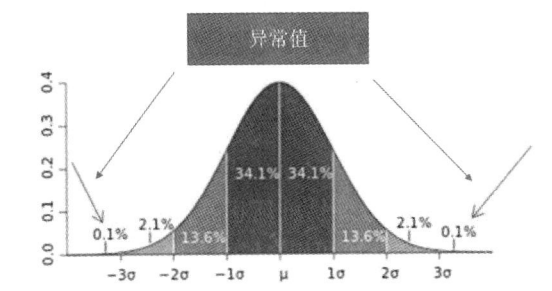

数值分布	在数据中的占比
$(\mu-\sigma, \mu+\sigma)$	0.6827
$(\mu-2\sigma, \mu+2\sigma)$	0.9545
$(\mu-3\sigma, \mu+3\sigma)$	0.9973

图 12-19 3σ 原则检测异常值

3. 箱型图检测异常值

箱型图是判断数据的异常值的最为直观的一个方法。在箱形图上,异常值被定义为可能出现在上四分位数以上的部分与下四分位数以下的部分,但并不是在此范围内的数都是异常值。可以肯定的是,异常值是一定在这里产生(图 12-20)。

4. 基于距离的异常点检测

欧氏距离是最易于理解的一种距离计算方法,源自欧氏空间中两点间的距离公式。

(1)二维平面上两点 $a(x_1,y_1)$ 与 $b(x_2,y_2)$ 间的欧氏距离:

$$d_{12}=\sqrt{(x_1-x_2)^2+(y_1-y_2)^2}$$

(2)两个 n 维向量 $a(x_{11},x_{12},\cdots,x_{1n})$ 与 $b(x_{21},x_{22},\cdots,x_{2n})$ 间的欧氏距离:

$$d_{12}=\sqrt{\sum_{k=1}^{n}(x_{1k}-x_{2k})^2}$$

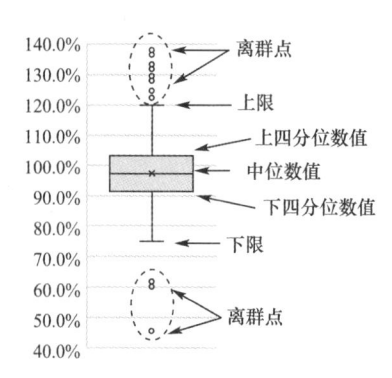

图 12-20 箱型图检测异常值

当数据集中某个数据点与其他点的欧氏距离大于设定的阈值距离个数较多时,可认为该点为异常点。

5. 基于分类预测模型的异常值检测

异常值的探测也可以认为是一类特殊的分类问题。根据所建立的分类器的不同,异常值的探测方法有以下几种:决策树分类、贝叶斯分类、神经网络分类、聚类。

三、数据转换

1. 什么是数据转换

数据转换是将数据转换成适合于挖掘的形式。数据变换可能涉及数据规范化(或标准化)、数据平滑、数据概化。

2. 为什么要进行数据标准化

(1)消除数量级的影响:将不同数量级的数据变成同一数量级,使得不同规模的数据可以在同一尺度上进行比较和处理。

(2)提高模型的收敛速度:在使用梯度下降的方法求解最优化问题时,归一化或标准化后可以加快梯度下降的求解速度,即提升模型的收敛速度。

(3)保证特征值有均等的权重:在回归预测中,通过标准化处理,所有特征都能被平等对待,不会因为数值范围的不同而影响模型的判断。

(4)加速神经网络训练:在训练神经网络的过程中,通过将数据标准化,能够加速权重参数的收敛。

(5)避免数值过大或过小带来的问题:如在 SVM 处理分类问题时,如果不对数据进行归一化处理,可能会对准确率产生很大影响。

3. 数据标准化方法

规范化是指通过将属性数据按比例缩放,使之落入一个小的特定区间,实现对属性规范化。

(1)小数缩放

移动小数点,但是要仍然保持原始数据的特征。小数点的移动位数依赖于 X 的最大绝对值。典型的缩放是保持数值在 -1 和 1 范围内,可以用格式描述:

$$X'_i = X_i/10^k$$

k 是使得 Max($|X'|1$) < 1 的最小整数。

(2) 最小-最大规范化

最小-最大规范化是对原始数据进行线性变换。最小-最大规范化的格式：

$$X'_i = \frac{X_i - \min(X_i)}{\max(X_i) - \min(X_i)}$$

从而将 X 的值映射到"0,1"中。

(3) 标准差规范化（z-score 规范化）

标准差规范化是将某个属性的值基于其平均值和标准差进行规范化。标准差规范化的格式：

$$X'_i = \frac{X_i - \overline{X}}{S}$$

注意：该方法适用于当属性 X 的最大和最小值未知，或孤立点左右了最大-最小规范化的情况下。

四、绩效分析数据集成操作步骤

(1) 单击"开始任务"，进入分析云。

(2) 打开"数据准备"，在"我的数据"下新建一个关联数据集，存储在"我的数据"里。

(3) 以数据集"1-城市经理基本信息数据集"的"姓名"字段与数据集 2～7 的其余 6 个数据集进行左连接关联（图 12-21）。

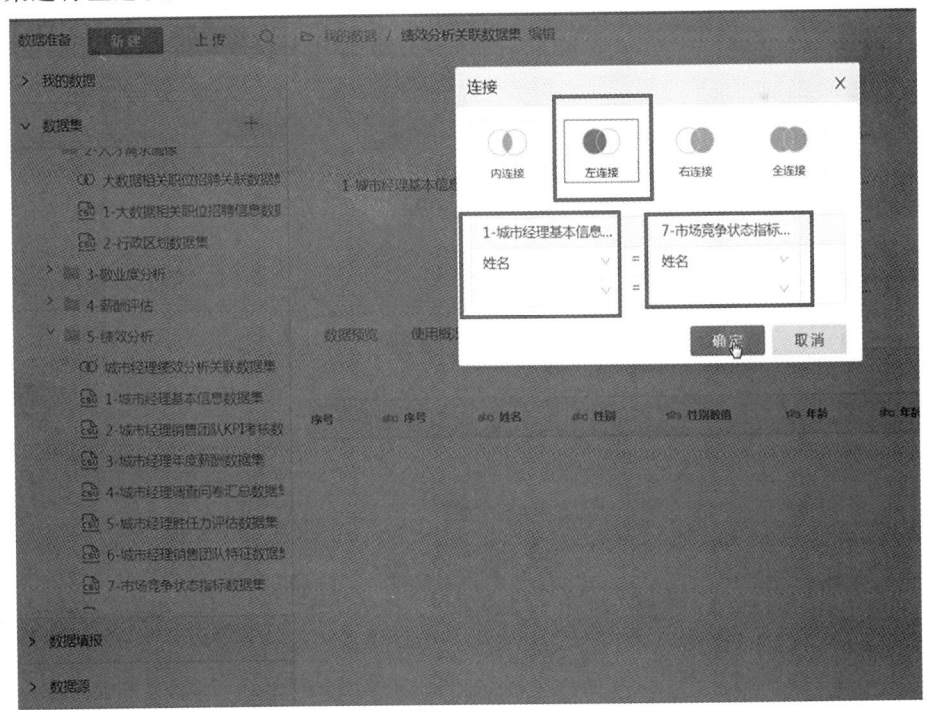

图 12-21　绩效分析数据关联

(4) 单击"执行"形成关联数据集，查看并保存。

第四节　数据分析与挖掘

一、城市经理销售团队特征、领导者特征、KPI 绩效考核可视化

1. 城市经理销售团队特征和领导者特征分析操作步骤

（1）单击"开始任务"，进入分析云；

（2）新建故事板-可视化组件；

（3）选择《城市经理绩效分析关联数据集》作为数据表，进行可视化制作；

（4）选择合适图表类型，按照团队特征（平均年龄、平均司龄、平均工龄等）、领导者特征（性别、年龄、职级、大区、区域、省份、司龄、晋升时长）等进行可视化分析；

（5）设置可视化组件相关参数并保存。

2. 城市经理销售团队 KPI 绩效分析操作步骤

（1）单击"开始任务"，进入分析云；

（2）新建故事板-可视化组件；

（3）选择《城市经理绩效分析关联数据集》作为数据表，进行可视化制作；

（4）选择合适图表类型，按照 KPI 考核分数与等级、各 KPI 指标完成情况等新建可视化组件，分大区进行绩效结果分析；

（5）设置可视化组件相关参数并保存。

二、城市经理销售团队绩效驱动因素可视化比较分析

1. 不同城市经理销售团队特征分析操作步骤

（1）单击"开始任务"，进入分析云；

（2）新建故事板-可视化组件；

（3）选择《城市经理绩效分析关联数据集》作为数据表，进行可视化制作；

（4）选择合适图表类型，制作不同团队特征的 KPI 分数与等级分布情况图表，进行绩效比较分析；

（5）设置可视化组件相关参数，并保存。

2. 不同城市经理领导者特征分析操作步骤

（1）单击"开始任务"，进入分析云；

（2）新建故事板-可视化组件，

（3）选择《城市经理销售团队绩效分析关联数据集表》作为数据表，进行可视化制作；

（4）选择合适图表类型，制作不同领导者特征的 KPI 分数与等级分布情况图表，进行绩效比较分析；

（5）设置可视化组件相关参数，并保存。

3. 不同组织特征分析操作步骤

(1)单击"开始任务",进入分析云;

(2)新建故事板-可视化组件;

(3)选择《城市经理销售团队绩效分析关联数据集》作为数据表,进行可视化制作;

(4)选择合适图表类型,制作不同组织特征(薪酬)的KPI分数绩与等级分布情况图表,进行绩效比较分析;

(5)设置可视化组件相关参数,并保存。

4. 不同市场环境分析操作步骤

(1)单击"开始任务",进入分析云;

(2)新建故事板-可视化组件;

(3)选择《城市经理销售团队绩效分析关联数据集》作为数据表,进行可视化制作;

(4)选择合适图表类型,制作不同外部市场环境特征的KPI分数与等级分布情况图表,进行绩效比较分析;

(5)设置可视化组件相关参数,并保存。

三、城市经理销售团队绩效驱动因素回归分析

(1)单击"开始任务",进入数据挖掘工具界面;

(2)单击"数据源",选择系统内置的《城市经理绩效分析汇总数据集》,并保存;

(3)单击"模型配置",选择线性回归模型,因变量选择"本年度KPI考核分数",自变量分别选择驱动因素的变量(结算达成率等级分数、新增客户销售目标达成率考核等级分数、人均产值目标达成率考核等级分数、营业利润达成率考核等级分数、可用预算使用率考核等级分数、离职率差异(季度)考核等级分数);测试集比例为缺省,单击保存;

(4)单击"开始建模",完成后单击"查看训练结果",观察测试集预测结果图表、各驱动因素系数情况;

(5)查看均方误差、R2值大小,对生成模型进行评估;

(6)调整参数与自变量,生成最优模型;

(7)重新调整因变量为其他KPI指标,重复上述建模及调优过程;

(8)将最终得到的七个模型(包括1个总指标及6个分子指标)截图保存。

四、城市经理销售团队绩效分析分类模型构建与预测

1. 城市经理销售团队绩效分析分类模型操作步骤

(1)单击"开始任务",进入数据挖掘工具界面;

(2)单击"数据源",选择系统内置的《城市经理绩效分析汇总数据集》,并保存;

(3)单击"模型配置",选择"朴素贝叶斯"模型,因变量选择"本年度KPI考核等级",自变量选择驱动因素的变量,设置好参数后,单击保存。

(4)单击"开始建模",完成后单击"查看训练结果",导出训练后的分类结果;

(5)查看混淆矩阵、f1-score、ROC曲线等指标,对生成模型进行评估;

(6)调整参数与自变量,获取最优分类模型;

(7)选择《城市经理调配计划数据集》进行预测,导出预测结果。

2. 调配计划预测对比分析操作步骤

(1)单击"开始任务",打开分析云;

(2)在下载的绩效分类预测结果空缺表头填写"编号"字段,上传至分析云"我的数据";

(3)将绩效分类预测结果与"城市经理调配计划数据集"通过"编号"字段进行关联,建立新的关联数据集保存至"我的数据";

(4)将预测结果考核等级与"城市经理调配计划数据集"本年度考核等级结果进行热力图可视化对比分析,判断城市经理调配计划的可能实施效果。

五、形成项目分析报告

项目分析报告前言部分需要包括项目背景简介、项目分析目标及项目分析思路与方法。

项目分析报告正文需要包括团队绩效情况分析、团队绩效驱动因素分析、团队绩效驱动因素建模及优化。

报告需要给出总体结论及建议。

本章小结

绩效考核是企业绩效管理的关键环节,能够有效地把员工的工作表现与业绩、薪酬相关联,从而很好地凸显企业薪酬管理的公平性和激励性,有利于在企业内部形成良好的竞争氛围,激励员工积极工作。绩效考核有利于企业战略目标的实现,促进企业成长。通过企业战略目标的分解,每个部门以及个人都对公司的经营目标负责,有效的绩效考核能帮助企业达成目标。不少企业启动了绩效管理应用,企业能根据业务灵活建立目标实现周期,员工实时调整关键结果的进度,领导再根据关键结果进行评分,公司所有人的目标和关键成果公开透明,以目标地图形式展开。绩效考核有助于企业培养人才、留住人才。通过绩效考核,企业能够筛选出优秀的骨干人才,淘汰跟不上企业发展的员工,企业的发展得到良性循环。与此同时,利用绩效考核还能了解员工优劣势,明白员工培训需要,进而针对性地制订切实可行的培训计划。绩效考核可作为评薪定级的依据,有效激励员工。通过绩效考核,把员工聘用、职务升降、劳动薪酬相结合,企业激励机制得到充分运用,有利于企业的健康发展。很多企业会把绩效考核系统与薪酬结算以及各种业务数据进行打通,根据企业实际需求配置考核指标、考核维度和权重,从而更科学也更有效率地实现了将绩效考核与评薪定级相关联。

课后思考题

1. 什么是绩效?

2. 影响绩效的驱动因素有哪些?
3. 如何设计绩效分析调查问卷?
4. 什么是胜任力模型?
5. 什么是KPI?

实训作业

1. 建立城市经理销售团队绩效驱动过程模型。
2. 完成城市经理销售团队绩效驱动因素可视化比较分析。

延伸阅读

绩效考核数字化KPI——衡量企业数字化转型成功的关键

绩效管理、绩效考核以及人力资源数字化战略是企业数字化战略的延伸,在搭建企业人力资源数字化战略模型时,首先要建立人力资源数据库。数据库是绩效考核体系的重要组成部分,是评估组织和个人关键绩效指标的可测量数据,是绩效考核KPI由定性考核转向定量考核的重要依据。在企业绩效考核中,制定有效的数字化KPI,准确评估数字化的ROI和转型成效,不仅是数字化转型成功的基础,也是数字化企业必须着手的一项关键性工作。

通过建立一套利于发展、合情合理、符合实际、依规合法、改革创新的绩效考核管理机制,将公司利益和个人利益结合起来,将企业内部的人心凝聚起来,将员工工作和学习积极性调动起来,将所有人才的特长发挥出来,最终在达成企业战略目标的基础上实现企业和个人的共同成长。

一、KPI与数字化KPI

企业绩效指标的设计是一个逐步完善的过程,绩效指标的设定确立了员工绩效考核的内容和标准,是绩效辅导、绩效考核、绩效面谈及绩效改进的重要依据。

1. 什么是KPI

绩效指标就是指用以评估组织、部门或个人工作业绩的关键要素,是建立绩效指标库的基础。在实际绩效考核中,一般会识别被考核者的关键绩效指标,又称KPI,以便集中精力评判被考核者关键绩效的完成情况,并加以改善。

2. 什么是数字化KPI

数字化关键绩效指标是评估数字化业务计划的绩效的可测量值。数字化关键绩效指标可以帮助组织确定其数字化战略取得的进展,以及数字化业务成果的改善程度。

随着绩效考核在企业应用中越来越精细,绩效指标的设定也越来越趋向数字化,与战略目标的关联程度越来越高。

二、建立数字化KPI体系

数字化KPI能够引领数字化企业更加高效运转,同时也是考量IT部门和业务部门工作绩效的全新规则,因此数字化KPI必须是领先于业务发展的,不能采用滞后指标。

数字化KPI能够帮助企业实现成果驱动的目标制订和绩效管控,这种方法在各行各业都是普适的,打造数字化的人力资源管理系统,建立数字化的绩效指标体系是企业数字化建设的首要任务。

传统KPI与数字化KPI的区别。传统的关键绩效指标是通过销售、利润、产品、供应链、客户服务等产供销研方面的目标来评估公司当前业务模式下的绩效结果,对企业战略目标的支撑,是原始的、直接的和平面的,考核的是战略实现的实时数据,比如销售指标之一的销售额达成率。

企业数字化转型需要新的绩效管理,即数字化绩效。企业数字化转型过程中需要有一套新的KPI诞生,设计新的KPI需要满足当前的核心绩效评估与管理,还要对转型起到引领与加速作用,这正是数字化KPI挑战的关键所在。

数字化KPI不是传统的KPI,更不是绩效考核。数字化KPI应该反映不同于实物资产的增长收入、市场份额和利润贡献指标,这些基于数字化的新收入来源应与非增长收入分开评估,以评估它们如何影响战略目标。

三、数字化KPI的应用

尽管很多企业正在进行数字化转型,但却只有不到一半的企业具有衡量数字化成果的关键绩效指标。企业实现数字化,是希望通过对组织、人员、流程的优化,产生清晰、透明、即时的数据,为管理者提供判断决策依据,培养其觉察企业经营问题的能力和经营管理能力,从而把企业的核心数据、技术工艺、客户信息、商业机密等资源留在企业里,而不是留在个别关键管理人员的头脑里。

如何把个别关键管理人员头脑里不愿意标准化的核心技术工艺,变成企业档案中的技术工艺标准?

要解决这些难点,就要加强企业数字化人力资源管理的建设,这其中人才管理的痛点是数据。数字化的关键绩效指标在人才管理中非常重要,在应用中有内外区分的指标。

1. 内控指标

内控指标,就是主导权在内部流程。一种是永久指标,比如计划完成率、品质合格率、客户满意度等指标。有的企业定目标是根据自己企业实际数据来定的,较好的情况是目标可能比实际的高那么一点。

另一种是发展指标,如销售额、利润额、回款额等指标,也可以认为是销售增长率、利润增长率、回款增长率指标,当企业战略目标确定后,发展指标的绩效考核表达的就是增长率,且增长率是企业战略意图的体现,作为承接发展指标目标的组织,没有与企业讨价还价的机会,有的只是如何进行战略分解才能达成企业战略目标。

2. 外控指标

外控指标的主导权在外部流程中,如渠道销售增长率、老客户销售贡献率、新客户销售贡献率,这些是要与客户沟通互动后才能确定的指标,且在数字化过程中,可能使客户出现不安全感而影响数字化进程,具体表现在客户利润毛利率这些核心指标上,这就需要找到绩效考核的"平衡点",最大限度提高经销商的安全感和积极性,以抵消数字化带来的风险。

例如,"通过实现2022年对ABC数字化的目标,我们将从这些业务和财务指标的X

的增长中受益。"要注意,不要将业务过度数字化。通过数字化渠道塞进过多的客户互动可能会造成负面影响。期望所有销售通过数字化销售渠道将会使一些客户感到不安,并且不太可能有机会得到优质的参与度。企业应该确定数字化数量对客户和员工来说理想的"平衡点",这样才能抵消全数字化带来的风险。

数字化关键绩效指标是伴随着数字化战略而生的,目的就是要了解自己在哪里赚钱或者在哪里改进现有的业务模式。所以,我们在重新定义数字化关键绩效指标时,要建立企业数字化建设纲要,将数字化关键绩效指标纳入企业绩效管理制度,由此,应加大力度培育企业数字化管理人才,促进企业数字化水平提升。

资料来源:作者根据《诺姆四达:绩效管理,绩效考核数字化KPI衡量企业数字化转型成功的关键》整理编写。

参考文献

[1] 蒲云鹏. 大数据时代基于Python的数据可视化研究[J]. 信息与电脑, 2021(23):179.

[2] 白敏, 顾怀信, 程微. 人力资源数据挖掘技术及其应用探究[J]. 商业文化, 2021(14):128-129.

[3] 蔡岳德. 试析招聘渠道及其效果[J]. 商场现代化, 2008(06):304-305.

[4] 曾双喜. 超级面试官:快速提升识人技能的面试实战手册[M]. 北京:人民邮电出版社, 2020

[5] 陈春花, 徐少春. 数字化加速度:工作方式 人力资源 财务的管理创新[M]. 北京:机械工业出版社, 2021

[6] 陈润. 全球商业一百年(上):大商崛起[M]. 杭州:浙江人民出版社, 2013.

[7] 崔晓燕, 周扬扬. 人力资源数字化转型:HRSSC的搭建、迭代与运营[M]. 北京:人民邮电出版社, 2021.

[8] 徐晟大. 话机器智能:一书看透AI的底层运行逻辑. 北京:机械工业出版社:2022

[9] 龚俊峰. 认知人才盘点,激活人才活力[J]. 人力资源, 2020(19):56-59.

[10] 何欣. 从通用素质、岗位胜任力到人才画像[J]. 人力资源, 2020(15):38-42.

[11] 贺岚. 高校人力资源管理中的数据挖掘[J]. 湖北科技学院学报, 2013, 33(12):172-173.

[12] 赵卫东, 董亮. 机器学习[M]. 作者:北京:人民邮电出版社, 2018

[13] 贾昌荣. 巅峰管理:极致员工体验创佳绩[J]. 清华管理评论, 2021(10):14-23.

[14] 雷婉婧. 数据可视化发展历程研究[J]. 电子技术与软件工程, 2017(12):195-196.

[15] 李凤, 欧阳杰. IBM30年人力资源管理转型综述[J]. 经营与管理, 2022,6:94-100.

[16] 李建光. 为国企人才培训与发展"数据画像"[J]. 中国经济周刊, 2018(20):81-82.

[17] 李浇. 人才画像,为精准招聘"背书"[J]. 人力资源, 2022,(13):54-55.

[18] 李燕萍, 李乐, 胡翔. 数字化人力资源管理:整合框架与研究展望[J]. 科技进步与对策, 2021, 38(23):10.

[19] 林坚. 企业人力资源数据挖掘技术及其应用探究[J]. 商场现代化, 2021(21):60-62.

[20] 刘凤瑜. 人力资源服务与数字化转型 新时代人力资源管理如何与新技术融合[M]. 北京:人民邮电出版社, 2020.

[21] 刘洪波. 人力资源数字化转型:策略、方法、实践[M]. 北京:清华大学出版社, 2022.

[22] 刘俊. 关于人才盘点在企业中设计的研究[J]. 黑龙江人力资源和社会保障, 2021

(08):121-124.

[23] 卢娟娟.基于人才盘点的国有企业职业经理人选聘管理——以 Y 集团为例[J].中国人力资源开发,2016,(14):36-43.

[24] 罗芳琼,吴春梅.时间序列分析的理论与应用综述[J].柳州师专学报,2009,24(03):113-117.

[25] 吕峻闽,张诗雨.数据可视化分析(Excel2016+Tableau)[M].电子工业出版社,2017(09):2.

[26] 马海刚.HR+数字化:人力资源管理认知升级与系统创新[M].北京:中国人民大学出版社,2022.

[27] 马彦铭.神威药业:人力资源数字化支撑企业战略落地[N].河北日报,2022-08-05(005).

[28] 牛佳惠.数据挖掘在人力资源信息化管理中的运用探析[J].数字通信世界,2022(03):94-96.

[29] 任康磊.人力资源量化管理与数据分析[M].北京:人民邮电出版社,2019

[30] 任昱衡,等.数据挖掘:你必须知道的 32 个经典案例[M].北京:电子工业出版社,2018

[31] 万弘.Y 公司人才管理与继任者计划案例研究[D].中国海洋大学,2012.

[32] 魏光丽.人力资源管理:理论与实务[M].中国工商出版社,2013.08:6.

[33] 徐刚.人力资源数字化转型行动指南[M].北京:机械工业出版社,2021.

[34] 严俐华.优化企业人才盘点的若干举措[J].人力资源,2022(04):6-7.

[35] 杨凯利,山美娟.基于 Python 的数据可视化[J].现代信息科技,2019(03):30.

[36] 杨荣,刘茂.浅析突破人才经营瓶颈的关键举措——以某公司 2019 年度人才盘点情况为例[J].中国集体经济,2020,(25):111-112.

[37] 战丽娜,韩冰.试论人力资源管理中数据挖掘技术的应用[J].中国商论,2015(14):12-15

[38] 章春勇.基于大数据的人才画像研究与应用[D].南昌大学,2021.

[39] 赵曙明,杜娟.企业经营者胜任力及测评理论研究[J].外国经济与管理,2007(01):33-40.

[40] 赵雯.人力资源数据模型化与可视化[J].财讯,2021(8).

[41] 钟晓,等.数据挖掘综述[J].模式识别与人工智能,2001,14(01):48-55.

[42] 朱建斌,张路芳,刘伶俐.人力资源大数据分析与应用[M].高等教育出版社,2022.06:101.